THE COLLECTED WORKS OF
TIAN XUEYUAN

1.

田雪原
文 集

社会科学文献出版社
SOCIAL SCIENCES ACADEMIC PRESS (CHINA)

为马寅初纪念馆题词

荣辱不重要
唯有真理高

传略

田雪原，1938.8 生于辽宁省本溪市。1964.8 毕业于北京大学经济学系，曾在教育部等国家机关工作，1979.4~1982.5 中国社会科学院经济研究所助研、副研，1982.5~1983.6 美国东西方中心访问学者、客座研究员，1984.4~1998.12 中国社会科学院人口研究所（中心）所长（主任）、研究员。现任中国社会科学院学部委员、研究员、博士生导师，国家有突出贡献专家，国家哲学社会科学研究专家咨询委员，享受国务院特殊津贴。历任第四、五届国务院学位委员会学科评议组成员，第三、四、五、六届中国人口学会副会长、常务副会长，第二、三届中国老年学学会副会长，第三、四届中国社会经济文化交流协会副会长，第一至六届国家人口计生委人口专家委员，国际人口科学联盟（IUSSP）成员等。

主要从事人口学、人口经济学、老年学研究，出版专著35部（含主编），主持国家重大、重点项目6项，与联合国人口基金、美、日等合作项目5项，在国内和美、日、荷、比、澳等国作学术演讲多次，受到普遍好评和重视。主要学术贡献：为马寅初新人口论翻案，引领人口理论拨乱反正、正本清源；提出并阐释控制人口数量、提高素质、调整结构相结合"三步走"人口发展战略，为国家人口政策制定和后来的政策调整提供智力支持，当前已过渡到以人口素质全面提升为重点的第二阶段；主持中国老年人口抽样调查，提出并阐发集社养、家养、自养于一体的养老保障体系，消除"二元体制"改革建议；提出和论证了孩子社会附加成本—效益理论，结合中国实际进行试点和理论创新；论证城市化必须打破城乡分割的"二元结构"，走以人为本、城乡协调发展的城市化道路；结合中国实际，阐发人口年龄结构变动、素质提升对经济增长速度、发展方式转变的制约，实现高质量发展增强人力资本积聚是基础和关键；提出并构建人口与资源、环境、经济、社会可持续发展理论框架、战略重点和决策选择。

1984 年被授予首批国家"中青年有突出贡献专家"称号，1988 年获国家科技进步成果一等奖，1991 年英国剑桥国际名人传记中心（IBC）授予"国际知识分子名人"并在《成功的人》中作了业绩介绍，1995 年美国传记协会（ABI）载入"世界五千名人录"并作了业迹介绍，1996 年获中华人口奖（人口最高奖），精神文明建设"五个一"工程奖，2000 年获国家图书奖，2009 年《中国人口政策 60 年》（专著）入选"辉煌历程——庆祝新中国成立 60 周年重点书系"，2011 年《人口大国的希望》（中、英文）入选首届国家哲学社会科学成果文库。科研成果中，还有 10 多项获部委级特别荣誉奖、一等奖。

THE BIOGRAPHY
OF
TIAN XUEYUAN

Tian Xueyuan graduated from Economy Department of Peking University in August, 1964. He worked in the Ministry of Education and some other state organs during August, 1964 and April, 1979, worked on population and economy researches in Economy Research Institute of Chinese Academy of Social Sciences during April, 1979 and May, 1982, worked as a top visiting scholar in American East West Center during May, 1982 and June, 1983, and was the dean of the Population Institute of Chinese Academy of Social Sciences during April, 1984 and December, 1998. He now is a member of the Chinese Academy of Social Sciences' Academic Consultation Committee, researcher, tutor of doctors, country's expert with exceptional contributions. His major social part-time jobs are: a member of Study Group of State Department's Degree Committee, the vice president of PSC and Society of Social Economy and Culture Communication of China, an expert member of State's Family Planning Commission, a member of IUSSP, and so on.

Since 1970s, there are 35 books he (and as the chief editor) wrote, such as *On Population of the New Period*, *Calamity of the Big Country—Population Problems of China Today*, and *Demography*, more than 500 papers (including more than 30 pieces of English, Russian and Japanese papers), such as *Exonerate For Ma Yinchu's New Theory on Population*, *On the Sustainable Development of Population and National's Economy*, and more than 30 research reports have been published. More than 5 millions words are written by himself. His representative works are all in *The Collected Works of Tian Xueyuan* 1, 2, 3, 4, 5. He has taken charged of 6 significant national projects, cooperated with United Nations Population Fund, America and Japan on 5 projects since 1980s. He created original and systematic research findings in many areas, such as, rectifying on population theory, population development strategy, population control and comprehensive development of community, family economy and childbirth, aging of population and social security, and population and sustainable development. He has given reports in China and in America, Japan, Holland, Belgium and Australia many times, and received universal praise and recognition. He was awarded "Young Expert with Significant National Contributions" in 1984, the first prize of " National Science and Technology Advancement Findings" in 1988, " International Intellectual Celebrity" by IBC in 1991, and his achievements were introduced in " Successful People". He was taken in " World 5000 Celebrity" by ABI in 1995, and his story was introduced in it. In addition, he was awarded " Chinese Population Prize", which is the highest level of population prize, and " Five Top" Project Prize of cultural and ethical progress in 1996, " National Book Prize" in 2000, the first prize of " 6th Session Chinese National Book Prize" in 2003. There are more than 10 of his scientific research findings were honored with ministries and commissions' special prize and the first prize.

学然后知不足

——我的学术自传

社会科学文献出版社决定出版我的第五卷"文集",前四卷也要一起再版。于是总想找个合适的题目写段文字放在前面,作为迄今为止做研究工作的一个总结。《礼记·学记》中有一段颇有哲理的话:"是故学然后知不足,教然后知困。知不足,然后能自反也;知困,然后能自强也。"意思是说学习了之后,方能知道自己的不足;教授别人之后,才能知道自己的困惑所在。知道自己不足,方能进行自我反省;知道自己困惑所在,才能自觉奋发进取。"学然后知不足"这段话颇有穿透力,从一个特定的视角将我的学术生涯串连起来,从中理出从事研究工作的思绪和轨迹来。也像一把钥匙,打开我的一个个学术情结。

学术激情哪里来

有一次,同我的几位研究生讨论博士毕业论文写作。其中一位说道:"读田老师的文章,不仅有理论、有文采,而且字里行间总有一股激情回荡着。请问老师,你的激情是从哪里来的,怎样才能融入文章之中?"我一时有些语塞,难以用一两句话表达清楚,便说"有理论、有文采不敢当,有激情倒是有点儿渊源,我们另找时间说说吧"。下来之后,我认真思考梳理一下思绪,以讲故事说史方式,同这位同学进行了交谈。大致讲了这样的内容:

在中国近现代史上,有一条未经我国许可外国人自行修建并经营的铁路,那就是安(东)奉(天)线,即现在的沈(阳)丹(东)线。日本人修建该铁路,可以更便捷地掠夺我国东北的煤炭、钢铁、石油、有色金属、木材、大豆、高粱等资源和产品,支持其野心勃勃的"大东亚圣战"。毫无疑问，这条铁路除了担负运输任务外，也成了强迫沿线中国民众开矿山、建工厂、修道路和抓劳工、要出荷（税收）强取豪夺的工具和动脉。我的故乡就是在这样的背景下，由一座煤矿和制钢所，扩展为殖民地式"煤铁之城"的。由于集铁矿、焦煤、石灰石、耐火黏土等资源于一地，以钢铁为主的重化工业迅速发展起来，中国劳工所受的苦难也日复一日地积聚加深起来。印象最深刻的是日本侵略者的大刀，刀光剑影伴随着"八咯呀路"的吼声，在面无表情的中国劳工面前回荡。当时不知道还有一个偌大的中国存在，只知道山海关外的东北伪满洲国。

为什么日本人和中国人不一样？干的活不一样，日本人拿着战刀指挥，中国人干最脏最累的苦力；吃的不一样，日本人吃的是大米白面、鸡鸭鱼肉，中国人吃的是橡子面菜团子；地位不一样，日本人说一不二，中国人却只能听从吆喝、任人摆布。1945年"八·一五"光复日本帝国主义投降，结束了中国人民当牛做马的日子。可是中国人为什么会成为亡国奴呢？这是我幼小心灵中解不开的谜团。后来上小学时，当教师的哥哥送给我一本方志敏烈士遗著《可爱的中国》——我把它称为打开我心灵天窗的第一本启蒙读物。当读到帝国主义列强宰割祖国母亲的身体、吸吮母亲的乳汁时，眼前浮现出日本侵略者的大刀和烧、杀、抢、掠惨景，再也抑制不住夺眶而出的泪水，心头充满悲愤！作为祖国母亲的儿子，立下生平要为国家富强、民族解放报国献身之志。

1949年中华人民共和国成立，新中国犹如一轮红日从东方地平线上升起，结束了自1840年鸦片战争以来被侵略、被奴役、被剥削的百年屈辱史。此后三年国民经济恢复，迅速医治了战争的创伤，第一个五年计划提前完成揭开由农业国向工业国转变的序幕。全国人民意气风发、斗志昂扬，每个人都怀着企盼国家富强、人民幸福的伟大理想而工作着、奋斗着。在这样的背景下，1959年我接到高考入学通知书，踏上通往首都大学殿堂的求学之路。记得那是8月30日，由沈阳搭乘156次大连—永定门的直达列车（当时车次编号在100以上均为逢站就停的慢车），用了23个小时方才抵达永定门车站。8月31日清晨火车经停山海关站，因为需要更换蒸汽机车车头而停车20分钟。听到一路上列车广播员熟悉的声音播报后，车一停便跳下站台、冲上天桥，一览长城天下第一关的雄姿！

虽然自知缺乏诗词天赋，可是心血来潮、激情难耐，还是信笔填词一首：

忆秦娥·山海关

（1959.8.31）

东风开，

骤雨初晴过山海。

过山海，

雄关依旧，

孟姜安在？

亿万青砖垒山隘，

乾坤一抖东方白！

东方白，

报国有门，

学子归来。

　　为何讲"学子归来"呢？照理，离别家乡千里入关，当有背井离乡之感才合情理。不过，对于一个童年时代根本不知道关内祖国存在，如今满怀报国之志投进她的怀抱，并要到前身为京师大学堂的北京大学读书，那份真切的回归之感是他人很难感受得到的。入学后不久，正赶上新中国成立十周年。参加天安门广场游行队伍和晚会狂欢，在金水桥上唱着、跳着，少儿时代的屈辱、悲愤被歌声和欢跳带走，心中好不欢畅！

　　然而回到燕园，却遇到一件百思不得其解的事情：北大正掀起第二次批判马寅初校长《新人口论》热潮。这使我陷入迷茫。于是便躲在图书馆第五阅览室（期刊阅览室）一隅，找来马寅初在《新建设》杂志上发表的《我的经济理论、哲学思想和政治立场》等文章，同时也找来一堆《光明日报》等发表的批判文章，对照着读了起来。读着、读着……越读越觉得老校长关于控制人口数量、提高人口质量的论述讲得颇有道理，更为他那种年近八十誓死捍卫真理、直至战死为止的不屈精神所打动；相反，那些连篇累牍的批判文章却讲不出多少道理来，除了贴标签式的政治口号和扣大帽子之外，便是偷换前提一类的逻辑推演，其目的就是要将《新人口论》批臭，把马寅初一巴掌打下去。特别受到康生亲临北大点名批判"属于哪个马家"影响，包括马老居住的燕南园在内的整个燕园，更是大字报铺天盖地，声讨之声不绝于耳，最后马老真的从北大校园、政坛和学坛上"蒸发"了。这着实使我困惑了一阵子，难道这桩公案就这样盖棺定论了不成？当时不清楚，正是这样的认识化为一种情结，埋下后来为马寅初《新人口论》翻案和走上人口科学研究之路的种子。

1964 年 8 月从北大经济学系毕业后，先是参加两年"四清"，接着便是所谓的十年"文化大革命"和干部下放劳动。除了和这一代人大同小异的经历外，作为系统学习过马克思主义经济学和西方经济学说史的学人来说，原本盼望祖国尽快强盛、人民尽快富裕起来的情结受到莫大的伤害。在"四清"与人民公社社员同吃、同住、同劳动过程中，亲身体验到新中国成立十五六年后，广大农民依然过着缺吃少穿的清贫日子；城市也好不到哪儿去，低得可怜的工资不便以"元"启齿谈论，竟以三位数"大毛（角）"戏说。直至 70 年代每人每月只供应几两油、肉、蛋，自行车、手表、缝纫机等日用工业品都要凭票供应，在饥饿、温饱、小康、富裕和更富裕几个发展阶段中，总体上处在由饥饿向温饱过渡阶段，相当数量的民众还停留在饥饿阶段。由此不能不对当时的人民公社以及整个国家的计划经济产生疑问：为什么西方市场经济国家忧虑的是生产过剩，而高度集中统一的计划经济国家则被经济短缺所困扰？第二次世界大战结束后二三十年，我们同西方发达国家之间的差距不是缩小而是扩大了，国家尽快富强起来的期望跌到了失望的边缘。至于所学的知识尤其是经济思想、理论、学说，只剩下苏联计划经济那一套独领风骚、独霸天下，其余均被不同程度地划入封、资、修范畴加以批判。到头来，旧的批判马寅初的迷茫未散，新的迷茫却又悄然袭来、难以挥去，一时间真的迷茫起来了。

忽如一夜春风来

1978 年底党的十一届三中全会召开，实事求是思想路线的恢复和以经济建设为中心的确立，给我的感觉真的是"忽如一夜春风来，千树万树梨花开"！迷茫开始散去，科学发展的春天来到了。于是即刻投身到理论战线的拨乱反正中去，开始了新的研究征程。开头在《光明日报》等发表《调整是目前国民经济全局的关键》《"大会战"是组织经济建设的好形式吗?》等几篇文章，抒发多年来蓄积于胸的经济学方面的郁闷，颇有一吐为快之感。但是最大的学术情结还是当年批判马寅初新人口论时投下的阴影，于是提起笔来，奋然撰写并发表《为马寅初先生的新人口论翻案》等几篇文章，从此同人口学、人口经济学研究结下不解之缘。

一石激起千层浪。为马寅初新人口论翻案一反长期困扰人们头脑的人口越多越好论教条，揭开人口理论拨乱反正的序幕。接着我又将马寅初发表的相关文章、讲话、接见记者谈话记录等，收集、整理、编辑出来，送交出版社以马寅初《新人口论》命名发表，并在短期内两次再版，产生某种多米诺骨牌效应。中央和省、区、市党政机关、高等院校、科研院所和部队机关等邀请前去做报告，出现前所未曾有过的人口问题、人口研究热。在这种形势下，1980 年联合国人口基金决定对华援助，人口科学研究和教学包含在其中，中国社科院人口研究中心就是在这样的背景下诞生的。我服从分配到该中心。但是我原来所学专业为经济学，经济学与人口学有着某种近亲血缘关系，但是毕竟属于不同学科。"隔行如隔山"的道理提示我，要从经济学转到人口学研究必须补上这一课。机会来了，1982 年 5 月美国东西方中心邀请我到那里作高级访问学者，进行人口年龄结构变动与社会经济发展相关研究。我则利用这一年多的时间，一方面完成研究课题，另一方面比较系统地学习了当时主要的人口学论著，并且结识了前往那里做交流访问的著名专家学者。美国东西方中心坐落在夏威夷群岛檀香山市（HONOLULU），地处太平洋中心，亚洲、大洋洲、美洲三大洲连线交会处，风景如画，既无严寒又无酷暑，每年都有众多访问学者光顾。在那里，有机会结识美国普林斯顿大学 A. 柯尔、芝加哥大学 G. S. 贝克尔和 F. 豪泽、布朗大学 S. 哥德斯坦，英国伦敦大学的布拉斯、日本大学的黑田俊夫、澳大利亚国立大学的考德维尔等大师级人口学家、经济学家，带着求知的渴望学习他们的专长，受益匪浅。

1983 年 6 月回国后，即转到中国社会科学院人口研究中心，将主要研究方向锁定在人口学以及人口经济学、老年人口学。按照中国社科院与联合国人口基金达成的协议，人口研究中心以院属研究机构名义对外，对内开始挂靠在社会学研究所，后转到经济研究所，实则相当于该研究所的一个研究室。1984 年 4 月我被任命为人口研究中心负责人，1985 年 1 月院务扩大会议将人口研究中心列为院直属单位，随后任命我为中心主任。为了与中国社科院建制相协调，1987 年人口研究中心改为人口研究所，被任命为所长，创办并兼任《中国人口科学》杂志主编、《中国人口年鉴》主编，中国社科院研究生院博士生导师。1999 年院将超龄退下行政岗位的院领导和部分研究所所长组建中国社科院学术委员会，我为第一、第二届学术委员会委员。2006 年中国社会科学院学部成立，为首届学部委员。

回顾改革开放以来从事研究的学术生涯，迄今共发表专著 35 部（含主编，其中英文 2 部，日文 1 部，英、法、俄、德、西、阿等多种外文本合著 1 部），论文 500 余篇（含外文 50 余篇），研究报告 30 余篇（部）。按时间顺序与专题研究相结合归纳，主要研究领域和发表成果的学术观点，概括如下。

1. 人口经济理论拨乱反正研究

1978 年岁末，以党的十一届三中全会的召开为契机，哲学社会科学理论拨乱反正的大幕拉开了。由于本人所学专业原本为经济学，便从经济理论入手，针对长期以来忽视经济规律、国民经济比例失调、重生产轻消费、重重（工业）轻轻（工业）等撰写文章，在《光明日报》等报刊发表《调整是目前国民经济全局的关键》《为社会主义的"托拉斯"恢复名誉》等几篇。不过笔者进入拨乱反正主战场，主要还集中在人口理论正本清源、人口与经济发展方面。突破口是为马寅初先生的新人口论翻案。这是 20 年前凝聚的一个情结。党的十一届三中全会闭幕不久，便将多年积累的相关资料整理出来，拿起笔来撰写《为马寅初先生的新人口论翻案》，1979 年 8 月 5 日《光明日报》以近整版篇幅全文发表。近来有一位同事撰文，以我是北大经济学系毕业、当时在中国社科院经济研究所从事科研和我本人具备的一些条件等为"理由"，对我撰写发表该文做出推断，认为是奉命之作。这里，我要郑重表示：我撰写为马寅初新人口论翻案文章同任何组织、任何个人都没有关系，纯属个人行为，是我郁积多年学术情结的迸发，是"蓄谋"近 20 年的由衷之作。事实上，十一届三中全会结束后不久，我的文章初稿即已完成，中间数易其稿后，送到《光明日报》社。为什么要送《光明日报》社？一是该报主要面向科教界，"翻案"一文毕竟属于学术范畴。二是当年批判马寅初时，《光明日报》扮演了急先锋角色，应当负有平反责任。稿子发出不久，报社负责同志告诉我，准备作为重头文章发表；但要等一等，先下点儿毛毛雨（发表点儿舆论性质小文章），然后再发表我的文章。发表时报社加了"编者按"，作为对过去错误批判的清算。文章发表后引来强烈反响，多家报纸杂志转载，日本厚生省全文翻译刊载，《北京大学学报》等约稿，北京出版社接连两次再版由我编辑并附介绍的马寅初《新人口论》（文集）。相关政府部门、高校、科研单位及相关省市等，纷纷邀请前往作学术报告。以此为契机，先后在《人民日报》等报刊发表几篇文章，推动人口理论拨乱反正、正本清源。同时出版本人第一本人口学专著《新时期人口论》，香港《大公报》发表影印书评，认为"这是 1957 年马寅初发表《新人口论》以后第一本全面研究我国人口问题的专著"(《大公报》1982 年 7 月 21 日)。这些论著，解放思想、打破长期以来束缚人们思想的禁锢，着力推进理论拨乱反正。主要体现在以下几点。

一是将人口问题说成政治问题，造成人口问题长期无人敢于问津。包括人口在内的社会科学中的某些问题，往往同政治有牵连；然而二者毕竟属于不同的范畴，要用不同的方法对待和解决。批判马老新人口论时把学术问题当作政治问题批判，谁讲人口问题谁就是向党、向社会主义进攻，这就人为地划出了一个"禁区"，堵塞了言路，致使人口科学研究中断了一二十年。在学术问题上，有时真理可能在少数人手里，只能坚持讨论的办法、民主的办法，按照"百花齐放、百家争鸣"方针办事。

二是片面夸大人口多的好处，用"人手论"取代"人口论"。批判中加给马老理论"罪状"之一，是"见口不见手"，只看到人作为消费者一面，没有看到作为生产者更重要的一面。批判者的逻辑是：人口越多—劳动力越多—生产越多—积累越多—发展越快，因此人口越多越好。甚至认为"人口"一词本身就有问题，为什么首先看到的是一张吃饭的口，而不是劳动万能的一双手呢？应将"人口"改为"人手"，"人口论"改为"人手论"。事实上，人作为生产者是有条件的，是劳动年龄人口中扣除丧失劳动能力的人口；而作为消费者是无条件的，无论少年人口、成年（劳动年龄）人口还是老年人口，无论能劳动还是不能劳动人口，均要消费，消费是维系人口再生产不可或缺的条件。而且，就以"口"还是以"手"计量人口数量而论，以"口"计量要更科学一些。因为一般情况下，无口之人是不能存活的；而无手、仅有一只手或一只手也没有的不全之人，尽管所占比例很低但却有微量存在，以"手"计量是不够严谨、不够科学的。

三是将人口质量与种族优生混同起来，谁讲人口质量谁就是仇视劳动人民。马寅初新人口论的基本观点，就是控制人口的数量、提高人口的质量，用他的话说，就是去掉这个大负担、保存这个大资源。批判中却将"提高人口的质量"说成是贬低、仇视劳动人民，是反动的资产阶级种族优生论的翻版。人口指居住在特定地域的总体而言，是数量和质量的统一。马老关于控制人口数量、提高人口质量的论述，可谓画龙点睛之笔，切中人口问题要害。

四是在社会主义人口规律问题上，突出人口的不断迅速增长。批判新人口论以后，更加强调人口不断迅速增长，致使这一"社会主义人口规律"

占据学坛 30 年，甚至写进政治经济学教科书。"不断迅速增长"的潜台词，是社会主义不存在人口过剩问题。因此，尽管当时我国在实践上程度不同地推行节制人口的计划生育，但是理论上解释为有利于母亲、儿童健康，有利于妇女解放，绝不是因为人口多了的缘故。显然，这样的解释很牵强，有掩耳盗铃之嫌。这就形成理论与实践的背离，陷入误区的理论难以发挥指导实践的作用。只有清除这一理论教条，明确我国人口问题属人口压迫生产力，即人口和劳动力过剩性质，才能为控制人口增长提供科学的理论支持。

2. "三步走"人口发展战略研究

将人口转变理论与中国人口变动实际结合起来，提出并阐发集人口数量控制、素质提升、结构调整于一体、相结合，不同时期重点不同的"三步走"人口发展战略。收入本套文集的《关于人口发展战略问题》《2000 年中国的人口和就业》《"三步走"中国人口发展战略的理性选择》等，做出有一定创新性的研究。其中《2000 年中国的人口和就业》为《2000 年的中国》报告首篇，1988 年获国家科技进步成果一等奖。《瞭望》《群言》《中国人口报》等报刊，就人口发展战略"三步走"、重点转移等做出报道。由于学界对人口战略存在某些歧义，上述论著首先对人口战略概念做出界定，强调人口发展战略要特别注重它的长期性、全局性、阶段性。其次从中国人口和社会经济现状出发，联系现代化发展趋势，提出"缓着陆"高位预测、"软着陆"中位预测、"硬着陆"低位预测三种可供选择的方案，确立以"软着陆"中方案为主的"三步走"战略。

第一步，在"控制""提高""调整"协同推进中，更注重人口的数量控制，以"控制"为重点。目标是将高生育率降下来，实现人口再生产由高出生、低死亡、高增长向低出生、低死亡、低增长类型的转变。1991 年总和生育率下降到 2.10 更替水平以下，出生率下降到 20‰以下，死亡率下降到 7.0‰以下，自然增长率下降到 13.0‰以下，人口再生产叩响低出生、低死亡、低增长类型门环，推进到第一步与第二步交会点。

第二步，逐步实现由以人口数量控制为主向以人口数量控制、素质提高、结构调整并重，再向以素质提升以及同素质提升相关的结构调整为主转变。目标是在低生育水平基本稳定条件下，推动低出生、低死亡、低增长"后人口转变"前行，直至增长势能释放殆尽，实现人口零增长。按照"软着陆"中方案预测，2030 年前后第二步可基本完成。

第三步，由于人口的惯性作用，零增长以后总体人口将呈现一定程度的减少趋势，再依据届时资源、环境、经济、社会状况和发展趋势，做出全方位的适度人口抉择。所谓全方位适度人口，即人口的数量是适度的，人口的素质是比较高的，人口结构是比较合理的；同时人口与资源、环境、经济、社会的发展是比较协调的，发展是可持续的。

当前，"三步走"人口发展战略推进到第二步中期。第二步是中国人口发展战略转移的新阶段，是继往开来、承上启下的关键性一步，能否走好关系到阶段性目标和最终战略目标的实现。立足中国人口实际并联系国内外社会经济发展变动历史考察，走好第二步关键是把人口发展战略重点转移到以提升人口素质为主上来。这既是人口自身变动和发展——狭义人口战略发展的需要；又是人口与发展——广义人口战略发展的客观要求。尤其同经济转方式、调结构、实现高质量发展休戚相关、高度契合，是高质量发展重要的承接和基础。在《中国人口发展战略：当前走好第二步是关键》《中国人口素质步入全面提升新阶段》等论著中，对此做出创新性阐发，强调将其融入社会经济总体发展战略之中的意义。就人口自身变动而言，还要特别把握好人口数量由增到减、少子高龄化两种变动趋势，把握好总体人口、劳动年龄人口、老年人口变动的趋势、特点和问题，合理调控推进的速度和节奏。

3. 老龄化和养老保障改革研究

早在1980年中央书记处委托中办召开人口座谈会起草座谈会向中央书记处报告时，便注意到控制人口增长带来的老龄化问题，并于当时即在《人民日报》公开发表《关于人口老龄化问题》论文。后来主持"七五"国家重点并与联合国合作项目"中国老年人口调查与老年社会保障改革研究"，进行了除西藏自治区、台湾省之外覆盖全国的老年人口抽样调查，出版《中国1987年60岁以上老年人口抽样调查资料》；召开国际人口老龄化和老年社会保障讨论会，出版中、英文论文集；撰写中国60岁以上老年人口抽样调查报告，主编《中国老年人口》（人口、经济、社会三卷）专著，公开出版发行。比较系统地分析、概括了老年人口现状、特点和未来发展趋势，包括老年人口年龄、性别和文化构成，婚姻、家庭和生育回顾，收入和经济来源，以及就业和职业、供养和医疗保障、健康和生活料理、居住和活动等情况，提出建立集社养、家养、自养于一体"三养"相结合的养老保障体系。在此基础上，借鉴欧美、日本等国经验，积极探索养老社会保障体系顶层设计，打破城乡之间、城市内部企业与事业之间的"二元结构"，推进养老金全国统筹改革。始于20世纪80年代的人口老龄化和社会保障改革研究，具有超前意义，受到宋平等中央领导同志的重视、鼓励和支持，认为该研究"对我国老年人口问题的研究和解决，对繁荣和发展老年人口科学，无疑是一个很大的推动"（宋平：《加强调查研究，改革养老制度》，参见《中国人口科学》专刊（1），1988 年 1 月）。中国老年学会会长梅益也在《人民日报》发表书评，将《中国老年人口》（三卷）誉为"中国老年科学的奠基作"（《人民日报》1992 年 4 月 12 日）。《中国 1987 年 60 岁以上老年人口抽样调查资料》和《中国老年人口》（三卷）专著获中国社科院优秀成果奖（单一奖项）、首届中国人口科学优秀成果一等奖和中国老年科学优秀成果一等奖。

30 年的实践证明，上述老龄化研究取得的成果，包括调查数据资料、研究结论、政策建议等，是科学的和符合实际的。然而生活的树是常青的，新问题不断涌现，需要做出与时俱进的研究。进入 21 世纪，发表《中国启动新一轮养老保障改革》《全面深化养老保障体制改革》等新作，针对客观存在的养老金积累风险不断增加，通过权衡做实个人账户和完全名义账户两种方案的利弊得失，提出部分做实个人账户改革方案，给出相应的做实比例；针对养老金被挪用、被挤占等问题，提出部分养老金按比例进入金融市场以保值增值建议；针对人口老龄化分阶段累进推进特点，发出"十三五"养老保障各项事业绝不能欠账，只能超额完成预警。

4. 孩子社会附加成本——效益理论创新研究

可分为实践与理论两个层面，分别做出阐发。实践层面："二战"后边缘、交叉研究成为发展最快的学科，人口与经济发展之间关系当属这样的学科，也是本人研究工作中的一根支柱。在 20 世纪七八十年代人口与经济关系研究中，侧重总体人口、人口年龄结构、人口城乡结构、人口素质结构、人口地区分布结构变动与经济发展变量之间的关系研究，寻求促进国民经济发展的人口变动视角。80 年代在《劳动年龄人口变动与就业战略重点的转移》研究中，从我国经济发展、农业资源和人口城乡结构实际出发，提出并论证了农业种植业剩余劳动力向城镇工商业、乡镇企业、林牧渔业各转移 1/3，实施"三三制"转移方针，给出农村剩余劳动力转移的思路和决策选择。《利用人口年龄结构变动促进现代化建设》（《人民日报》1983 年 6 月 5 日）论文，首次提出由于出生率下降导致老年和少年人口之和占比——从属比或抚养比下降、劳动年龄人口占比上升形成的人口年龄结构变动的"黄金时代"，指出这是千载难逢的人口机遇期。"黄金时代"对实现 2000 年工农业总产值翻两番和加快现代化建设意义非比寻常，应当充分利用这一机遇期加快经济发展。笔者查询，此是最早提出人口年龄结构变动为经济发展提供机遇一类的文章，与后来被称为"人口盈利""人口红利""人口视窗"的判断同出一辙，涵义相同。均指劳动年龄人口占比升高、老少被抚养人口之和占比下降，即劳动力充裕、社会抚养比较低的有利于经济发展的机遇期。30 年过后，当这一变动越过峰值，一些文章宣称中国黄金时代已经结束、人口红利消失时，本人则提出黄金时代划分应以从属比低于 0.5 为标准。如此，2010 年越过刘易斯拐点后还有 20 年左右的人口盈利、人口红利衰减期，2030 年人口零增长实现以后，方才进入人口亏损、人口负债期。衰减不等于消失。应当科学地、实事求是地审视人口转变的影响，继续发挥其对社会经济发展的促进作用。

理论层面：人口问题本质上是发展问题，社会经济性质和发展水平对人口生产起着决定性作用。结合中国实际并深入微观层面，笔者主持"八五"国家重点、联合国人口基金资助并与美国南加州大学（USC）合作项目"中国家庭经济与生育研究"。通过组织和开展"中国 1992 年家庭经济与生育 10 省市抽样调查"，取得第一手比较完整的数据资料，完成研究报告和专著《中国家庭经济与生育研究》（主编）、《市场经济与人口控制》（第一作者）等，取得新的突破。在对西方孩子成本—效益理论做出评价和合理借鉴基础上，提出并阐发了孩子社会附加成本—效益理论，给出具体的计算方法，并对中国出生育率变动做出具体的理论阐释，是一项创新性研究成果。分析孩子成本—效益与现行生育行为的矛盾现象，提出人口生育政策应把合理增大计划外生育子女成本、有效提高独生子女和计划内生育子女效益放在突出位置，推进这方面的改革，建立相应的利益调节导向机制，完善相应的政策和法规。该项研究在国家人口计生委和四川省委领导支持下，在四川省开展独生子女双全（伤、亡）保险及父母养老保险试验，取得实际效果。《经济参考报》（1992 年 7 月 12 日）、《群言》杂志（1996 年 10 月）等新闻媒体做了报道。相关文献和试验做法汇总起来以《独生子女与父母养老保险的理论与实践》（主编），于 1992 年正式出版发行。

5. 人口与可持续发展研究

将人口纳入可持续发展战略，探索人口与资源、环境、经济、社会可持续发展框架体系，是广义人口发展战略研究的自然延伸。从 1972 年斯德哥尔摩人类环境会议提出可持续发展理念，到 1992 年里约热内卢环境与发展大会通过《21 世纪日程》，一系列国际会议促使可持续发展研究不断升温，落脚到人口、资源、环境、经济、社会五大支点上来。在这样的背景下，人口研究特别是广义人口发展战略研究，需要纳入可持续发展视野，进行边缘、交叉和综合研究。结合主持中国社会科学院重点课题"人口与可持续发展研究"，推出人口与资源、环境、经济、社会可持续发展研究报告、专著和《以人为本：可持续发展第一要义》《人类文明：人类控制系统与自然控制系统的博弈》等论文，提出并论证了人口与可持续发展总体理论框架结构：资源是可持续发展的前提，一切发展都可归结为资源的物质变换；环境是可持续发展的终极目标，可持续发展最终是为了给人类的生存和发展创造良好的自然环境和社会环境；人口是总体可持续发展的关键，只有人类参与并且按照人的意志进行的资源的物质变换，才称得上发展和可持续发展；经济发展和社会发展则是可持续发展的推进器和调节器，包括可持续发展在内的一切发展，只能依赖经济发展和社会发展推动。这一理论框架和战略顶层设计的推出，产生一定社会影响，明确了人口在可持续发展中的位置，并就总体人口与生活资料、劳动年龄人口与生产资料、人口素质与技术进步、人口老龄化与养老保障、人口城市化与产业结构调整、人口地区分布与生产力布局等，做出有一定独到见解的研究。论文《论人口与国民经济的可持续发展》，1996 年获中央宣传部颁发的精神文明建设"五个一"工程奖；主撰和主编的《人口、资源、环境可持续发展》《人口、经济、社会可持续发展》专著，获部委级优秀成果一等奖。

6. 人口政策与时俱进研究

多年来特别是进入 21 世纪以来，笔者在从事上述人口经济研究时，总想把过去多年积累的文献资料，尤其是亲身参与相关人口政策制定积累的文献资料整理出来，运用人口学、经济学、社会学等研究方法，结合三十多年的实践，做出比较系统的阐发。以弄清历史的本来面目，澄清中国人口政策的来龙去脉，推动研究的深入和政策的调整。首先把直接参与中国人口政策制定的有关资料整理出来，并完成论著写作。论文《新中国人口政策回顾与展望》，《人民日报》2009 年 12 月 4 日在理论版头条发表；专著《中国人口政策 60 年》列入中宣部、国家新闻出版总署组织的"辉煌历程——庆祝新中国成立 60 周年重点书系"，由社会科学文献出版社出版。《新华文摘》2010 年第 12 期全文转载《新中国人口政策回顾与展望》一文，多家报纸杂志转载该文和摘编《中国人口政策 60 年》部分章节，美、日等媒体发表评价并对中国人口政策调整做出评论和预测。中央党史研究室致函称："计划生育作为中国的基本国策，已执行了 30 年。您作为这项政策的主要设计者之一，从上世纪 70 年代末开始，就对中国人口及人口发展战略问题发表了一系列论文。1980 年 3 月至 5 月，中央接连召开了 5 次人口问题座谈会，您负责起草了呈送中央书记处的报告。2009 年 12 月，您在《人民日报》上发表署名文章《新中国人口政策回顾与展望》。这篇文章发表之后，立即引起业界和社会的强烈反响。我们想请您谈谈这方面的情况……"后来中央党史研究室《百年潮》发表了我口述，刘一丁、汪文庆整理的《"一对夫妇生育一个孩子"政策的由来与展望》，算是对党史资料征编来函的回馈。该文对当前争议颇多的人口生育政策，用亲历并从理论与实践相结合上，阐释1980 年出台提倡一对夫妇生育一个孩子政策时，即明确该项政策既非权宜之计，不是三年五载的短期政策；也非永久之计，不可能五十年、一百年地搞下去；而是一定时间的一项特殊政策。"一定时间"，界定为控制一代人生育率的时间，即 25 年左右最多不超过 30 年。为什么要以控制一代人生育率所需要的时间为准？因为控制好一代人的生育率，也就控制了下一代作父母的人口数量，既可以起到有效控制人口增长的作用，也可以使人口老龄化、劳动力供给、家庭代际结构等问题不至过于严重，保持人口与社会经济发展基本协调的态势。1980 年中央人口座谈会参会人员，以党中央、国务院相关部委办负责同志为主，吸收从事自然科学和社会科学少数有关学者参与。受会议领导同志委托，我负责起草向中央书记处的报告，因而清楚会议全过程。到 2009 年该项政策走完"一代人"的路程、到达需要调整的时间节点。理应适时进行政策调整，对 30 年的实践有一个总结，对未来做出安排。但是这个时点即将过去，政策调整却不见松动。作为参与政策制定的学人感到不安和不可忍受，便毅然选择公布事情真相、公开发表文章的做法，这就是该文发表的背景。了解内情的同志知晓，此事曾经引起一点儿风波，幸好四五年后党中央关于生育政策调整方案出台，风波始得平息。

以上论著提出生育政策调整具体的三条建议：一是"双独生二"，目前已基本做到；二是"一独生二"，已有少数省、区、市开始试点，建议全国分城乡、分步骤推开；三是"限三生二"，在保证不生育三个以上子女前提下，建议全面放开、组织实施。这一思路和建议不是当时一时的心血来潮，而是 1980 年做出提倡一对夫妇生育一个孩子决策时，即有这样的顶层设计。因此与过去的政策并不矛盾，不是改弦更张；而是恢复 1980 年政策提出时的初衷，是该项政策自然合理的延伸。

上述 6 个方面，在一定意义上也反映出本人研究经历的 6 个阶段。此外，人口学学科建设，也需要提及一下。1986 年国家社科基金成立，人口学在经济学科组，我为学科组成员，后调整到社会学科组。1996 年国际人口科学联盟（IUSSP）决定，1997 年第 23 届国际人口科学大会在北京召开。利用这一时机，我同学科组成员主要是国家人口计生委副主任杨魁孚同志，一起找到国家社科规划领导小组负责同志，申请将人口学科作为独立学科单列。提出的理由有三：一为第 23 届国际人口科学大会在北京召开，标志着国际社会对中国人口科学发展的承认；二为改革开放以来人口学科发展迅速，目前各种类型、大小不等的人口研究机构近百家，比某些学科并不逊色；三为中国是世界人口最多的国家，人口多基本国情对经济、社会、资源、环境以及各方面发展影响之大、之广、之深，非一般学科所能比拟，应加强对人口科学研究的扶持。经国家社科规划领导小组研究，最后同意了我们的意见，人口学作为同经济、社会等学科一样，成为一门独立学科。独立后，人口学申报和中标项目有了大幅度的增长，发挥了对人口学科研究扶持和引领的作用。同时利用国务院学位委员会学科评议组成员、中国人口学会常务副会长等社会兼职，团结学术界老、中、青同事，通过学科调研、会议研讨、制定学科发展规划等，探讨出成果、出人才的体制机制，努力把人才培养放在首位。2007 年我在代表中国人口学会常务理事会所作的"充分发挥学会作用，大力推进人口科学创新"工作报告中，对近年来取得的较高质量的研究成果，特别对人口与可持续发展、全面建设小康社会人口与发展、中国人口发展战略、人口健康、人口流动与城市化、出生性别比、民族人口、人口学基本理论等做出综合阐发，提出未来发展的方向、目标和任务，力求起到应有的推动作用。不过，传统的人口转变完成之后，后人口转变向何处去，信息化、经济全球化对人口数量、素质、结构有何影响，人口的变动和发展如何融入可持续发展战略等，不仅需要解决具体问题的实证研究，而且需要通过实践—理论—实践不断升华的理论研究，推进学科建设和理论创新，可谓任重而道远。

国际人口科学联盟（IUSSP）做出决定，1997 年第 23 届国际人口科学大会在北京举行。这是中国首次举办世界规模的人口科学盛会，有来自五大洲 82 个国家 4000 多位专家学者光顾。我作为大会人口老龄化和养老保障专题主持人、中国组委会主要负责人之一，既要提交尽可能有分量的专题研究报告，又要尽心竭力地做好承担的组织工作，要以"双肩挑"的身份出场。兴奋之余，乃填词一首，借以表达当时的心情、感悟。

西江月·北京第 23 届国际人口科学大会
（1997.10）

四千精英聚首，

北京拥抱五洲。

科学原本无国界，

潇洒研讨交流。

资源环境人口，

经济社会统筹。

持续发展好战略，

携手共织锦绣。

从"学然后"走来

前面提到，这里的"学然后"为《礼记·学记》缩代语。不过上面引用的还不是完整的原文。完整的原文为："虽有嘉肴，弗食，不知其旨也；虽有至道，弗学，不知其善也。是故学然后知不足，教然后知困。知不足，然后能自反也；知困，然后能自强也。故曰：教学相长也。《兑命》曰：'学学半'。其此之谓乎？"这篇仅有 70 多字的《礼记·学记》，道出知与行、教与学相互促进、相辅相成的道理和逻辑。从这一视角观察，也在一定程度上描绘出本人学海生涯行进的轨迹。以本人自孩提至杖朝之年六七十年学习和从事学术研究的经历、感触、顿悟而言，还是要归结到"老三条"上来：实践是认知、理论的源泉，认知、理论反作用于实践，实践—理论—实践螺旋式提升范式。尽管这样的认识论无人不知、无人不晓，但是不要忘记，书本上的知识、理论是一回事，有无经过实践检验和检验后达到新的提升，则又是一回事。只有"学然后"真正找到"知不足"所在，并身体力行地去"自反"；"教然后"真正抓住"知困"要害，且脚踏实地地践行"自强"；还要特别提及的是，必须站在时代前沿、经过实践—理论—实践的反复锤炼和提升，才能把握认知、理论的真谛。

其一，实践是认知、理论的源泉。这在唯物论说来，本属天经地义，不需做任何讨论。最重要的是，能否将其作为包括学术研究在内的一切行为的准则，始终坚持不渝。举几个影响较深、至今难以忘怀的例子。1956～1959年本人在家乡的市立高中读书。为了贯彻落实"教育为无产阶级政治服务、教育与生产劳动相结合"教育方针，在本钢支援指导下，办了一座颇为像样儿的校办工厂。每周二、周五上午，高三学生都要上两节金工课。专业老师讲完课后，学生按照所讲内容动手实习操作。讲课和操作从钳工开始。记得第一节课，学习和实习操作的是比较简单的度量工具"卡钳子"。老师讲解如何取材、掌握尺寸、使用锉刀，如何平衡站步、端正躯体、均衡发力等。结果还不错，我第一次锉制的"卡钳子"完全合格，受到老师的表扬。随后一年里，老师讲解了车、钳、铆、锻、焊主要的基础课程，实习所做的工件也多起来、复杂起来。现在高中阶段应不应该开设这样的校办工厂、安排这样的实习课程？结论恐怕是不一定需要。然而60年前我所得到的教益颇多、有些甚至还颇为留恋，也是不可改变的事实。

到农村劳动和参加军训，感受基本相同。下农村与社员一起耕作、除草、翻地，学到许多闻所未闻的知识。与牧区社员一起放牧，学到春放阴、夏放阳、数九寒冬放撂荒等实践经验。参加军训正值中苏关系紧张时刻，高校民兵预备役基干民兵训练开展得如火如荼。我担任两年系民兵营长，暑期在北大与清华之间的圆明园一带进行"三防"训练。头顶烈日，一会儿骄阳似火，靴子里的汗水倒出来都能听到哗哗的响声；一会儿又彤云密布、暴雨倾盆。在这样的环境中学习和演练防空、防化学、防原子，足以构成小说中生动的人物、环境、情节。还记得在上防原子课时，讲到1945年美国投放在日本长崎的那颗原子弹，医务人员的一件白大褂得以存留下来，说明白色抗核辐射能力很强。2006年我到长崎参观当年原子弹爆炸现场，果然见到保存至今的那件白大褂，勾起对原子弹爆炸时剧烈场景的想象。原子武器具有光辐射、冲击波、放射性沾染三大杀伤力，每种杀伤力都有"天敌"，因而也是可以预防的。

依本人亲历，如果不身经童年时代日本帝国主义的侵略、压榨、盘剥，爱国情结就不会凝聚和影响如此之深、之广、之久。如果没有20世纪50年代在教育与生产劳动相结合方针指导下深入工厂跟班劳动，到农村春种秋收；60年代"四清"与广大社员一起同吃、同住、同劳动，七八十年代改革之初安徽凤阳小岗联产承包第一村之行，北京翠花胡同全国第一家悦宾个体小饭馆的亲身体验，就很难真正了解中国的基本国情，拥有一份至今难忘的工农兵情怀，对改革开放的深情。社会科学具有从情怀到认知、理论、学说一脉相承的天性，因而不仅是理性认识深化的结果，还始终跳动着心系民众感性认识的脉搏。通过增加或减少"供血量"，影响理性认识、理论、学说的形成和发展，深度、广度和高度。由此联想到当前的教育改革，能否从中受到某些启示、吸取点儿什么东西，在增强学生智能改革上出点儿实招、取得点儿实效?!

自然科学研究离不开科学实验，是一种常态。红药水（220）是怎样发明出来的？据说是经过220次实验方才取得成功并因此而得名；从最初的飞行器到现代超大型宽体客机，其间牺牲了多少专家、多少架次不同档次的飞行器、飞机，恐怕难以说清楚。我国"两弹一星"研制经历多少次实验，失败、成功多少次？超乎人们的想象。相比之下，社会科学研究往往被人误解，以为社科研究无需实验，因而距离实践要远得多。实则不然。孔子周游列国，与众学子谈论仁、义、礼、智、信，治国安邦之道，才有《论语》问世，也才使"四书五经"得以接续整理编辑流传下来。苏东坡做官游迁黄州、杭州、儋州大半个江南，始留下"惊涛拍岸，卷起千堆雪""谈笑间，樯橹灰飞烟灭"（《念奴娇·赤壁怀古》）绝句；毛泽东率工农红军爬雪山、过草地进行艰苦卓绝的二万五千里长征，方才抒发出"金沙水拍云崖暖，大渡桥横铁索寒"革命浪漫主义豪情。至于考古发掘、地理考察、古典经济学劳动价值论、马克思《资本论》之写作等均离不开社会实践，更是不胜枚举、无一例外。包括人口学、经济学在内的社会科学研究，其对实践的依赖程度更高。我的体会是：遍地是知识，到处有文章。只是把实践提炼成高质量的文章，需要下一番苦功夫、硬功夫，甚至搞得寝食难安、废寝忘食，才能创造出有影响力的精品力作。

其二，认知、理论反作用于实践。认知、理论源于实践且高于实践，具有能动的反作用。学习和提升认知、理论，归根结底是为了改造客观世界和主观世界，这是社会科学研究的天职。对此，本人在中国人口发展战略和人口政策选择研究中，体会颇深。

20世纪70年代末80年代初我转入人口研究后，面前放着的第一道课题，就是如何看待中国的人口问题和寻求解决的途径。运用人口学、经济学、社会学等基本理论方法观察，当时人口与经济发展的基本态势是：社会经济发展比较缓慢，人口增长却比较迅速。在总体人口与生活资料比较中，生活资料不足是矛盾的主要方面；在劳动年龄人口与生产资料比较中，生产资料不足是主要的方面；在人口素质与技术进步比较中，技术进步、劳动生产率提升缓慢是主要的方面；在城乡结构比较中，城市化率过低是主要的方面；等等。一句话，表现为短缺经济与过剩人口的矛盾，人口问题首先定格在数量过剩上面。因而解决的根本之策，就是要双管齐下，而不能单管、单一型作业。即一方面要发展经济，改变供给不足现状；另一方面要控制人口数量增长，改变需求增长过快局面；同时提升人口素质，发挥人口数量—质量替代规律作用。因此，时至今日，本人仍认为当时从严控制人口数量增长是必要的，在担负起草 1980 年中央人口座谈会向中央书记处报告时，阐述了这样的认识、观点和决策选择。不过这样说并不等于人口数量越少越好、控制越严越好、控制时间越长越好——当时这样的说法小有市场；而是将人口与社会经济发展理论同当时的实际结合起来，提出控制一代人生育率，即提倡一对夫妇生育一个孩子在 25 年左右、最多不超过 30 年的结论和政策建议。这一建议得到绝大多数与会者的赞同和领导的认可。然而当 25 年期限已到、30 年即将来临时，政策相关部门却毫无动静。于是便在《人民日报》等媒体公开发文，亮明当初控制一代人生育率决策真相，呼吁尽快进行生育政策调整。虽然实际政策调整晚了几年，但是这样的研究成果还是在国内外产生强烈反响，发挥了应有的作用。还有其他类似的例子，感受最深的是：不管别人重视还是不重视，我们的研究都要以科学的理论为指导，推出经得起实践检验的理论、主张和政策建议。

其三，实践—理论—实践螺旋式提升范式。对于这样的认识论知行统一观范式，现在有人认为已经过时，应该摒弃了。我以为不但不应摒弃，还要大力提倡，只是不要忘记，要同时代发展紧密联系在一起。举两个例子：

例一，世纪之交我到某省做学术报告。结束后还有半天时间才能返回，便到省城附近的农村做点儿社会调查。座谈中谈到一对夫妇生育一个孩子时，未曾料到参加座谈会的几位年轻的妈妈，异口同声地说"生育一个孩子好，就是好"。我问怎么个好法时，她们回答"就是好"，好在哪里却说不上来。我再追问：独生子女"小皇帝"独来独往好吗？没有兄弟姐妹、缺少亲情好吗？她们不正面回答，还是那句话"就是好"。我说：你们的回答使我想起"文革"中一首歌，从头到尾就是一句话"无产阶级文化大革命就是好"，最后以喊一句这样的口号结束。我解释说，我不是政府官员，和大家谈谈心、交交心，无论大家说什么，散会就烟消云散，只当没有说过，希望大家讲点儿真话。这样一来，大家才解除顾虑。讲到会前领导有布置，交代座谈时别多说话，讲"生育一个孩子就是好"就够了。话匣子打开，大家讲了独生子女父母的忧虑，独生子女心理、情感、教育等多方面问题。其实这些问题早在1980年中央人口座谈会上大多讨论过，现在是要印证当初的预判是否正确，有哪些新问题出现。座谈会对我触动很大，进一步坚定了控制一代人生育的既定理念，加深并坚定了对生育政策调整必要性、紧迫性和现实性的认识。

例二，20多年前，我赴荷兰作学术交流。双休日，应一位在当地颇有影响的教授邀请，驾车沿着莱茵河畔信马由缰而上，中午时分在科隆停了下来，前去参观向往已久的科隆大教堂。我曾看过一点儿资料，科隆大教堂于1248～1880年兴建，历经7个世纪共632年，耗时恐怕列世界各国教堂之首；规模浩大，与巴黎圣母院、罗马圣彼得大教堂并列为欧洲三大教堂。来到跟前，果然百闻不如一见：一座长145米、宽86米、主体高135米的大教堂，全部采用磨光大理石建造，再配上两侧5座比主体高出20多米的塔钟，在彩绘镶嵌画玻璃窗掩映下，显示出耶稣"东方三圣王"的威严和肃穆、典雅、秀丽和轻盈。参观完毕，同行的教授问我："有一个与人口有关的建筑细节，你注意到没有？"我丈二和尚摸不着头脑，忙问他是什么细节。他说："你看一下教堂门的设计和建造，有什么特别的地方吗？"我还是不得要领，追问其详。他告诉我说："教堂的门与中国门的建筑不同，中国的门一般是两根柱子上面搭一条横木，方方正正；这里和欧洲许多基督教教堂的门上面呈人字状，向内雕进几层，好像一个去掉桃仁裂开的桃核"——说到这儿，他放慢了语速，带点儿解释性地继续说道："也像女性的阴门。上面是绽开的阴蒂，下面是洞开的阴道口——这不是低俗，而是生命之门，神圣之门，由人们对生殖崇拜演进而来的艺术雕塑。"我感到很惊诧，有关欧洲生殖崇拜的雕像，过去在意大利、法国、奥地利等国看到一些，基本上都是赤裸裸的；欧洲比较有名的教堂也看过十来个，还没有听到过如此一说！于是我请他再等我半个小时，掉转身形再次购票入内观览。因为有教授的"理性认知"导读，这次是举一反三、更细致一些地观览，对教堂深藏的生殖崇拜文化和整个宗教文化，既得更深入一个层次的了解和提升。

用"学然后"串连我的学术人生，得到带有根本性升华的效果。星移斗转，一转眼来到耄耋门前，尚有不少积累下来的文献资料需要整理、审编和提炼，发表过的论著也需要重新审视和提升。这就要发扬老骥奋蹄精神，沿着"学然后"的路子走下去，将学术研究更好地融入晚年生活。2008 年当我迈进古稀之年门槛时，曾作过一首《七律·登香山》，反映出暮年我对待学术研究的心情、心态和心愿。抄录于此，以"有诗为证"自我激励吧！

七律·登香山

（2008.8.1）

古稀之年登香山，
斗折蛇行向上攀。
一层石阶一层景，
一步更比一步难。
西山晴雪换人间，
回头望已是一天。
学问到老丝未尽，
鬼见愁上来论剑。

几年前中国中外名人文化研究会发来邀请，要我为《中华名人格言》撰写几则"富含哲理、语言精炼、寓意深刻、耐人寻味"的格言。对于如此之高的要求，未免有些惶恐，只好从日常生活中体会较深并且身体力行的自我约束的警句中摘出几条发过去。想不到在寄来的书中，还夹有一张被评为"优秀作品"的荣誉证书。优秀不优秀另当别论，也无所谓，有点儿实际的约束力倒是十分紧要的。"年龄可以老化，思想不能僵化，学问不可退化"是几条中的一条，至少反映出当前我的一种心态和对老年做学问的一种诉求。如何实现老化而不僵化、不退化呢？我在中国社科院老干部局组织编辑出版的一本书中，有《我的健康观——PK 四种不同类型年龄》一文，答案就是淡化自然年龄、激活生理年龄、平和心理年龄、践行社会年龄。

淡化自然年龄。一般讲人的年龄，即指自然年龄，以岁表示。自然年龄是时间推移的自然结果，如同植物的年轮一样，每过一年增加一圈，人的自然年龄每过一年增长一岁。怎样对待自然年龄增长？《论语》中说："叶公问孔子于子路，子路不对；子曰：'女奚不曰，其为人也，发愤忘食，乐以忘忧，不知老之将至，云尔'。"①。其中"不知老之将至"，就是淡化自然年龄，不为年复一年的年龄增长所左右，仍然"发愤忘食，乐以忘忧"地照常行事。对于自然年龄，古往今来留下西方炼丹术、东方仙山寻求长生不老药的神话，希望延年益寿。然而神话就是神话，谁也没有亲眼见到过长生不老的寿星。倒是随着经济的发展、社会的进步、医疗卫生条件的改善等，长寿真的向我们走来。依据联合国提供的资料，1950 年世界人口预期寿命为46 岁，2010 年提高到 68 岁，60 年间提高 22 岁，年平均提高 0.37 岁，为人类发展史上增寿幅度最大的 60 年。同期中国由不足 40 岁提高到 73 岁，提高33 岁，年平均提高 0.55 岁，高出世界平均水平 0.18 岁，增寿更为显著。② 然而活得长≠活得健康，因为正常人的一生可分为健康期、带病期和伤残期，现代人追求的目标是延长健康期，缩短带病期和伤残期，长寿＋健康才是我们的目的。其实，寿命长短主要由遗传基因决定，后天因素只能起到一定的延长或缩短作用，我们只需要科学地生活、工作、学习，其余由它去好了，不要总是想到年老了、不行了。最好能将自然年龄忘掉，真正做到"不知老之将至"。

激活生理年龄。一般地说，自然年龄同生理年龄有着一定的、必然的联系。人的脑细胞在 50 岁以后开始减少，脑重量开始变轻，智力开始下降。听觉下降最早，20 岁以后便开始减弱，到了老年则减弱更甚。体力随着年龄的增长而下降，老年晚期出现体力不支是正常的现象。因此，衰老（Senescence）是生物体的自然属性，具有不可抗拒、不可逆转性质，迟早是要发生的。我们能做到的，就是在或迟或早上做文章，延缓衰老，增进健康期。关于健康，有两种截然相反的观点：一种为动派，坚持"生命在于运动"，举出无数个案例，说明运动对保持人体机能完好的重要性。一种为静派，坚持"生命在于静止"，举出不好动的动植物寿命最长，常常把懒得一动的乌龟和傲然挺拔岩石之上、狂风暴雨不动摇的苍松，作为长寿的象征。1941 年周恩来、董必武、邓颖超同志为祝贺马寅初先生 60 寿辰赠送的对联，写的便是"桃李增华坐帐无鹤，琴书作伴支床有龟"。还有一种观点，认为"生命在于平衡"，维持生命需求与供给的平衡，中医所讲的阴阳平

---

① 参见《论语集注》上卷四，第 56 页，孔子中国画院金龙阁荣誉出品。

② 参见 United Nations：*World Population Prospects*，*The 2008 Revision*，New York，2009，p. 48，p. 184。

衡，西医所讲的营养均衡等是也。问题在于怎样才能实现平衡，是静止求平衡还是运动求平衡？笔者赞同通过适度的运动求得平衡，即运动要适当，要随着年龄的增长和体质状况的变化，做出适当增减的运动。笔者的信条是：迈开腿、管好嘴、调整好心态。

平和心理年龄。WHO将心理健康与生理健康、社会健康并列为人类健康的三个基本方面，足见心理健康之重要。这是因为人的行为受思想支配，生理健康在很大程度上取决于心理健康。常言道："笑一笑，十年少；愁一愁，白了头"，讲的就是这个道理。老年如何调整好心态，我将其归结为平和心理年龄，就是要准确定位老年在人生坐标上的位置。就抽象的一般意义而言，最主要的就是要认识人生角色的转换。角色的转换，可以从两个相反的方向去理解。一方面表现为衰减和失去：身体健康的衰减和失去，体力和精力越来越不济，总体上由健康期步入带病期、伤残期；社会职责的衰减和失去，原来担负的社会工作让位给后来人，成为退休养老的自由人；行为观念的衰减和失去，过去从事的是社会需要的工作，退下来以后更多从事的是自己需要的活动，观念上由我为社会转变到我要为我，以减少社会为我。另一方面表现为增进和拥有：自由的增进和时间的拥有，老年由原来的岗位退居下来，不再担任任何职务，原来有官者变成"无官一身轻"，原来无官者也用不着早上班晚下班，24小时全由自己自由支配；活动的增进和拥有，由原来以单位为主的活动，变成以社会社区的活动为主，相对说来拥有一个更大范围、更多社会接触的舞台；观察评论的增进和拥有，如果说成年时期生活以干为主，退居下来以后则变成以看为主，拥有更多思考、评说的机会，因而有时间提升自己的知识和经验。可见，老年作为人生最后特殊阶段的人口群体，由于衰减和失去、增进和拥有并存，一方面使他们脱离原来固有的关系，越来越自由，似乎与社会渐行渐远；另一方面他们又不能太自由，并且对社会的依赖程度会越来越强烈，成为必须得到社会关怀的弱势群体。联系本人实际，虽然尚未进入这种角色转换，或者大部分尚未进入这种转换；但是已从行政岗位上退了下来，也有一个摆正位置，调整心态，即平和心理年龄问题。相信后来居上、长江后浪推前浪是合乎规律的发展。退一步海阔天空，到了应该放飞心理年龄的时候，何不潇洒走一回？！

践行社会年龄。平和心理年龄，不是放弃奋斗终生的事业，而是以一种平和的心态，多几分宽容，多几分潇洒，让更多的后来人共同推进事业的发展。就步入老年的个人说来，则要充分认识老年的价值。其一，作为有一定劳动能力的经济价值。我国 60 岁以上老年人口中，大约有 1/4 仍在从事力所能及的劳动，他们把劳动视为生存和发展的一种需要，是社会有用之人的一种标志。作为受过高等教育的专家学者，继续从事科研和其他劳动，不需要再进行专门的职业训练，因而具有成本较低优点，可以为社会创造出低投入、高产出的财富。其二，作为经验积累的历史价值。在我国由农业国向工业国转变过程中，先进技术、中间技术、落后技术将长期并存，先进技术取代落后技术需要较长一段时间，这是由我国的基本国情决定的。在这种情况下，经验显得尤为重要。而经验是实践知识的积累，同年龄成正比例增长，年龄是人生经验的象征。在这个意义上，老年人口具有其他年龄人口群体无法比拟的优势。其三，作为文化传承的社会价值。文化成为当今世界关注的热点，老年作为接受历史文化遗产最丰富又经过当代文化洗礼的人口群体，是现实社会文化的富有者，比少年人口富有，也比成年人口富有，应当成为先进文化的成熟传播者，尽管传播中也要重新学习和进行创造。1982 年联合国第 37 届大会通过的《老龄问题维也纳国际行动计划》指出：童年和老年共同承担人类文化价值承传任务，但童年主要是承接，老年主要是传播；老年人口的文化传播，保障了人类的生存和进步；老年人口群体的这一作用具有不可替代的性质，成为一种"人类课堂"。如此说来，老年对于社会并非毫无用处，"老而无用"是一个误区。

对于从事社会科学研究的老年学者说来，则可以有更多一些的作为。古今中外大器晚成事例数不胜数，我们身边的许多老年研究人员，大都生命不息、奋斗不止。不过用实际行动交出一份合格的社会年龄答卷，并非易事。我的体会是，一要不断学习。所谓活到老、学到老，学无止境是也。尤其在当今世界信息化、经济全球化迅速推进，国内改革开放向纵深发展，经济转轨、社会转型、人口转变加速进行背景下，"一不留神"就会被时代的列车甩下来。要想不被甩下来，办法只有学习、再学习。要了解新事物，熟悉新情况，研究新问题，严防思想僵化。二要联系实际。学习有两种，一是向书本学习，包括纸质书本和电子信息、图书、报刊等；二是向实践学习，以社会为实验基地，深入调查研究，经过实践—理论—实践多次反复，取得具有实际应用价值的研究成果。三要坚持学术创新。人们常说"青年人喜欢憧憬未来，老年人容易留恋过去"，虽然不能一概而论，但是此话也揭示了一种值得注意的年龄思维倾向。在现实生活中，我们常常看到有的老学者、老专家，在他们的研究中新思维、新思想、新观点、新理论太少了，学术上的老话、旧话、套话太多了，给人以落伍和与时代发展渐行渐远之感，这样的成果能起到什么样的作用呢?！创新是一个国家和民族的灵魂，科学发展的灵魂，当然也是老年社会科学工作者有所作为的灵魂。

田雪原　于文星阁

2018 年 6 月

目　　录
CONTENTS

人口与经济

人口老龄化与发展老年科学

人口与发展

附 录

导　论

　　《田雪原文集》（一），共收入笔者 1979～1990 年间发表的中文论文和研究报告 38 篇，以及相关报道 12 篇，作为"附录"刊载于后。38 篇论文和研究报告分为 5 个专题：人口经济拨乱反正 8 篇，人口控制的理论与实践 8 篇，人口与经济 8 篇，人口老龄化与发展老年科学 9 篇，人口与发展 5 篇。编排原则是，将选入文章分为 5 个专题，每个专题基本上按照时间顺序排列，有的考虑到文章的逻辑层次结构，稍有提前或推后。虽然每一篇文章是独立的，但是由于同一人撰著，彼此之间还是有着一定的联系，尽量体现围绕一定的主题而展开的原则。

　　第一专题，人口经济理论拨乱反正。临近 1978 年岁末，党的十一届三中全会的召开，实事求是思想路线的恢复和以经济建设为中心工作重点的转移，恰似平地上一声惊雷，给包括科学研究在内的各项事业发展送来了春天。摆在社会科学工作者面前的首要任务，就是进行理论的拨乱反正，把颠倒了的思想、学说、理论，重新颠倒过来。由于笔者所学专业原本为经济学，便从经济理论入手，针对长期以来忽视经济规律、国民经济比例失调、重生产轻消费、重重（工业）轻轻（工业）等撰写的文章，"调整是目前国民经济全局的关键"、"为社会主义'托拉斯'恢复名誉"两篇收入本部分，其他如"论按需生产"等没有收入。不过笔者拨乱反正的主战场，还设在人口、人口经济方面。20 年前批判马寅初新人口论使笔者郁积于胸，20 年的实践证明批判是错误的，马寅初的新人口论是正确的。于是便将多年积累起来的资料整理出来，拿起笔来撰写"为马寅初先生的新人口论翻案"，1979 年 8 月 5 日《光明日报》全文发表，并加了"编者按"，作为该报对过去错误批判的清算。近来有一位同事撰文，以本人是北大经济学系毕业、当时在中国社会科学院经济研究所工作和笔者本人具备的一些条件等为"理由"，断定笔者的文章是奉命之作。这里，我要告诉这位同事：我撰写的为马老新人口论翻案的文章同任何组织、任何个人都没有关系，纯属个人行为，是笔者郁积多年学术情结的迸发，是"蓄谋"20年之久的。

以为马寅初新人口论翻案为契机，相继发表"控制人口是一项战略任务"、"要建立科学的社会主义人口理论"、"对'人手论'的几点看法"等文章，并于1981年出版了《新时期人口论》专著，对批判新人口论以后形成的人口理论教条进行剖析，阐发应当建立科学的人口理论。主要剖析如下四个方面的理论教条。

一是将人口问题说成是政治问题，造成人口问题长期无人敢于问津。包括人口在内的社会科学中的某些问题，往往同政治有牵连；然而二者毕竟属于不同的范畴，要用不同的方法对待和解决。批判新人口论把学术问题当做政治问题批判，谁讲人口问题谁就是向党向社会主义进攻，这样就划出一个"禁区"，堵塞了言路，致使人口科学研究中断了一二十年。在学术问题上，有时真理可能在少数人手里，只能坚持讨论的办法、民主的办法，按照"百花齐放、百家争鸣"方针办事。

二是片面夸大人口多的好处，用"人手论"取代"人口论"。批判中加给马老的"罪状"之一，是"见口不见手"，只看到人作为消费者的一面，没有看到作为生产者更重要的一面。批判者的逻辑是：人口越多—劳动力越多—生产越多—积累越多—发展越快，因此人口越多越好。甚至认为"人口"一词本身就有问题，为什么首先看到的是一张吃饭的口，而不是万能的手呢？应将"人口"改为"人手"，"人口论"改为"人手论"。事实上，人作为生产者是有条件的，是劳动年龄人口中扣除丧失劳动能力的人口；而作为消费者是无条件的，无论少年人口、成年（劳动年龄）人口还是老年人口，无论能劳动还是不能劳动，均要消费，消费是维系人口再生产不可或缺的环节。

三是将人口质量与种族优生混同起来，谁讲人口质量谁就是仇视劳动人民。马寅初新人口论的基本观点，就是控制人口的数量、提高人口的质量，用他的话说，就是去掉这个大负担、保存这个大资源。批判中却将"提高人口的质量"说成是贬低、仇视劳动人民，是反动的资产阶级种族优生论的翻版。人口指居住在特定地域的总体而言，是数量和质量的统一。马老关于控制人口数量、提高人口质量的论述，可谓画龙点睛之笔，切中国人口问题的要害。

四是在社会主义人口规律问题上，突出人口的不断迅速增长。批判新人口论以后，更加强调人口的不断迅速增长，致使这一"社会主义人口规律"占据学坛 30 年，甚至写进了政治经济学教科书。"不断迅速增长"的潜台词，是社会主义不存在人口过剩问题。因此，尽管我国在实践上仍在推行节制人口的计划生育政策，但是理论上解释为有利于母亲、儿童健康，有利于妇女解放，绝不是因为人口多了的缘故。这就形成理论与实践上的背离，既不能正确地发挥理论指导实践的作用，也不能使人口学理论得到健康的发展。

只有人口理论拨乱反正、正本清源，科学研究中实事求是思想路线的恢复，才能拨正学科发展的航向，才能正视中国人口问题的客观存在和问题的性质，找到解决的根本出路。

第二专题，人口控制的理论与实践。"关于人口发展战略问题"，是在人口理论拨乱反正后的研究成果，立足于中国人口和劳动力过剩问题的解决，从分析目前人口数量大、年龄构成比较轻、乡村人口所占比例高、人口素质比较低、人口密度高且分布不均衡，具有较强增长势能的实际出发，提出并论证了控制人口数量、提高人口素质、调整人口结构相结合，集"控制"、"提高"、"调整"于一体，当前以"控制"为重点的战略。笔者主持的《2000 年中国的人口和就业》，列入国家重点项目《2000 年的中国》研究报告之一。描绘出 2000 年中国人口和就业发展的目标、图像、特征和决策选择。这是一份内部研究报告。面对当时宣布的 2000 年全国人口控制在 12 亿人以内控制目标，该报告提出控制在 12.0 亿人、12.5 亿人、12.8 亿人低、中、高三种预测，并且论证了控制在 12.5 亿人左右及其政策选择。该报告是中国人口发展战略研究在 2000 年时点的具体运用和体现。由于党中央、国务院有关领导直接关注《2000 年的中国》研究，人口和就业报告同其他报告一样，对 2000 年规划产生直接的影响。由于原报告为内部研究报告，本文集（一）收录的仅是《光明日报》发表的一份摘要。作为对人口变动趋势和人口发展战略的理论阐释，"论孩子成本—效益理论和人口控制"被收入本部分。该文在科学评价莱宾斯坦（H. Leibenstein）、贝克尔（G. S. Becker）等的孩子成本—效益理论和值得借鉴的科学成分基础上，结合我国实际，分析农村联产承包责任制实施以后，发生孩子劳动—经济效益、养老—保险效益强化，孩子成本主要是指用在教育、科学上面的成本增长不快的不利倾斜，提出 20 世纪 80 年代控制人口增长难度加大的结论。应对的思想和决策选择，提出除了沿用以往行之有效的行政手段外，需要适应市场经济发展要求，加大利益调节分量，有效增加独生子女和计划内生育子女效益，同时在四川省进行变独生子女费为独生子女双全保险和父母养老保险改革试验，力图解除独生子女父母的后顾之忧；提高子女成本特别是教育成本，适当增加计划外生育子女费等办法。通过加大利益调节改革，诱导父母从关心家庭经济利益得失上，关心生育子女的数量，自愿选择少生优育道路。

贯彻以数量控制为重点的人口发展战略和实施计划生育基本国策收到怎样的效果？"30年来中国人口的发展"、"20世纪80年代中国人口发展回顾与展望"、"从人口年龄结构变动，看计划生育的伟大成绩"等几篇，从学术角度，主要从人口转变和年龄结构变动作出阐释。1949~1990年，中国人口经历1949~1952年人口再生产类型转变，由高出生、高死亡、低增长，转变到高出生、低死亡、高增长；1953~1957年的第一次生育高潮，人口年平均增长率达到23.7‰；1958~1961年的第一次生育低潮，人口年平均增长率下降到4.6‰；1962~1973年的第二次生育高潮，人口年平均增长率达到25.6‰；1974年以来的第二次生育低潮，迎来人口增长率长期持续的下降。与此同时，人口年龄结构由年轻型过渡到成年型，并且开始了向老年型的过渡。这是中国人口发展史上具有深刻意义的转变，它标志着中国人口进入一个新的发展阶段。

第三专题，人口与经济。提出和阐述的重点问题，一是在"人口与国民经济综合平衡"论文中，强调人口的变动和发展要与经济发展相适应，寻求总体人口与生活资料、劳动年龄人口与生产资料、人口质量同经济技术结构之间的平衡。二是在"四个现代化和从9亿人口出发"论文中，强调将经济建设与人口现状联系起来，在改革开放中仍需坚持主要消费资料的生产要放在自己力量基点上，人口教育素质不高决定着立体层次的技术结构，城乡人口结构落后决定着农业现代化具有一些显著特点。三是在"利用人口年龄构成变动促进现代化建设"等论文中，最早提出人口年龄结构变动的"黄金时代"命题。该文是在美国作访问学者时完成的，发表在1983年6月5日《人民日报》上。通过高、中、低三种方案预测，提供一个长达40年左右老年和少年人口之和比例下降、生产年龄人口比例上升，即从属年龄比或被抚养人口比下降的人口年龄结构变动的"黄金时代"。指出"黄金时代"对实现2000年工农业总产值翻两番和加快现代化建设意义重大，是难得的历史机遇，应当充分利用这一机遇加快发展，促进现代化建设。"黄金时代"和后来被称为"人口盈利"、"人口红利"、"人口视窗"诸概念是同一含义，都是劳动年龄人口比例升高、老少被抚养人口之和比例下降，劳动力充裕、社会抚养比下降，有利于经济发展的机遇期。改革开放之初提出和阐释这一命题，构成对经济持续高速增长强有力的人口劳动支撑。四是在"经济生产年龄人口变动和就业战略重点的转移"等论文中，从我国经济发展、农业资源和人口城乡结构实际出发，提出并论证了农村剩余人口向城镇工商业、农林牧渔业、乡镇企业各转移1/3的"三三制"转移，对当时乡镇企业、城乡经济发展有一定现实意义。五是在"沿海经济发展战略人口观"、"发展经济，促进转变，寻求人口与经济发展的良性循环——中国沿海地区人口经济发展的启示"两篇论文中，论证了东部沿海地区人口转变超前，率先进入年龄结构"黄金时代"；人口素质较高，科技开发能力较强；城市化推进较快，人口城乡结构较为合理等有利的人口条件，为沿海经济率先发展提供人口学研究支持。结合深化改革、扩大开放和产业结构升级客观要求，提出人口与经济发展走向良性循环发展方向，指出关键在控制人口数量、提高人口素质，逐步实现由投入孩子数量成本向质量成本转变，增强人力资本积聚能力。

第四专题，人口老龄化与发展老年科学。实施以数量控制为重点的人口发展战略，生育率和出生率的下降必然导致人口年龄结构老龄化。一定程度的老龄化不仅不可避免，而且是必需的，是实现人口零增长和零增长以后负增长所必经的阶段。但是老龄化必须保持在合理水平，即将老龄化引起的社会负担加重，控制在社会经济发展能够承受的合理范围之内。为此，笔者主持"七五"国家社科重点项目"中国老年人口调查和老年社会保障改革研究"，组织中国60岁以上老年人口抽样调查，此为首次全国规模的老年人口抽样调查；编辑出版抽样调查资料，研究报告、国际研讨会中英文文集和老年人口、经济、社会专著三部，被誉为"中国老年科学的奠基作"。收入本部分的"中国老年人口现状"，是抽样调查的总报告，其余为在调查基础上撰写的论文。由于应用调查得来的第一手资料写作，许多带有开创和填补空白性质。提出和主要阐发的，一是1987年中国60岁以上老年人口现状。包括典型"金字塔"状结构；老年人口年龄、性别、文化构成；旧式婚姻关系再现——老年人口婚姻、生育和家庭；农业型与工业型并存——城乡老年人口经济来源、收入和供养差别；自食其力与奉献——老年人口从事力所能及的劳动和职业构成；增进健康和活力——老年人口医疗、健康、居住和活动等。通过与国际社会比较研究，阐释中国人口老龄化的特点和发展规律。二是提出并论证积极发展社会供养、继续提倡家庭子女供养、适当组织老年人劳动自养，建立"三养"结合、互相补充的养老保障体系框架；同时分析家庭子女供养和老年自养弱化，社会供养强化发展趋势，未雨绸缪发展以社会供养为主导的老年保障体系的必然性和必要性。三是阐述建立具有中国特色老年学的宏观思考，包括研究对象、方法、体系，分支学科之间的关系，建立以老年人口学、老年经济学、老年社会学、老年生物学、老年心理学、老年医学为支柱的老年科学体系。四是人口老龄化和老龄问题的国际比较研究。收入本部分的主要是与亚洲日本、欧洲荷兰的比较研究，提出某些值得借鉴的做法和经验。

第五专题，人口与发展。其中"改革开放给人口城市化带来新的生机"和"中国城市人口划分标准问题研究"两篇，为人口与城市化发展专题。重点阐发，中国人口城市化在经历了 20 世纪 50 年代的快速发展和六七十年代的 20 年徘徊之后，以改革开放为契机，迎来高速发展阶段，显示出新的生机和活力；在农村人口大规模向城镇转移的新形势面前，城市人口划分标准需要作出相应的修正，不能沿用传统的"农业"、"非农业"户籍指标，合理借鉴国际社会做法，突出"聚居程度"人口指标；长期推行的"积极发展小城镇，适当发展中等城市，严格限制大城市规模"城市化方针，产生于一定的社会经济背景，随着改革开放和人口城市化的加速发展，也需要适时作出调整，增加一定的弹性，遵循城市化自身的发展规律。"中国文化与人口发展一瞥"论文，阐述人口变动和发展的文化渊源，作为传统文化支柱之一的生育文化，在人口不断增长的历史长河中，起到了不可替代的作用；现实生活中人口文化对生育的影响仍较显著，人口教育素质的提高就是生育率的降低；为了比较不同时期和不同地域人口受教育的程度，提出相当于平均所受教育年限的人口文化教育指数，运用受教育人年数方法，计算出总体人口平均所受教育年限，填补了没有这一统计指标的空白。笔者研究发达国家人口研究动向，也关注发展中国家人口走势，收入这部分的"论第三世界国家人口和经济协调发展的战略"，作为出席国际会议的论文，对发展中国家人口与消费、就业、技术进步、产业结构等的发展，作出宏观考察，探索带有规律性的变动，提出人口与经济协调发展的思路。总体上，是要抑制人口过快增长的势头，同时要大力发展科学、教育、文化事业，提升人口素质，增强人力资本积聚，充分发挥人力资源充裕的优势。

上述期间，笔者发表的科研成果产生一定社会影响，也得到相应的承认和奖励。获部委级以上主要奖项的有：

授予首批国家"中青年有突出贡献专家"称号，国家科委发文，人事部颁发证书（1984），并载入《新中国科技精英谱》（1988）。

"为马寅初先生的新人口论翻案"论文，获首届中国人口科学优秀成果特别荣誉奖（1994）。

《2000年的中国》研究报告，获国家科学技术进步成果一等奖。笔者主持并主笔研究报告之一《2000年中国的人口和就业》，为答辩三人小组成员、获奖人之一，颁发证书和奖章（1988）。

《中国老年人口（人口、经济、社会三卷）》专著（主编），获中国社会科学院优秀成果奖（单一奖项，1993）；首届中国人口科学优秀成果一等奖（1994）。

《中国1987年60岁以上老年人口抽样调查资料》（数据集，包括序和研究报告），获中国社会科学院优秀成果奖（单一奖项，1993）。

"发展经济，促进转变，寻求人口与经济发展的良性循环"论文，获首届中国人口科学优秀成果一等奖（1994）。

附录。对研究工作和取得的科研成果，学术界和相关媒体曾发表一些评论和报道。这些评论和报道不一定十分准确，不过还是表达出一种观点，提出一些值得思考的问题。因而选出有代表性的几篇，附录于后，供参考和指正。

人口经济理论拨乱反正

为马寅初先生的新人口论翻案[*]

我们面前放着马寅初先生《我的经济理论、哲学思想和政治立场》一书。就是这样一本小册子，在 20 世纪 50 年代后期却引起了一场轩然大波，批判、声讨之势一浪高过一浪，其时间之长持续达三年之久；规模之大，全国主要报刊几乎全部卷了进去，文章发表了数百篇，实为历史所不多见。

可是，20 多年的实践却给这场辩论作了相反的结论：真正的失败者并不是马寅初先生，他的新人口论不仅不是什么向党、向社会主义进攻的"毒药"，恰恰相反，是具有远见卓识、治国利民的一剂良方。今天，我们理应推倒一切诬蔑不实之词，为新人口论翻案，为马老彻底平反，为马老恢复名誉。

学术的尊严不能不维护

新中国成立后，随着国民经济的恢复和发展，人民生活的改善，人口死亡率有了明显的下降，全国人口出现了迅速增长的趋势。据 1953 年人口普查，总人口达到 601938035 人，出生率为 37‰，自然增长率为 20‰。又据 1954 年五个省和一个自治区的统计，每年的人口自然增长率高达 23‰。按此增长率推算，全国人口在第二个五年计划末期将超过 7 亿人，第三个五年计划末期可达 8 亿人，增长速度十分惊人。

作为一个经济学家，马寅初先生深知人口盲目增长下去带来的严重后果。然而，当时多数人，包括一些领导同志并没有认识到这个问题，这就引起了老先生的焦虑。1955 年他在人代会浙江小组首次就控制人口问题发了言，想不到一些代表不同意，未能提交大会讨论。1957 年 2 月在最高国务

＊ 本文发表于 1979 年 8 月 5 日《光明日报》。

会议上，他又畅谈了关于我国人口问题的主张，受到毛泽东同志的重视。马老因此大受鼓舞，异常高兴，他在接见《文汇报》记者时说："现在人口问题可以公开谈了，这说明我们国家进步真快。"他不顾年近80的高龄，到处奔波，或找领导同志恳谈，或向群众发表演讲，一心一意盼望举国上下把控制人口的问题重视起来。1957年6月，一届人大第四次会议召开了，他把人口问题作为一项提案写成书面发言，7月5日《人民日报》全文发表，这就是他的新人口论。

然而，天有不测风云。据说资产阶级右派曾经利用人口问题向党发起进攻，一些主张控制人口，节制生育的知名人士一个个遭到批判，一个个被打成右派分子，马先生也有些岌岌可危。果然，不久就批到了他的头上。不过，开始那些批判文章还好些，虽然上纲较高，但还试图讲点道理出来。马老先生总是一篇篇地读下去，看一看有没有可取之处。事实上，他是一个敢于坚持真理，也勇于修正错误的人。他在北大发表演讲，有人指出他的一个原则错误，他虚心接受，诚恳致谢，并当即贴出大字报作了公开检讨。

1959年下半年以后对马寅初先生的批判突然升了级，在他当时工作的北京大学，大字报铺天盖地，批判会接连不断，有的还面对面地"短兵相接"，"挖老根、算旧账"，甚至进行个人人身攻击。再看看报刊上那些文章，简直是骂不绝口。这是怎么回事呢？原来是那个"左派理论家"插了手，他发下一道指示：马寅初的观点就是艾奇逊的观点，要像批艾奇逊那样批马寅初。对这突如其来的攻势，马老有些困惑不解。但凭他多年的经验，从势头上感到"来者不善"。这时，在他的面前已经摊开两条路：一条是接受批判，作一番检讨，一切都会平安地过去；另一条就是坚持下去，前途自然不堪设想。马老毅然决然地选择了后一条道路。他在《我的哲学思想和经济理论》一文的"附带声明"中说："我虽然年近八十，明知寡不敌众，自当单身匹马，出来应战，直至战死为止，决不向专以力压服不以理说服的那种批判者们投降。"他对好朋友的劝告表示感激，但他同样毫不动摇地表示："这次遇到学术问题，我没有接受他的真心诚意的劝告，心中万分不愉快，因为我对我的理论有相当的把握，不能不坚持，学术的尊严不能不维护，只得拒绝检讨。"正是理论上的这种彻底性，决定着政治上的坚定性，大概这就是马老奋战不屈，或者如某些批判者说的"带着花岗岩的脑袋去见上帝"的"奥秘"所在吧！

到底属于哪一个"马家"

批判马寅初新人口论的文章有一个共同的基调，说他宣扬了马尔萨斯观点，是中国的马尔萨斯。有一张大字报更醒目："马寅初先生究竟属于哪一个马家"。尽管"马家"一说并不科学，因为马克思和马尔萨斯，谁都不姓马。但依据中国人的习惯叫法，不妨把他们称为两个"马家"。我们认为，为马寅初先生翻案，中心的问题是为他的新人口论平反，彻底摘掉马尔萨斯主义的帽子。

马寅初先生的人口理论的基本观点是正确的，绝不属于马尔萨斯那一家，而属于马克思主义这一家。他根据调查得来的材料，一反苏联政治经济学教科书把人口不断迅速增长说成社会主义人口规律的教条，分析了我国人口增殖过快同国民经济之间存在的各种矛盾，主要是：（1）同加速资金积累之间的矛盾。"我国最大的矛盾是人口增加得太快，而资金积累似乎太慢。""我国过多的人口，就拖住了我们高速度工业化的后腿，使我们不能大踏步前进。"（2）同提高劳动生产率之间的矛盾。"要提高工业的劳动生产率，就要大力地积累资金，加强每个工人的技术装备，同时还要控制人口，因为如人口增殖任其自流，资金很难迅速地积累。"农业"每人平均分得的耕地，已自1953年的二亩八分降至1955年二亩七分"。（3）同提高人民生活之间的矛盾。"现在粮食紧张，猪肉紧张，布票对折使用，煤也不够烧，这一切都牵连着人口众多的问题。"（4）同科学事业发展之间的矛盾。"由于受现有工业水平和国家财力的限制，还不能完全满足开展研究的要求，欲达到这个目的，唯有加速积累资金，一面努力控制人口，不让人口的增殖拖住科学研究前进的后腿。"

那么，采取什么办法解决这些矛盾，控制人口增殖呢？马寅初先生提出："第一步要依靠普遍宣传"，大力宣传计划生育的好处，大力破除宗嗣继承观念，破除"早生贵子"、"五世其昌"等封建思想。其次，"俟宣传工作收到一定的效果以后，再行修改婚姻法"，实行晚婚，"大概男子二十五岁，女子二十三岁结婚是比较适当的"。再次，"如婚姻法修改之后，控制人口的力量还不够大，自应辅之以更严厉更有效的行政力量"，主张生两个孩子的有奖，生三个孩子的要征税，生四个孩子的要征重税，以征来的税金作奖金，国家财政不进不出。

以上就是马寅初先生新人口论的基本内容和主要主张。然而就是这些内容和主张，在当时却被说成"否定社会主义制度的优越性"，"仇视劳动人民"，扣上一顶马尔萨斯主义的大帽子。理由是他把人看成消费者，没有首先看成生产者，是"见口不见手"。按照"人手论"，就应该是人越多、劳动力就越多，生产也越多，积累越多，发展越快，因而人越多越好，据说这就是"马克思主义"的人口观。为此有的人还曾动议：应该将"人口"改成"人手"，似乎"人口"一词本身就包含马尔萨斯主义的味道。这些"逻辑"在今天看来未免使人哑然失笑，可是在当时简直是一种流行的权威观点哩！

马克思主义认为，人口数量、密度、发展速度虽然对社会发展不起决定性作用，但"人口的增长对社会的发展有影响，它促进或者延缓社会的发展"（斯大林：《列宁主义问题》，第 644 页）。马寅初先生明确提出我国人口发展已经同积累、消费以及科学等的发展不相适应，完全符合我国的实际，完全符合马克思主义关于人口发展对社会发展起促进或者延缓作用的理论，同马尔萨斯主义风马牛不相及。

马寅初先生适时地提出提高人口质量，提出中国各阶层人口"都要提高知识水平"，是有很大积极意义的。他把人口数量和质量两个方面联系起来考察，说明这是解决我国人口问题的根本途径。他说："但在一穷二白的中国，资金少，人口多，把人民组织起来，利用它作为一种资源，不是没有好处的，但不要忘记亦有人多的坏处。人多固然是一个极大的资源，但也是一个极大的负担。我的新人口论主张保留它的好处，去掉它的坏处；保全这个大资源，但去掉这个大负担。方法是提高人口的质量，控制人口的数量。"马老这一段话充满了辩证法，可以说是画龙点睛之笔，寥寥数语把他的新人口论展示得清清楚楚，也从积极的角度概括了解决我国人口问题的方向。

马寅初先生为使人们真正理解他的新人口论，不至于产生误解，常常把他的理论同马尔萨斯的人口论加以比较，说明二者的根本不同，并对马尔萨斯主义作了相当深刻的揭露和批判。没想到，这样一来，反倒"授人以柄"，说他是"此地无银三百两"，"假批判、真拍卖"，"地地道道的马尔萨斯主义者"。真是欲加之罪，何患无辞！其实，只要不抱偏见，应该说马寅初先生对马尔萨斯是作了认真批判的。他指出，"马尔萨斯写人口论的本意，就在于从理论上维护资本主义制度及其政府"；他指出，人口按几何级数和食物按算术级数增加是早已"破了产"的，并用新中国成立后生产飞速发展的事实加以有力驳斥；他指出，马尔萨斯主张用战争、瘟疫、饥饿等手段来消灭现有人口，因而是非常反动的，等等。既然这样，为什么硬在马寅初的新人口论和马尔萨斯的人口论中间用等号连接起来呢？对此，马老气愤地说："有人称我为马尔萨斯主义者，我则称他们为教条主义者，反列宁主义者"。对于那种闭着眼睛不看事实的人，专门打棍子、扣帽子的人，恐怕也只好如此。

值得认真总结的历史教训

新中国成立前，马寅初先生就是我国著名的经济学家。他坚决反对四大家族和官僚资本，反对蒋介石的独裁统治，坐过国民党的监狱，多次参加过激烈的反蒋民主运动，是爱国民主人士中一位杰出的代表。新中国成立时，他应邀来京参政，衷心拥护党，拥护社会主义，立志把有生之年奉献给社会主义事业。曾任中央人民政府委员，人大常委，中央人民政府财经委员会副主任，华东军政委员会副主席，浙江大学、北京大学校长等重要职务，对我国经济和教育事业的发展出过力，作过贡献。然而，就是这样一位德高望重的老先生，竟由于一纸人口理论被革职罢官，这对各阶层民主人士以及学术界不能不是一个很大的震动，不能不产生严重不良影响，值得从中吸取教训。

首先，要正确处理学术问题和政治问题的关系。学术问题，特别是社会科学中的学术问题往往同政治有牵连，但它们毕竟属于不同的范畴，因而要用不同的方法去解决。马寅初先生参加最高国务会议和作为人大代表提出人口问题，从国家政治生活来讲是政治问题，意见和提案怎样处理，完全由国家决定。但他提出的人口问题本身，就内容来讲，属于学术性质，属于理论方面的问题，只能按照"百花齐放、百家争鸣"的方针，通过自由讨论和摆事实、讲道理的方法去解决，切不可依仗人多势众实行压服。在学术问题上，真理有时不在多数人手里而在少数人手里。可是，20世纪50年代后期这场"大辩论"就违背了这个方针，特别是那个"左派理论家"插了手以后，把马寅初当做艾奇逊来批，一巴掌把人家打下去，把学术问题变成政治问题，这就堵塞了言路，使人口增长快对国民经济有哪些不利影响，应该采取哪些措施，成了谁也不敢碰的"禁区"。

第二，要有充分的民主。这场"辩论"有一个奇怪的现象："辩论"的一方人数颇多，另一方却少得可怜。是马寅初先生的学说没有人赞成吗？否。关于这一点，马先生说："自《新建设》十一号登出我的文章后，同意我的信已经不是少数了，有的虽表示同意，但不敢签名，只写'读者谨上'字样，这部分地表明了今日的'百花齐放，百家争鸣'的真实情况，我只得唱'独角戏'。"其实，赞成马先生新人口论的大有人在，就是他的经济要综合平衡的意见，基本上也是正确的。但是由于缺乏民主，既缺乏政治民主，又缺乏学术民主，却很少有人敢站出来为之辩护。似此等"辩论"，又能辩出什么真理来呢？

第三，坚持实践是检验真理的唯一标准。旧中国人口的发展具有高出生率、高死亡率、低增长率的特点。新中国成立后，党和政府有效地解决了失业、灾荒、饥饿和疾病等一系列问题，使人口死亡率大幅度降了下来，出现了人口迅速增长的趋势。马寅初先生的新人口论，就是在调查研究的基础上，针对这种情况提出来的。然而，某些人不是从实际出发，不去认真研究我国人口发展的新问题，新矛盾，而是从"长官意志"出发，从本本出发，凭教条批判别人，结果是批判得越狠，离开现实越远，造成危害越大，以至于酿成今天严重的人口问题。实践是检验真理的唯一标准，也是检验人口理论和人口政策的唯一标准。我们研究和解决我国人口问题，必须坚持这条马克思主义的原则。

控制人口是一项战略任务[*]

——兼评对马寅初先生"新人口论"的批判

华国锋同志在五届人大第二次会议所作的《政府工作报告》中，把搞好计划生育、"进一步控制人口的增长"列为调整国民经济的十项工作之一。为了完成这个战略任务，对人口问题的研究必须坚持实践是检验真理的唯一标准，大胆解放思想，敢于冲破"禁区"，吸取有益的历史经验教训。本着这个精神，本文从分析我国人口盲目增长的原因入手，结合重新评价20世纪50年代后期马寅初先生的"新人口论"，探求人口同经济发展之间的辩证关系，说明控制人口增长对加快实现社会主义四个现代化的重要意义和作用。

我国人口盲目增长的原因

旧中国人口的发展，一般估计出生率在 30‰ ~ 40‰ 之间，死亡率在 25‰ 以上，自然增长率在 10‰ 左右，平均人口寿命不足 40 岁，具有高出生率、高死亡率、低增长率和平均寿命短"两高、一低、一短"的特点。新中国成立后，随着社会主义制度的建立和人民生活的改善，卫生、体育等事业的发展，一方面人口出生率在 20 世纪 70 年代以前仍然保持在 30‰ ~ 40‰ 之间，70 年代以后也在 20‰ 上下，另一方面人口死亡率却于 1978 年降低到 6.29‰；将近 30 年，人口自然增长率平均每年为 20‰，不仅大大高于新中国成立前，而且也高于第一、第二世界各国：1977 年日本人口自然增长率为 11‰，加拿大和苏联为 9‰，美国和法国为 6‰，英国持平，联邦德国则为 - 2‰，出现了人口的负增长；人口平均寿命 1975 年达到 68 岁，比目前

* 本文原载 1979 年 5 月《北京大学学报》。

世界平均人口寿命长 9 岁。因此，无论同旧中国还是同世界某些国家相比，我国人口发展都具有出生率高、自然增长率高、死亡率低和平均寿命长"两高、一低、一长"的特点，全国人口达九亿七千万人以上，使劳动适龄人口的增长同生产资料的增长很不适应，总人口的增长同生活资料以及同教育、卫生、公用事业等的发展很不适应，这就是当前存在的比较严重的人口问题。

那么，造成我国严重人口问题的原因是什么呢？首先，有经济方面的原因。由于我国原有底子薄，新中国成立后国民经济虽然有较大发展，但总的说来生产力发展水平还不高，科学技术落后，在按人口平均的国民收入方面至今仍在世界低水平之列。因此，一方面国家拿不出钱来对老年人实行社会保险，以解除他们无子女或少子女的后顾之忧；另一方面，由于生活水平低决定了子女培养费用的低廉，多生几个孩子对家庭生活影响不大，在农村生一个孩子就是增加一个枕头、两根筷子，使添人增口显得非常容易。而这部分人成长为劳动力后，由于目前手工劳动还占相当的比重，农村基本上以手工劳动为主，生产的发展在很大程度上依靠劳动者人数的增加，新增劳动力就成了改善家庭经济状况的最重要的条件，从而刺激了人口的发展。

其次，有意识形态方面的原因。中国封建社会长达几千年，在小农经济基础上产生的私有观念也在生育上面顽强地表现出来，把生儿育女看做纯粹个人和家庭的私事，"早生儿子早得济"的思想很浓厚；封建的伦理道德，诸如"不孝有三，无后为大"，"为人多行善，修来子女多"等观念根深蒂固，为了要一个儿子，不惜生了一胎又一胎，一个不保险还要再生第二个，什么时候不能生了才作罢；家族观念影响很深，"打虎亲兄弟，人多不受欺"，"有钱不算富，无人才算穷"等，都把多生子女、人丁兴旺当做追求的目标，促使人口增加。

再次，有人口本身发展历史方面的原因。世界一些人口增长率很低的国家，大都经历了多生多死、多生少死和少生少死三个历史发展阶段，每一个阶段都要持续一段较长的时间。以日本为例，从 1872～1920 年，将近半个世纪人口出生率和死亡率都在 20‰ 以上，处在多生多死阶段；1921～1936 年人口出生率变化不大，人口死亡率却降到 20‰ 以下，可谓多生少死阶段；1937 年特别是 1943 年以后，人口出生率和死亡率几乎分别下降了一半，经过三四十年的时间，人口增长率于 1978 年降低到 8‰，进入少生少死阶段。我国革命胜利时，全国人口发展正处于"两高、一低、一短"的典型多生多死阶段，长期形成的高出生率不可能马上降下来，不可能超越多生少死阶段，一下子跳到少生少死阶段。

以上的分析表明，造成我国人口盲目增长的原因是多方面的。但全国出生人口在 30 年的时间里竟达 6 亿人之多，扣除死亡人口还净增 4.2 亿多人，其中有更为直接、更为重要的原因。主要的就是通过 20 世纪 50 年代后期对马寅初先生"新人口论"的批判，使人口过多造成的弊端成了谁也不敢触动的"禁区"，在一片人口越多越好的叫好声中，来了一个人口大发展。

新中国成立初期，我国人口发展就很快，1953 年普查，全国人口超过 6 亿人，人口自然增长率达到 20‰。作为一个经济学家，马寅初先生深知人口这样增长下去的严重后果，于是他力主控制人口增长，在 1957 年发表了"新人口论"。他提出并分析了"我国人口增殖太快"同加速资金积累和改善人民生活之间存在着各种矛盾，明确地提出了控制人口数量和提高人口质量的主张。他说："人多固然是一个极大的资源，但也是一个极大的负担。我的新人口论主张保留它的好处，去掉它的坏处，保全这个大资源，但去掉这个大负担。方法是提高人口的质量，控制人口的数量。"怎样控制呢？他提出，第一步，"要依靠普遍宣传"，要破除宗嗣继承观念，要破除"早生贵子"等封建残余思想；第二步，"俟宣传工作收到一定的效果以后，再行修改婚姻法"，实行晚婚，"大概男子 25 岁，女子 23 岁结婚是比较适当的"；如果"婚姻法修改之后，控制人口的力量还不够大，自应辅之以更严厉更有效的行政力量"，主张生两个孩子的有奖，生三个孩子的要征税，生四个孩子的要征重税，以征得来的税金作奖金，国家财政预算不进不出。

这就是马寅初先生"新人口论"的最主要之点，今天看来，无疑是正确的。他的关于控制人口数量和提高人口质量的主张，可以说切中我国人口问题的要害；他提出的控制人口的措施，是有远见的，切实可行的。如果采纳马老先生的这些意见，我国现在的人口就不是 9 亿多人，恐怕也不是 8 亿多人，我们的日子就要好过得多。可惜他的意见非但不被采纳，反而成了批判的"靶子"，硬是扣上一顶马尔萨斯主义的大帽子，一棍子把人家打了下去。结果人口越多，劳动力就越多，生产越多，积累越多，发展越快，人口越多越好，便成了最时髦的教条。人口理论上的这种形而上学，必然深刻影响人口政策。多年来，不仅没有采取控制人口的政策和措施，而且在农村口粮和自留地的分配，城镇居民住房标准的规定等方面，有意无意地起了鼓励人口增长的作用，致使人口越增越多，对社会经济、文化等的发展产生了严重阻碍作用，如不妥善加以解决，还会影响四个现代化建设的顺利进行。

实现四化必须控制人口增长

恩格斯指出："根据唯物主义观点，历史中的决定性因素，归根结底是直接生活的生产和再生产。但是，生产本身又有两种。一方面是生活资料即食物、衣服、住房以及为此所必需的工具的生产；另一方面是人类自身的生产，即种的繁衍。"[①] 这两种生产是互相联系的，客观上存在一定的比例关系。那么，在 20 世纪内把我国建设成为社会主义现代化强国，从而物质资料的生产和发展对人口发展提出哪些要求，人口发展怎样才能适应现代化建设的需要，逐步达到人口和经济发展的最优结合呢？笔者认为，当务之急还是 20 多年前马寅初先生在"新人口论"中提出的那个中心论点，即大力控制人口的数量和尽快提高人口的质量。

人口作为一个抽象，是质和量的统一。在不同历史发展阶段，由于生产力发展水平不同，对人口质量和数量方面的要求也有所不同。从 15 至 18 世纪前半期，由于资本主义处在以繁重体力劳动和手工技巧为主的工场手工业以及由工场手工业向机器大工业过渡阶段，工厂主拼命追求的是劳动者的数量。到了 18 世纪后半期产业革命发生后，手工劳动逐步为机器所取代，物质资料生产的增长由主要依靠劳动者数量的增加变成主要依靠提高劳动生产率，对劳动者技术和文化上的要求便提到了首位。我们实现四个现代化，要打破常规，尽量采用先进技术，提高劳动者的技术装备和生产的有机构成，逐步实现生产的机械化、自动化、电气化，大幅度地提高劳动生产率，这就对人口发展的质量和数量方面提出了新的要求。在数量方面，随着现代化建设的发展，虽然有些部门对劳动力的需求在总量上还会有增加，如服务行业等；但有些部门，特别是直接从事物质资料生产的主要部门对劳动力的需求会相对减少，并有绝对减少的趋势。以农业为例，一些经济和技术比较发达国家从事农业的劳动力减少的情况如表 1 所示。

从表 1 中可以看出，这些国家在农业现代化过程中，不仅从事农业生产的劳动力在全部劳动力中所占的比重减少了，而且农业劳动力的绝对数量也

---

① 《马克思恩格斯选集》第 4 卷，人民出版社，1972，第 2 页。

减少得很快。我国目前农业劳动力有 3 亿人，在农业机械化和现代化过程中，无论就农业劳动力占全部劳动力的比重还是就农业劳动力的绝对人数来说，都将大大减少。工业生产也有类似的情况。拿钢铁生产来说，1978 年我国的钢产量同新日本制铁公司 1975 年的产量差不多，可是职工人数却比他们多几十倍，劳动生产率是他们的几十分之一。鞍钢总体改造完成后产量可以比现在翻一番，职工人数却可以缩减到现在的 1/4 左右。可见，如果钢铁生产全部现代化了，即使产量比现在增长几倍，也并不要求钢铁工人在数量上比现在要增加多少，反而有可能减少下来。我国现有劳动适龄人口已经相当于第一、第二世界全部劳动适龄人口的数量，即使维持现有水平不再增加，也绝不会发生劳动力不足的问题，四化不存在要求人口数量增长的必然性。

表 1 美英等国农业劳动力在总劳动力中的比重变动

国　别	农业劳动力（万人）		在总劳动力中占的比重（%）	
	1970 年	1960 年	1970 年	1960 年
美　国	346	572	4.4	8.6
苏　联	985	715	10.9	11.5
日　本	886	1449	17.4	32.5
西　德	226	362	8.6	13.9
法　国	290	404	14.2	21.6
英　国	78	62	3.2	2.6

资料来源：《国外经济统计资料》（1949～1976），第 518～524 页，中国财政经济出版社，1979。

然而，四化却存在要求迅速提高人口质量，提高全民族的科学文化水平的迫切性。

我们的四化，是在坚持社会主义道路、坚持无产阶级专政、坚持党的领导、坚持马列主义和毛泽东思想四项原则指导下的现代化，是具有中国特点的现代化。为此，就要造就亿万具有高度政治觉悟、掌握现代科学技术的又红又专、全面发展的工人化的知识分子和知识化的工人队伍。如果我们的工人不掌握现代科学知识，不掌握现代化生产所必需的劳动技能和管理方法，就不能从事现代化的大生产；如果农村人民公社社员不具备一定的科学和文化知识，就不能掌握和使用现代化的农业机械，实行科学种田；如果我们的解放军指战员不具备现代军事科学技术知识，就无法运用现代化的武器和组织、指挥现代化的战争。正如华国锋同志在《提高整个中华民族的科学文化水平》的报告中指出的："我们需要的，是千千万万有社会主义觉悟的能够掌握现代化生产技能的熟练工人、熟练农民和其他熟练劳动者，是大批大批的各行各业的革命知识分子和懂得管理现代经济和现代科学技术的革命干部。我们需要的，是又红又专的，特别能战斗的工业大军、农业大军、技术大军、文化大军和国防大军。人少了不行，一部分人也不行，一定要亿万群众，一定要整个中华民族来一个大提高。"为了适应现代化建设发展的需要，迅速提高人口质量的任务正紧迫地摆在我们的面前。

以上的分析表明，从四化角度看我国人口发展，存在着人口质量提高的必然性，不存在人口数量增长的必然性。换一个角度，从人口发展看对四化的作用和影响，当前大力控制人口数量增长对四化有着巨大的促进作用，也有利于人口质量的提高。

控制人口增长是加速资金积累的需要。积累是扩大再生产的源泉，四化需要相当数量的积累资金。但在目前我国生产力发展水平比较低、国民收入不高的情况下，积累和消费的矛盾比较突出。积累多了，要减少消费，降低人民生活水平；减少积累，又会减慢发展速度，最终也要影响消费和人民生活水平的提高。由于我国人口基数大、增长快，每年新增加国民收入中的很大一部分都被新增加的人口消费掉了，使积累的增长受到很大限制。一般消费基金每年都占国民收入的 2/3 ~ 3/4，积累基金只占 1/4 ~ 1/3。从现在起到 20 世纪末出生的人口基本上处于被抚养阶段，1983 年以后出生的人口则完全处于被抚养阶段，如果能把人口增长率大幅度降下来，那么因减少这部分净增人口节约下来的消费基金和非生产性积累，将是一个相当巨大的数目，把它转变成生产性积累，对四化可以起到很大的推进作用。

控制人口增长有利于提高劳动生产率。20 多年来，由于人口和劳动力增加过多，严重地妨碍着劳动生产率的提高。拿工业生产来说，如果全员劳动生产率保持第一个五年计划每年以平均递增 8.7% 的速度向前发展，现在的劳动生产率就应当是目前实际水平的 3 倍，或者减少 2/3 的职工，所以，工业劳动生产率不是提高而是下降了。拿农业生产来说，1949 年全国每人平均占有的耕地为 2.71 亩，1957 年降到 2.6 亩，1977 年再降到 1.57 亩，因而尽管单位面积产量增加不少，但每个农业劳动力生产的粮食长期只有 2000 斤左右，不同国外比，同我们自己比，和两千多年前汉朝每个农民生产的粮食也不相上下。由于劳动生产率一直上不去，多年来，我们只好采取低收入，高就业的方针，处于"低收入、高就业——劳动生产率提不高——只好再低收入、高就业"这样一种很不理想的循环当中。如何从这种不理想的循环中走出来，走到"收入较高、人员精干——劳动生产率提高快——收入再提高、人员再精干"的良性循环上来，控制人口和劳动力的增长是一个带有关键性的问题。控制人口和劳动力的增长，一方面有助于克服大量浪费劳动力的现象，使现有劳动力得到充分和合理的使用，有利于提高劳动生产率；另一方面，控制人口增长，增加生产性积累，又是改善劳动者的技术装备，大幅度提高劳动生产率的根本途径。

控制人口增长有利于科学和教育事业的发展，提高人口质量。四个现代化，关键是科学技术的现代化。世界一些国家发展的历史表明，大力发展科学和教育事业，是促进经济高度增长的强有力的杠杆之一。日本由于大力普及高中教育和大力发展高等教育，大学毕业生从1951至1973年增加15倍，大学研究院毕业生从1963至1973年10年间增加4倍多，培养了大批熟练技术工人和庞大的科技队伍，才有可能在吸收国外先进技术基础上发展本国的技术，建立起一系列的先进工业部门，用不到20年的时间消除了同欧美发达国家大约落后30年的科技差距，达到世界先进水平。新中国成立后，我国科教事业虽然有很大发展，但仍很落后，远远不能适应现代化建设的需要，必须加速发展。可是，国民收入中扣除众多人口需要的消费基金和生产性积累基金以后，所余已经不多，用在科教上面的费用是很有限的。在个人和家庭方面，由于子女多、负担重，在国家还不能实行完全义务教育的情况下，一些有才能的子女不能得到继续深造，影响优秀人才的选拔和培养。所以，无论从国家和个人方面说，控制人口增长对科教事业的发展十分必要。不仅如此，控制人口和劳动力的增长，还可以减轻当前存在的待业人员的压力，使劳动力得到充分就业；也可以使一些父母摆脱家务琐事，把主要精力用于工作和学习。因此，控制人口增长对提高人口质量双重有利：既有利于提高劳动适龄前人口的质量，也有利于提高现有劳动适龄人口的质量，充分发挥他们作为生产者在四化中的作用。

控制人口增长有助于提高人民生活水平。生活水平表现为生活资料除以总人口数，它们之间的函数关系是一目了然的。据统计，从1953至1978年，全国居民消费总额增长2.8倍（按当年物价计算的），但由于同期人口增长了66.7%，结果按人口平均的消费额只增长了1.3倍。每年新增加的消费额中，又有58%左右被新增加的人口消费掉了，用于提高原有人口的消费部分只占42%，使居民生活水平的提高受到限制。以粮食生产为例，从1957至1977年粮食和人口的增长率平均每年都是2%，20年间每人平均占有的粮食一直在600斤上下，有些经济作物如棉花、油料等的生产，按人口平均的产量不但没有提高，反而有不同程度的下降。城镇居民住房、医疗卫生和公用事业也有类似的情况。新中国成立初期到现在全国城镇居民住宅面积增加近5亿平方米，但由于城市人口发展更快，20多年来每人平均的居住面积反倒降低了，使住房紧张成为普遍的问题。医疗卫生、公共交通等公用事业的发展也远远不能满足人口增长的需要。这些问题的产生和生产性建设投资与非生产性建设投资比例安排不当有一定关系，多年来生产性投资占的比例比较高，非生产性投资欠了一些账，但城市人口的迅速增长不能不是直接的重要原因。人民生活水平的提高不仅取决于生产的发展和消费资料的增加，还取决于人口数量的多少，取决于人口增长速度的快慢。控制人口增长，是提高人民生活水平的一项重大实际步骤。

控制人口的战略任务一定要完成

人口非控制不行。但是，人口的变化表现为一个缓慢的，稳定的发展过程，具有长期和累进的特点，控制人口不能像调整国民经济采取"关、停、并、转"那样，在短期内就奏效，而要经过长时间的努力，依靠每年积累起来的变化达到预期的目的。因此，控制人口增长不是一时的权宜之计，而是一项带有长期性的战略任务，必须有一个科学的规划，提出明确的目标。

社会主义生产方式的建立，开辟了物质资料生产有计划、按比例发展的新时代，也开辟了人类自身生产有计划发展的新时代。恩格斯指出："人类数量增多到必须为其增长规定一个限度的这种抽象可能性当然是存在的。但是，如果说共产主义社会在将来某个时候不得不像已经对物的生产进行调整那样，同时也对人的生产进行调整，那么正是那个社会，而且只有那个社会才能毫无困难地做到这点。"[1] 由于实行了生产资料的公有制，从根本上改变了家庭作为物质资料生产单位的职能，每个家庭除了生活资料之外没有什么产业可以继承，这就使生儿育女从根本上失去了发家创业的意义，而是为

---

[1] 《马克思恩格斯全集》第35卷，人民出版社，1972，第145页。

社会主义各项事业输送合格的劳动力，替社会和全体人民，包括自己和家庭在内创造日益增多的财富。同时，又由于每个劳动者都成了生产资料的主人，建立了同志式的互助合作关系，实行了"各尽所能、按劳分配"的原则，实现了国家、集体和个人三者利益的一致性，使人口生产在主要点上说来，已不再是个人和家庭的私事了。如当前多生子女不仅对家庭生活水平提高不利，有碍于子女的培养和深造；而且对国家和集体也不利，起着延缓四化的作用。因此，家庭作为人口生产单位的职能虽然并没有消失，在某些方面同国家和集体利益之间也有一定的矛盾，但那仅仅是局部同全局、目前同长远利益之间的矛盾，是在根本利益一致基础上的矛盾，没有根本的利害冲突。为了充分发挥人口对社会发展的促进作用，加快四化建设的步伐，提出控制人口增长的两步战略目标，是国家和整个民族的利益所在，也是个人和家庭的利益所在，必然为广大群众所拥护，这是最重要的基础和条件。

从实践上看，华国锋同志在《政府工作报告》中表扬的四川省和上海市，从 1971 至 1978 年人口增长率分别从 29‰ 降到 6.1‰ 和从 7‰ 降到 5.1‰，接近 1985 年的调整指标。就一个地区来说，城市人口自然增长率是迅速下降的，每个省、市都有自己的典型；就是计划生育工作比较难做的农村，也出现了不少先例。如四川省什邡县由于生产、生育两种计划一起抓，已经取得了控制人口的主动权，全县人口自然增长率由 1970 年的 32‰，逐年下降到 1978 年的 2.4‰。江苏省如东县岔南公社积极提倡只生一个孩子，并采取相应的经济等方面的措施，目前办理《独生子女光荣证》的已占全公社生一个孩子夫妇的 55% 以上。四川、上海能办到的，什邡县和岔南公社能办到的，其他省、市和地区为什么办不到呢？

实行计划生育，完成控制人口的战略任务，马寅初先生在 20 多年前提出的经济、行政等一套办法，仍然有一定的参考价值，只不过由于今天人口问题变得更加严重，因而措施要更有力、要更适合现在的情况罢了。从我国的实际情况出发，笔者认为，以下几个方面对控制人口的增长是至关重要的。

第一，大造舆论。要大破私有的生育观，大破"多子多孙多福"的封建传统观念，使人人懂得"生娃娃"是关系到四个现代化进程，关系到民族兴旺发达的大事，自觉实行计划生育。为此，就要拨乱反正，认真纠正 20 世纪 50 年代后期对马寅初先生"新人口论"的批判造成的影响，彻底肃清林彪、"四人帮"在人口问题上的极左流毒。

第二，运用经济手段。人口发展既然同经济发展有关系，起着促进或延缓经济发展的作用，那么人口问题也是经济问题，解决人口问题不能离开经济手段，把人口生产同个人经济利益联系起来，使人们从关心物质利益上关心人口的发展。办法一是奖励一胎，如每年发给一定数量的儿童保健费，城镇居民住房和农村自留地、宅基地的分配一律按两个孩子的标准对待；二是对生三胎者征收多子女费。还可考虑超生子女一定年龄内的口粮，属非农业人口的按议价粮供应，属农业人口的按国家粮食超购加价计算。

采取经济的办法或手段是必要的，也是合理的。据有关部门估算，一个孩子从出生到 16 岁成长为劳动力的培养费用，农村为 1600 多元，城镇为 4800 多元，城市为 6900 元左右。据统计，从 1953 至 1978 年全国用于 16 岁以下未成年人的培养费用占国民总收入的 1/4 以上，多达几百个亿。而这部分人新成长为劳动力后，又不为国家所需，一部分人在就业问题上又成为新的负担。这个经济责任的一部分应由多生子女者来负担。同样的道理，对只生一胎者给予一定的物质奖励，经济上是合算的。目前，如果能把 16 岁以下未成年人口从占总人口的比重中减少 10%，仅此一项节省的费用约等于 1978 年积累总额的 15%，拿出其中的百分之几作为奖励用，从而使国家减少百分之十几的支出有什么不好呢！

第三，实行老年人社会保险。要解决控制人口增长的一大障碍——"养儿防老"问题，必须从根本上解决无儿女或少儿女的老年人生活问题，办法是逐步实行老年人社会保险。如对无子女或只有一个子女的职工年老退休时，加发一定数量的退休金或退休金按百分之百发给。农村社员年老丧失劳动能力时，除按当地政策给予一定照顾外，可以考虑在国家财力允许时发给一定数额的保险基金，做到虽无子女，也没有后顾之忧。

第四，制定计划生育法。根据我国宪法关于"国家提倡和推行计划生育"的规定，为使控制人口增长的各项政策和措施得到认真的贯彻，用立法形式把它固定下来，制定中华人民共和国计划生育法或条例，是完全必要的、适时的。几年以后，人们对控制人口的认识进一步提高了，三胎基本上消灭了，一胎的比例大大增多了，立法规定一对夫妇只准生一个孩子（双胞胎除外），也是必要的。

完成控制人口的战略任务，面临许多困难，工作很艰巨。特别是新中国成立后曾经出现过的几次人口出生高峰，今后一二十年内这部分人将陆续进入婚育年龄，潜在着新的人口出生高峰的可能性。但是，如果能够基本上杜绝三胎，全国一年就可以少生 500 万人，人口出生率可以降到 13‰，人口自然增长率可以降到 7‰以下。再扩大一些只生一胎的比例，把人口自然增长率降低到 5‰的第一个战略目标就可以达到。经过 30 年的实践，全国人民已经痛切地感到人口非控制不可，对社会主义人口规律的认识正由"必然王国"走向"自由王国"。只要我们下决心像抓国民经济物质资料生产调整那样抓人口生产的调整，控制人口增长的战略目标就一定会实现。

控制人口　促进四化[*]

　　五届人大二次会议政府工作报告中，把搞好计划生育，"切实控制人口的增长"，列为调整国民经济必须认真做好的十项工作之一。这是一项重大的战略任务。完成这一任务，对加快实现四个现代化具有重要的意义和作用。

我国人口发展的特点和当前存在的问题

　　要完成这一任务，首先必须对我国人口发展的特点和当前存在的问题有一个清醒的认识。旧中国人口的发展，一般估计出生率在 30‰ ~ 40‰之间，死亡率在 25‰以上，自然增长率在 10‰左右，人口平均寿命不足 40 岁，具有高出生率、高死亡率、低增长率和平均寿命短的特点。新中国成立后，随着社会主义制度的建立和人民生活水平的提高，我国人口平均寿命不断延长，1975 年达到 68 岁，比世界人口平均寿命高 9 岁。由于死亡率大大降低，1978 年已降到 6.2‰，人口出生率虽然没有上升，甚至在 20 世纪 70 年代以后还下降很快，但人口自然增长率还是提高了，30 年来平均每年增长 20‰。这个数字，不仅高于新中国成立前，也高于第一、第二世界各国。1977 年，日本人口自然增长率为 11‰，加拿大和苏联为 9‰，美国和法国为 6‰，英国持平，西德为 −2‰。因此，无论同旧中国还是和世界一些国家相比，我国新中国成立后的人口发展，都具有出生率高、自然增长率高、死亡率低和人口平均寿命长的特点，致使新中国成立不到 30 年，人口净增 4 亿多人。我国人口发展的这种状况和特点，同我国社会经济和文化的发展很不相适应，存在着严重的比例失调，明显地起了延缓社会发展的作用。

---

　　*　本文发表于 1979 年 9 月 11 日《天津日报》。

　　从经济学角度考察，这种比例失调主要表现在两个方面：一是人口增长同生活资料的增长不相适应，二是劳动适龄人口增长同生产资料的增长不相适应。据统计，从 1953 至 1978 年，全国居民消费总额增长 2.8 倍（按当年物价计算，如扣除物价上涨因素，实际增长速度要低一些）。可是由于同期人口增长 60% 以上，按人口平均的消费额只增长了 1 倍多。由于农业生产发展缓慢，按人口平均的主要农产品的增长速度比按人口平均的消费额的增长速度要低很多。从 1957 至 1977 年，人口和粮食的平均增长速度都是 2%，20 年间每人平均占有的粮食一直在 600 斤上下。有些经济作物，如棉花、油料等生产，按人口平均的产量不但没有提高，反而有所下降。不仅如此，劳动适龄人口的增长同生产资料的增长也不相适应。新中国成立后，除个别年份外，一般每年出生人口在 2000 万人左右，不少年份超过 2500 万人。这部分人新成长为劳动力后，在目前我国生产力发展水平比较低，积累和生产资料的增长有限的情况下，给就业带来很大困难，形成城镇中一定数量的待业人口。在农村，人均耕地出现了大幅度的下降：1949 年全国人均耕地 2.7 亩，1957 年降到 2.6 亩，1977 年再降到 1.5 亩。有的省人均耕地只有几分，某些地区农业劳动力不得不轮流出工，实际上农村也程度不同地存在着间歇待业人口。

　　从社会学角度考察，这种比例失调，表现为人口同教育、住宅、卫生等公用事业的发展很不相适应。在教育方面，据有关部门估算，目前全国具有大学文化水平的人约占总人口的 0.5%，具有中学文化水平的约占 22%，还有相当数量的文盲。全国每年都有大批中、小学生不能升学，平均升学率很低。即使这样，大、中、小学还感到压力很大，师资、校舍、教具严重不足，一些学校不得不因陋就简办分校，另有一些学校只好实行二部制、三部制。在住宅方面，新中国成立初到现在全国城镇居民住宅面积增加近 5 亿平方米，但人均住宅面积反而下降了。此外，医疗卫生、公共交通等公用事业的发展也远远不能满足人口增长的需要。这固然有投资比例安排方面的问题，多年来非生产性投资少了一些，但城市人口的迅速增长不能不是直接的重要原因。

　　总结 30 年正反两个方面的经验，应当说，我国不仅存在一个人口问题，而且问题是比较严重的。它已经对社会经济、文化等的发展产生不良影响，如不妥善解决，还会影响四个现代化的顺利进行。

加快实现四化必须控制人口增长

要在 20 世纪内把我国建设成为社会主义的现代化强国，必须研究人口以什么样的规模和速度发展，才能逐步达到人口和经济发展的最优结合。笔者认为，在我国已经拥有 9 亿多人口，无论总人口还是劳动适龄人口都显得有余的情况下，当务之急就是要大力控制人口的数量和尽快提高人口的质量。

人口作为一个抽象，是数量和质量的统一。在不同历史发展阶段，由于生产力发展水平不同，对人口数量和质量的要求也有所不同。我们进行社会主义现代化建设，要尽量采用先进技术，提高劳动者的技术装备和生产的有机构成，实现生产的机械化、自动化、电气化，大幅度地提高劳动生产率，必然会减少对劳动力的需求。有些部门如服务行业等，对劳动力的需求在总量上会有增加，但许多部门，尤其是直接从事物质资料生产的主要部门，对劳动力的需求会相对减少，并有绝对减少的趋势。拿农业生产来说，在工业化和农业现代化过程中，农业劳动力减少很快。有些国家，目前农业劳动力只占全部劳动力的百分之几。我国现有 3 亿农业劳动力，实行农业机械化和现代化后减少下来的农业劳动力，将是一个相当大的数目。工业生产也有类似的情况，如鞍钢总体改造完成后，钢铁产量将比现在翻一番，职工人数却可以减少 3/4。现在我国劳动力已经相当于第一、第二世界全部劳动力的数量之和，即使维持现有水平不再增加，也绝不存在劳动力不足的问题。可见，四化不存在要求人口数量增长的必然性。

然而，四化却存在要求迅速提高人口质量，提高劳动者科学和文化水平的必然性。实现四化，需要一支有高度政治觉悟、掌握现代科学技术的工业大军、农业大军和国防大军。迅速提高人口质量，是我们迫切的任务。

既然四化不要求人口数量的增长，只要求人口质量的提高，那么，在人口发展问题上，应该怎样做才有利于四化，有利于人口质量的提高呢？当前关键的一条，就是要坚决控制人口的增长。

控制人口增长有利于增加资金积累。积累是扩大再生产的源泉，实现四化需要相当数量的积累资金。在我国生产力发展水平比较低、国民收入不高的情况下，由于人口基数大、增长快，每年国民收入中很大一部分都被新增加的人口消费掉了。消费基金每年一般要占国民收入的 2/3 ~ 3/4，积累基金只占 1/4~1/3。如果能把人口增长率大幅度降下来，就能把用于这部分净增人口的消费基金和非生产性积累，转变成生产性积累，对四化可以起很大的推进作用。

控制人口增长有利于提高劳动生产率。20 多年来，由于人口和劳动力增加过多，严重地阻碍着劳动生产率的提高。工业全员劳动生产率如果一直保持第一个五年计划每年平均递增 8.7% 的速度，现在的劳动生产率就应当是目前实际水平的 3 倍，或者可以减少 2/3 的职工。但由于就业人员增加过多，现在工业劳动生产率不是提高而是下降了。农业上，由于每个农业劳动力平均占有耕地面积的缩小，尽管单位面积产量增加不少，但每个农业劳动力每年生产的粮食平均只有 2000 斤，同两千年前汉朝时每个农民生产的粮食差不多。要改变这种状况，就必须控制人口和劳动力的增长。只有这样，才能使现有劳动力得到充分合理的使用；同时，控制人口增长，增加生产性积累，提高生产的技术构成和有机构成，又是大幅度提高劳动生产率的根本途径。

控制人口增长有利于科学教育事业的发展，提高人口的质量。四个现代化，关键是科学技术的现代化。但是，由于我国人口过多，国民收入中扣除全部人口需要的消费基金和生产性积累基金以后，所余已经不多，用在科教上面的费用是很有限的。在个人和家庭方面，由于子女多、负担重，在国家还不能实行完全义务教育的情况下，一些有培养前途的子女不能得到继续深造，影响优秀人才的选拔。不仅如此，多子女的父母也为孩子所拖累，不能把主要精力用于工作和学习。因此，控制人口增长对提高人口质量双重有利：既有利于提高劳动适龄前人口的质量，使他们受到更好的教育，又有利于提高现有劳动适龄人口的质量，充分发挥他们作为生产者在四化建设中的作用。

控制人口增长还有利于提高人民生活水平。人作为劳动者，是物质资料的生产者。但人一生下来首先是一个消费者，年老退休后又是一个纯消费者，人口越多消费越多，人口增加过多会造成消费不足，妨碍生活水平的提高。我国每年生产的粮食、布匹、猪肉等消费资料，在世界各国中堪称名列前茅。但用 9 亿人口除得的平均数同人家一比，我们便一下子又名落孙山了。人民消费和生活水平的提高，不仅取决于生产的发展和消费资料的增加，而且取决于人口数量多少和人口发展速度的快慢。控制人口增长，实是提高人民生活水平的一项重大实际步骤。

由此可见，控制人口增长，对实现四化的速度关系极大，我们决不能等闲视之。

控制人口增长要采取有力措施

目前我国存在的人口问题是可以解决的。恩格斯指出："人类数量增多到必须为其增长规定一个限度的这种抽象可能性当然是存在的。但是，如果说共产主义社会在将来某个时候不得不像已经对物的生产进行调整那样，同时也对人的生产进行调整，那么正是那个社会，而且只有那个社会才能毫无困难地做到这点"。[1] 优越的社会主义制度，为调整和解决人口问题创造了充分条件。

控制人口增长，首先要大造舆论，大力做好宣传和思想教育工作。要坚持马克思主义人口理论同我国具体实践相结合的原则，肃清林彪、"四人帮"极"左"路线的流毒，大破私有的生育观，大破"多子多孙多福"等封建传统观念，使人人懂得"生娃娃"是关系到四化能否胜利实现的大事，关系到我们国家和整个中华民族兴旺发达的大事，自觉地实行计划生育。

其次，经验证明仅有宣传和思想教育工作是远远不够的，控制人口必须采取有效措施，包括经济措施。人口发展既然同经济发展有联系，起着促进或者延缓社会发展的作用，那么人口问题也是经济问题，解决人口问题不能离开经济手段，使人们从关心物质利益上关心人口的发展。目前我国每年出生人口中属于第三胎的约有 500 万人，占全部出生人口的 30%，而只生一胎所占比例很小，必须通过经济奖惩杜绝生三胎和大大提高只生一胎的比例。如对只生一胎者给予适当的物质奖励；发给一定数量的儿童保健费，对生三胎者征收多子女费；在住房、口粮、城镇招工、农村自留地分配以及职工年老退休等有关政策方面，也应区别对待，并逐步对老年人实行社会保险等。实行经济措施是必要的，也是合理的。据有关部门估计，一个孩子从出生到 16 岁成长为劳动力，全国城乡平均按低水平计算也要花费 2200 多元，培养到大学毕业还要增加成倍的费用。据统计，1955～1978 年全国平均每年用于 16 岁以下未成年人的培养费用占国民收入的 1/4 以上，高达几百个亿。而这部分人成长为劳动力后，又不为国家所需，一些人在就业问题上又成为

---

① 《马克思恩格斯全集》第 35 卷，人民出版社，1972，第 145 页。

新的负担，对国家经济发展造成双重不利。这个责任应由多生子女者来负，应由他们承担部分经济损失。同样，对只生一胎者实行物质奖励，经济上不仅合理而且是合算的。如果我们能把 16 岁以下未成年人数由现在占总人口 40% 减少到 30%，国家一年减少的支出相当于 1978 年积累总额的 15%，那么拿出百分之几作为奖励而少支出百分之十几有什么不好呢？

再次，根据我国宪法"国家提倡和推行计划生育"的规定，为使计划生育和控制人口增长的各项措施得到认真的贯彻，用立法形式把它固定下来，制定中华人民共和国计划生育法是完全必要的，适时的。

完成控制人口的战略任务，面临许多困难。特别是新中国成立后出现过的几次人口出生高潮，今后一二十年内这些人将陆续进入婚育年龄，潜在着新的人口出生高潮的可能性。但只要全党重视，采取上述措施，困难是可以克服的。1973 年以来抓了计划生育，全国就少生了几千万人，1978 年的人口增长率比 70 年代以前降低了一半。其中四川省和上海市分别达到了 6.1‰ 和 5.1‰。天津市 1979 年 1 月份明文规定给只生一个孩子的父母以适当奖励和生活上的照顾后，市区生过一个孩子的妇女自愿不生第二胎的人数，已由 1978 年底的 12% 上升到 1979 年第一季度末的 40%。只要我们像抓国民经济物质资料生产调整那样抓人口本身生产的调整，并采取适合我国特点的行之有效的人口政策，我们就能达到预定的目标。

要建立科学的社会主义人口理论[*]

——回顾新中国成立以来关于人口问题的几次论战

我国是世界上人口最多的国家，但在人口研究方面却比较落后，二者相比很不相称。要改变这种状况，建立起科学的社会主义人口理论，有必要对新中国成立30年来的人口研究作一个简要的回顾，肃清来自"左"的和右的，主要是来自"左"的方面的影响，澄清一些基本理论是非，引出有益的经验和教训。

新中国成立初期对马尔萨斯人口论的批判

1949年中华人民共和国成立后，结束了帝国主义、封建主义和官僚资本主义的反动统治，随着国民经济的恢复和发展，人民物质和文化生活的改善，人口死亡率有了明显的降低，而出生率却一时又降不下来，这就出现了全国人口的迅速增长。据1953年普查，全国人口达到601938035人，出生率为27‰，死亡率为17‰，自然增长率为20‰。又据1954年5个省和1个自治区的统计，每年的人口自然增长率达23‰。按此增长率推算，全国人口到第二个五年计划末期将达到7亿人，第三个五年计划完成可超过8亿人，增长速度十分可观。

面对这种情形，1953年8月政务院批准了中央卫生部修订的避孕和人工流产办法，指示卫生部帮助群众做好节育工作。1954年12月，中央领导同志亲自主持召开节育问题座谈会，国务院责成有关部门组织节育研究小组，对节育工作提出了若干意见。1956年9月，周恩来同志在《关于发展国民经济的第二个五年计划的建议》中，明确提出"在生育方面加以适当

* 本文原载《人口问题论丛》1979年专刊。

的节制"。经毛泽东同志主持制定的全国农业发展纲要，也号召"在一切人口稠密的地方，宣传和推广计划生育，提倡有计划地生育子女"。在这种情况下，一些经济学家、人口学家、社会活动家，纷纷各抒己见，著书立说，提出了比较系统的人口节制主义理论。

早在 20 世纪二三十年代，人口节制主义的代表陈长衡、陈达、许仕廉等人便发表了几部很有影响的著作，如陈长衡的《中国人口论》、《三民主义与人口政策》，陈达的《人口问题》，许仕廉的《中国人口问题》、《人口论纲要》等。此外，吴景超、李景汉等人在人口理论方面也有自己独特的见解，出现了人口节制主义的崛起。应当指出，人口节制主义理论受马尔萨斯人口论的影响很大，一些人也对马尔萨斯相当推崇，有许多观点是根本错误的，但关于如何节制人口的一些具体观点却是有价值的，不无可取之处。比如，陈长衡主张"一枝花"至"两枝花"制："一个儿子提心吊胆；两个儿子，锦上添花；三个儿子，到老变成四家；多男多女多冤家，无男无女赛仙家"。他从"养儿防老"的可靠角度出发，劝说人们要"一枝花"，最多"两枝花"就够了。又如，陈达先生提出的"限制人口的数量，改善人口的品质"的主张，多少年来一直是人口理论界谈论的中心课题，影响很大。新中国成立后，一些人看到新中国的巨大变化，接触到一些马列主义，对过去的错误观点作了纠正。如吴景超在《中国人口新论》[①] 中，公开承认过去"许多论点是错误的"，检讨了把人口多说成是中国贫穷根源的原则错误："掩盖了反动统治阶级所制造的罪恶，迷惑了群众对于当时主要矛盾的认识，混淆了革命斗争的对象。"同时，他们也没有放弃原来的一些有益见解，而是在新的历史条件下，提出了富有积极意义的节制理论。陈达先生在《节育、晚婚与新中国人口问题》[②] 中详细地论证了节育的必要性和主要方法，他说："节育无论对家庭生活，对国家建设以至于整个民族的健康和兴旺，都有莫大的好处。"但他不赞成绝育和堕胎，而主张主要依靠晚婚。费孝通提出了人口研究要搞人口统计、人口变动、人口分析和人口政策四个方面的设想，并为付诸实现作出了很大的努力。不料，反对资产阶级右派斗争的战幕一拉开，这些人一个个被打成右派分子，对他们的人口理论也采取了一棍子打死的做法，扣上"一贯反对社会主义"、"地地道道的马尔萨斯主义"的大帽子加以彻底地否定，并随之掀起了一场批判马尔萨斯人

---

① 参见《新建设》1957 年 3 月号，总第 102 期。
② 参见《新建设》1957 年 5 月号，总第 104 期。

口论的高潮。结果，这场批判在很大程度上陷入了形而上学，出现了不少片面性的论调。

其一，片面地认为只要解决了人口问题的社会原因，一切人口问题也就迎刃而解了。旧中国严重的人口问题，主要是由于三大敌人的残酷剥削和压迫造成的，革命胜利为解决我国人口问题创造了条件。事实上，在新中国成立后的短短几年里，我们便基本上消灭了失业，可以说卓有成效地解决了旧中国遗留下来的人口问题。但是也应该看到，在城市，我们是在没收官僚资本的基础上采取"低工资、多就业"，即"饭匀着吃，房子挤着住"的办法解决就业问题的；在农村，则是采取把地主的土地分给无地或少地农民的办法实现耕者有其田的。就是说，主要是靠改变所有制，改变生产关系的办法，使人口问题暂时得到解决，要想从根本上彻底解决我国人口问题，还必须大大发展社会生产力。然而新中国成立初期对马尔萨斯人口论的批判，却完全忽略了这一点，似乎革命成功了，人口问题也就不存在了，社会主义压根儿就不可能存在人口问题。

其二，在理解马克思对马尔萨斯人口论的批判上，存在着很大的片面性。马尔萨斯人口论的实质，在于用人口增长快于生活资料增长的说教掩盖资本主义的相对人口过剩，转移阶级斗争的视线，为资本主义对内剥削压迫和对外侵略扩张效劳。马克思指出：马尔萨斯的《人口原理》"所以轰动一时，完全是由党派利益引起的。法国革命在不列颠王国找到了热情的维护者；'人口原理'是在十八世纪逐渐编选出来的，接着在一次巨大的社会危机中被大吹大擂地宣扬为对付孔多塞等人学说的万无一失的解毒剂，英国的寡头政府认为它可以最有效地扑灭一切追求人类进步的热望，因而报以热情的喝彩。"[①] 可是我们在批判中对于它的反动实质批判得不够，却在人口数量上面做了不少文章，给人一种明显的印象是：好像马克思是主张增加人口的，是众民主义；马尔萨斯是主张减少人口的，是节制主义，并且以此作为区分两个"马家"的标准。这是一个很大的误解，又是一个很能适合一般人的心理状态，很不容易消除的误解，并对我国人口理论产生了深远的影响。直到1978年第一次全国人口理论讨论会，有的同志还坚持说，我们控制人口增长是有计划地增长，绝不是不发展人口，更不是减少人口，而新老马尔萨斯主张的，则是限制人口，减少人口。长期以来，我国人口学界不敢

---

① 《马克思恩格斯全集》第23卷，人民出版社，1972，第676页。

否定那个"增"字，更不敢提出停滞和减少人口的主张，这样势必就把我们的研究工作限制在人口不断增长的狭小圈子里。

其三，片面地照抄苏联的人口理论。当时我们是全面学习苏联，而批判马尔萨斯的人口论又可以在苏联那里找到现成的武器，苏联的一套人口理论便在我国广泛流传开来，占据了主导的地位。然而，实际上的情况是：苏联的国土为2230多万平方公里，20世纪50年代初期人口不足两亿，每平方公里平均不到10人，劳动力不足，特别是二次大战中死亡惨重，男性劳动力更加严重不足。他们的人口理论与其说是由社会主义性质决定的，还不如说是由人口和劳动力缺乏引起的；他们鼓励人口增长，表彰"英雄母亲"是很自然的事情。我们的情况和苏联根本不同，经济落后自不待言，就国土而论，只相当于它的43%，就人口说来，却是它的3倍，如此怎能照搬他们的那一套"社会主义人口理论"呢！

在人口理论方面存在的这几个方面的形而上学，集中在革命胜利后人口还要不要有一个比较大的发展问题上。艾奇逊把中国人口多说成"不堪负担的压力"是根本错误的，那是由他的资产阶级立场决定的。但他说"中国人口在18、19两个世纪里增加了1倍"这一点，则是事实。纵观我国人口发展的历史，有两次比较大的飞跃：一次是在18、19世纪，另一次便是新中国成立以来。根据陈彩章综合各种历史资料，确认西汉时期公元2年全国人口已经达到5900多万人。此后或因战争、饥荒、瘟疫，人口有所减少；或因国泰民安、生产发展，人口又有所增加。但在1600多年的时间里人口超过这个数字的年份不很多，直到1651年全国人口还只有5300多万人。当然，这些统计数字不完全可靠，因为各朝代的数字均为纳税户口，人们为了逃避口赋，常有以多报少的现象，但仍可从中看出一个大致的轮廓。清朝康熙以后取消了口赋，应该说，人口统计数字比较准确了。康熙二十四年，即公元1685年全国人口突破1亿大关，80年后，到1765年全国人口翻了一番，达到2.098亿多人。再过100年又翻了一番，1868年全国人口已超过4亿人，比1685年增加了3亿人，出现了第一次人口大发展。这样的增长速度要是出现在20世纪是不足为怪的，由于工业革命的发展，从1830～1976年的146年间，全世界人口从10亿人增加到40亿人，净增30亿人，但在18、19世纪里中国人口获得如此迅速的发展，确实为世界人口发展史所罕见。追其原因，有康（熙）、雍（正）、乾（隆）国家秩序稳定说；有水稻移入，食物丰盛说；有医学进步，健康增进说，等等。尽管其说不一，但都承认中国人口在 18、19 世纪的大发展，不是由资本主义工业革命引起的。因此，旧中国的人口问题不同于一般资本主义的人口过剩，不属于生产力压迫人口，而仍然属于人口压迫生产力的性质。明确了这一点，也就明确了无产阶级夺取政权之后，能不能解决旧社会遗留下来的人口问题是一回事，是不是需要大量发展人口则是另一回事，不能因为前者就说人口再增加多少倍也不成问题。那样说，在理论上违背了人口和物质资料两种生产相适应的唯物主义原理，在实践上则埋下了人口越多越好论的"种子"。

20 世纪 50 年代后期的一场大辩论

陈达、费孝通、吴景超等社会学派被打下去之后，人口节制理论并没有从此销声匿迹，因为马寅初先生提出了更加完整系统的新人口论，并由此引起一场更大规模的、旷日持久的大辩论。

作为一个经济学家，马寅初先生深深懂得人口盲目增长下去的严重后果。于是，他在 1955 年人代会浙江小组首次谈了他对人口问题的意见，在 1957 年的最高国务会议上再谈人口问题，同年 7 月 5 日《人民日报》以人大代表书面发言的形式全文登载了他的《新人口论》。《新人口论》连同马寅初先生前后发表的文章、讲演、谈话，主要从社会再生产和国民经济有计划按比例发展出发，侧重分析了我国人口增殖过快同国民经济发展之间存在的各种矛盾。主要是：（1）同加速资金积累之间的矛盾。"我国最大的矛盾是人口增加得太快，而资金积累似乎太慢"；"我们过多的人口，就拖住了我们高速度工业化的后腿，使我们不能大踏步前进"。（2）同提高劳动生产率之间的矛盾。"要提高工业的劳动生产率，就要大量地积累资金，加强每个工人的技术装备，同时还要控制人口，因为如人口增殖任其自流，资金很难迅速地积累"。农业方面，"每人平均分得的耕地，已自 1953 年的 2 亩 8 分降至 1955 年 2 亩 7 分"。（3）同提高人民生活水平之间的矛盾。"现在粮食紧张，猪肉紧张，布票对折使用，煤也不够烧，这一切都牵连着人口众多的问题"；"就粮食而论，亦非控制人口不可"。（4）同发展科学事业之间的矛盾。"由于受现有工业水平和国家财力的限制，还不能完全满足开展研究的需要，欲达到这个目的，唯有加速积累资金，一面努力控制人口，不让人口的增殖拖住科学研究前进的后腿"。怎么办呢？马寅初先生提出要大力控制人口的数量和提高人口的质量。他说："在一穷二白的中国，资金少，人口多，把人民组织起来，利用它作为一种资源，不是没有好处的，但不要忘记亦有人多的坏处。人多固然是一个极大的资源，但也是一个极大的负担。我的新人口论主张保留它的好处，去掉它的坏处，保全这个大资源，但去掉这个大负担。方法是提高人口的质量，控制人口的数量。"具体办法，他又提出："第一步要依靠普遍宣传"，要破除"五世其昌"、"不孝有三，无后为大"等封建传统观念；其次，"俟宣传工作收到一定的效果以后，再行修改婚姻法"，实行晚婚。他提出："大概男子25岁，女子23岁结婚是比较适当的"；如果"婚姻法修改之后，控制人口的力量还不够大，自应辅之以更严厉更有效的行政力量"，主张生两个孩子的有奖，生三个孩子的要征税，生四个孩子的要征重税，以征得来的税金作奖金，国家预算上不支出也不收入。

这些就是马寅初先生新人口论最主要的观点，今天看来无疑是正确的，是有先见之明的。然而就是这些观点，在当时却成了批判的"靶子"，尤其是那个"理论权威"插手之后，把学术问题搞成政治问题，把不同观点的争论变成政治围攻，把新人口论打进十八层地狱，直至解除马老北京大学校长的职务，扣上"中国马尔萨斯主义"的大帽子。马寅初先生是一位德高望重的民主人士，竟因一纸人口论落得如此下场，的确震动很大，对人口研究说来更是一次灾难性的摧残。其实，上百篇批判文章大同小异，说来说去是一个调子，即马寅初把人口看成了消费者，没有看到首先是一个生产者，是"见口不见手"。按照"人手论"的观点，就应该是人口增长越快，劳动力就越多，生产越多，积累越多，发展越快，于是乎人口越多越好。有人甚至觉得"人口"一词本身都有问题，应将人口改成"人手"。这一套"逻辑"表明，如果说第一次批判马尔萨斯人口论播下了人口越多越好论"种子"的话，那么20世纪50年代后期关于人口问题的大辩论，那颗"种子"便破土而出，从而给社会主义人口理论造成了一连串的混乱，有必要认真加以澄清。

"人口增长越快，劳动力就越多"吗？要作具体分析。第一，从长远看可能是这样，但人口增长快首先是婴儿、儿童、未成年人过多，而不是劳动力过多。据美国人口情报社最近出版的《1979年世界人口资料表》提供的材料，现在发达国家15岁以下人口占总人口的25%，其中美国和法国为24%，英国为23%，西德为21%，而我国是35%（1975年14岁以下人口占总人口的比重为37.4%），比起它们来高出10%。与此同时，16～65岁之间的人口，我国则大约比它们少了10%。就是说，人口增长快首先增长的是未成年人消费者，这些人成长为劳动力是十五六年以后的事情。第二，要看增加的是什么样的劳动力，是国民经济发展需要的劳动力，还是不能适应国民经济发展需要的劳动力？我们劳动力十分充裕，但具有大学文化水平的人只占总人口的0.5%左右，具有中学文化水平的也只占22%，还有相当数量的青壮年文盲，产生数量和质量之间的矛盾。数量虽多，但专家、教授、工程师、科学技术人员不足，并不能满足国民经济发展的需要。还应注意到，人口增长过快，加大了培养费用和生活资料的需求，反过来又妨碍着科学、教育事业的发展，加剧着人口数量和质量的矛盾。第三，从概念上说，如果各年龄组人口死亡系数不变，劳动适龄人口随着出生率的增长而增长，但必须从劳动适龄人口中减去非自立人口才是劳动力数量，不应将劳动力混同于劳动适龄人口。

"劳动力越多，生产越多"吗？不见得。如果那样的话，中国早就是世界上最富有的国家了。谁都知道，要想从事生产必须有生产者和生产资料，没有足够的生产资料与之相结合，劳动力再多也是枉然。前面说到，我国人口发展史上有两次大幅度的急剧增长，特别是新中国成立以后的大幅度增长给我们带来很大的困难，用外国人的话说是在经济没有起飞之前人口提前起飞了，在这种情况下，所谓"劳动力越多，生产越多"的理论是同历史唯物主义背道而驰的。社会主义的基本经济规律要求："用在高度技术基础上使社会主义生产不断增长和不断完善的办法，来保证最大限度地满足整个社会经常增长的物质和文化的需要。"[①]"用在高度技术基础上"就是要提高生产的技术构成和有机构成，不但不需要大量增加劳动，相反原有的一部分劳动力还有可能节约下来，主要物质生产部门的劳动力不仅相对减少，而且大有绝对减少的趋势。历史发展到现在，早已结束了单凭劳动者的体力和手工技巧决定生产发展的时代，"劳动力越多，生产越多"的理论，已经同手摇纺车一样显得古老了。

"劳动力越多，积累越多，发展越快"吗？不尽然。人作为劳动者是物质资料的生产者，一般说，一个人一生中创造的财富要大于他自己消费的部分，这样社会才能有积累。但人一生下来就是一个消费者，年老退休以后又是一个纯消费者，人口越多也会因加大消费而减少积累，这也是一个事实。新中国成立以来，安排现有劳动力就业一直是一个比较大的问题，劳动力再

---

① 《斯大林文集》，人民出版社，1962，第602页。

来一个"越多越好",岂不只有增加待业人员、增加消费和减少积累！积累多少不取决于劳动者的数量，而取决于国民收入和积累率的高低，归根到底取决于劳动生产率的水平。

"积累越多是否就发展越快"？也要作一些具体分析。积累是扩大再生产的源泉，但生产发展要受到多种因素的影响，就积累而言，不仅受积累量多少的制约，而且要受到积累的分配使用和投资效果的制约。我国第一个五年计划期间积累率为 24.2%，农业总产值平均每年增长 4.5%，工业总产值平均每年增长 18%，生产发展既迅速又平稳，人民生活得到显著的改善和提高。"二五"期间积累率超过 30%，积累额比"一五"增加 74%，但农业总产值平均每年递降 4.3%，工业总产值平均每年也只增长 3.8%，国民经济发展大起大落，被迫进行 3 年调整。"三五"和"四五"积累额和积累率也都超过"一五"很多，工农业生产发展速度却远没有"一五"时期那样快。事实说明，只要积累多就一定发展快的观点也有一定的片面性，把它同人口多用等号连接起来，从而得出人口越多、发展越快的结论，就更是一种形而上学。

我国人口理论研究的新阶段

"人口越多越好论"的确立和劳动力"不足"一说的产生，直接导致全国人口的盲目发展，1963 年出现了人口自然增长率为 28‰的高峰。针对这种状况，20 世纪 60 年代初期，周恩来同志几次指出：宣传节育过去抓迟了，我们搞计划生育和马尔萨斯的人口论根本不同，社会主义对人口没有计划是个短处。可是，由于两次批判马尔萨斯人口论影响之深，人口问题成了是非之地，敢于"惹是生非"的人不多了。1966 年"文化大革命"开始以后，人口研究完全中断，研究机构撤销了，研究人员打散了，这种状况一直持续到 20 世纪 70 年代。1970 年周恩来同志尖锐地指出，"文化大革命"中结婚的人多了，生孩子的多了，并指示要把计划生育纳入"国民经济计划范围"。后来，毛泽东同志在国家计委"关于一九七五年国民经济的报告"上作了批示：人口非控制不行。国务院也成立了计划生育领导小组，由华国锋同志担任组长，人口研究才再度被重视起来，恢复和建立了研究机构。但在"四人帮"极"左"路线干扰之下，理论研究不得越雷池一步，在很大程度上不能摆脱形而上学思想的束缚。

粉碎"四人帮"斗争的伟大胜利，给我国人口研究带来了新生。特别是实践是检验真理唯一标准的讨论和走中国式的现代化道路提出以来，形而上学的禁锢被打破了，思想解放了，目标明确了，人口研究在短短时间内有了相当大的突破，提出了许多过去没有提出过或者根本不敢提出的新问题，揭开了我国人口理论研究新的一页。

（一）提出并论证了人口的不断增长不是社会主义的人口规律

长期以来，我们一直抱着苏联政治经济学教科书的教条不放，把人口的不断迅速增长说成社会主义的人口规律。1978 年召开的全国人口理论讨论会，不少同志对此提出异议，他们从社会主义的基本经济规律和国民经济有计划按比例发展规律的客观要求出发，主张打破人口不断增长的框框。1979 年以来，更多的同志发表文章，提出人口的不断增长绝不是社会主义的人口规律。主要理由是：第一，社会主义的物质生产是建立在高度技术基础之上的，生产的发展主要依靠提高劳动生产率，而不是依靠劳动者人数的增加，不存在劳动力迅速增长的必然性；第二，社会主义经济是计划经济，国民经济要有计划、按比例地发展，人口也必须有计划、按比例地发展；第三，在社会主义社会里，妇女享有同男子一样的平等地位。要使广大妇女获得彻底解放，投身到社会主义建设中来，也必须使她们摆脱沉重的家务负担，有计划地生育子女；第四，社会主义和共产主义人口再生产的根本目的，是培养具有高度共产主义觉悟、高度科学文化知识的劳动者，是使全体人民生活得更好，而不是追求人口发展的数量。因此，人口的不断增长既不是社会主义生产发展的需要，也不是社会主义人口再生产的目的，应该坚决抛弃这个观点。

（二）拨乱反正，纠正了过去批判中的一些错误

今年（1979），党中央决定为马寅初先生平反，为他的新人口论翻案，《人民日报》、《光明日报》等报刊发表文章并加了编者按，这对我国人口科学的研究是一个很大的推动，在国内外引起了强烈的反响。为马老平反、恢复名誉不仅是一个人的问题，这一桩公案不彻底纠正，就无法消除从事人口研究同志心有余悸的问题，人口理论中的许多是非也无法澄清。马寅初先生从我国实际出发，从我国人口发展的实际状况出发，从社会再生产和国民经济要综合平衡的角度考察人口问题，是符合马克思主义人口问题的科学方法

的，是实事求是的。他提出的人口增长过快同国民经济发展之间存在的各种矛盾，控制人口数量和提高人口质量的中心论点，以及控制人口增长的具体办法等，至今谈起来仍然觉得洗人耳目，具有一定的参考价值。

就人口理论而言，除了马寅初先生的新人口论外，笔者认为对陈达、吴景超等人新中国成立后的人口理论，也应该作出实事求是的、恰如其分的评价。前面提到，新中国成立前人口节制主义者不同程度地推崇马尔萨斯人口论，是错误的。但在新中国成立以后，他们中有的人对过去的错误观点作了自我批判；有的虽然没有作出自我批判，但也不再坚持原来的错误，对此，我们应当欢迎。学术问题应当允许不同观点存在，更应当允许人家改正错误，转变观点，对他们在新中国成立后的人口理论应当摘掉马尔萨斯主义的帽子，予以平反。

（三）提出了许多带有闯"禁区"性质，值得深入探讨的重要理论问题

如恩格斯讲的两种生产的理论，可以理解为人类自身的生产同物质资料的生产一道，共同决定着社会的发展；马克思揭示的相对人口过剩规律不是资本主义的人口规律，而是资本主义的劳动力发展规律；相对人口过剩是技术进步的普遍规律，社会主义也可能有相对过剩人口问题；在人类发展史中不仅有同各种生产方式相适应的人口规律，而且也有适用于各种社会形态的一般人口发展规律；马尔萨斯的人口理论是反动的，但其中也有若干科学成分，不能一概否定，等等。这说明，我国人口理论研究在经历了多年的压抑之后，真正开始出现"百花齐放、百家争鸣"的生动局面，以崭新的姿态跨入新的历史发展时期。

回顾30年来的人口研究，有正面的可贵经验，也有反面的沉痛教训，但总的说来是时断时续，几经波折，耽误了许多宝贵时间，致使比较完整的社会主义人口理论体系至今未能建立起来。人口理论是一门科学，研究这门科学一定要按照科学的客观规律办事。毛泽东同志指出："真正的理论在世界上只有一种，就是从客观实际抽出来又在客观实际中得到证明的理论，没有任何别的东西可以称得起我们所讲的理论。"[1] 要建立科学的社会主义人口理论，就一定要遵循实践—理论—实践的公式，对人口发展的历史和现状

---

[1] 《毛泽东选集》第3卷，人民出版社，1953，第775页。

作出实事求是的考察，并从这种考察中抽象出事物本来具有的、而不是人们臆造的规律来。可是新中国成立以来关于人口理论的几次大辩论却在很大程度上违背了这条原则，有不少经验和教训。

首先，要建立科学的社会主义人口理论，一定要坚持唯物主义的立场和马克思主义的科学学风。两次批判马尔萨斯人口论，都受到来自"左"的方面的影响，有一些批判道理讲得不多，但帽子扣得不少，甚至采用实用主义的做法，掐头去尾、断章取义的引证，把人口理论弄得七扭八歪，从根本上违背了实事求是的科学态度。这种态度和学风泛滥开来，对人口研究来说确实是一场灾难。这也就出现了一种反常的现象：30 年来在人口研究方面像样的论著不很多，而批判性的论著却比比皆是。马寅初先生说得好，他说："中国的人口问题是一个特殊的问题，要调查、分析和研究，要用大量的有关资料来立自己的，不能专凭教条来破别人的。"研究我国人口理论和解决我国人口问题，一定要从实际出发，坚持把马克思主义人口理论同我国具体实践相结合的原则，不唯上，不唯书，要唯实。

其次，对待学术上的不同观点应当采取争鸣的方针，不能采取压服的手段。学术问题，特别是社会科学的学术问题往往同政治有牵连，人口问题更是如此。在这种情况下，更应该注意区分它们中间的界限。然而，以往的批判却严重混淆了这种界限，常常把学术问题搞成政治问题，其结果是大煞风景，造成难以挽回的损失和影响。实践证明，在学术问题上，真理有时往往在少数人手里，对待不同的学术观点不能采取简单粗暴的否定态度，更不能打棍子、扣帽子，用以势压人的办法把人家"治服"。须知，学术问题是不能以力"治服"的，只能以理说服，只能按照党的"双百"方针，通过讨论的办法加以解决，一时解决不了也没有关系，可以求同存异，让实践来检验谁是对的，谁是错的。这样做，比那种主观武断地下结论要好得多。

再次，要有充分的民主。社会主义民主是劳动人民当家作主，行使监督和管理国家权利的根本保证，学术民主则是每一个从事研究工作人员发表自己见解、繁荣社会主义科学事业的根本保证。可是，人口理论方面的两次大规模的批判，却有一个奇怪的现象：一方面加入批判行列的人越来越多，另一方面反批判的人却寥寥无几。是人口节制理论没有人赞成吗？不是。关于这一点，马寅初先生在 1960 年曾深有感触地说："自《新建设》十一月号登出我的文章后，同意我的信已经不是少数了，有的虽表示同意，但不敢签名，只写'读者谨上'字样，这部分地表明了今日的'百花齐放，百家争鸣'的真实情况，我只得唱'独角戏'。"其实，赞成马寅初先生新人口论的大有人在，赞成陈达、吴景超等人新中国成立后关于节制人口主张的也大有人在。可是由于缺乏民主，既缺乏政治民主又缺乏学术民主，竟没有什么人出来为他们的人口理论辩护。许多人敢怒不敢言，还有一些人不敢怒不敢言，眼看着正确的意见遭到批判，而错误的意见却甚嚣尘上。这是一个严重的教训。充分的政治民主和学术民主，是建立科学的社会主义人口理论的一个必不可少的重要条件。

对"人手论"的几点看法[*]

　　长期以来，在人口问题上，流行着一个"人手论"的观点，说人口增长越快，劳动力越多，生产越多积累越多，发展越快。在这种思想影响下，有些人认为人口多没有什么了不起。有的人甚至觉得"人口"一词本身都有了问题，应将人口改成"人手"。对于这个问题有必要加以剖析。

　　人口增长越快，劳动力就越多吗？要作具体分析。第一，从长远看可能是这样，但人口增长快首先是婴儿、儿童、未成年人多，而不是劳动力多。据美国人口情报社最近出版的《1979年世界人口资料表》提供的材料，现在发达国家15岁以下人口占总人口的25%，其中美国和法国为24%，英国为23%，西德为25%，而我国是35%（1975年14岁以下人口占总人口的比重为37.4%），比起它们来高出10%。与此同时，16～65岁之间的人口我国则大约比它们少了10%。就是说，人口增长快首先增长的是未成年消费者，这些人成长为劳动力是十五六年以后的事情。第二，要看增加的是什么样的劳动力，是国民经济发展需要的劳动力，还是不能适应国民经济发展需要的劳动力？我们劳动力十分充裕，但具有大学文化水平的人只占总人口的0.5%左右，具有中学文化水平的也只占22%，数量虽多，但专家、教授、工程师、科学技术人员不足，并不能满足国民经济发展的需要。还应注意到，人口增长过快，加大了培养费用和生活资料的需求，反过来又妨碍着科学、教育事业的发展，加剧着人口数量和质量的矛盾。

　　劳动力越多，生产越多吗？不见得是这样。如果那样的话，中国早就是世界上最富有的国家了。谁都知道，要想从事生产，必须有生产资料，没有足够的生产资料与之相结合，劳动力再多也不能发挥应有的作用。我国人口发展史上有两次大幅度的急剧增长，特别是新中国成立以后的大幅度增长给

---

　　* 本文发表于1980年2月1日《人民日报》。

我们带来很大的困难，说明劳动力越多并不等于生产越多。还要看到，随着生产技术构成和有机构成的提高，不但不需要大量增加劳动力，相反，原有的一部分劳动力还有可能节约下来，主要物质生产部门的劳动力不仅相对减少，而且大有绝对减少的趋势。历史发展到现在早已结束了单凭劳动者的体力和手工技巧决定生产发展的时代，"劳动力越多，生产越多"的理论，已经同手摇纺车一样，显得古老了。

劳动力越多，积累越多吗？也不是这样。人作为劳动者是物质资料的生产者，一般说，一个人一生中创造的财富要大于他自己消费的部分，这样社会才能有积累。但人一生下来首先是一个消费者，年老退休以后又是一个纯消费者，人口越多也会因加大消费而减少积累，这也是一个事实。积累多少不取决于劳动者的数量，而取决于国民收入和积累率的高低，归根到底取决于劳动生产率的水平。

积累越多是否就发展越快？也要作具体分析。积累是扩大再生产的源泉，但生产发展会受到多种因素的影响。就积累而言，不仅受积累量多少的制约，而且要受积累的分配和使用效果的制约。我国第一个五年计划期间积累率为24.2%，农业总产值平均每年增长4.5%，工业总产值平均每年增长18%，生产发展既迅速又平衡，使人民生活得到显著的改善和提高。"二五"期间积累率超过30%，积累额比"一五"增加74%，但农业总产值平均每年递降4.3%，工业总产值平均每年也只增长3.8%，国民经济发展大起大落被迫进行三年调整，"三五"和"四五"积累额和积累率也都超过"一五"很多，工农业生产发展速度却远没有"一五"时期那样快。事实说明，把积累多发展快同人口多等同起来，从而得出人口越多发展越快的结论是不符合实际的。

少数民族人口要不要控制[*]

我国除汉族外尚有 55 个少数民族，是一个多民族的国家。在进行社会主义现代化建设过程中，少数民族人口怎样发展，要不要适当加以控制，不仅直接关系到少数民族地区经济和文化的发展，关系到这些民族的幸福和前途，而且和全国控制人口增长战略任务的完成关系极大，越往后越大，是一个需要认真研究解决的问题。

新中国成立后少数民族人口增长很快

旧中国经济落后，人民贫困，各种疾病流行，人口死亡率高，平均寿命短，人口增长异常缓慢，被称为"东亚病夫"。相比之下，少数民族尤甚，在 50 多个少数民族中只有满、回、壮、朝鲜等十几个民族的经济发展处在同汉族大体相同的水平，其余众多少数民族处在从原始公社到封建社会的不同历史发展阶段：藏族、蒙古族等处于封建奴隶制阶段，大凉山地区的彝族处于农奴占有制阶段，而鄂伦春、景颇、门巴、黎、佤等许多民族基本上还停留在刀耕火种、渔猎为生的原始公社阶段。他们内受奴隶主贵族和宗教的残酷剥削压迫，外受国民党反动派大汉族主义的欺侮，生产力极端低下，人民当牛作马，无医无药，疾病蔓延，人口死亡率特别是婴儿死亡率极高，"只见儿落地，不见娘抱儿"，大多数少数民族人口呈减少趋势。如藏族在 1937 年大约有 800 万人，到 1959 年民主改革前夕只剩下 119 万人。赫哲族 1912 年大约有 3000 人，到新中国成立前夕只剩下 300 余人，濒于灭绝的境地。

新中国成立以后，党在少数民族聚居地区实行了民族区域自治，逐步推

---

* 本文原载《人口与经济》1981 年第 1 期。

行民主改革，大力帮助少数民族发展经济、科学、文化和卫生事业，实行鼓励人口增长的政策，使少数民族人口再生产很快由过去"多生多死"转变到"多生少死"类型，人口增长十分迅速。据统计，1953 年全国少数民族共有人口 3458 万人（未包括台湾省高山族），到 1978 年增加到 5520 万人，25 年间增长近 60%。现在估计，全国少数民族人口可达 5600 万人，相当于三个半澳大利亚或者 5 个匈牙利国家的人口。联合国公布的人口数字表明，1980 年中世界人口超过 5000 万人的国家有 16 个，其中意大利 5718 万人，英国 5576 万人，法国 5363 万人和越南 5330 万人。如果把我国少数民族人口同它们作比较，则略低于意大利，高于英国、法国和越南。目前，壮、回、维吾尔等 13 个民族的人口分别达到 100 万人以上，这些民族人口同汉族相比是"少数"，同世界其他一些民族人口相比就不是这样了。1978 年壮族人口已逾 1200 万人，相当于加纳或者伊拉克的全国人口数量，如此不但不能算"少数"民族，恐怕可以毫不逊色地列入世界"多数"民族的行列，"多数"和"少数"是相比较而言的。

值得引起重视的人口问题

新中国成立后少数民族人口发展迅速，对于地广人稀少数民族地区的经济发展，对于边疆的开发和国防的巩固起了积极的作用，这一点必须肯定。而且，在今后一定时间内，这些地区的少数民族人口还要有一个发展。但是，在生产力很不发展的条件下，一些地区的少数民族人口增长过快，特别是人口稠密地区的少数民族人口增长过快，带来了不少困难，出现了值得引起高度重视的人口问题。这主要是人口数量增加太多，造成人口同物质资料两种生产比例失调和人口质量提高不快，科学、教育、卫生等事业的发展不能满足人口增长需要两个方面的问题。表现如下。

（一）人均耕地不断减少，人均口粮和人均收入长期不能提高

如宁夏回族自治区人口由新中国成立初期的 122 万人增加到 1978 年的 366 万人，即增长两倍，使人均耕地从 1957 年的 7.3 亩减少到 1978 年的 3.67 亩，20 年间减少一半。1956 年全区每人平均占有粮食 872 斤，油料 70 斤，1978 年粮食减少到 644 斤，油料减少到 14 斤。如今，这块被誉为"塞上江南"的富庶地方非但无粮可以调出，反而要国家调入一些粮食，近 20

年来调入 7 亿多斤。该自治区回族聚居的固原地区人均耕地减少更为严重，1978 年人均口粮只有 329 斤，平均劳动日值不过 4 角钱，人民生活水平长期提不高，不得不靠国家救济。

（二）农业劳动力有余，城镇待业人口增加

我国少数民族人口占全国总人口的 6%，而面积却占 60%，一般地说，少数民族地区人口密度都比较低。但是，大部分少数民族居住在山地和高原的高寒地区，可耕地面积并不多。而且由于人口分布不均，这些地区也有人口密度相对比较高的城市和村镇。特别是壮、回、满、朝鲜等人口较多民族，他们或者聚居在平原河谷，或者同汉族杂居一起，人口密度都比较高，人口增长过快，必然出现劳动力过剩和待业问题。如广西武鸣县在新中国成立后 30 年时间里，由于人口和劳动力与日俱增，每个劳动力平均占有的耕地下降一半，只有 4 亩多一点。加上该县增添的 11 万马力的农业机械，按 1 马力折合 3 个标准农业劳动力计算，等于增加 33 万个劳动力，使多余劳动力的出路成为十分尖锐的矛盾。甘肃省临夏回族自治州人口 1978 年只有 132 万人，但待业人员却有 6600 多人。今后一段期间内，每年新增劳动力在 8000 人左右，实际只能安排 2400 多人，多数人得不到安排。大量待业人口的存在，是一种不安定的因素，影响政治、经济各个方面。

（三）教育事业的发展赶不上人口增长，旧文盲未扫除新文盲又大量涌现

如前面提到的甘肃临夏回族自治州，新中国成立以来教育事业有很大发展，以 1978 年与新中国成立初期相比，小学校由 175 所增加到 1472 所，中学由 3 所增加到 44 所，中小学教职员工由 178 人增加到 8521 人，但由于入学青少年大量增加，目前仍有 32% 的儿童上不了小学，10% 的小学毕业生上不了初中，60% 的初中毕业生上不了高中。由于师资短缺，校舍和教具严重不足，教学质量也不高。又据调查，1978 年广西金秀瑶族自治县忠良公社三合大队 331 名社员，文盲半文盲就有 261 人，占总人口的 78.6%。其中 7～14 周岁的 35 人，占文盲半文盲总数的 13.4%，18～25 周岁的 60 人，占文盲半文盲总数的 23%。两项合计，新中国成立后新生文盲和半文盲 95 人，占全大队文盲和半文盲总数的 36.4%，占全大队人口总数的 28.7%。据统计，这个县有一半左右的儿童不能念完小学，小学和初中毕业生大部分不能

继续升学，至于高中毕业考进大学的，更是"百里挑一"还不止。

（四）宣传计划生育和科学卫生知识不够，多生多育是压在妇女肩上的沉重负担

少数民族在生育方面一般表现出"早、多、密"的特点：早，即结婚比较早，十七八岁结婚已经是"晚婚"了；多，即生育子女多，三四个是少的，五六个为一般，七八个不稀罕；密，即生育子女间隔短，在一些孩子多的家庭，简直分辨不出邻近的一奶同胞谁是兄和弟，谁是姐和妹。广大妇女受子女多的拖累，身体过早地衰老，又不能参加集体生产劳动，负担很重。同时，由于子女多家庭经济生活困难，直接影响下一代的身体发育和人才的培养，人口质量得不到提高。目前，有某些地方计划生育和科学卫生知识的宣传教育工作做得较好，能够为自愿要求节育的妇女提供种种方便；但也有比较多的地方这项工作做得不够，甚至以"少数民族不搞计划生育"为理由，把自愿要求节育者拒之于门外。在万般无奈的情况下，一些妇女只好采用土办法堕胎以至溺婴，给妇女身心健康留下创伤。

以上一些少数民族人口问题的存在，严重地妨碍了这些地区的经济发展，妨碍了人民生活水平的提高，也妨碍了民族的健康发展。为了避免他们重蹈汉族人口盲目增长造成严重人口问题的覆辙，对少数民族中存在的这些人口问题现在就应高度重视，认真研究，找出解决的办法。

未来少数民族人口发展趋势

少数民族人口达到 5600 万人为数已经不少，更为重要的是要看到未来的发展趋势。目前，28 岁以下青年和未成年人口占全部少数民族人口的 60%，属于典型的年轻型结构，这对未来少数民族人口的增长起着决定性的作用。因为青年和未成年人口多，占的比重大，进入和即将进入婚育年龄的人口就特别多，未来人口增长的势头就比较猛。

对未来少数民族的人口发展，有关方面作了如下三种预测。

（一）高位测算

从 1981 年起少数民族妇女总和生育率为 4，少数民族人口增长的情况是：1985 年为 6840 万人，1990 年为 7920 万人，2000 年为 9950 万人，2010

年为 13100 万人，2030 年为 22100 万人，2050 年为 37800 万人，2080 年为
84600 万人。

（二）中位测算

从 1981 年起少数民族人口按 23‰的自然增长率递增，未来人口增长的
情况是：1980 年为 5600 万人，2010 年为 11200 万人，2040 年为 22400 万
人，2070 年为 44800 万人，2100 年为 89600 万人。

（三）低位测算

从 1981 年起少数民族妇女总和生育率为 3，未来人口的增长情况是：
1985 年为 6480 万人，1990 年为 7250 万人，2000 年为 8600 万人，2010 年为
11000 万人，2030 年为 14100 万人，2050 年为 19300 万人，2080 年为 29700
万人。

目前，少数民族的人口自然增长率很高。1949 年宁夏回族自治区有回
族 37.5 万人，到 1978 年增加到 110 万人，30 年间人口增长 3 倍，年平均自
然增长率超过 30‰。1978 年全自治区的人口自然增长率为 22.97‰，但汉族
人口占全区人口 67%，增长率较这个数字为低。该区回族人口的自然增长
率当在 25‰以上。广西壮族自治区 30 年的人口自然增长率平均达到 21‰，
而金秀瑶族自治县达到 29‰，初步估计，目前少数民族的人口自然增长率
在 25‰左右。考虑到今后有下降的可能，按 23‰自然增长率计算的中位预
测，可能更符合少数民族人口发展的实际。按此测算，人口每 30 年翻一番，
20 世纪末少数民族人口接近 1 亿人，100 年后超过 5 亿人，21 世纪末可能发
展到 9 亿人。我国自然科学和社会科学进行合作的人口预测表明，如果全国
育龄妇女总和生育率从 1981 年起保持为 1.5，即一半育龄妇女生二胎，另一
半育龄妇女生一胎，2080 年全国人口可以降到 7.8 亿人。然而，届时少数民
族人口竟达 5 亿人之多，如此岂不成了"多数民族"！按照少数民族妇女平
均生育率为 4 的高位测算，人口增长有如天文数字，按照自然增长率为 23‰
的中位测算，人口累进增长下去也相当惊人；甚至按照少数民族妇女总和生
育率为 3 的低位测算，100 年后少数民族人口近 8 亿人，其数量之大也颇为
可观。人口发展具有周期长和稳定变化的特点。一旦上去或者下来在短期内
都不可逆转，这是人口生产同物质资料生产不同的地方。如果说目前少数民
族人口少，增长快一些对全国人口影响不大、"无足轻重"；那么，按照中

位推算 30 年后人口超过 1 亿人，变成了"有足轻重"；再过几十年人口超过 4 亿、5 亿人，则成了"举足轻重"的决定力量。从我国 960 万平方公里土地和耕地面积、自然资源、国民经济发展速度等客观条件出发，究竟全国人口多少为宜，怎样达到，这是我们正在研究中的课题。但是，我国人口数量过多，经过一段调整要适当减少并稳定在一个比较理想的水平上，这差不多是人口学界比较一致的看法。然而，如果少数民族人口不加控制，任其盲目增长下去，可以肯定地说，任何关于全国人口稳定在一个比较理想的水平之上，无论是高一点稳定在 10 亿人左右，还是低一点稳定在几亿人水平的设想，都将一概付之东流。

人口政策要从实际出发

我国是社会主义国家，社会主义基本经济规律和国民经济有计划按比例发展规律要求人口有计划地发展，全国如此，各民族、各地区也是如此。为预防和解决产生的少数民族人口问题，为尽快提高各族人民的物质和文化生活水平，加快少数民族地区的现代化建设，为实现把全国人口控制在一个比较理想水平的百年大计，必须区别情况，对少数民族的人口发展加以适当控制，这是我们的基本出发点。

实事求是，一切从实际出发是我们党制定各项方针政策的基本原则，少数民族人口政策的制定也应遵循这条原则。搞简单的"一刀切"，要么一律不加控制，要么全部加以控制，不符合我国少数民族人口发展的客观实际。实际情况是，各民族人口数量相差很大，人口密度高低悬殊，人口居住条件、地理环境也各不相同，"一刀切"的做法要不得。笔者认为，关于我国少数民族人口政策的制定，可以考虑下列一些界限。

其一，目前在 55 个少数民族中，有 13 个民族的人口分别在 100 万人以上，人口合计为 4839 万人，占少数民族人口总数的 87.7%；有 7 个民族的人口在 30 万~100 万人之间，人口合计为 477 万人，占少数民族人口总数的 8.6%，有 7 个民族的人口在 10 万~30 万人之间，人口合计为 151 万人，占少数民族人口总数的 2.7%；其余 28 个民族的人口均在 10 万人以下，人口合计为 53 万人，占少数民族人口总数的 1%，是少数民族中的"少数民族"。因此，在少数民族中开展计划生育、控制人口增长，关键在于前一二十个人口较多的民族。如果在 13 个 100 万人以上人口的民族中开展，意味着 80% 以上的少数民族实行计划生育；如果在 20 个 30 万人以上人口的民族中开展，意味着 90% 以上的少数民族实行计划生育。笔者认为，计划生育工作可以首先在这 20 个少数民族中试行，但政策可以放宽一些，比如，提倡一对夫妇生两个孩子，最多不超过三个。这样做的好处一是这些民族人口多，比较容易接受，特别在人口问题比较严重的地方，如广西壮族自治区，有开展计划生育的强烈要求；二是这些民族人口占了少数民族人口的绝大部分，只要这些民族的人口控制好了，整个少数民族的人口控制问题也就解决了。

其二，各民族的居住情况很不相同，人口密度差异很大，大体情况是：人口少、居住在边远地区的民族人口密度比较低；人口多，居住在内地的民族人口密度比较高。如赫哲族居住在黑龙江三江平原地带，独龙族居住在云南怒江、贡山地区，人口只有几百人、几千人，人口密度较低。而回、满等民族居住在宁夏、辽宁、吉林、黑龙江、河北、河南、内蒙古、北京等 10 多个省、市、自治区，许多人同汉族长期杂居在一起，人口密度比较高。从这一实际情况出发，对地广人稀或居住在边疆地区的少数民族可以不限制生育子女的数量，而对居住在人口比较稠密或同内地汉族杂居在一起的少数民族，原则上应同汉族一样实行计划生育，政策上可以灵活一些。比如，提倡一对夫妇最好生一个孩子，不要超过两个。

其三，无论人口多少，无论居住在内地或边疆的少数民族，对自愿要求节育者都要提供各种方便，任何人不得以任何借口进行阻拦。各地有关部门要大力宣传科学卫生常识和计划生育知识，宣传遗传学和优生学，普及新法接生，积极发展医药卫生事业，不断提高各族人民的健康水平，提高民族素质。

其四，少数民族自治地区程度不等地混杂居住着一定数量的汉族，有的地区所占比例甚高。如 1978 年内蒙古自治区共有人口 890 万人，而包括居住在其他省区在内的全部蒙古族只有 266 万人，还不到该自治区人口总数的 30%。宁夏回族自治区回族人口占 33%，广西壮族自治区壮、瑶、苗、回、仫佬等 10 多个民族加到一起，只占全区人口的 40%，其余 60% 均为汉族。为了有利于少数民族地区计划生育工作的开展，也为了保证全国控制人口增长战略任务的完成，对居住在少数民族地区的汉族，应毫无例外地同居住在其他地区的汉族一样，实行有计划地生育。

调整是目前国民经济全局的关键[*]

华国锋同志在五届人大第二次会议上所作的政府工作报告中提出，从 1979 年起集中三年的时间，认真搞好国民经济的调整、改革、整顿、提高，把它纳入持久的按比例的高速度发展的轨道。这是实现四个现代化的第一个战役，我们必须坚定不移地贯彻执行这一方针，努力打好这一仗。

粉碎"四人帮"两年多来，国民经济得到比较迅速的恢复和发展。农业生产在遭受严重灾害的情况下，1978 年粮食产量达到 3.0475 亿万吨，超过历史最高水平；工业总产值 1977 年比 1976 年增长 14.3%，1978 年又比 1977 年增长 13.5%，达 4230 亿元；财政收入 1978 年比上年增长 28.2%，达 11211100 万元，做到收支平衡，略有节余。整个国民经济已经从过去停滞、倒退和瘫痪、半瘫痪状态下走出来，出现了 10 多年来未曾有过的蒸蒸日上的大好局面。

那么，为什么不继续"开足马力前进"，却转而实行调整的方针呢？最主要的原因就是林彪、"四人帮"干扰破坏造成的后果十分严重，国民经济长期积累下来的问题成堆，特别是一些重大的比例失调没有也不可能从根本上改变过来。主要表现在：（1）农业和工业比例失调。近 20 年来，农业发展缓慢，全国每人平均占有的粮食一直在 600 斤上下。棉花、油料按人口平均的产量不但没有提高，反而下降了。这同工业发展和人民生活需要之间存在着比较尖锐的矛盾。（2）轻工业和重工业比例失调。我国轻工业基本建设投资在总投资中占的比重本来就不高，20 多年来却还有所下降，使轻工业成了国民经济中比较突出的"短线"，市场供应不充分，出口也缺乏竞争能力。（3）燃料、动力、原材料工业和其他工业比例失调。主要是煤、电、油、运输和建材工业的发展跟不上国民经济发展的需要。仅仅由于电力供应

＊　本文原载 1979 年 7 月 7 日《光明日报》。

不足这一项，全国就有 20% 左右的工业生产能力不能发挥出来。（4）积累和消费比例失调。长期以来，由于积累率过高，基本建设战线过长，超过了国民经济的承担能力，带来一系列问题。在积累内部，用于集体福利、住宅、文教卫生、公用事业等同人民生活直接有关的投资较少，欠账较多，影响了人民生活水平的提高。（5）人口增长过快，新成长的劳动力和生产资料的增长比例失调。新中国成立以来不到 30 年，全国人口净增 4 亿多人，一部分劳动适龄人口不能为生产过程所吸收，成为待业人员。由于这些基本的比例关系没有改变过来，企业整顿没有完全搞好，经济管理体制又不相适应，生产、建设、流通、分配领域中的混乱现象没有完全消除，严重地妨碍着职工、企业、地方、中央部门积极性的发挥，全国重点企业的主要工业产品质量指标和原材料消耗指标分别有 43% 和 55% 没有恢复到历史最好水平，还有 24% 的国营工业企业存在着程度不同的亏损。

冰冻三尺非一日之寒，国民经济中比例失调等问题由来已久。但在林彪、"四人帮"横行时，"唯生产力论"帽子满天飞，棍子遍地打，连要不要进行生产本身这个起码的常识都给搞糊涂了，这些问题便在很大程度上被掩盖起来。粉碎"四人帮"后，随着国民经济的恢复和发展，比例失调问题也越来越暴露出来。道理很明显，一台机器、一部汽车不发动起来，毛病往往不大容易找到。一经发动，转起来、跑起来，毛病出在哪里便显露出来了。国民经济也是如此。经过两年多大干快上的实践，一方面取得了很大成绩，另一方面也暴露了不少问题，特别是重大比例失调问题。问题的暴露需要一个过程，人们的认识也有一个逐步深化的过程。没有粉碎"四人帮"两年多的实践，我们的认识就不可能像今天这样深刻。现在，面对重大比例关系严重失调的状况，是不顾一切地"开足马力前进"，还是适当放慢前进的速度，首先集中一定的时间进行调整呢？这在实质上是要不要按照客观经济规律办事，要不要端正经济建设中的思想路线问题。只有重大比例关系比较协调，才能较快发展；在比例严重失调情况下强行高速发展，就离开了经济建设中的实事求是原则，违背了客观经济发展规律。我国近 30 年正反两个方面的经验也说明，什么时候比例关系比较协调，综合平衡搞得比较好，国民经济发展就快；否则就慢，甚至倒退。"开足马力前进"的愿望是好的，但在比例失调的情况下，勉强开动，必然是开而不足，跑起路来左右摇摆，事与愿违，欲速不达。只有暂时放慢前进的步伐，以便主动地揭露矛盾，自觉地进行调整，逐步使比例关系协调起来，才能为高速度发展国民经济创造条件。

调整国民经济的任务，包括把各方面失调的比例关系调整过来，使国民经济走上有计划按比例发展的轨道；有步骤地对现行经济管理体制进行全面改革，使生产关系更好地同生产力的发展相适应，上层建筑更好地同经济基础相适应；把目前管理混乱的企业坚决整顿好，使所有企业的各项经济技术指标都达到和超过历史最好水平；通过调整、改革、整顿，大大提高了企业的生产水平、技术水平和管理水平。这几个方面的任务是互相联系和互相促进的，但就全局来看，不解决经济比例的严重失调问题，其他一切问题就都很难解决，调整是改革、整顿、提高和顺利发展的关键，首先必须搞好比例关系的调整。

调整比例关系，简单说，就是"截长补短"。即把"长线"调下来，或者限制它的发展速度；而把国民经济中的薄弱环节、"短线"调上去，实现综合平衡。

把"短线"和薄弱环节调上去，第一，就是坚持贯彻以农业为基础，集中力量把农业搞上去，使粮食生产和其他农副产品生产的发展同人口的增长和工业的发展互相适应。第二，要加快轻纺工业的发展，使轻纺工业的增长速度赶上或略高于重工业的增长速度，主要轻纺产品的增长大体上同国内购买力的增长和出口的需要相适应。第三，加强煤、电、油、运输和建材工业的生产建设，改变燃料、动力、原材料供应紧张的状况，保证其他工业和整个国民经济发展的需要。第四，调整积累和消费的比例，适当增加消费，增加文教、卫生、住宅、公用事业等方面的建设投资，提高人民物质和文化生活水平。还要积极扩大出口，发展外贸和旅游事业，为国家赚取更多的外汇。

把"长线"调下来，当务之急首先是坚决缩短基本建设战线，扭转基本建设战线越拉越长、"胡子工程"越建越多、投资效果越来越差的局面。基本建设的规模要根据钢材、水泥、木材、设备和资金供应的实际可能来确定，坚决把那些国民经济不急需和不具备建设条件的项目停下来，保证那些为国家急需的工程加快建设，按时投入生产，提高工程质量，降低工程造价，缩短建设周期。其次，重工业中冶金、机械、化工等部门，在增加生产的同时，要着重提高质量，增加品种。对于那些产品不对路、质量低、消耗大、亏损多的企业，燃料、动力、原材料供应没有保证，产品又不为国内外市场欢迎的企业，要分别情况，进行整顿，有的要停产整顿，有的要转产。

再次，要进一步控制人口的增长，采取有效措施，使人口自然增长率大幅度地降下来。当然，控制人口的增长，这并不是一个在短期内能解决的问题，要有长远的打算。同时，对因调整而余下来的劳动力和新成长的劳动力，要本着统筹兼顾的方针，妥善加以安排。

从这些基本任务来看，调整国民经济的方针无疑是积极的。有的同志一提到调整，就认为是"收缩"、"后退"，甚至对能否在 20 世纪内实现四个现代化产生疑虑，这是没有根据的。

其一，实行调整的方针，就某些企业、部门或方面来说，确实存在着"收缩"、"后退"的问题，但不这样做便无法解决"僧多粥少"的矛盾。与其大家都吃不饱，还不如让那些消耗大、质量差、亏损多的企业停下来，而让那些消耗低、质量好、盈利多的企业吃饱喝足，大踏步地上去。打个比方，果树每年都要进行剪枝和疏果，如果不这样做，表面上看起来枝叶繁茂、果实累累，但因彼此争水、争肥、争阳光，甚至连通风都成了问题，其结果必然是枝瘦、叶黄、果子小，不但产量低，而且质量也差。我们把多余的枝叶和花果去掉一部分，总收获量会增加，果子也大，味道也美，质量大大提高。有所不为才能有所为。一些企业、部门或方面的"收缩"、"后退"正是为另外一些企业、部门或方面的扩大、发展创造必要的条件。

其二，这次调整并非"全面收缩"，这和 20 世纪 60 年代初期实行"调整、巩固、充实、提高"八字方针时的情况有很大不同。那时，由于面临重重困难，在调整开始时工业和基本建设的规模都退了下来，强调先退够、再前进，这在当时是完全必要的、正确的。现在我们的农业情况要比当年好得多，工业基础也要雄厚得多，总的生产建设在三年调整中是要稳步前进的，国民经济是要保持一定的增长速度的。虽然就局部来说是有上有下，有进有退；但是就全局来说是上不是下，是进不是退，是边调整边前进，在前进中调整，在调整中前进。

其三，经过这样的调整之后，国民经济一些基本的比例失调纠正了，彼此互相牵制谁也不能前进的状况克服了，相互促进的作用充分发挥出来了，国民经济全局进一步搞活了，我们"开足马力前进"也就有了条件。俗话说："磨刀不误砍柴工"。调整工作搞得好，就能换取国民经济持久的、高速度的发展，这完全是积极的方针。

实行调整的方针，从全局来说，肯定无疑是前进；对某些局部来说，确实存在降低速度、甚至暂时后退的问题。因此，要求各部门、各地区、各企业树立全局的观念。国民经济全局需要我们加快发展速度，我们就应该努力挖掘潜力，降低消耗，增加生产，加快速度；全局要求我们调下来，甚至停建、停产，我们也应该服从全局的安排，该停建的停建，该停产的停产。等待、观望；片面强调局部的特殊性，只愿上不愿下；"要上大家上，要下推平头，大家一起下"；甚至口头上说调整，行动上快马加鞭搞计划外的项目；这些是当前贯彻执行调整方针的障碍。这些思想不克服，该调下来的调不下来，该调上去的就调不上去，或者大家推平头，比例失调的问题仍然不能解决，那将会贻误时机，拖住国民经济前进的步伐，造成新的严重困难。

调整国民经济是进一步贯彻三中全会精神的一个重大决策，是把工作重点转到社会主义现代化建设上来的第一个战役。这一仗打好了，调整、改革、整顿的任务能够全面胜利完成，我们的管理水平和技术水平就将有一个很大的提高，整个国民经济就可以进入有计划按比例发展的健康轨道，以后的工作就会比较顺利，实现四个现代化也就有了比较可靠的基础，如果这一仗打不好，前进的阵地不巩固，以后的事情就更被动了。这一次调整工作搞得好坏，对未来国民经济的发展和四个现代化的进程将产生极为深远的影响，是一次具有决定意义的战役，是摆在全党、全国人民面前的中心任务，我们必须全力以赴打好这个关键性的一仗。

为社会主义的"托拉斯"恢复名誉[*]

进入 20 世纪 60 年代以后，刘少奇同志曾经在多种场合讲过要学习资本主义企业管理的经验，办"托拉斯"，即专业公司。在他和中央有关部门领导同志的积极倡导下，1964 年前后试办了中国制铝工业公司、中国烟草公司、中国医药公司、中国橡胶公司等十二三个全国性的专业公司。有的省、市也试办了一些地方性的专业公司。可是在十年动乱期间，林彪、"四人帮"掀起了一股大批"托拉斯"之风，把刚刚诞生不久的"托拉斯"扼杀在摇篮里，并给刘少奇同志办"托拉斯"罗织了种种罪名。现在，关于"托拉斯"的这一桩公案，到彻底澄清的时候了。

给刘少奇同志办"托拉斯"扣上的头一顶大帽子，是在工交部门"复辟资本主义的铁的罪证"，是推行反革命修正主义路线的"黑纲领"，其"逻辑"是：办"托拉斯"搞"垂直领导"，使"托拉斯"及其所属企业脱离了党和政府的领导，为资本主义的"自由化"开了方便之门，可以为所欲为地"走资本主义道路"，等等。

办"托拉斯"就是"走资本主义道路"吗？否！恰恰相反，列宁指出："只有那些懂得不向托拉斯的组织者学习就不能创造或实行社会主义的人，才配称为共产主义者。因为社会主义并不是一种空想，而是要已经夺得政权的无产阶级先锋队去掌握和采用托拉斯所造成的东西。我们无产阶级政党，如果不去向资本主义的第一流专家学习组织托拉斯大生产的本领，那么这种本领便无从获得了。"[①] 这就清楚地告诉我们，"托拉斯"虽然是资本主义发展到帝国主义阶段出现的一种垄断组织形式，但它也是社会化生产发展到一定程度的产物，并且是可以为社会主义所借鉴的一种科学的经济组织形式和管理方法。

---

* 本文原载 1980 年 3 月 22 日《光明日报》。
① 《列宁全集》第 27 卷，人民出版社，1959，第 324～325 页。

资本主义机器大工业发展起来以后，技术水平越来越高，分工越来越精细，专业化生产以前所未有的规模和速度发展起来。要把这些迅速发展起来的专业化生产组织起来，就需要有一种适当的组织形式，于是"托拉斯"应运而生。社会主义取代资本主义，一般地说，要以资本主义已有的物质基础为前提，要继承和发展资本主义所创造的科学的东西，包括组织社会化大生产的科学管理方法。特殊地说，社会主义革命是在一个经济落后的国家取得胜利，例如中国这样，那它更要学习资本主义组织社会化大生产的经验，其中包括组织托拉斯的经验。当然，社会主义和资本主义的"托拉斯"有着本质的不同：生产资料的所有制不同，生产的目的也截然不同，所谓"托拉斯"不过是借用它的组织形式和科学管理方法而已。正是从这点出发，刘少奇同志在20世纪60年代提出了办社会主义"托拉斯"的主张。可见，把办"托拉斯"说成是"走资本主义道路"，把"托拉斯"的组织形式和管理方法从社会主义现代化大生产中划出去，是与马克思主义背道而驰的！

给刘少奇同志办"托拉斯"扣上的第二顶大帽子，是"以帝为师、以修为师"，与国际上帝修反和国内牛鬼蛇神的进攻"相呼应"，是一个"政治大阴谋"。

然而，谁都知道，一种经济组织管理形式的确立，绝不是由什么国内外的阶级斗争决定的，而是由生产力发展水平以及与这种发展水平相适应的生产关系的性质决定的。拿我国20世纪60年代来说，主要有以下几个方面的情况。

其一，国民经济经过新中国成立初期的三年恢复，特别是第一个五年计划时期和第二个五年计划头二三年的发展，奠定了社会主义工业化的初步基础。据统计，国营企业固定资产原值由1952年的240.6亿元，增加到1962年的1209.3亿元，即增长5倍，其中工业增长7.3倍。工业总产值由1949年的140亿元，增长到1962年的850亿元，增长6倍多。工业所创造的国民收入，1949年只有45亿元，1960年增加到565亿元，即增长12.5倍，这些情况表明，在新中国成立后的10多年里，我国国民经济，尤其是工业生产突飞猛进的发展，为工业企业办"托拉斯"准备了物质前提。

其二，完成了生产资料所有制方面的社会主义改造。"托拉斯"是社会化大生产的产物，社会化大生产的程度越高，它活动的舞台就越宽阔。在资本主义制度下，一方面社会化大生产得到迅速发展；另一方面由于私有制的存在又使生产的社会化受到限制，加剧着生产资料私人资本主义占有和生产社会化之间的矛盾。只有用公有制代替私有制，才能真正解除这个矛盾。从这个意义上说，生产资料所有制社会主义改造的基本完成，为广泛组织专业化协作，建立各种专业公司和联合公司，创造了良好的社会条件。

其三，旧中国工业基础薄弱，新中国成立初期为了尽快形成生产能力大都建成"全能厂"，这在当时是必要的、合理的。但是，随着社会主义工业化的发展，随着"全能厂"数目越建越多，按专业化协作改组工业便提到议事日程上来。事实上，20 世纪 50 年代后期已经着手在做这方面的工作，进行了两次工业改组。一次是 1956 年全行业的公私合营完成以后，主要是在机器制造业中按产品分类建立了一些专业分工的工厂，调整了某些产品品种多而杂的工厂，使之走上专业化生产。另一次是 1958 年"大跃进"期间，为了适应当时工业发展的需要，从原有的工业部门中分出汽车、石油、电子工业时，成立了专业公司。这两次工业改组虽然规模还不够大，但为后来创办"托拉斯"提供了极为宝贵的经验。

以上三个方面的情况表明，20 世纪 60 年代我们具备了按专业化协作原则改组工业，建立各种"托拉斯"的基本条件。刘少奇同志以一个马克思主义者的敏锐洞察力，及时地、果断地提倡办社会主义的"托拉斯"，是有充分科学根据的。所谓"政治大阴谋"，纯属无中生有，恶意中伤。

给刘少奇同志办"托拉斯"扣上的又一顶大帽子，是推行"只许我办，不许你办"的垄断方针，"扼杀"了地方的积极性，"破坏了两条腿走路的工业体制"，"瓦解了社会主义经济"。然而，实际情况恰恰相反，20 世纪 60 年代办起的这批"托拉斯"，尽管还很不完善，但它已经别开洞天，初显神通，发挥了巨大的威力。

按专业化分工组织社会主义"托拉斯"，从小生产转变到大生产，从分散的生产转到集中的生产，其优越性是十分明显的。一是可以统一使用资金和物资，合理调配劳动力，大大提高资产利用率，避免重复生产和重复建设，经济合理地使用各种资源，开展综合利用，这一切有利于降低成本，节省消耗，减少积压，杜绝浪费，从而以最小的投资取得最大经济效果。二是可以卓有成效地推进技术革新和技术革命，大幅度地提高劳动生产率。实行专业化协作，生产的批量增大了，品种却减少了，企业定了向，产品定了型，零部件的生产也走向标准化，这样有利于采用最新科技成果，采用新设备、新材料、新技术、新工艺，便于组织流水作业和自动化生产线，大大提高了生产的机械化、自动化水平，三是用经济的办法管理经济，在全公司范围内实行集中领导，统一核算，做到人、财、物、产、供、销统一管理，有利于集中指挥，灵活调度，讲究效果，减少层次，提高职工的业务水平和管理水平，克服用行政办法管理经济带来的各种弊病，有效地促进生产的发展。例如，20 世纪 60 年代铝业公司成立后，对所属 5 个厂实行合并，撤销科室、车间级行政机构 115 个，精减职工 5000 多人，劳动生产率提高了 37%。从 1965 年 1 月至 5 月，可比产品总成本比上年降低 34%，利润比上年同期增加 23%。1965 年全公司统一安排 145 项技术革新项目，结果完成了 1000 多项，铝氧回收率、每吨铝氧碱耗等都达到世界的先进水平。从 1964 到 1966 年，全国铝产量增加 6 万吨；而铝业公司停办后，从 1967 到 1976 年增加的投资相当于 1965、1966 年两年的 5 倍，生产能力只增加 12000 吨，铝产量只增加 48000 吨。

实践是检验真理的唯一标准。20 世纪 60 年代兴办的一批专业公司取得的良好经济效果和停办后所造成的经济损失形成鲜明的对比，这一得一失之间，雄辩地说明：刘少奇同志办"托拉斯"的主张是符合我国当时实际情况的，是完全正确的。

人口控制的理论与实践

30 年来中国人口的发展[*]

一

新中国成立前，中国在长期封建主义的社会制度下，人口发展处于高出生率、高死亡率、低增长率的多生多死阶段，人口长期增长不快。据《通典·食货典》记载，"禹平水土为九州，人口 1355 万"。经过纪元前两千多年的发展，到西汉平帝元始二年（公元 2 年）全国人口达到 5959 万人。后来三国，南北朝人口大减，到隋炀帝大业五年（公元 609 年）恢复到 4602 万人，唐天宝十四年（公元 755 年）恢复到 5292 万人。《宋史·地理志》记载，大观四年（公元 1110 年）人口 4673 万人，《元史·地理志》记载，至元二十七年（公元 1290 年）人口 5883 万人，都没有超过公元 2 年的水平，直至明洪武二十六年（公元 1393 年）人口才越过 6000 万人大关。清朝期间我国人口增长迅速，据《清史稿·食货志》记载，乾隆二十九年（公元 1764 年）全国人口达到 20559 万人，道光二十九年（公元 1849 年）达到 41299 万人。再往后来，据国民党政府统计局《中华民国统计提要》，1947 年全国人口为 45559 万人。这些统计不是十分准确，但仍然可以大致看出我国人口发展的概貌。我国人口众多是几千年发展起来的。从公元 2 年至 1947 年，长达 1945 年时间里，人口增加 39600 万人，年平均增长率只有 1.05‰。到了近代，由于遭受帝国主义、封建主义、官僚资本主义三大敌人的残酷剥削和压迫，从 1840 至 1947 年的 104 年间，全国共增加 4278 万人，人口的年平均自然增长率只有 0.92‰。

新中国成立后，人口发展有了巨大的变化。新中国成立初期，随着国民经济的恢复，人民生活的改善，人口死亡率明显降低，人口生产很快由过去的多

* 本文发表于 1981 年 9 月《中国科技史料》。

生多死转入多生少死阶段。20 世纪 50 年代中期出现一次生育高潮，50 年代末 60 年代初出现一次生育低潮，60 年代中期至 70 年代初期再次出现一个生育高潮，1973 年以来又出现一个生育低潮。30 年的人口发展经历一个人口类型的转变时期和两次生育高潮、两次生育低潮，呈一个"双峰驼"形。

如果将这 30 年分成 1950～1952、1953～1957、1958～1962、1963～1972 年和 1973 年以来 5 个阶段，每个阶段的人口年平均自然增长率，如图 1 所示。

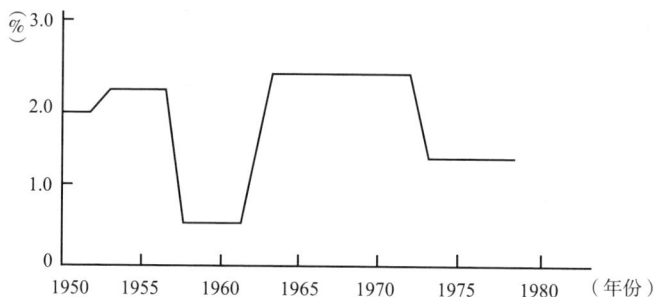

图 1　1950～1980 年我国人口年平均自然增长率

由图 1 清楚地看出 30 年各个阶段的人口状况差异很大，我国人口发展大致经历过一个"双峰驼"形的情形。

（1）新中国成立初期人口再生产类型的转化。旧中国的人口发展具有出生率高、死亡率高和自然增长率低的典型特征。新中国成立初期的人口状况，一方面出生率仍旧维持在过去的高水平上，甚至还有增高，1950～1952 年每年的人口出生率都达到 37‰，人口死亡率却开始下降，1950 年下降到 18‰，1952 年下降到 17‰。人口增长率开始增加，1949～1952 年人口的年平均增长速度达到 2%，比新中国成立前有了成倍的增长。这表明，经过短短的国民经济恢复时期，我国人口再生产结束了新中国成立前多生多死的局面，转入多生少死阶段。

（2）20 世纪 50 年代中期和 60 年代中期至 70 年代初期的两次生育高潮。从 1953 至 1957 年，全国人口增加 5857 万人，平均每年增加 1464 万人，年平均增长速度达到 2.4%，出现了第一次生育高潮。60 年代中期直到 70 年代初期，又出现第二次生育高潮，造成 30 年人口发展中的两次波峰。这两次生育高潮有着各自的一些特点。

首先，20 世纪 60 年代中期至 70 年代初期的生育高潮持续长达 10 年之久，而 50 年代中期生育高潮持续只有四五年的时间。因此，1963 ~ 1972 年的生育高潮，对未来的人口发展将产生深刻影响。

其次，第二次人口生育高潮增长的幅度大。在 10 年中间，人口的年平均增长速度达到 2.6%，比 50 年代中期的 2.4% 高 0.2%。加上人口基数的增大，每年净增人口的绝对数量达到 1900 多万人，比前一次生育高潮多 400 多万人。这种情况反映在人口出生率、死亡率和自然增长率的变动上，也很明显。

20 世纪 50 年代中期生育高潮期间，人口出生率、死亡率、自然增长率的变动情况，如表 1 所示。

表 1　20 世纪 50 年代中期人口出生率、死亡率、自然增长率

单位：‰

年　　份	1953	1954	1955	1956	1957
出生率	37.0	38.0	32.6	31.9	34.0
死亡率	14.0	13.2	12.3	11.4	10.8
自然增长率	23.0	24.8	20.3	20.5	23.2

20 世纪 60 年代中期至 70 年代初期生育高潮期间，一些年份的人口出生率、死亡率、自然增长率的变动情况，如表 2 所示。

表 2　20 世纪 60 年代中期至 70 年代初期人口出生率、死亡率、自然增长率

单位：‰

年　　份	1963	1964	1965	1970	1971
出生率	43.6	39.3	38.1	33.6	30.7
死亡率	10.1	11.5	9.6	7.6	7.3
自然增长率	33.5	27.8	28.5	26.0	23.4

从表 1、表 2 可以看出：出生率在后一次生育高潮期间虽然于 1971 年降低到 30.7‰，而 1963、1964、1965 年几乎达到 40‰ 左右，比第一次生育高潮期间的出生率还要高。死亡率在两次生育高潮期间相差非常悬殊，第一次生育高潮期间最低死亡率下降到 10.8‰，第二次生育高潮期间最低死亡率却下降到 7.3‰，最高年份为 11.5‰，这就造成了第二次生育高潮期间人口

自然增长率大大高于第一次的情况。1963、1964、1966 年的自然增长率在 30‰上下波动，造成我国人口发展中的"喜马拉雅山峰"，为第一次生育高潮及其他任何年份所不及。

（3）20 世纪 50 年代末 60 年代初和 70 年代中期以来的两次生育低潮。1958 年以前，人口出生率一直保持在 30‰以上，1958 年首次降到 30‰以内，自然增长率下降到 20‰以内，以后几年又继续下降，形成 1958 ~ 1962 年的生育低潮。70 年代以来国家大力提倡计划生育，出现了自 1973 年以来的又一次生育低潮。

1958 ~ 1961 年某些年份的人口出生率、死亡率、自然增长率的变动情况，如表 3 所示。

表 3　1958 ~ 1961 年人口出生率、死亡率、自然增长率

单位：‰

年　份	1958	1959	1961
出生率	29.2	24.8	18.1
死亡率	12.0	14.6	14.3
自然增长率	17.2	10.2	3.8

1973 ~ 1979 年某些年份的人口出生率、死亡率、自然增长率的变动情况，如表 4 所示。

表 4　1973 ~ 1979 年人口出生率、死亡率、自然增长率

单位：‰

年　份	1973	1975	1977	1978	1979
出生率	28.0	23.1	18.9	18.3	17.8
死亡率	7.0	6.9	6.9	6.3	6.2
自然增长率	21.0	15.8	12.0	12.0	11.6

由表 3、表 4 看出，20 世纪 50 年代末 60 年代初的生育低潮，是在出生率降低和死亡率升高二者交互作用下形成的。1960 年死亡率降低到新中国成立以来的最低点。总之，这一次生育低潮，变动幅度大，人口下降剧烈，但持续时间短。70 年代中期以来出现的生育低潮则是另一番情景：随着出

生率的降低，死亡率也呈下降的趋势，生育低潮的形成完全是由出生率降低引起的。这说明，我国控制人口增长的工作确实取得了显著的成绩。1971年的人口自然增长率为 23.3‰，到 1979 年下降到 11.6‰，只 8 年时间降低一半，这在世界人口发展史上是仅有的。

<h2 style="text-align:center">二</h2>

我国人口经过新中国成立后 30 年的发展，具有以下 5 个特点：

第一，人口增长速度快。虽然在 30 年中走过一个"双峰驼"形，但总的来看，生育低潮持续的时间短，生育高潮持续的时间长，使大部分时间处在生育高潮中。新中国成立 30 年来，人口出生率在 30‰ 以上的有 18 年，在20‰ ~ 30‰ 之间的有 8 年，在 20‰ 以下的仅 4 年。如果以 20‰ 以下的低出生率为 1，则高、中、低出生率所占比例为 4.5 : 2 : 1，高出生率年代居优势。人口自然增长率在 20‰ 以上的有 19 个年头，在 12‰ ~ 20‰ 之间的有 7 个年头，在 12‰ 以下的只有 4 个年头，它们之间的比例为 4.8 : 1.8 : 1，高自然增长率年头居优势。30 年来，全国共出生 66100 多万人，平均每年出生 2200万人以上，人口出生率平均达 28.85‰，自然增长率平均达到 18.97‰，扣除死亡还要净增 43400 万人。这样的增长速度不仅比旧中国高出 1 倍以上，而且和某些国家相比也高出许多。从 1950 ~ 1976 年，我国和一些国家的人口自然增长率的比较，如表 5 所示。

表 5 1950 ~ 1976 年中国与其他国家人口自然增长率比较

单位：%

年份	中国	美国	苏联	日本	西德	英国	法国
1950	1.9	1.4	1.7	1.7	0.6	0.5	0.8
1952	2.1	1.5	1.7	1.5	0.5	0.4	0.7
1957	2.9	1.5	1.8	0.9	0.6	0.5	0.6
1962	2.2	1.3	1.5	1.0	0.7	0.6	0.6
1965	2.9	1.0	1.1	1.1	0.7	0.7	0.7
1970	2.7	0.9	0.9	1.2	0.2	0.5	0.6
1975	1.7	0.6	0.9	1.9	- 0.4	0.1	0.4
1976	1.4	0.6		1.0	- 0.3	- 0.2	0.3

可见，我国人口自然增长率无论在 50、60 还是 70 年代，都比美、苏、日、英、法、西德各国高很多。同时，我国人口死亡率却下降十分迅速，1977 年以来下降到 7‰ 以内，已属于低死亡率国家行列。与此相应的是平均寿命不断延长，目前已达 68 岁左右，属高寿命国家之列，这也是人口增长比较快的一个直接原因。

第二，人口基数不断增大。1949 年全国有人口 54167 万人[①]，1957 年增加到 64653 万人，1966 年增加到 74542 万人，1971 年增加到 85229 万人，1977 年增加到 94974 万人，每增加 1 亿人口的时间分别为 8 年、9 年、5 年、6 年。为什么有缩短的趋势呢？人口出生率和自然增长率并没有多少增加，总的趋向还是下降的，关键是人口基数一年比一年加大了，出生的绝对人数增多了。这从一些年份出生率和出生人数，自然增长率和自然增加人数（不包括台湾省人口，下同）之间的变动上，可以看得出来（见表 6）。

表 6　1952～1979 年出生人数、出生率、自然增长人数、自然增长率

年　份	1952	1955	1959	1971	1975	1979
出生人数（万人）	2105	1978	1647	2567	2109	1938
出生率（‰）	37.00	32.60	24.78	30.74	23.13	17.90
自然增长人数（万人）	1138	1233	677	1954	1438	1283
自然增长率（‰）	20.00	20.32	10.19	23.40	15.77	11.70

由表 6 看出，1975 与 1952 年相比，人口出生率由 37.00‰ 下降到 23.13‰，然而由于人口基数由 57482 万人增加到 91970 万人，则出生人数却不相上下。同样道理，1979 与 1959 年相比，人口自然增长率相差不大，而自然增长人数却由 677 万人上升到 1283 万人，增加近 1 倍。1971 与 1955 年相比，出生率下降 1.86 个千分点，出生人口反而增多 589 万人；自然增长率仅提高 3.08 个千分点，自然增长人数却由 1233 万人增加到 1954 万人，即增加 58.5%。由于人口基数不断增大，研究和解决我国人口问题不仅应注意人口出生率、自然增长率的演变，还要注意到绝对人数的变化。

1981 年，我国人口已近 10 亿人，约占世界人口的 22%，如此庞大数量的人口，即使出生率和自然增长率有所降低，但每年出生和净增人口的绝对

① 不包括台湾省人口，下同。

数量仍然很大。这正是我们控制人口增长比较困难的问题，也只有抓住这个事实，才能真正把握住我国人口的发展。

第三，人口年龄构成轻。根据抽样调查推算，目前我国 15 岁以下未成年人口约占总人口的 38.6%，新中国成立后出生的 30 岁以下人口约占总人口的 65%，65 岁以上老年人口仅占总人口的 4.8%。据美国人口咨询局出版的《一九八〇年世界人口资料表》统计，目前世界 15 岁以下未成年人口约占总人口的 38%，发达国家占 24%；65 岁以上老年人口占 6%，发达国家占 11%。显然，我国青少年未成年人口占的比例过高，老年人口占的比例过低，属于年轻型的人口结构。如果以每 5 岁为一个年龄组排列起来，那么 5~9 岁年龄组占的比例最大，10~14 岁年龄组次之，15~19 岁年龄组和零至 4 岁年龄组再次之，老年人口占的比例最小。从老年人口、壮年人口、青年人口到少年人口排下来，随着年龄的降低占总人口的比例逐渐加大，整个人口年龄构成呈"金字塔"状，只是 0 至 4 岁年龄组人口稍稍收进来一些，"塔座"略小一点。

人口的年龄构成对未来的人口发展具有重要的影响，瑞典人口学家桑德巴就是依据人口的年龄结构，将人口分成增加型、稳定型、减少型三种类型。桑德巴"三分法"的标准年龄结构，如表 7 所示。

表 7　桑德巴"三分法"年龄结构

单位：%

	0~14 岁	15~49 岁	50 岁及以上
增 加 型	40	50	10
稳 定 型	26.5	50.5	23
减 少 型	20	50	30

我国人口基本上属于增加型。年龄结构刚刚开始由增加型向稳定型过渡。人们往往只注意我国人口数量多达 10 亿人，或者增长速度 30 年平均近 20‰，而忽视了人口年龄构成轻这个特点。笔者以为，人口年龄构成轻这个特点十分重要，由于人口年龄构成轻，进入和即将进入婚育年龄的人口特别多，未来人口增长的势头就来得猛。本来，一个国家的人口倘若是稳态型的，一个育龄妇女需生育 2.1~2.2 个孩子才能维持人口简单再生产，保持替换水平。然而由于我国人口年龄构成轻，处于增长型的状况，每个育龄妇

女平均生育 2 个孩子，全国人口在未来 72 年的时间也要保持增长；如果平均生育 1.5 甚至 1 个孩子，全国人口在未来 20 多年的时间里也是要增长的，这就是人口年龄构成轻造成的巨大困难。

第四，乡村人口占的比重大。世界人口发展的历史表明，随着工业革命的兴起和吸收的劳动力人口的增加，一方面刺激了人口的增长，出现了带有普遍性的"婴儿高潮"，另一方面吸引了大量农业劳动力，使其由乡村人口转变为城市人口。而农业机械化的广泛发展，为人口从农业转向工业，从农村转向城市提供了条件，使人口都市化倾向越来越明显。据一些人口学家估计，世界城市人口自 1950 年以来增长 1 倍，到 20 世纪末可能再增加 1 倍，那时发达国家将有 3/4 的人口住在城市，发展中国家也将有 1/3～1/2 的人口住在城市。

30 年中我国城镇人口有不少增加，约增加 1.2 倍，但人口都市化倾向不明显。1950 年城镇人口占总人口的比例为 11.2%，1979 年提高到 13.2%，仅提高 2%，乡村人口还占绝对优势。分开来看，20 世纪 50 年代全国城镇人口增加是比较迅速的，第一个五年计划末期 1957 年城镇人口比重上升到 15.4%。1958 年"大跃进"城镇人口比重急骤上升，到 1960 年上升到占 19.8%，达到新中国成立以来的最高峰，但因超过了国民经济的负担能力，造成城乡人口比例失调，不得不压缩城镇人口，实行调整，出现 60 年代城镇人口比重下降的情况。20 世纪 70 年代以来，全国城镇人口所占比重基本稳定在 12% 左右，直到近一二年来才上升到 13% 多一点，即相当于 1953 年的比例。

乡村人口所占比例高，对控制人口增长来说又是一个难点。1952～1963 年的市人口自然增长率和县人口自然增长率的比较，如表 8 所示。

表 8　1952～1963 年人口自然增长率市、县比较

单位：‰

年　　份	1952	1955	1957	1959	1962	1963
市自然增长率	27.9	31.4	36.0	18.5	27.6	37.8
县自然增长率	19.1	19.1	21.7	9.2	27.1	32.8

从表 8、表 9 看出，以 1963 年为界，1963 年以前（含 1963 年）市人口自然增长率一直高于县人口自然增长率，1963 年以后，县人口自然增长率则高于市人口自然增长率，近年来大约高出 50‰。乡村人口占的比例大，

自然增长率又高，理应把控制人口和计划生育工作的重点放到农村。

表 9　1964～1979 年人口自然增长率市、县比较

单位：‰

年　　份	1964	1965	1971	1975	1979
市自然增长率	25.6	21.7	16.4	9.6	8.8
县自然增长率	28.1	29.5	24.3	16.6	12.1

第五，人口密度高，分布不均衡。1979 年世界人口密度为每平方公里30 人，我国为 101 人，是世界平均人口密度的 3.4 倍。我国地大物博是事实，但由于人口众多，现在已属于人口密度比较高的国家，由于山地、高原多，平原面积小，俗称"八山一水一分田"，按人口平均的耕地面积就更少了。在世界 26 个人口最多的国家中，我国人均耕地面积排在第 24 位，仅高于日本和埃及。

我国人口密度比较高，且分布极不均匀。如果沿 45°角自西南至东北画一条斜线，将 960 万平方公里的土地按"四六开"分成两大块，则占国土面积 40%的东南沿海、长江中下游地区生活着全国 90%以上的人口，占国土面积 60%的西北广大地区生活着不到 10%的人口，人口密度高低极为悬殊。江苏、山东等省每平方公里在 500 人以上，西藏、青海等省区每平方公里只有几个人。我国人口密度比较高，东南沿海一带尤其高，在这些地区控制人口增长的任务将更为艰巨。

30 年来我国人口增长速度比较快，人口基数不断增大，人口年龄构成轻，乡村人口占的比重大，人口密度高且分布不均衡，是目前我国人口发展的主要特点。从实际出发走中国式的现代化道路，一个主要的方面就是从我国人口多出发，就要认真分析我国人口现状和特点，并从这些分析中找到解决的途径。

三

我国人口发展的这些特点的形成，都同人口增长快有密切关系。由于人口增长快，每年出生人口多，青少年人口占的比重大，基数不断增加，人口密度提高。因此，要深刻认识这些特点，还必须找到人口增长快的原因。

关于我国人口增长快的原因，近年来人口理论界从经济学、社会学角度，医学以至于心理学角度加以研究作出许多探讨，笔者认为，人口增长快的主要原因有下面三条。

其一，经济落后是人口盲目增长的客观原因。依据历史唯物主义基本原理，人口再生产归根结底受物质资料再生产发展的制约，是由物质生产决定的。但是，在不同生产力发展水平条件下，物质资料再生产制约人口再生产的情形则不相同。在生产力发展水平极端低下的情况下，当维持人的生命需要的最低生活资料得不到满足时，人口死亡率同贫困成比例地增加，饥馑是人口减少的因素。当生产力发展超出维持人的生命需要的最低生活资料限度时，情形倒了过来，贫困又成为人口增加的因素。马克思在分析资本主义相对人口过剩时，指出："实际上，不仅出生和死亡的数量，而且家庭人口的绝对数量都同工资的水平，即各类工人所支配的生活资料量成反比"[1]。指出："在资本主义社会中，贫困会产生人口。"[2] 马克思揭示的人口和经济发展之间的这种辩证关系不仅适用于资本主义社会，今天看来具有一定的普遍意义。现在，经济发展拿我国情况来说，新中国成立后社会制度和生产关系改变了，应该说，铲除了贫困产生人口的社会条件。但是，由于生产力发展水平不高，工业生产许多还是半机械、半手工劳动状态，农业生产基本上以手工劳动为主，贫困出人口规律的作用还是相当明显的。

首先，由于经济发展比较落后，消费水平比较低，决定了未成年人口的抚养费用比较低廉。据有关部门估算，经济和文化发展水平比较高的大城市抚养一个孩子成长为劳动力，一般花费7000多元；经济和文化发展水平居于中等水平的中小城镇，大约需要它的2/3；而农村，一般只需要它的1/4左右。由于抚养费用低廉，生儿育女显得十分容易，多生一个孩子并不觉得负担加重多少，在农村尤其如此。所谓"一只羊也得赶，一群羊照样放"，说明了贫困会产生人口的简单道理。

其次，由于经济落后，劳动力在生产中的地位和作用更为突出，劳动力数量多少而不是质量高低，成为决定家庭经济收入多少的决定性因素，从而刺激了多生多育。长期以来，我们实行的是低工资、多就业的政策，家庭增加的收入不是依靠提高原有职工的工资，而是依靠子女新参加工作，用增加就业人数的办法达到的。在农村，由于以手工劳动为主，只要有劳动力，就

---

① 《马克思恩格斯全集》第23卷，人民出版社，1972，第705页。
② 《马克思恩格斯全集》第25卷，人民出版社，1972，第243页。

可以为家庭增加一分收入，结果一方面是抚养费用不高，另一方面一旦子女进入劳动过程收入又可以显著增加，"多子多福"除去封建的那一层色彩以外，尚有它存在的客观基础。

再次，由于经济发展水平不高，广大农村和城镇一些集体所有制单位未实行普遍退休制度，国家不能对老年人实行可靠的社会保险。当然，农村"敬老院"、"五保户"制度也是一种社会保险，但由于受生产力发展水平的限制，标准不高，一般赶不上有子女照顾的家庭，因此，要想从根本上解决"养儿防老"这个问题，最根本的办法就是发展经济，彻底解除无子女和少子女的老年人后顾之忧。

其二，封建意识的影响是人口盲目增长的历史原因。中国封建社会长达2000多年；建立在小生产基础上的私有观念和封建的一套伦理道德，也在生育问题上顽强地表现出来，成为人们盲目追求多生多育的精神罗网。"人丁兴旺"、"子孙满堂"不仅是"多福"的象征，而且还是"德行"高低的标志。"为人多行善，修来子女多"，多子女是"行善"的结果，无子女是作恶的"报应"，被人骂为"断子绝孙"。这样，在社会上，尤其在农村形成一股很强的社会舆论，造成一种社会压力，致使人口盲目增加。"不孝有三，无后为大"中的"后"是指男孩说的，这是造成多胎生育的一个重要原因。

经济落后和封建意识形态的影响使人口迅速增长，这在理论界认识是比较一致的。但是，仅是这样的分析并不能说明30年来我国人口发展为什么出现两次生育高潮和两次低潮，为什么会出现一个"双峰驼"形。而且，20世纪60年代中期至70年代初期，经济比50年代大大发展了，封建意识形态也少了许多，照理人口增长速度应降下来，然而却出现了新中国成立以来持续时间最长、出生率和自然增长率都达到新的高峰的生育高潮。因此，对于经济和意识形态两种作用要作具体分析，直接决定我国人口发展的还有更为重要的原因，即人口理论和人口政策方面的原因。

其三，人口理论和人口政策上的片面性，是人口盲目增长的直接原因。新中国成立不久，党和政府便开始注意到人口问题。1953年8月，政务院批准中央卫生部修订的避孕和人工流产办法，指示卫生部帮助群众做好节育工作。1954年12月，刘少奇同志主持召开节育问题座谈会，国务院责成有关部门组成节育研究小组。1956年9月，周恩来同志在关于发展国民经济第二个五年计划的建议报告中，提出在生育方面要加以适当节制，《全国农业发展纲要》也号召在一切人口稠密的地方宣传和推广计划生育，控制人口问题在 20 世纪 50 年代中期便提了出来。

在人口理论方面，由于受苏联《政治经济学教科书》影响，一开始便把人口不断增长是社会主义人口规律作为教条，并且拿这个教条去批判不同的观点。20 世纪 50 年代中期和后期，马寅初先生力主控制人口，发表了《新人口论》，提出了不少可行的措施，一些社会学家也重新阐明他们在新历史条件下节制人口的主张，人口科学研究一时活跃起来。然而，50 年代末期无论是马寅初的新人口论还是社会学派的人口节制主义都遭到批判，被扣上马尔萨斯主义的大帽子驱逐出人口论坛。而人口越多就生产得越多，生产越多积累越多，积累越多发展越快的人口越多越好论，成了"正统"理论，自然人口政策也随着发生改变。整个 20 世纪 50 年代，虽然提出过控制人口增长、实行计划生育的主张，但并未真正推广开来。到了 60 年代，更成了众民主义的一统天下，积极推动着人口的盲目增长。进入 70 年代，人口问题日益严重，控制人口的方针和政策明确了，中央和国务院认真一抓，层层建立了相应的机构，人口出生率和自然增长率便降了下来。即使在经济落后和封建意识形态影响同样存在的条件下，有了科学的人口理论作指导，有正确的连贯的政策作保证，按照人口发展的客观规律办事，同样可以使人口出生率和自然增长率降下来。社会主义国民经济是有计划按比例发展的，客观上要求人口生产也必须有计划地进行。对于这一点长期不认识或认识不足，一方面是高度集中统一的经济，另一方面是放任自流的人口生产，这是造成人口盲目增长的最重要、最直接的主观方面的原因。

除人口政策以外，其他一些政策，特别是某些经济政策不当也对人口增长有较大影响。如"大跃进"以来，"供给制"、"共产风"盛行一时，社员口粮、自留地、宅基地一律按人头分配，压抑了群众的社会主义劳动积极性，却助长了生育的积极性。在城镇，居民住房、职工困难补助等按人口平均，都起了鼓励人口增长的作用。

笔者以为，造成我国人口增长快的原因是多方面的，有主观方面的，也有客观方面的，但有主次轻重之分。在以上三个方面的主要因素中，经济落后是客观原因，封建意识形态的存在是历史方面的原因，人口理论上的片面性和人口政策上的失误是主观方面的原因，它影响着前两个因素作用的范围和深度，因而是更为直接的原因。解决我国人口问题需要认真弄清 30 年来人口理论和人口政策中的是非曲直，破除极左的影响，用真正科学的社会主义人口理论指导实践，制定出符合客观实际的人口政策和措施。

具有深刻历史意义的转变[*]

——新中国成立 35 年来人口发展的回顾与展望

中华人民共和国成立 35 年来，人口发展经历并且正在经历着一场伟大的历史转折。认识和研究这种转折，探索它的规律性，对于全面地解决我国新的历史时期所面临的人口问题，建设具有中国特色的社会主义，有着现实的意义。

再生产类型的转变

关于人口的再生产类型，一般认为，可以划分成高出生、高死亡、低增长型，高出生、低死亡、高增长型和低出生、低死亡、低增长型三种。这三种基本类型，同社会、经济、文化的发展，民族的传统等密切相关，从一个侧面成为社会发展的指示器。在旧中国，总的说来人口生产处在高出生、高死亡、低增长阶段，只是不同历史时期表现出某种差别。据估计，纪元前的2000 多年人口的年平均增长率约为 0.07%，纪元开始后至 1949 年也只有0.11%。新中国成立后，情况发生了很大变化。在新中国成立初期比较短的时间内，一方面人口出生率仍旧维持在旧中国的高水平之上，保持 30‰以上的水平；另一方面随着国民经济的恢复和发展，人民物质文化生活的改善以及医疗、卫生、保健事业的发展，人口死亡率迅速降了下来，由 1950 年的 18‰，下降到 1953 年的 14‰，1957 年的 10.8‰；结果导致人口增长率的增加，由 1950 年的 1.90%，上升到 1953 年的 2.30%，1957 年的 2.32%，标志着人口生产已经进入高出生、低死亡、高增长阶段。以后虽然经历1958～1961 年的生育低潮，1962～1973 年的生育高潮，但 20 世纪 50 年代

---

* 本文发表于《人口学刊》1986 年第 3 期。

末 60 年代初的生育低潮是由于历史上的特殊原因所致。从人口再生产类型考察，1973 年以前当为高出生、低死亡、高增长阶段，50 年代的人口增长率达到 1.84%，60 年代达到 2.29%，1949～1972 年达到 2.09%。

1973 年人口出生率下降到 27.9‰，死亡率下降到 7‰，人口增长率下降到 2.09%，随后即降到 2% 以内，表明人口再生产开始了由高出生、低死亡、高增长向低出生、低死亡、低增长转变。至 1984 年出生率下降到 17.5‰，比 1972 年的 29.8‰下降 12.3 个千分点，即将近一半；死亡率也稍有降低，由 7.6‰下降到 6.7‰，下降 0.9 个千分点；人口增长率则由 2.22% 下降到 1.08%，即下降 1.14 个百分点，超过一半。这说明，自 1973 年以来人口再生产在由高出生、低死亡、高增长向着低出生、低死亡、低增长的转变过程中，迈出了很大的一步，走出了相当的路程，取得了令人注目的成绩。这在我国人口发展史上是一次比前一次转变更为重要的转变，是具有决定意义的转变，战略的转变。同时应当看到，这一转变还未完成，对我们说来，20 世纪余下的 15 年是完成这一转变的关键时期。如果这 15 年生育率控制得好，20 世纪末全国人口能够控制在 12 亿，即可基本上完成这一转变；如果生育率不能做到有效的控制，完成这一转变的时间就要拖长。然而生育率能够下降到何种程度，除了取决于我们的工作以外，人口本身的条件是必须考虑到的。主要有如下方面。

其一，受 20 世纪 60 年代中期至 70 年代初期生育高潮影响形成的人口年龄结构，一个空前庞大的育龄妇女群即将进入生育高潮期，至 1995 年前后平均每年在 1200 万人以上，存在一个 10 多年的潜在生育高潮期。在此期间，即使独生子女保持在较高的比例，每年出生和净增的人数也相当可观，出生率难以迅速降下来，实现向低出生、低死亡、低增长转变的速度，不可能像前十几年那样快。

其二，35 年来人口城乡结构有很大变动，但仍比较落后。根据国家统计局公布的材料，1984 年市镇总人口为 33006 万人，占总人口 103475 万人的 31.9%，而城乡人口生育率的差别对完成生育率转变的影响是很大的。如 1983 年全国市人口出生率为 15.99‰，县为 19.89‰，县为市的 124.4%；市人口自然增长率为 1.0%，县为 1.2%，县为市的 120.0%。当前尤其应当注意的是，农村放宽政策后家庭的职能发生了新变化，在颇大的程度上又恢复了生产的职能，由于生产和分工的需要，稍大一些的家庭规模又有了存在的基础，从这个方面说，刺激了生育的积极性。

其三，人口文化素质有不少提高，但总的水平比较低，而文化程度同生育率的高低关系很大。一般认为，人们的文化程度越高对子女数量和素质的追求越是偏重于素质方面，人们的文化程度越低越是偏重于子女的数量方面。如1982年普查抽样资料表明，40岁妇女组每一名文盲平均生育子女为4.7，小学程度为4.1，初中为3.4，高中为2.7，大学为2.0，生育率高低同人们所受的文化教育程度成反比。

此外，生育率经过过去10多年的降低已经达到比较低的水平，在发展中国家已属于最低水平之列，今后继续下降的难度加大了。尤其是人口自然增长率下降到1.0%以内的省市和接近人口零增长的地区，生育率继续下降的余地变得狭小了。这样，全国生育率的降低不得不在颇大的程度上寄希望于生育率较高的地区，而这些地区经济和文化的发展大都比较落后，多数为内地、边远山区和少数民族聚居地区，生育率大幅度下降的可能性比较小。因此，我们既要看到已经开始的由高出生、低死亡、高增长，向低出生、低死亡、低增长的过渡取得很大成绩，也要看到这种转变还远未完成。今后的任务将更为艰巨，尤其是20世纪余下的15年时间。

素质的转变

人口作为指居住在一定地域的总体人口而言，是数量和质量的统一。人口的质量，系指人的身体素质和思想文化素质而言，包括健康状况、预期寿命、智力、知识、技术、教育、传统、道德等。35年来在这些方面发生了很大的变化，近年来的变化尤为显著。

在身体素质方面，一般估计，旧中国的人口死亡率（粗死亡率）在28‰左右，人口预期寿命乡村约35岁，城市也不足40岁。新中国成立后情况迅速改观，首先表现在死亡率的大幅度降低上。1950～1957年人口死亡率由20.0‰直线下降到10.8‰，在短短7年里几乎下降一半，这在世界人口发展史上也是罕见的。1958～1961年死亡率有较大幅度的回升，其中尤以1960年为最，达到25.14‰的高率，为35年来人口死亡率的最高点。1962～1979年又是一个死亡率长期降低的过程，其中除1964年情况较特殊外，均呈直线下降趋势，只是下降的速度不及20世纪50年代初期和中期快。1979年人口死亡率下降到6.2‰，为35年来的最低点。越过这个低谷，死亡率则开始缓慢上升，这主要是受了人口年龄结构变动的影响，老年人口所占比例增高的缘故。笔者以为，除 1958～1961 年特殊时期外，我国人口死亡率的降低以及近年来的少许提高，均属正常的由高死亡率向低死亡率的转变，是合乎规律的发展。

在人口死亡率变动中，特别值得提出的是婴儿死亡率的降低。迄今为止，我们尚缺乏这方面的完整资料，但婴儿死亡率下降更快，则是完全可以肯定的。1973～1975 年卫生部肿瘤防治办公室曾经组织过一个全国性的死因回顾调查。调查材料表明：1973～1975 年男性婴儿死亡率为 48.93‰，女性为 42.79‰。[①] 1982 年普查表明，1981 年的婴儿死亡率为 34.68‰。这些材料的精确度是比较高的，也是比较可靠的。35 年来婴儿死亡率经过一个比较急剧的下降过程，到目前为止在发展中国家已属较低水平。但同现在发达国家 20‰的水平相比，仍有一定距离，今后可望继续有所降低。

婴儿死亡率是一个敏感的指标，它的大幅度下降直接导致人口预期寿命的延长。从部分资料来看，1950 年北京市区男性预期寿命达到 53.9 岁，女性达到 50.2 岁；1957 年 11 个省、市的 70 个市 1 个县 126 个乡镇的预期寿命达到 57.0 岁，1978 年 23 个省、市、自治区部分地区的预期寿命达到 68.2 岁，其中男性为 67 岁，女性为 70 岁。1982 年第三次人口普查 1981 年全国人口预期寿命为 67.9 岁，其中男性为 66.4 岁，女性为 69.3 岁。[②] 以上数字中 1978 年的数字偏高，比 1981 年高 0.3 岁，男性高 0.6 岁，女性高 0.7 岁，可能是受数据资料所反映的"部分地区"的影响，全国的水平可能略低一些，按常理应在 1981 年水平之下。这些情况说明，35 年来人口预期寿命差不多比旧中国延长 1 倍，身体素质有了相当的提高。

但是我们的水平还不够高。1982 年发达国家的婴儿死亡率已经降低到 20‰以内，人口预期寿命超过 72 岁，我们同发达国家间的距离还是比较大的。如按联合国模型生命表加以类推，婴儿死亡率 20 世纪末可降低到 20‰左右，预期寿命可提高到 72 岁左右，即 2000 年时我国婴儿死亡率和预期寿命这两项反映人口身体素质的重要指标，可以达到目前发达国家的水平。这除了要在发展生产的基础上继续提高人民的生活水平，改善营养条件，大力发展医疗卫生事业，提高人们的健康水平之外，必须把优生优育提到重要日程上来，作为提高人口身体素质的一项战略措施。

---

① 参见戎寿德等《我国 1973～1975 年居民平均期望寿命的统计分析》，《中国人口科学论集》，中国学术出版社，1981。

② 《中国统计年鉴 1984》，中国统计出版社，1984。

人口文化素质的转变，可从当前年龄别文盲半文盲人口所占比例、大学文化程度人口所占比例看出来，见表1、表2。

表1 1982年性别、年龄别文盲和半文盲人口

年龄组别	人口数（万人）	文盲和半文盲人口（万人）	文盲和半文盲占该年龄组人口数的比例		
			合计（%）	男（%）	女（%）
全　国	100828	23793	23.60	4.11	33.69
其中：（岁）					
12	2650	254	9.58	5.29	14.18
13	2824	279	9.88	5.29	14.71
14	2452	245	9.99	5.39	14.95
15~19	1253	11789	9.40	4.25	14.74
20~24	7431	1064	14.32	9.71	23.27
25~29	9259	2078	22.44	9.56	36.18
30~34	7296	1917	26.27	13.24	40.38
35~39	5420	1520	28.05	14.20	43.45
40~44	4838	1877	38.80	22.43	57.47
45~49	4736	2472	52.20	32.33	74.49
50~54	4085	2518	61.64	40.59	85.18
55~59	3391	2302	67.89	47.39	89.75
60+	7666	6078	79.40	60.89	95.64

由表1看出：1982年12~19岁即1963~1970年出生的人口各年龄组文盲和半文盲所占比例均在10%以内；20~24岁即1958~1962年出生的人口，文盲和半文盲所占比例为14%；25~39岁即1943~1957年出生的人口，文盲和半文盲所占比例在20%~30%之间。至此，各年龄组文盲和半文盲所占比例均不高，表明新中国成立后扫除文盲和普及中小学教育做得很有成效。因为即使是39岁1943年出生的人口，1949年新中国成立时刚好6岁，正值进入上小学年龄。年龄再提高情况发生很大变化，40~44岁年龄组文盲和半文盲所占比例猛增到接近40%，45~49岁超过50%，50岁以上超过60%、60岁以上接近80%，说明新中国成立时已经超过上小学年龄人口文盲和半文盲比例要高得多。

表 2　1982 年分性别和年龄组别大学文化程度人口

单位：万人，%

年龄组别	人 口 数	大学毕业、肄业和在校			
		男	女	男女合	百分比
全 国	100818	477	155	602	0.60
其中：（岁）					
15～19	12531	44	16	60	0.53
20～24	7431	47	19	66	1.04
25～29	9259	51	25	76	1.06
300～34	7296	40	17	57	1.06
35～39	5420	55	22	77	1.97
40～44	4838	80	26	106	3.58
45～49	4736	60	16	76	3.36
50～54	4085	31	8	39	2.49
55～59	3391	18	3	21	1.93
60 +	7666	21	3	24	1.52

资料来源：《中国 1982 年人口普查 10% 抽样调查资料》，中国统计出版社，1983。

　　各年龄组具有大专文化程度人口所占比例的变化，同样可以说明这个问题。表 2 表明，1982 年大学文化程度人口所占比例最高的为 40～44 岁年龄组，即 20 世纪 60 年代初期培养的大学生，说明这一时期高等教育发展是比较快的。再往下去，50～54 岁年龄组大学文化程度人口所占比例虽然比 20～39 岁高，但主要是受了人口年龄结构的影响，至于具有大学文化程度人口的绝对数量后者远比前者多，说明近一二十年高等教育规模比 50 年代初期更为扩大了。

　　目前，我国小学入学率在 93% 左右，高于世界平均 91% 的水平；中学入学率在 76% 左右，也大大高于世界 43% 的水平。虽然这同发达国家相比尚有一定的差距，但差距不很大，我们的差距主要在两头：一头是大学入学率不足 5%，世界平均为 14%，发达国家更高；另一头是尚有 12 周岁以上的文盲和半文盲 2.38 亿人，约占总人口的 23.6%。今后的任务主要应在这两头做文章，即如何提高具有大学文化程度人口的比例，降低文盲和半文盲人口的比例。从提高大学文化程度人口比例说，即使在人口总数和年龄结构不变的稳态人口情况下，大学规模也要增加 1 倍，入学人数提高 1 倍，大学文化程度人口比例才能提高 1 倍，也不到目前世界的平均水平；从扫除文盲和半文盲末说，即使今后不再产生新的文盲和半文盲，1982 年 45 岁以上人口中文盲和半文盲比例占一半以上，数量达 1.34 亿人之多，要扫除如此众多的高龄人口的文盲和半文盲是十分不易的。而生命表告诉我们，45～49 岁年龄组人口的预期寿命尚有 30 年左右，50～54 岁 25 年左右，55～59 岁 20 年左右，要想在一二十年内全部扫除文盲和半文盲是不现实的。因此，大力提高全民族的人口文化素质，除把人口的智力投资摆在战略的高度确保不断有所增加，努力挖掘多种潜力，广开办学门路等以外，必须明确我们面临普及与提高的双重任务，不可片面强调一个方面。

年龄结构的转变

人口的年龄结构是全部人口结构的基础，对未来的人口变动具有决定性的影响，人口学就是依据总体人口的不同年龄结构，划分为年轻型（增长型）、成年型（稳定型）和老年型（减少型）三种基本类型的。同人口再生产类型转变相适应，目前我国人口年龄结构正处于年轻型与成年型之间，向成年型过渡阶段。35 年来，我国人口年龄结构随着出生、死亡和迁移的变动，以三次人口普查为例，1953 年我国人口年龄结构呈"金字塔"三角形，0～14 岁少年人口占总人口的 36.3%，15～64 岁成年人口占 59.3%，65 岁以上老年人口占 4.4%。到 1964 年这座"金字塔"的底层进一步加厚起来，虽然受 20 世纪 50 年代末和 60 年代初生育低潮影响，0～4 岁年龄组占总人口的比例由 1953 年的 15.7% 下降到 1964 年的 14.4%，有所降低；但由于 50 年代中期生育高潮的影响，5～9 岁年龄组却由 11.1% 上升到 13.6%，10～14 岁年龄组却由 9.5% 上升到 12.4%，整个 0～14 岁少年人口占总人口的比例，由 36.3% 上升到 40.4%，升高 4.1%，15～64 岁成年人口占总人口的比例，由 59.3% 下降到 55.9%，降低 3.4%。65 岁以上老年人口占总人口的比例，由 4.4% 下降到 3.7%，降低 0.7%。这说明 1964 与 1953 年比较，总体人口进一步年轻化，是典型的年轻型人口，具有很强的增长势能。这种年轻化趋势一直持续到 20 世纪 70 年代初期，1973 年生育率大幅度下降以来才出现了相反方向的变动。以 1982 和 1964 年两次人口普查作比较，0～14 岁少年人口占总人口的比例降低 6.9%，即由 1964 年的 40.4% 下降到 1982 年的 33.5%。15～64 岁成年人口的比例由 55.9% 上升到 61.6%，升高

5.7%。65 岁以上老年人口占总人口的比例由 3.7% 上升到 4.9%，升高
1.2%。这种情况说明，虽然目前我国人口年龄结构还比较轻，但人口年龄
"金字塔"底部已收缩进来 10 多个年龄组，少年人口比例在缩小，成年和老
年人口比例却在扩大，"金字塔"正向着柱状结构发展，人口增长的势能已
比 20 世纪六七十年代减弱了一些。这在我国人口发展史上是一个重大的转
折，它标志着人口年龄结构正在由年轻型向成年型过渡，并且已经走出一段
不小的距离。当然，由于人口年龄结构变动具有长期、缓慢的显著特点，要
想完成这种转变还有较长的一段路要走；要想过渡到老年人口型，则有更长
的路要走。

城乡结构的转变

在人口的经济结构中，城乡之间的人口结构占重要位置，它标志着一个
国家的经济发展水平，工业化及科学、教育、文化的发达程度。第二次世界
大战后随着经济的恢复，新兴工业的崛起，交通、商业和科学文化事业的发
展，人口迅速由乡村转向城镇，又由中小城镇越来越集中于大城市，人口城
市化的步伐大大加快，1950～1975 年世界城市人口占总人口的比例，由
28.8% 升高到 39.3%。进入 20 世纪 80 年代以来，世界人口城市化的趋势仍
在加速进行，20 世纪末世界城市人口将超过 30 亿人，一半以上的人口要住
在城市里。

我国人口城市化过程有同世界人口城市化相同的地方，也有不同之处，
表现出自己的特点。35 年来我国人口城市化发展的历史，大概可以分成如
下四个时期。

1949～1960 年为城镇人口迅速增长时期，不过这一时期又可分成两个
阶段，1949～1957 年为城镇人口正常增长阶段，1958～1960 年为城镇人口
非正常增长阶段。1949 年中华人民共和国成立后，首先进行了三年国民经
济恢复工作，接着进行了大规模的第一个五年计划建设，使职工人数由
1949 年的 809 万人猛增到 1957 年的 3101 万人，城镇人口也由 5742 万人增
加到 9957 万人，城镇人口占总人口的比例由 10.6% 上升到 15.4%。从
1949～1957年，城镇人口年平均增长 7.1%，同城镇工商业的发展相适应，
是合乎规律的发展。从 1958 年开始的"大跃进"，在全民大炼钢铁等"左"
的口号影响下，人口城市化发展也偏离了正常轨道，全国城镇人口很快上升

到 1960 年的 13043 万人，城镇人口比例上升到 19.7%，1958～1960 年城镇人口的年平均增长速度达到 9.4%。

1961～1963 年为城镇人口下降时期。1958～1960 年城镇人口的非正常增长，造成职工人数、工资总额和商品粮"三突破"，这在三年经济困难时期矛盾格外突出，到头来不得不大力压缩城镇人口。1963 与 1960 年相比，全国城镇人口减少 1422 万人，年平均下降 3.8%，城镇人口占全国人口的比例降至 16.8%。

1964～1978 年为城镇人口停滞和缓慢发展时期。这一时期除 1964 和 1965 年主要由于调整和落实政策使城镇人口增加较多，城镇人口比例有所上升外，其余年份一个显著特点是城镇人口比例始终在 17%～18% 之间波动。直到 1978 年城镇人口比例回升到 17.9%，也只相当于 1966 年的水平。当然，从绝对人数上来看城镇人口还是增加了，但不及总人口的增长速度快，城镇人口处于停滞和缓慢发展状态。

1979 年以来为人口城市化蓬勃发展时期。党的十一届三中全会以来，由于对内搞活经济和对外实行开放政策的贯彻，乡村和城市经济体制改革大刀阔斧地进行，国营的、集体的、个体的经济都得到了发展。又由于实行较为灵活的就业政策，放宽农民进入小城镇的限制，努力发展商品经济，繁荣城镇工商业等，使城镇人口增长很快，1984 年达到 33006 万人，比 1978 年增加 15761 万人，年平均增长 11.4%。城镇人口所占比例，也由 1978 年的 17.9%，提高到 1984 年的 31.9%，为新中国成立以来人口城市化发展最快时期。而且，这个时期城镇人口的增加建立在城镇工商业和商品经济发展的基础上，比较稳固，可望保持健康的发展势头。

关于未来的人口发展城市化趋势，我们以 1983 年城镇人口 24086 万人为基础，提出三种设想：若城镇人口年平均增长 4%，则 2000 年城镇人口总数可达 46917 万人，将占全国人口的 39% 左右；若城镇人口年平均增长 4.5%，则 2000 年城镇人口总数可达 50903 万人，约占全国人口的 42%；若城镇人口年平均增长 5%，则 2000 年城镇人口总数可达 55206 万人，约占全国人口的 46% 左右。我们考虑，1949～1983 年全国城镇人口平均增长速度为 4.3%。今后随着理论上明确了我国实行的是有计划的商品经济，商品生产和交换将进一步发展，经济体制的改革将加快进行，城镇工商业作为支持农村发展的推动力的作用将增大，城镇人口增长速度不应慢于 1949～1983 年 34 年的平均速度，故 4% 的城镇人口增长率可作为下限；5% 的城镇人口增长率一直持续到 20 世纪末实为不低，从历史上看，只有 20 世纪 50 年代和十一届三中全会以来才超过这个速度，故可作为今后 17 年城镇人口增长的上限；低于这个水平并略高于过去 34 年的增长速度的 4.5% 的城镇人口增长率，可能是比较适当的，比较接近实际。虽然那时略高于"四六开"的城乡结构在 20 世纪末来说仍比较落后，但对我们说来已在人口城市化的道路上走出了相当可观的路程。

在人口城乡结构和人口城市化问题上，长期以来存在一种误解，即把控制城市人口增长当做一项成就来宣传。这种宣传值得研究，至少是不够全面的。当城镇人口增长过快同国民经济发生某种失调（例如 20 世纪 50 年代末期）时，这样的宣传才是有道理的、正确的。而在一般情况下，乡村人口向城镇人口转移，农业人口转向城镇工商业和第三产业，则是工业化和现代化的产物，是合乎历史潮流和人口转移规律的现象。从我国的实际情况出发，对中等城市特别是大城市的发展需要采取适当控制的方针。而对小城市特别是为数众多星罗棋布的乡镇，则应采取积极发展的方针，使之成为吸收农村多余劳动力的天然场所，并成为大中城市产品扩散、技术转让和人才流动的吸收地，成为联结城市和农村的纽带，发挥对农村经济应有的促进作用。就是对大城市的人口控制，也不可作形而上学的解释。因为乡镇有乡镇的作用，中小城市有中小城市的作用，而大城市则可在一个较大的经济区范围内发挥中心城市的作用，在信息、科学、技术、教育等方面是发展再多的中小城镇也取代不了的。特别在新的技术革命中和城市经济体制改革的新形势下，中心城市的作用尤为重要。我们在强调我国人口城市化应以发展中小城镇为主的同时，还要注意多层次的城市化结构，按照城市化自身的发展规律办事，使大城市、中等城市、小城市、乡镇之间保持一个适当的比例，有我们自己的一些特点。

从人口年龄结构变动，
看计划生育的伟大成绩[*]

我国自 20 世纪 70 年代大力开展计划生育以来，取得了国内外公认的巨大成绩，生育率大幅度降低，出生人口数量减少。减少多少？计算口径不尽一致，如按 1970 年全国人口自然增长率增长计算，大约减少 2 亿人。但笔者以为，我国实行计划生育的成绩不仅表现在少出生 2 亿人，而且还在于少出生的人口均为 15 岁以下的少年人口，从而改变了人口的年龄结构。而人口年龄结构的改变，对于削减和延缓当前的又一次生育高潮和未来的人口增长态势，对于经济和社会的发展都将产生积极的影响，其意义颇为深远。

历史的回顾：由年轻型向成年型的过渡

总体人口年龄结构的变动，是由历年出生人口陆续加入，年龄别死亡人口分别退出，以及移入和移出人口按其年龄加入或退出三个基本因素决定的。就 1949 年以来我国的具体情况而论，移入和移出人口数量甚微，影响甚小，可略去不计，主要是出生和死亡人口的作用。

出生率：人口出生率 20 世纪 50 和 60 年代除 1958～1961 年特殊时期外，一般保持在 32‰～43‰的高率；70 年代逐步下降，由 1970 年的 33.4‰下降到 1979 年的 17.8‰，9 年期间几乎下降近一半，下降的幅度很大；80 年代以来稍有回升，在 20‰上下波动。总起来看，40 年来人口出生率下降很大，自 20 世纪 70 年代大力开展计划生育以来下降尤为迅速，1970 与 1987 年比较下降 12.4 个千分点^①，成为影响人口年龄结构变动的最主要的

---

* 原载《中国计划生育的伟大实践》，中国人口出版社，1989。

① 《中国统计年鉴1988》，中国统计出版社。

因素。

死亡率：在 20 世纪 50 和 60 年代除 1958～1961 年特殊时期外，总的趋势是不断下降，由 1949 年的 20.0‰ 下降到 1969 年的 8.0‰，下降相当迅速。进入 70 年代以来，先是略有下降，后是稍有升高并基本趋于稳定，在 7‰ 水平上波动。

人口出生率和死亡率的上述变动，给人口年龄结构变动留下了历史的印记。以 1953、1964、1982 年三次人口普查和 1987 年 1% 人口抽样调查为例，人口年龄结构变动的不同趋势是很明显的。1953 与 1964 年比较，0～4 岁人口所占比例由 15.7% 略下降到 14.4%，而 5～9 岁却由 11.1% 上升到 13.6%，10～14 岁由 9.5% 上升到 12.4%，使得整个 0～14 岁少年组人口所占比例由 36.3% 上升到 40.4%，升高 4.1 个百分点。与此相适应的是，15～64 岁成年组人口所占比例则由 59.3% 下降到 55.1%，降低 4.2 个百分点；65 岁以上老年组人口所占比例由 4.4% 下降到 3.7%，降低 0.7 个百分点。所以 1964 与 1953 年比较，总体人口年龄结构进一步年轻化了，主要是受 1953～1957 年生育高潮期间出生人数较多的影响，而这些人 1964 年仅为 7～14 岁，形成人口年龄"金字塔"具有较宽大的底部，同时，三年经济困难时期人口死亡率增高，老年人口死亡率增高尤为显著，因而所占比例下降，形成"金字塔"更具有尖峰突出的特点。

1964 与 1982 年比较，情形则迥然不同：0～14 岁少年人口所占比例由 40.4% 下降到 33.5%，降低 6.9 个百分点；其中 0～4 岁人口所占比例由 14.4% 下降到 9.4%，5～9 岁由 13.6% 下降到 11.0%，10～14 岁由 12.4% 略上升到 13.1%，可见少年人口所占比例下降主要是 0～9 岁人口所占比例的下降，亦即 1973 年大力开展计划生育以来人口出生率大幅度下降的结果。15～64 岁成年人口所占比例则由 55.9% 上升到 61.6%，上升 5.7 个百分点。65 岁以上老年人口所占比例也由 3.7% 上升到 4.9%，升高 1.2 个百分点。这就造成 1982 年人口年龄"金字塔"同 1964 年相比具有明显的不同："金字塔"顶端变得钝厚起来，这是老年人口所占比例增大的象征；成年人口中尽管 20～25 岁组所占比例有所下降，但总起来看所占比例则显著上升了。"金字塔"底部收缩进来 10 个年龄组，这 10 个年龄组的人口年龄结构已呈倒阶梯状。它标志着我国人口年轻化趋势的结束，并开始向成年型和老龄化方向发展。根据 1987 年 1% 人口抽样调查提供的资料，这种趋势又向前大大迈进了一步：0～14 岁人口所占比例进一步下降到 28.8%，比 1982 年再降低 4.7 个百分点，65 岁以上老年人口所占比例进一步上升到 5.5%，比 1982 年再升高 0.6 个百分点。根据以往联合国公布过的标准，目前我国人口年龄构成已由年轻型过渡到成年型初期，且将逐步过渡到成年型中期和后期，并加速着老龄化的进程。众所周知，年轻型人口由于少年人口所占比例高，生育大军及其后备军源异常雄厚，故人口增长势能极强，称之为增长型人口；成年型人口由于少年人口所占比例已有所降低，生育大军及其后备军源不及年轻型雄厚，故称稳定型人口。虽然目前我国人口处于成年型初期，还具有较强增长态势，但比起年轻型时期已有所减弱，从而揭开了进入稳定型人口的序幕，未来较高年龄组人口的增长将引人注目。因此，人口年龄结构由年轻型向成年型的转变，是我国人口发展史上具有重大意义的转变，是计划生育工作取得的具有历史意义的突出成就。

现实的影响：对育龄妇女和
生产年龄人口增长的抑制

由于计划生育的大力开展和出生率的大幅度下降，出生人数的减少，随着年岁的推移，使从 1998 年开始每年进入 15 岁的育龄妇女人数开始减少，只是由于 1962～1973 年生育高潮期间出生大量女性人口正处于 20～29 岁的生育旺盛期，使我们要经历直到 1997 年才能结束的又一次生育高潮；然而计划生育对抑制育龄妇女人数的变动的作用仍十分明显。根据国家计划生育委员会的估计，15～49 岁育龄妇女人数到 20 世纪末是一直在增长的，大约从目前的 3.0 亿人增加到 2000 年的 3.4 亿人。但处于 20～29 岁生育旺盛期的育龄妇女现在约 1.0 亿人，1991～1994 年保持在 1.2 亿人略多一些的水平，其后则有所减少，2000 年可减少到 1.0 亿人左右；处于 23 岁峰值生育年龄育龄妇女人数的变动，情形也相类似，目前约 1100 多万人，到 1992 年人数最多时可达 1300 多万人，随后则逐年减少，2000 年可减至 900 多万人；而进入 20 岁法定可以结婚年龄的妇女人数，以 1989 年的 1300 多万人为最多，以后逐年减少，到 2000 年时可减至 800 多万人。所以，虽然受第二次生育高潮期间出生的大量人口形成的人口年龄结构的影响，当前已经形成的第三次生育高峰在所难免；但是 1973 年以来大力开展计划生育所形成的人口年龄结构的影响同样在发生着作用：进入 90 年代每年达到 20 岁法定婚龄的育龄妇女人数逐年减少，1992 年以后处于 20～29 岁生育旺盛期育龄妇女人数和处于 23 岁峰值生育年龄育龄妇女人数，也开始逐年减少。这就使得：第一，第三次生育高潮所掀起的生育波峰不会达到第二次生育高潮时那样的高度，起到一定的削减作用。如 1962～1973 年第二次生育高潮期间出生率年平均为 34.99‰，自然增长率为 2.56%；而当前出现的第三次生育高潮，1986～1988 年的出生率平均为 20.78‰，自然增长率平均为 1.43%，要低下一大截。即使到 20 世纪 90 年代初期峰值年份，也不会出现像 60 年代中期那样高的出生率和增长率，这是可以预料的。第二，到 1973 年以后出生的女性人口达到 23 岁生育峰值年龄，即 1997 年以后，这一次生育高潮将由波峰转向波谷，生育率和出生率转向逐步降低而结束。可见，20 世纪 70 年代大力实行计划生育所形成的人口年龄结构，对当前第三次生育高潮波峰的削减和峰期时间的长短，将起到长期的、关键的作用。

这种长期的、关键的作用在抑制生产年龄人口增长方面，同样表现出来。1982 年普查，全国 15～59 岁生产年龄人口为 5.90 亿人，占总人口 58.8%，根据《2000 年的中国人口和就业》中位预测，1990 年可增长到 7.31 亿人，占 65.3%；1995 年可增长到 7.78 亿人，占 65.3%；2000 年可增长到 8.17 亿人，占 65.5%；2005 年可增长到 8.64 亿人，占 66.8%；2010 年可增长到 9.01 亿人，占 67.3%；2015 年可增长到 9.05 亿人，但所占比例开始下降到 65.4%；2020 年绝对人数同 2015 年持平，相对所占比例进一步下降到 63.5%，以后则绝对人数和相对所占比例均有所下降[1]。可见，在未来的 20 多年内面临一个生产年龄人口激增的时代，就业压力进一步增大。何时才能走出这一时代？具有决定意义的是 1973 年以来计划生育实施卓有成效，出生人口下降，从而抑制了后来生产年龄人口的增长。表现在：上述趋势是就 15～59 岁总体生产年龄人口说的，而生产年龄人口中 15～34 岁青年组人口变动的情况是：1982 年为 3.65 亿人，占总人口 36.4%；1990 年为 4.41 亿人，占 39.4%；1995 年为 4.51 亿人，占 37.9%；2000 年为 4.38 亿人，占 35.1%，绝对数量 1995 年以后开始减少，相对所占比例 1990 年以后即开始下降，计划生育出生率降低对生产年龄人口变动的影响，首先在青年组生产年龄人口上表现出来。这一变动过程和总体人口年龄结构由成年型初期向中期、后期过渡同步进行，实际上是在总体人口年龄结构达到严重老龄化阶段之前，生产年龄人口内部的年龄结构率先经历的

---

[1] 参见《中国人口统计年鉴 1988》，中国统计出版社，1988；田雪原主编《2000 年的中国人口和就业》（内部研究报告）。

一个高龄化过程。

长期的后果：人口老龄化进程的展望

大力开展计划生育，人口出生率的大幅度下降，一个明显的、长期的后果是总体人口年龄结构日趋老龄化了。按照《2000 年的中国人口和就业》中位预测方案，65 岁以上老年人口绝对数量变动将从 1982 年的 0.5 亿人，增加到 2010 年的 1 亿人左右，28 年间达到第 1 个倍增；20 年后达到第 2 个倍增，2030 年可超过 2 亿人；到 2040 年达到老龄化峰值年份时，可达 2.6 亿人，比 1982 年净增 2.1 亿人，58 年间增长 4.2 倍。与此相适应的是，65 岁以上老年人口所占比例，可由 1982 年的 4.91% 上升到 2000 年的 6.93%，2010 年的 7.88%，2020 年的 10.59%，2030 年的 13.51%，2040 年的 17.44% 左右。即 20 世纪末大致进入老年型，21 世纪 30～40 年代达到老龄化高潮阶段，2040 年以后则开始趋缓。无疑，我国人口老龄化的加速和累进增长的性质，主要是由以往逐年出生人口形成的年龄结构决定的，但影响最大的，一是 1962～1973 年的生育高潮期间出生的大量人口，只有当这些年龄组人口达到老龄阶段，人口老龄化高潮才会来临；二是自 1974 年以来人口出生率的大幅度下降，从而使得少年、未来成年人口比例的下降，加剧着老龄化的趋势。而一旦当这些年龄组人口进入老龄阶段，老龄化程度又会因老年人口数量的减少而削减。可见，大力开展计划生育以来，生育率和出生率下降所形成的年龄结构，对未来人口老龄化的进程产生直接的影响，起着先是加速、后是减缓的作用。

实施计划生育以来所形成的人口年龄结构，不仅在时间上影响人口老龄化的进程，而且在空间上影响人口老龄化的分布。这首先表现在城乡之间人口老龄化的差异上。据 1982 年人口普查提供的资料，65 岁以上老年人口所占比例，市为 4.68%，镇为 4.21%，县为 5.00%，县比市高 0.32 个百分点，市比镇高 0.47 个百分点，老年人口所占比例从高至低依次为县、市、镇排列。但由于目前城市计划生育要比乡村严格许多，人口出生率也比乡村低许多，几年来上述情况已发生一定程度的变化。我国 1987 年 1% 人口抽样调查表明，市 65 岁以上老年人口所占比例达到 5.49%，镇为 5.34%，县为 5.53%，虽然老年人口所占比例排列依次仍为县、市、镇，但差距大大缩小了：县比市仅高 0.04 个百分点，市比镇仅高 0.15 个百分点；而若以 60 岁

以上老年人口所占比例而论，则市占 8.61%，镇占 8.20%，县占 8.52%，①
排列次序变成市、县、镇。事实上，出生率最低的上海市已步入老年型，北
京、天津等大城市已经达到或接近老年型，较大城市将首先完成人口年龄结
构由成年型向老年型的转变。至于出生率较县为低的镇的人口年龄结构更年
轻一些，主要由于近年来人口城市化步伐加快，乡村人口向小城市、乡镇转
移较多，而这种转移多以生产年龄人口为主引起的。

其次，老年人口所占比例地区之间的差别，也同计划生育和人口出生率
高低有着必然的联系。1987 年全国人口年龄中位数为 24.18 岁，最高的上海
市达 32.01 岁，北京市达 29.74 岁，最低的青海省只有 20.36 岁，宁夏回族
自治区只有 20.55 岁。就全国总的情况看，实行计划生育人口出生率下降较
快、生育率较低的地区，人口年龄中位数和老年人口所占比例就高一些；人
口出生率下降较少、生育率较高的地区，人口年龄中位数和老年人口比例就
低一些。大致的趋向是：自西北向东南老年人口所占比例逐渐增高，形成层
次比较分明的阶梯式结构。

怎样看待我国因计划生育和出生率下降引起的人口年龄结构老龄化？我
以为要作辩证的分析。一方面人口老龄化时代的到来会加重社会和生产年龄
人口的负担，老龄化社会将给经济和整个社会发展带来一系列问题，产生许
多影响，社会必须解决日益增多的老年人口保障问题，应对老龄化社会的挑
战。另一方面老龄化是世界人口发展的一大共同趋势，当今世界在面临人口
继续增长的同时，人口年龄结构正悄悄地走向老龄化，而所有发达国家已全
部过渡到老年型人口年龄结构。我国人口发展向何处去？实行计划生育、切
实控制人口增长已作为一项基本国策确定下来，这是国家和民族的根本利益
所在，必须坚决贯彻实行。而要控制人口增长、降低人口出生率，就意味着
少年人口所占比例的下降，老年人口所占比例的上升，即发生人口老龄化的
倾向。所以，人口老龄化是完成人口年龄结构由年轻型——成年型——老年
型过渡不可超越的阶段，是通向人口零增长目标的必经之路，只是须注意不
要使老龄化过于严重，使社会无法承受。一定程度的人口老龄化不仅是不可
避免的，而且是必需的。而实行计划生育和降低人口的出生率，是实现一定
程度老龄化这一必经之路的基本手段，是由达到老龄化到缓解老龄化的有效
的调控杠杆。

---

① 《中国 1987 年 1% 人口抽样调查资料》，中国统计出版社。

关于人口发展战略问题[*]

近年来，关于人口发展战略问题研究日增，探讨有所深入，这是一个可喜的现象。那么，什么是人口发展战略呢？笔者的理解，所谓人口发展战略就是从宏观和最高层次上，依据对人口发展条件和各种制约因素的分析，确定在足够长的时间内，人口发展的目标、重点以及需要采取的对策和途径，所要研究的是关系总体人口发展长远的、全局的、根本性的重大问题。

一

根据上面对人口发展战略的理解，首先需要弄清我国人口自身的发展状况和发展的条件。众所周知，我国向来以地大物博、人口众多著称，然而在漫长的历史长河中人口的数量增长却极为缓慢，真正的大幅度增长主要是两次大飞跃的结果。一次是 1685～1849 年清朝康熙、雍正、乾隆、嘉庆、道光年间，全国人口由 1.02 亿人增加到 4.13 亿人，164 年间接连翻了两番，另一次是 1949 年中华人民共和国成立以来，全国人口由 1949 年的 5.42 亿人增加到 1985 年的 10.45 亿人，36 年间将近翻了一番。我国人口的这种历史的发展，特别是新中国成立以来人口发展走过的道路，形成了目前的人口状况及其主要特点。概括如下。

其一，人口数量庞大。目前内地人口达到 10.45 亿人，加上台湾省 0.19 亿人，共 10.64 亿人，约占世界总人口的 22%，其中内地人口约占世界人口的 21.5%，在世界各国居首，是人口数量超过 10 亿人的唯一国家。

其二，人口年龄构成比较年轻。1982 年普查 0～14 岁人口占

　　* 原载《中国人口发展战略研究》，武汉出版社，1988。

33.5%，15 ~ 64 岁占 61.6%，65 岁以上占 4.9%；目前少年人口比例可能稍有下降，老年人口比例略有上升，估计在 5.2% 左右，处于由年轻型向成年型过渡或成年型初期阶段，仍具有年龄构成比较轻的特点，具有较强增长势能。

其三，乡村人口占的比例大。根据《中国统计年鉴》提供的数据，1985 年乡村人口占 64.3%，市镇人口占 35.6%。与目前世界城镇人口占 43%，与发达国家占 72% 相比，差距甚大。

其四，人口密度高且分布不尽合理。1985 年我国人口密度达到每平方公里 109 人，比世界每平方公里 36 人的平均密度多出 73 人，是世界人口密度的 3 倍。同时不同地区人口密度相差悬殊，上海、天津、北京等市每平方公里在 500 人以上；江苏、山东、河南等省在 400 人以上，而西藏、青海、新疆三省区则不足 10 人。人口分布由经济发展、自然环境和民族构成等条件所决定，不可能平均分布，但像目前这样西北和东南人口密度相差如此之大，也有不尽合理之处。

其五，人口素质仍然比较低。新中国成立以来人口素质提高很大，1981 年全国婴儿死亡率下降到 34.7‰，预期寿命提高到 67.9 岁，已大大超出一般发展中家的水平；但比发达国家 20‰ 的婴儿死亡率和 72 岁的预期寿命，仍有很大差距。在文化素质方面，具有大专水平的人口比例不仅低于发达国家，而且比某些发展中国家也不如；还有 2.3 亿人左右的文盲和半文盲，同现代化建设的要求很不相适应。

从上述我国人口的基本现状和主要特点出发，结合我国社会主义现代化建设实际，按照建设具有中国特色的社会主义总的要求来讨论人口发展战略问题，笔者认为，总体战略是控制人口的数量，提高人口的素质，调整人口的结构。当然，这几个方面不是并列的，当前要以数量控制为重点，以人口的数量控制促进人口素质的提高，带动不合理的人口年龄结构、城乡结构、地区结构的调整。同时要注意人口素质的提高对数量控制和结构调整的影响，人口结构的调整对数量控制和素质提高的作用，"控制、提高、调整"是彼此密切相联、相辅相成的。

人口的数量控制是关键。如前所述，由目前我国人口的特殊状况特别由人口年龄结构比较轻的基本特点所决定，具有比较强的增长势能。不同生育率人口增长的趋势见图 1。

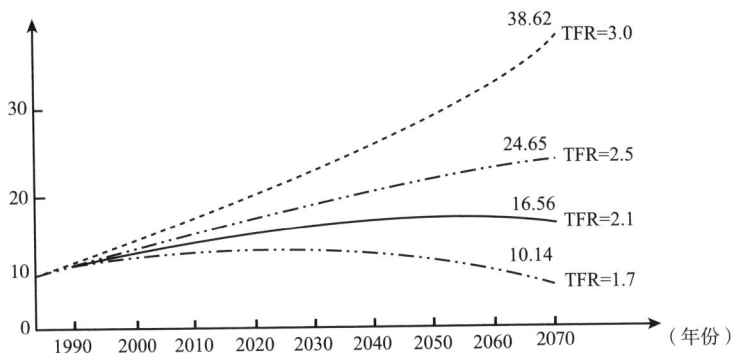

图 1　未来人口发展趋势

　　由图 1 看出，如果从现在起总和生育率（TFR）一直保持为 3.0，全国人口将一直增长下去，2000 年可增长到 14.53 亿人，2070 年可增长到 38.62 亿人；总和生育率一直保持为 2.5，人口也是一直增长的，2000 年可增长到 13.63 亿人，2070 年可增长到 24.65 亿人；总和生育率一直保持为 2.1，总人口要一直增长到 2050 年前后才能基本稳定下来，2000 年总人口可达 13.03 亿人，2070 年可达 16.56 亿人；总和生育率一直保持为 1.7，总人口还要再增长 40 多年时间、2000 年可达 12.26 亿人，2026 年达到最高峰值时为 13.38 亿人。然后开始下降，2070 年可下降到 10.14 亿人。可见，由于目前我国人口年龄结构比较年轻的特点所决定，不仅总和生育率保持 3.0、2.5 那样高，全国人口要猛烈增长，而且保持在 2.1 替换水平也要继续增长 60 多年，就是保持在 1.7 的低生育水平，近 40 年内人口总数还是要增加的，因此控制人口的数量增长是第一位的任务。

　　从控制人口数量、提高人口素质、调整人口结构三者之间的关系来看，数量控制也是关键，如能抓住这个关键，就能带动素质的提高和结构的调整。前面提到我国人口数量多，增长快，消费大，这在生产力发展水平不高的情况下，每年国民收入使用额中扣除众多人口消费以后，所余已经不多，尽管积累率长期偏高，但数额有限，能够用在人口素质提高方面的科学、教育、卫生等项事业费和投资就更少了。如果将每年出生人数减少 10%，即增长率由平均 1.92% 降低到 1.73%，节约下来的费用用在教育上，则教育费用总额可增长 1 倍，如用在教育基建投资上则可增长 7 倍。从个人和家庭角度说，控制人口、少生子女可使父母摆脱沉重家务的缠绕，把更多的时间和精力用在学习科学技术上，同时由于家庭负担轻，子女上学比较容易，有更多受教育的机会。可见，控制人口增长既有利于成年人口素质的提高，也有利于他们子女人口素质的提高，具有双重的意义。

控制人口可以改变人口的年龄结构，并且是调整人口年龄结构的唯一途径。对于已经形成的某人口群的年龄结构来讲，不可能从外界施加任何人工手段加以改变，而只能通过对出生率和出生人数的控制，即控制进入总体人口中的每年 0 岁组的人数，如此年复一年地逐渐变更年龄构成比例。控制人口对改变人口的地区结构和城乡结构也有一定的意义。例如，我国人口地区结构很不合理，人口分布很不均衡，但 1982 与 1964 年两次人口普查相比，沿海 11 个省市区的人口密度上升 37.8%，内地 18 个省区的人口密度上升 50.9%，其中西藏、新疆、内藏古、青海、甘肃、宁夏 6 个省区上升 63.9%，说明人口地区结构开始发生变化。引起变化的原因除人口的机械变动，支援后方建设由沿海移进少量人口外，内地人口的自然增长率高于沿海，少数民族高于汉族是主要的一条。城乡人口结构情形也相类似。我国人口城市化进展不快除政策上对城市人口增加严加控制外，乡村人口自然增长率自 1964 年以来大大高于城镇人口自然增长率则是重要的原因。因此，控制人口数量不仅是当务之急，而且关系到人口素质的提高，决定着人口的年龄结构，并对调整人口的地区结构和城乡结构起重要作用。"控制、提高、调整"三者之中控制人口数量是主要的矛盾，是解决我国人口问题必须首先抓住的中心环节。

那么，人口发展战略是否仅仅抓住数量控制就够了呢？笔者以为不能这样认识。人口数量控制有助于人口素质的提高，但数量上的控制并不等于素质上的提高；数量控制可以直接改变人口的年龄结构，但它调整人口的地区结构和城乡结构的作用是有限的，从控制到提高和调整还要有中间过渡环节，数量控制不能代替素质的提高和不合理的地区结构、城乡结构的调整。控制人口数量可以减少消费，增加积累，这在国民收入和积累消费之间比例不变的情况下，消费的减少就是积累的增加。但是，增加的积累是用在农业、工业、国防建设投资上，还是用在科学、教育、文化、卫生等提高人口素质的投资上？能用多少？都要根据国民经济发展需要，由经济主管部门确定。上面提到，我国沿海地区的人口增长率普遍低于内地，这是人口地区结构不合理开始发生变化的一个原因。如果我们只靠人口数量控制来改变人口地区结构不合理状况，恐怕几百年后也难以达到预期的目的。城乡结构也是如此。控制乡村人口的自然增长率是加速人口城市化的一个因素，如果排除其他因素仅靠这一条搞人口发展城市化，那只有等到乡村人口自然增长率降低到城市人口以下时才有希望，而这在可以预见到的将来几乎是不可能的。事实上，人口地区构成和城乡构成的改变主要是靠人口的机械变动，人口的自然变动是第二位的。还应看到，在人口的数量控制、素质的提高和结构的调整之间是互为条件、互相促进的关系。人口素质特别是人口文化素质的提高，往往能够导致生育率较大幅度的降低，这已成为人们公认的事实。我国城镇人口自然增长率远较乡村为低，城乡人口比例得到适当调整后对生育率的降低大有裨益，也是可以预料得到的。就是说，在"控制、提高、调整"三者之间"提高"和"调整"并不完全是被动的，它们给予人口的数量控制以一定影响，只是这些影响不如数量控制对它们的影响大，因而"控制"占有更重要的地位罢了。所以全面地看待我国人口问题的解决，贯彻"控制、提高、调整"的方针，绝不只是人口数量控制一个问题，也绝不只是计划生育一个部门的事情，而是全党的工作，全民族的事情。它要求一切同人口有关系的部门要紧密配合，通力合作，各项经济政策的制定要有利于人口控制，科教文卫事业的发展要立足于 10 亿人口，有利于全民族人口素质的提高和不合理的人口结构的调整。

二

人口的数量控制是关键，那么怎样控制，控制到什么水平呢？从当前我国人口、经济、文化等的实际情况出发，考虑到现代化建设过程中对人口生产的影响，提出以下低、中、高三种方案的预测。这三种预测 1985、1990、1995、2000、2030、2070 年总人口、出生、死亡、纯增长等人口指标的变动，见表 1、表 2、表 3。

比较各表，只有表 1 低位预测符合 2000 年全国人口控制在 12 亿人的要求。分阶段来看，1990 年不能超过 11 亿人，1995 年不能超过 11.9 亿人。实现上述要求，出生人数需从 1983 年的 1900 多万人，减少到 1990、1995年的 1800 多万人，2000 年的 1700 多万人；出生率需从 1983 年的 18.6‰，下降到 1990 的 16.5‰，2000 年的 14.1‰。自然增长人数 1985～1995 年保持在 1000 万人左右，1995～2000 年保持在 900 万人左右；自然增长率 1985～1995 年保持在 1.0% 以内，1995～2000 年保持在 0.8% 以内。就总的变动趋势看，出生人数和出生率、自然增长人数和自然增长率下降不是过于急速，如果计划生育工作做得卓有成效，总和生育率能在 1985 年下降到 1.80 左右。1990 年下降到 1.60 左右，1995 年下降到 1.50 左右，实现 2000 年全国人口控制在 12 亿人左右是有可能的。但是必须看到，实现 12 亿人目标困难相当大，主要原因如下。

表 1　低位预测（1985～2070）

年　份	总人口（亿）	总　和生育率	出生人数（万人）	出生率（‰）	死亡人数（万人）	死亡率（‰）	纯增长人数（万人）	纯增长率（％）
1985	10.46	1.80	1714	16.3	705	6.7	1004	0.96
1990	10.99	1.60	1825	16.5	731	6.6	1088	0.99
1995	11.56	1.50	1868	16.1	777	6.7	1087	0.94
2000	12.04	1.50	1703	14.1	819	6.8	879	0.73
2010	12.86	2.10	1825	14.4	1061	8.2	997	0.62
2020	13.48	2.10	1833	13.5	1333	9.8	499	0.37
2030	13.74	2.10	1770	12.8	1707	12.4	55	0.04
2070	13.05	2.10	1838	14.0	1818	13.9	13	0.01

表 2　中位预测（1985～2070）

年　份	总人口（亿）	总　和生育率	出生人数（万人）	出生率（‰）	死亡人数（万人）	死亡率（‰）	纯增长人数（万人）	纯增长率（％）
1985	10.50	2.10	2003	19.0	716	6.8	1281	1.22
1990	11.19	1.90	2142	19.1	741	6.6	1388	1.24
1995	11.91	1.75	2160	18.1	786	6.6	1379	1.15
2000	12.48	1.60	1820	14.5	823	6.6	986	0.79
2010	13.38	2.10	1998	14.9	1067	7.9	931	0.70
2020	14.25	2.10	2101	14.7	1344	9.4	660	0.53
2030	14.67	2.10	1881	12.8	1719	11.7	161	0.11
2070	14.39	2.10	2061	14.3	2024	14.1	29	0.02

表 3　高位预测（1985～2070）

年　份	总人口（亿）	总　和生育率	出生人数（万人）	出生率（‰）	死亡人数（万人）	死亡率（‰）	纯增长人数（万人）	纯增长率（％）
1985	10.56	2.50	2376	22.5	729	6.9	1637	1.56
1990	11.36	2.10	2351	20.6	748	6.5	1602	1.47
1995	12.16	1.90	2333	19.1	791	65	1532	1.26
2000	12.80	1.70	1936	15.1	826	65	1101	0.86
2010	13.79	2.10	2125	15.4	1072	7.8	1048	0.76
2020	14.83	2.10	2280	15.3	1351	9.1	919	0.61
2030	15.37	2.10	1980	12.8	1728	11.2	236	0.16
2070	15.40	2.10	2223	14.4	2175	14.1	46	0.03

一是生育率经过过去 10 多年的降低已经降到比较低的水平，自然增长率由 1972 年的 2.2% 下降到 1983 年的 1.2%，10 年中间几乎下降一半，这在世界人口发展史上是极少见的，在发展中国家已属于低水平之列，今后继续下降难度加大了，某些人口自然增长率已经下降到 1.0% 以内的地区，甚至有的地方已达到零增长，生育率继续下降的余地变得很小了。

二是受 20 世纪 60 年代中期至 70 年代初期生育高潮而形成的年龄结构的影响，从现在起到 1995 年前后为一个潜伏的生育高潮期，平均每年新进入育龄的妇女人数达 1200 万人以上，为以往任何时期所望尘莫及的。因而，即使生育率降低许多，但每年出生人口数和净增人口数却不一定减少，甚至有可能增加，造成人口总数继续增长。

三是人口城乡结构比较落后，乡村人口占的比例大，而乡村人口生育率远较城市为高。如 1981 年全国市人口自然增长率为 1.13%，县人口自然增长率为 1.50%，县比市高出近 1/3。当前尤其值得提出的是：农村体制改革后家庭职能有了新的变化，在很大程度上又恢复了生产的职能，稍大一些的家庭规模又有了存在的基础，从而刺激了生育的积极性。此外，总的说来人口的文化素质不高，生育率较高的多集中在边远和少数民族地区，大幅度降低的可能性比较小等，都对人口的控制不利，是我们应该考虑到的。

从长远发展来看，人口战略目标的确定必须兼顾高生育率带来人口猛烈增长，低生育率加速人口老龄化过程两个方面的情况。笔者认为，为防止人口过于严重老龄化以生育率不低于低位预测为好，为控制人口猛烈增长以生育率不高于高位预测为宜。但生育率能够控制到什么程度，不仅取决于人口本身这两个基本方面的要求，还要受社会经济、文化、卫生事业以及政策的影响。为使 20 世纪末全国人口控制在 12 亿人左右，又使未来的人口老龄化不至于发展到过于严重的程度。可以考虑如下做法。

首先，要继续提倡一对夫妇只生育一个孩子，贯彻计划生育基本国策。人口预测表明，实现 2000 年全国人口控制在 12 亿人的低位预测方案。独生子女所占比例比较高，只有大力提倡每个育龄妇女只生育一个孩子才能做到。实现中位预测方案独生子女也要占一定的比例，就是按照高位预测方案，1995～2000 年间总和生育率也要降低到替换水平以下，少数育龄妇女也要只生育一个孩子才行。因此，实现上述方案特别是低位和中位预测方案，非大力提倡每个育龄妇女只生育一个孩子不可。但在战略和指导思想上必须明确：提倡生育一个孩子不是永久之计，我们的目的是要控制一代人的生育率，因而主要是 20 世纪内的事情。既然是这样，就应明确规定：凡双方为独生子女者结婚，均可生育两个孩子。这样做不仅使人们有盼头，得人心，而且也可以缓解和避免因长期实行独生子女政策所带来的各种社会问题。在要求上要坚持分别情况，区别对待，不搞"一刀切"。同时要坚决遏止三胎以及计划外多胎生育，认真贯彻各地关于生育政策的具体规定。

其次，广开控制人口增长门路。实行计划生育是实现 20 世纪末人口控制目标的首要对策，必须认真做。但影响人口生育率的因素颇多，还应放开眼界，在改革开放中，多方面为生育率的降低创造条件。

人口文化程度的高低同生育数量有着密切的关系。一般说来，文化越发达，人们对子女数量和质量的追求越侧重于质量方面，文化越不发达就越侧重于数量方面，因而随着文化程度的高低表现出生育率的明显差异。如 1982 年我国 40 岁妇女组每一文盲平均生育子女数为 4.7，小学程度为 4.1，初中为 3.4，高中为 2.7，大学为 2.0；50 岁妇女组每一文盲平均生育子女数为 5.9，小学程度为 4.8，初中为 3.7，高中为 2.8，大学为 2.1。这种生育率高低同人们所受的教育成反比的现象，是普遍存在的。在这个意义上说，人们特别是妇女所受教育的提高，就是生育率的降低。因此，我们适当增加人口智力投资，大力发展教育事业，不仅是提高人口文化素质的需要，也是降低生育率的有力措施和保障。

在我国目前条件下，如前所述，城乡人口生育率高低差别很大，因而我们适当放宽农民进城特别是进入附近小城镇的限制，不但是发展和繁荣城镇工商业，促进农村经济发展的一项重要决策，而且也是降低总体人口生育率的一个实际步骤。此外，在经济发展的基础上努力发展医疗卫生和保健事业，积极开展优生优育工作，都会直接或间接地有助于生育率的降低。就是说，实现 20 世纪末的人口控制目标，既要明确计划生育工作好坏是关键，又要不限于这一个方面，还应当采取可靠措施通过人口文化素质的提高、城乡结构的调整、医疗卫生事业的发展达到降低人口生育率的目的。

再次，妥善地解决老有所养问题。目前我国在全民所有制企业和国家干部中实行了老年退休金制度，从一个主要的方面解决了老有所养问题。但在广大农村和多数集体所有制企业中，还没有实行退休金制度，"养儿防老"除去应当破除的那层封建的传统意识外，还有它存在的客观经济基础，这是促使某些家庭坚持二胎以上多胎生育的一条根本原因。为从根本上解决这一问题，排除无子女和少子女家庭的后顾之忧，应当从长计议。一方面努力扩大社会保障范围，有条件的集体所有制单位要积极实行老年退休制度；另一方面由于生产力水平比较低，实行离退休的比例不可能一下子扩大很多，更不能由国家、企业完全包下来，而必须调动国家、集体、家庭、个人多方面的积极性，多方面地解决养老问题。在这方面，国外从每个职工参加工作时起就提取一定比例老年基金的做法，有可借鉴之处。同时应通过宣传、立法等手段，从管理上解决子女所承担的养老义务，保证老有所养。

三

如前所述，虽然人口的数量控制是关键，但是作为全面的人口发展战略，还应当包括人口素质的提高和结构的调整。

人口素质系指人的身体素质和思想、文化素质而言，其指标体系的确立还有待进一步研究，笔者以为，应当包括健康状况、预期寿命、知识、智力、技术、教育、道德等要素。不过作为人口素质基础的，首先是人的身体素质。在旧中国，人口的身体素质很差，一般估计人口的粗死亡率在 30‰左右，婴儿死亡率高，预期寿命短，乡村约 35 岁，城市也不到 40 岁。新中国成立后随着国民经济的发展，人民生活的改善，医疗保健水平的提高，人口身体素质大大提高。但是应当看到，由于生产力不够发达，人民生活目前尚处于温饱阶段，20 世纪末也只能达到小康水平，我们的营养水平还不高；医疗保健卫生事业虽有很大发展，但每 1 名医生和每 1 张病床负担的人口数仍然很多，是发达国家的好几倍，这不能不影响人口的身体素质；直至目前近亲结婚在一些地区仍未根除；随着传染性疾病基本上受到控制，遗传疾病和先天畸形对人民健康的危害凸显出来。在儿童死因中先天畸形所占比例上升，儿童智力低下率也比较高，优生优育作为提高人口素质中的一个战略性问题提了出来。第二次世界大战后优生问题引起普遍重视，日本从 1948 年起以法律形式强制推行优生保护法，欧洲一些国家相继建立起出生缺陷监测网，美国则在各州普遍建立了遗传中心。目前，胎儿性别鉴定，染色体病产前诊断，开放性神经管畸形的测定，环境致畸等的研究广泛开展起来，有些已应用到临床。人工授精、细胞核移植、基因工程、试管婴儿等的研究取得重大突破，为揭开人类生命的奥秘，促进优良个体的诞生开创了新的理论和实践，人类有可能跨进一个新的优生的时代。面对这种形势，优生问题乃是关系到中华民族兴旺发达的一个战略问题，生得好、长得好应同生得少一起，构成解决我国人口问题的基本方面。

人口思想、文化素质怎样，关系到社会主义物质文明和精神文明建设，关系到现代化建设的成败，是考虑人口发展战略的立足点之一。新中国成立以来人口文化素质确有相当大的提高，但同发达国家相比差距很大，甚至同某些发展中国家相比，在大学毕业、肄业和在校人数所占比例等指标方面，差距也不小。特别是目前尚有 2 亿多文盲和半文盲，同社会主义现代化建设很不相适应。我们要把提高人口思想、文化素质作为人口发展战略的一个组成部分考虑，首先就要把人口的智力投资摆到战略的高度，把科学和教育列为发展的重点，争取有一个比较快的发展。长期以来，我们在人力和物力两种资源的开发上，更多地注重了后者而忽视了前者，产生轻视知识，歧视知识分子的现象。党的十一届三中全会以来这种错误倾向得到纠正，人口的智力开发受到重视，科学和教育投资增加幅度较大，发展较快，这是一个具有战略意义的转折。然而由于我国人口多和财力不足的矛盾，我们在大力增加国家对人口智力投资的同时，还要积极鼓励企业、集体和个人进行智力投资。其次，面对我国具有大专文化水平人口所占比例不高和 2 亿多文盲的实际，在指导思想上，人口文化素质的提高要着眼于提高和普及两个方面，不可偏废。四个现代化要求造就具有大批专业技术的人才队伍，同时不能解决 2 亿多文盲和半文盲的问题，现代化建设也难以顺利进行，二者要兼顾。

调整人口结构，主要是人口的年龄和性别结构，以及人口的城乡结构、地区分布结构等，不过后两者并非人口本身具有的结构，而是人口在经济和社会发展方面表现出来的结果，因而这里只谈一下关于年龄结构的调整问题。

由于自 20 世纪 70 年代以来出生率和自然增长率的大幅度下降，导致人口年龄结构由年轻型向成年型过渡，发生了具有深刻历史意义的转变。以 1964 与 1982 年两次人口普查对比，0 ~ 14 岁少年人口所占比例由 40.4% 下降到 33.6%，65 岁以上老年人口所占比例由 3.5% 上升到 4.9%；目前 65 岁以上老年人口比例估计在 5.2% 左右，进入成年型初期阶段。在未来的人口年龄结构变动中，最主要的是老龄化趋势值得重视。因为由目前的人口年龄构成所决定，在未来的五六十年内，人口老龄化将呈加速发展的趋势。按照中位预测方案，65 岁以上老年人口可由 1982 年的 0.5 亿人，增加到 2010 年的 1 亿人，28 年间翻一番；其后 20 年再翻一番，2030 年可达 2 亿人；到 2040 年达到最高峰值时可达 2.6 亿人，即比目前净增 2 亿以上老年人口。与此相适应的是，65 岁以上老年人口所占比例可从 1982 年的 4.9%，上升到 2000 年的 6.9%，2010 年的 7.9%，2020 年的 10.6%，2030 年的 13.5%，2040 年的 17.4% 左右。根据联合国国际经济和社会事务部的预测，目前世界 65 岁以上老年人口比例约为 6%，发展中国家为 4%，发达国家为 12%；2000 年世界老年人口比例可上升到 6.8%，发展中国家可上升到 5.1%，发达国家可上升到 13.3%；2025 年世界老年人口比例可上升到 9.7%，发展中国家可上升到 8.2%，发达国家可上升到 17.6%。相比之下，我国人口达到老龄化较高水平的速度比世界平均速度快，更比发达国家快许多，值得引起重视。同时对老龄化可能引起的各种问题，也要作出实事求是的估量。

人口老龄化可能引起的问题之一，是生育率下降、出生人数减少导致的劳动力数量不足或劳动力资源短缺的问题。如现在西欧和北欧的一些国家，老龄化达到很高水平，劳动力的供给发生困难，个别国家不得不在一定程度上依赖从国外输入部分劳动力。就我国情况而论，人口和劳动力数量过多、增长过快，安排劳动就业一直是一个比较困难的问题，目前我国 15 ~ 64 岁生产年龄人口约为 6.5 亿人，社会劳动者人数约为 4.6 亿人，差不多相当于世界发达国家劳动力数量之和，而我国的国民生产总值与之比较起来却相差十分遥远，可见在现代化过程中并不要求再增加劳动力供给。非但不要求增加，技术构成提高以后，工农业特别是农业物资生产部门还要求转移一定数量劳动力，生产的发展将主要依靠劳动生产率的提高。然而由目前人口年龄构成还比较轻的特点所决定，15 ~ 64 岁生产年龄人口正面临大幅度增长的态势。按照中位预测方案，2000 年可增加到 8.6 亿人，2020 年可增加到 9.8

亿人；到人口老龄化最严重的 2040 年稍有减少，可减少到 9.3 亿人，仍比目前多出 2.8 亿人。可以预见，在未来的半个世纪里生产年龄人口将在目前水平之上，不会发生短缺的问题。

人口老龄化可能带来的问题之二；是社会负担的加重和老年赡养问题。就整个从属年龄人口比 $\left(\dfrac{0 \sim 14\ 岁 + 65\ 岁以上}{15 \sim 64}\right)$ 来看，中位预测可由 1982 年的 0.62 下降到 2000 年的 0.45，并一直延续到 2020 年左右；之后虽有升高，但直至 2040 年只有 0.58，以后几十年也在目前水平以下。即是说，从每个生产年龄人口负担的老、少人口来看，在未来的半个多世纪里不是负担重了，而是负担轻了的问题。

这样说并不等于人口老龄化没有问题，相反，老年人口相对和绝对地迅速增长，如何妥善地解决老有所养、有所医、有所为、有所乐等存在不少问题。从总体上看，我国是发展中国家，人口结构却接近于发达国家类型，老有所养是首要问题。当前，我国年老领取离退休金的人是少数，约占老年人口的 30%。今后老年人口大幅度增加，一方面要尽可能地扩大领取退休金的比例，使更多的老年人口享受社会保险；另一方面国家财力有限，在相当长的时间内还不得不在很大程度上依靠子女养老，储蓄养老等方式。考虑到这种情况，老龄化的程度要有一定的限度，不能过于严重。我们在努力控制人口出生率的同时，必须注意到人口年龄结构的变动，在既要使人口的增长受到有效控制，又要使人口老龄化在不至于过度严重的"两堵墙"中选择适当方案，建立我们的战略思想。

论孩子成本—效益理论和人口控制[*]

近年来，中国人口出生率和增长率有较大幅度回升，1989 年 4 月 14 日内地人口超过 11 亿，人口形势再度严峻起来，引起国内外的关注。而在改革大潮和商品经济获得较快发展的新形势下，要想卓有成效地控制人口增长，必须适应变化了的情况，在理论和实践的结合上有新的突破，拿出切合实际的、行之有效的措施。笔者以为，突破的焦点在于弄清并理顺生育行为和经济利益之间的关系，更好地体现利益原则，逐步完成个人生育行为利益选择的转变和人口行政管理机制向利益调节机制的过渡。

关于孩子成本—效益理论

探讨人们生育行为和经济利益之间的关系，首先要回答一个古老而又现实的问题：人们生育子女数量多少主要是由什么因素决定的。答案自然也应分做古老和现实两个不同阶段，不过这里讲的古老并非指人类社会发展史上的古老阶段，而是指人类生育史上不懂或不能自行调节生育子女数量的阶段。显然，支配这一阶段生育行为的只能是自然的生物规律。对于一个正常的育龄妇女说来，从 15～49 岁共计 408 个月，如果包括怀孕和哺乳期在内生育两个孩子间隔为 37 个月，一生可生育 11 个孩子；如果间隔为 45 个月，一生可生育 9 个孩子。这种现象今天看来已绝无仅有，然而 1987 年中国 60 岁以上老年人口抽样调查加权汇总资料表明，女性老年人口中终身生育 1 胎占 5.4%，2 胎占 6.9%……7 胎占 11.3%，8 胎以上占 25.8%，以 8 胎以上所占比例最高，足见数十年以前自然生物规律如何支配人们的生育行为和生育子女的数量。

---

* 本文发表于《中国人口科学》1989 年第 3 期。

由于经济的发展，科学技术的进步，人们生育观念的更新，人类终于挣脱生育行为完全由生物规律支配的羁绊，进入自己可以调节生育子女数量的时代。这是人类发展史上的伟大进步之一，甚至是划时代的伟大进步。试想，如果我们国家仍旧处于对生育数量一筹莫展的境地，按照自然生物规律生育下去，那么我们国家的前途、民族的命运将会怎样呢？很难想象。所以，计划生育是一项进步事业，是一项关系着人类、国家和民族的命运及前途的伟大事业。那么人类进入能够自行调节生育行为以后的生育子女的数量又是什么因素决定的呢？可以说有经济的、文化的、政治的、历史的、地理的等多种因素的影响，而经济的因素是最基本的因素。

众所周知，唯物史观认为存在决定意识，社会现象的终极原因起源于经济。到了近代，资本主义工业革命发生后，随着商品经济的发展和泛商品观念占据支配地位，整个社会日趋商品化了，某些经济学家终于将孩子也纳入商品范畴。不过由于人们的偏好，通常这种商品不是由市场购买，而是由家庭自我生产，是家庭自产的一种特殊商品。于是产生了孩子的成本—效益或成本—效用理论。这一学说的代表人物，是美国哈佛大学 H. 莱宾斯坦教授和芝加哥大学人力资本专家 G. S. 贝克尔教授。莱宾斯坦认为，生产孩子这种商品的成本由直接成本、间接成本或机会成本两部分构成。直接成本指养育一个孩子所需的生活费用、教育费用、婚姻费用等的直接支出；间接或机会成本指父母特别是母亲在抚育孩子时因损失时间而减少收入。无论直接成本还是间接成本，都是父母的一种损失，可称之为负效益或负效用。然而孩子对父母也会带来正效益或正效用，主要的，一是劳动—经济效益，孩子成长为劳动力以后，可为父母带来经济利益；二是养老—保险效益，主要是发展中国家父母的老有所养，不得不在颇大程度上依靠子女；三是消费—享乐效益，孩子这种特殊的"消费品"能满足父母的某种精神需求，带来天伦之乐。此外，孩子还具有承担家业兴衰的风险效益，继承和维护家庭地位的效益等。父母对孩子的数量需求，取决于直接或间接投在孩子身上货币成本的成本效益：若成本效益为正数，效益高于成本，则需要；若成本效益为零，投下的成本和受益相等，无解，取决于随机因素；若成本效益为负数，父母在孩子身上投下的成本不能得到应有的补偿，就不需要。而从动态角度观察，随着经济的发展和人均收入的增加，孩子作为劳动力给父母带来的劳动—经济效益有下降的趋势；同时由于经济的发展为社会保障制度的确立提供物质条件，父母收入的增加也使他们为自己积累一笔养老金成为可能，孩子的养老—保险效益也随着下降了；其他如孩子承担家业兴衰的风险效益，继承和维护家庭地位的效益等也都程度不同地有所下降；唯有孩子的消费—享乐效益变动不明显，看不出同经济发展之间的必然联系。而父母直接或间接为孩子支付的货币成本总的就是上升了，形成随着经济的发展和人均收入的增加而孩子效益下降和成本上升的基本态势，这是导致人口出生率和增长率下降的主要原因。

贝克尔进一步提出孩子净成本概念，即父母用于养育孩子货币成本现值加上时间影子价格现值①，减去孩子提供给家庭的收入和服务的现值。若净成本为正值，说明孩子不能补偿父母的损失，孩子有如一件耐用消费品，只能使父母取得精神和心理上的效益；若净成本为负值，说明孩子有如某种生产资料一样，投资并转入生产过程后可带来价值增值；若净成本为零，孩子对父母无意义。他还进一步提出，用于孩子基本生活费用和母亲怀孕、分娩期间的直接成本和间接成本，在一定社会生产力发展水平条件下相对是一定的，可视为孩子的不变成本或数量成本；而用于孩子健康、医疗、保健和文化、教育方面的成本，是不断变化的，可称之为可变成本或质量成本。伴随着经济的发展和家庭收入的上升，孩子的可变成本或质量成本有不断升高的趋势，又由于孩子的数量和孩子的质量之间存在着某种替代关系，于是父母的选择偏好便由投入孩子的数量成本，转入孩子的质量成本，遂使生育率下降和生育的孩子数量减少。

怎样看待上述西方微观经济学中关于孩子的成本—效益理论？笔者以为，抛开商品外壳且不论，就其实质来讲有它合理的内涵，比较科学地阐述了孩子对父母和家庭的价值，揭示了人口再生产的经济力量的作用。我国因为生产力落后，商品经济不发达，商品意识和商品观念淡薄，不可能、也不愿意把商品原则引入生育范畴。然而并不等于人们对生儿育女在经济上是否受益不加考虑；相反，生育边际孩子是否划得来，自觉或不自觉地构成影响人们生育行为的重要因素。还需说明，父母投在孩子身上的成本是现实的，而从孩子身上得到的效益是将来的一种期望值，它同具体子女实际提供的效益非同一概念。不过这种抽象建立在特定社会一定生产力发展水平、文化水平、传统观念等之上，因而是合理的抽象。

---

① 影子价格：对没有市场价格的产品或服务、劳务的一种替代性估价。这里指父母用在养育孩子上的时间消耗，虽然这些时间消耗属非市场活动时间，但是可以计量并计算在孩子成本之内的。

当前我国孩子成本—效益作用的倾斜

自改革开放以来，我国经济生活和社会生活中发生的一个显著变动，是商品经济的发展和商品意识的增强。这使我们对孩子成本—效益的研究不仅有可能，而且十分必要。因为这一研究可以帮助我们找到人口增长较快的源头，从理论的立足点上提出治本的方略。

当前我国孩子成本—效益的变动，可以通过两方面变动的比较看出一个基本的趋势。在效用方面，首先，孩子劳动—经济效益强化了。本来，如前所述，随着社会经济的发展孩子质量成本上升，这在包括劳动力在内的市场经济条件下，如将这部分追加的孩子成本转到市场换取劳务，可能取得更大劳动效益，从而造成边际孩子劳动—经济效益的下降。以此推理，我国近年来经济发展较快，孩子的劳动—经济效益理应有所下降。然而除个别特殊情况外，非但没有下降，反而普遍上升了，这主要是基础不同造成的。一是过去城镇在全民所有制、乡村在人民公社集体所有制条件下，按劳分配原则未能得到认真贯彻，"吃大锅饭"盛行，家庭基本丧失生产的职能，仅是消费和进行人口再生产的单位，通过多生育增加劳动力的愿望受到抑制，因为劳动力的增加带来的经济效益是有限的。经济体制改革后，乡村率先实行了承包责任制，城镇个体经济和多种租赁制、股份制也发展起来，使得相当多数的家庭程度不同地复活了生产的职能，在竞争中使之强化，刺激了人们对于劳动力特别是男性劳动力的需求。当然，一个人一生下来并不就是一个劳动力，需要经过婴儿、幼儿、少年几个阶段以后才可能成长为一个劳动力；但在生产技术构成水平低的条件下，孩子成长为劳动力的时间缩短，十几岁即可从事部分辅助劳动，15 岁左右差不多可成为一名整劳动力，使孩子的劳动—经济效益得以提前发挥出来。这在目前的我国农村十分明显，在技术构成较低的城镇私营、合营经济中也较明显，童工的使用就是一个例证。二是虽然近年来经济发展较快，但现阶段达到的水平仍较低，收入的增加在颇大程度上依靠着劳动力数量的增加，劳动力质量的提高还不能取代数量的增加，边际孩子的劳动—经济效益仍是明显的。三是市场经济不健全，劳务市场的调节作用有限，因少生子女而节约下来的孩子成本不能保证换取相应的劳动服务。在这种条件下，使得孩子的劳动—经济效益不同程度地强化了，乡村强化的程度更大一些。

其次，孩子养老—保险效益的强化。按照西方孩子成本—效益理论，社会保障制度伴随着社会经济发展不断建立和完善，逐步取代子女养老，成为支撑养老体系的最主要支柱，当今世界主要发达国家已经实现了这一目标。我国近年来的经济发展却未能形成这一态势，这除了经济的发展水平不高，收入的增长有限以外，根本的原因也是基础和条件的不同。如果说目前城镇的变化不明显的话，那么乡村孩子养老—保险效益的强化则比较突出。过去当人民公社作为乡村一种经济实体存在时，承担了相当部分的老年社会保障义务；而当这一经济实体不复存在时，原有的敬老院、老年之家一类保障组织失去经济的依托，有的趋于解体，有的受到削弱，使得孩子养老作用重又强化起来。不错，父母生育子女并不能保证将来子女一定会尽到养老义务，在这个意义上父母用在孩子身上的投资也带有一定的风险性，是一种风险投资，随着家庭小型化和传统观念的淡化风险还在增加；但人们从实际的比较中看到，在当前生儿育女毕竟是获得老年保障最重要、保险系数最高的途径，从而刺激生育，特别是刺激养老保险系数更高的生育男孩子的欲望。

再次，同以上两种强化并行的还有由于家庭生产职能的恢复和产业的扩大，孩子维护家庭地位的效益、承担家业兴衰的风险效益等也得到加强，自然男孩子比女孩子在这些方面的效益要更高一些。凡此种种，说明在变化了的经济环境下，父母对孩子效益的期望值上升了。这是期望多生多育，特别是期望生育男孩子的内在根本原因。

值得提出的是，上述仅仅是从近年来我国经济的变动对孩子成本—效益影响的角度进行分析的，说明为什么人口出生率和生育率较高的内在经济原因。特殊地说，当前孩子成本—效益作用的倾斜还必须联系到其他条件，尤其是育龄妇女人数的变动和生育政策中经济措施的影响。自1949年以来，我国先后经历了1953～1957年的第一次生育高潮，1962～1973年的第二次生育高潮，当前正经历的可谓第三次生育高潮。前两次生育高潮，第一次是一个较小的高潮，第二次是一个很大的高潮，形成人口年龄结构金字塔中异常庞大的年轻人口群。这部分异常庞大人口群中的育龄妇女在1986～1997年间陆续通过年龄别生育率峰值年龄，由此决定着第三次生育高潮的出现不可避免，我们所能做到的只能使生育高潮掀起的波峰尽可能地低一些，生育率控制得好一些。

计划生育政策中经济奖罚措施影响的变动，直接关系到孩子成本—效益作用的倾斜。因为在我国现行人口政策中，罚款实质上是运用外在力量加大超生子女的成本，奖励的实质也在于提高独生子女的效益，补偿父母因少生子女损失的效益，运用经济的杠杆，谋求孩子成本—效益的平衡。然而近年来也发生了不利的变化。在运用罚款增加超生子女的成本方面，过于贫困的乡村农民无力缴纳被罚款项，出现"无钱罚不怕"；而富裕起来的"（数）万元户"区区超生罚款额又是小事一桩，拿点儿钱买个"议价儿"值得，又出现"有钱不怕罚"的局面。其他附加经济措施，如某些乡村实行的不分给超生子女自留地和口粮，某些城镇实行不给超生子女按国家标准供应商品粮和控制招工指标，在今天变化了的新的经济体制下，都失去了往日的威慑力量，不能有效地起到增大超生子女成本的作用。在独生子女奖励措施方面，原来每月5元的独生子女奖励费随着通货膨胀而贬值，而优先入学、优先招工等规定也失去了过去的魅力，在增大独生子女的效益上作用降低了。奖和罚这种双边的失衡，加剧着孩子成本—效益作用的倾斜，而我们在对策上又未作出相应的调整，未能通过适当增大边际孩子的成本，同时适当提高独生子女对父母的效益去寻求新的孩子成本—效益的平衡，致使人口出生率和增长率有较大幅度回升。

以孩子成本—效益为基础的生育控制

面对处于新的生育高潮期的人口增长态势，如何使生育率得到有效控制，为改革和现代化建设提供一个较好的人口环境，是一项十分重要而又十分艰巨的任务。20世纪70年代以来中国人口出生率和增长率的大幅度下降，计划生育工作的深入开展，积累了比较丰富的经验，诸如领导重视、主要领导亲自抓的经验；坚持以宣传教育、经常性工作、避孕"三为主"的经验；加强统计监督，实行目标管理责任制的经验等。无疑，今后要做好计划生育和人口控制工作。应当运用这些成功的经验，发展这些经验。这些经验包含着行政的、法律的、经济的等多方面的内容，但笔者以为过去的核心在行政方面，在通过各级行政组织和行政力量控制生育指标，达到控制生育和人口增长的目的。这在我国特定历史条件下不仅有其必要性，甚至有其必然性，是符合基本国情的。我国基本国情中的人口和经济状况，不讲永远，起码在相当长的时间内，基本的一点是短缺的经济和过剩的人口共为一体，发展的基本方针，是在大力发展经济的同时控制人口的过快增长。从可能性上说，生育率和人口增长率的降低有两条途径：一为自然的途径，即随着社会经济的发展，人均收入的增加，文化水平的提高，生育率和增长率自然而然地降低；二为社会的途径，即主要是政府，实行一定程度的干预政策，限制人口的增长。显然，我国出生率和人口增长率的降低不能选择自然的途径，如果那样，现在的人口就不是 11 亿，而早就突破 12 亿了；将来中国人口增长到何时，达到怎样高的水平难以预料，为国家的发展和全民族的根本利益所不能接受。我们只能选择社会的途径。但是这条途径又同我国经济发展水平低有矛盾，贫困出人口的规律在发生作用，不得不采取以行政手段为主的人口控制办法。笔者认为，在人口控制和经济发展之间的关系问题上，我们不应陷入机械唯物论，以为生育率和人口增长率只能伴随经济发展亦步亦趋地下降，把人们置于自身生育行为之外，处于一种完全无能为力的境地；也不应陷入主观唯心论，似乎生育行为和生育力是同经济发展毫无关系的一种独立的力量，完全由人们的主观意志支配。我们应取辩证唯物主义的态度，在承认经济因素对人的生育行为有着决定作用的同时，肯定包括行政因素在内的非经济因素的作用，不失时机地运用这些非经济因素调节人们的生育行为和生育率的变动；在承认非经济因素对生育行为影响的同时，肯定经济因素是决定生育行为和生育数量的基础，适时地将非经济因素纳入经济利益原则轨道。当前，我国人口控制已经到了考虑如何以行政手段为主的非经济因素的作用，走上经济利益原则轨道的时候了。

其一，近一二十年的实践行政手段运用比较充分，收到较好效果，今后仍要有效地运用；但也带来若干问题，使工作难做，做起来被动，常常处于僵持状态。被动和僵持的原因，在于行政上指令性的统和管的办法，不尽符合个人和家庭的孩子成本—效益的实际，实际上只生育一个孩子父母损失的孩子效益不能得到应有的补偿，而超生子女父母的孩子的效益仍大大高于孩子的成本，这种状况已影响行政手段实施的效果。

其二，为了在当前第三次生育高潮期间生育率能够得到较好的控制，怎样巩固和发展 20 世纪 70 年代以来开展计划生育所取得的成绩是非常重要的。为此，一要保证独生子女父母及其家庭得到实际利益，使他们在劳务补贴、养老保险方面有切实的保障，从而不再生育；二要使超生子女父母及其家庭不能在经济上继续得到好处，谨防他人效尤。而要做到这一点必须遵循经济利益原则，从利益导向上引导人们自觉自愿少生少育。

其三，10 年改革开放城乡经济获得很大发展，人们从封闭和半封闭经济状态下解放出来，商品经济迅速发展起来，商品意识增强，孩子的经济价值为越来越多的人所关注，孩子成本—效益理论及其作用，也提到了需要认真考虑的地步。

从上述见地出发，我国人口控制和解决超生问题的理论立足点和基本的原则，可以表述为：逐步完成个人生育行为利益选择的转变和人口行政管理机制向利益调节机制的过渡，从根本上改变当前不利的孩子成本—效益作用的倾斜。办法也要从孩子的成本和效益两个方面，同时入手加以解决。

在孩子的效益方面，考虑的主要问题是如何提高独生子女对父母的效益，同时削减超生子女对父母的效益。提高独生子女对父母的效益，最重要的办法是真正落实独生子女奖励政策，改革奖励办法。目前，各地一般都实行独生子女每月奖励 5 元的规定，但据了解有相当数量的乡村，特别是经济比较落后的乡村不落实，使本来很少的奖金不能兑现。不落实的原因，主要是所付奖金要由当地农民缴纳，形成哪里独生子女多，哪里的农民负担就重，反过来又影响独生子女率的提高。这种状况需要改变。其实对独生子女父母每月奖励 5 元和再生一个孩子所支付的抚养费用比较起来，对国家来说后者要比前者多得多，多出几倍、乃至十几倍，还不要说宏观上对扭转短缺经济和过剩人口矛盾的影响。所以，独生子女父母奖励费用的支出原则上应由国家负担，在国家财政困难条件下，可由地方财政多负担一些。同时还可以以收抵支：以超生子女父母的罚款支付独生子女父母的奖金，仅此一项就可达到收支基本平衡。总之，对独生子女父母的奖励一定要落到实处，不落到实处，提高独生子女对其父母的效益就是一句空话。

在落实对独生子女父母奖励基础上，对奖金的发放和使用进行改革，方向是用以补偿因不再生育子女而损失的劳动—经济效益，养老—保险效益等。当前一个明显的事实摆着：如果说 20 世纪 70 年代每月 5 元或每年 60 元的奖金还能起到一定作用的话，在通货膨胀作用下，到了 80 年代后期已起不到多少作用了。这就为将独生子女奖励费改革为独生子女父母劳务补贴基金和养老保险基金提供了现实的可能。办法是将每月 5 元或每年 60 元的奖金暂不发给独生子女父母本人，而以一定的信用形式存入保险公司或银行。若按当前国库券 14% 的利率保值增值，14 年后可增值到 2600 多元，然后支付其父母一定年限，例如支付 16 年的劳务补贴，每年支付额为 360 多元。15 年后转为养老基金，再过 5 年，其父母每年可获得 800 多元的养老保险金，直至死亡。如此我们看到每月 5 元独生子女奖金给其父母带来的巨大效益，在相当大的可靠程度上解决了因少生子女而损失的孩子的劳动效益和养老效益，解除了他们的后顾之忧。

对于终身未婚或终身不育者，参照独生子女父母劳务补贴和养老基金办法，获得同样待遇，改变无子女者不予奖励的不合理状况。为了提高独生子女对其父母的效益，还可实行独生子女家庭优先分配住房，户口优先农转非，独生子女本人优先入托、入学、招工等，并对其实行终身人生保险，增大其承担家业兴衰的风险效益和维护家庭地位的效益。

在提高独生子女对其父母和家庭效益的同时，通过对超生子女在入托、入学、住房、招工、补贴、户口农转非等的限制，削弱其对父母和家庭的效益，使超生子女不能达到父母期望的那样高的效益值，降低他们对生育子女数量的追求。

在增大孩子的成本方面，主要是增大超生子女的成本和提高孩子的质量成本。增大超生子女的成本，需要提高对超生子女父母的罚款金额并拉长罚款的年限，使其感到超生子女增加的成本不一定会在未来孩子带来的效益中得到补偿，足以影响人们的生育行为；同时也要考虑到被罚者的经济承受能力，使之能够缴纳得起。罚款年限最好同独生子女奖励年限一致起来，也是14年；罚款额也应制定全国统一的标准，如每超生一个子女罚相当于当地的人均收入，各省、自治区、直辖市就要制定出不同地区的年罚款额；罚款办法一经有关部门通过，就应具有法律的效力，可按经济法规实施。

提高孩子的质量成本，尤其是父母对孩子进行智力教育投资的成本，前已论及，本是社会进步和经济发展的必然结果，但目前的状况不尽如人意，甚至出现相反的情况。这有对教育重视不够，国家用在发展教育上的投资增长不快的影响；但笔者以为，根本的原因是分配上的不合理造成的。人们说，"教授的笔杆不如小商小贩的秤杆"，"拿手术刀的不如拿剃头刀的"。试想人们对于送子上学、进行人口智力投资还有多大积极性！这种状况如不改变，父母用于孩子身上的质量成本很难提高；又因为孩子的数量成本具有相对稳定的性质，孩子的质量成本提不高，严重地阻碍着边际孩子总成本的提高，到头来还是诱导人们去追求生育孩子的数量。要想从根本上改变这一情势，除国家要增加人口智力投资，大力发展教育事业外，关键是要从根本上改变有知识与无知识、脑力劳动与体力劳动差别不大，甚至是"脑体倒挂"的极不合理的分配反差。如果由于财力上的限制一下子将脑力劳动者的收入提得很高有困难，也应在方针、措施、步骤和机制上加以明确和落实，随着经济的发展脑体劳动者之间、复杂劳动与简单劳动者之间分配上的不合理要加以调整，收入上档次要适当拉开，鼓励人们对子女进行人口教育智力投资，增大孩子的质量成本，诱导从追求孩子的数量到追求孩子质量的转变。

通过上述在孩子成本和孩子效益两个方面的"软硬兼施"，逐步实现谁少生子女，包括终身只生育 1 个和不生，谁投入的孩子成本就小，带来的孩子效益却比较大；谁多生特别是超生子女，谁投入的孩子成本就多，带来的孩子效益却不大，甚至反而更小。长此下去，使人们从关心孩子的成本—效益上，亦即从关心自己利益得失上，关心生育子女的数量，主动选择少生子女的道路，生育率的降低成为人们自觉自愿的结果。与此相适应的是，国家的人口管理机制也有可能从目前的人口目标行政管理为主，转变到以维护独生子女、计划内生育子女和家庭的正当权益为主，遵照有关的法规征收必要的超生子女父母罚款，协同有关金融部门实施财务监督，为广大计划生育者提供信息和服务，更直接为他们谋利益，建立备受欢迎的组织管理机构等。这是人口控制从单纯的行政管理机制向利益调节机制的转变，一项带有根本性质的转变，从必然王国向自由王国迈进的转变。

参考文献

［1］朱利安·L. 西蒙：《人口增长经济学》，北京大学出版社，1984。

［2］彭松建编著《西方人口经济学概论》，北京大学出版社，1987。

［3］田雪原：《关于人口发展战略问题》，《社会学与社会调查》1985 年第 3 期。

［4］秦芳芳：《中国计划生育对生育率影响的评估》，《中国人口科学》1988 年第 2 期。

［5］李小平：《生育效用与控制生育的经济对策》，《中国人口科学》1989 年第 1 期。

［6］世界银行：《1988 年世界发展报告》，中国财经出版社，1988。

［7］Harvey Leibenstein, *Population Growth and Economic Development in the Third World*, International Union for the Scientific Study of Population, 1973.

［8］Gary S. Becker, An *Economic Analysis of Fertility*, in Demographic and Economic in Developed Countries, Princeton University Press, 1960.

2000 年中国的人口和就业[*]

人口和就业问题同四个现代化息息相关，是建设具有中国特色的社会主义始终要注意的重要问题。2000 年我国的人口和就业情况可以从以下 10 个方面来描述。

1. 人口的数量受到控制，增长速度放慢

1982 年第三次普查全国人口为 10.32 亿人，我们对 1983 ~ 2000 年的人口增长情况作了三个预测方案，见表 1。

表 1　1983 ~ 2000 年人口预测方案

	1983 ~ 2000 年	2000 年时
	人口增长速度（%）	人口总数（亿人）
低位预测方案	0.95	12.04
中位预测方案	1.15	12.48
高位预测方案	1.34	12.80

我们应争取 20 世纪末全国人口控制在 12 亿人左右。

2. 婴儿死亡率不断下降，人口预期寿命不断延长

预计婴儿死亡率可下降到 2000 年的 20‰ 左右；人口预期寿命可延长到 2000 年的 73 岁左右。这两项反映人口身体素质的重要指标，分别达到目前发达国家的平均水平。

3. 人口文化素质不断提高

20 世纪末全国农村人口将普遍具有小学以上文化水平，城镇具有初中以上水平，大城市具有高中以上文化水平，具有高等教育的人口占总人口的

---

* 本文原载 1985 年 11 月 4 日《经济日报》。

比例可由目前的 0.6% 提高到 2.0% 左右。文盲和半文盲所占比例将大大降低，但不可能全部扫除，预计可占 12 岁以上人口的 8% 左右。

4. 人口结构由年轻型向成年型过渡，人口向老龄化发展

按照上述中位预测方案，65 岁以上老年人占总人口的比例可由 1982 年的 4.9%，上升到 2000 年的 6.9%，总体人口过渡到接近老年型。

5. 人口城市化

按照中位方案的预测，城市人口占总人口的比例可由 1982 年的 21.1%，上升到 2000 年的 38.0%。

6. 经济生产年龄人口比总人口增长快，就业人口空前膨胀

由目前我国人口的年龄结构所决定，15～64 岁经济生产年龄人口将由 1982 年的 6.21 亿人，增加到 2000 年的 8.58 亿人，净增 2.37 亿人。

7. 农业劳动力向城镇工商业转移

目前我国农业劳动者占全部社会劳动者人数的 70% 以上。随着现代化建设和人口城市化的发展，有相当多的农业劳动力会转移到城镇工商业中来，预计 20 世纪末从事农业生产的劳动力将下降到占全部社会劳动者人数的 51% 左右。

8. 工农业物质生产部门劳动力向非物质生产部门转移

今后新增劳动力就业应主要面向非物质生产部门的第三产业，不仅如此，第一、第二产业的劳动力也要转移一部分出来。从事物质和非物质生产的劳动力的比例，可由目前的 1:0.14 变动到 2000 年的 1:0.34；从事第三产业的绝对人数，可由 0.54 亿人增加到 1.65 亿人。

9. 总人口就业率上升和经济生产年龄人口就业率下降

根据预测，我国总人口就业率可由目前的 44.0%，上升到 2000 年的 52.7%；经济生产年龄人口就业率可由 80% 下降到 75%，相当于目前发达国家的一般水平。

10. 就业效益和劳动生产率提高

妥善处理好扩大就业和提高就业效益的矛盾，必须把提高劳动生产率作为一个前提条件对待。今后，只有劳动生产率年增长 4% 以上，才能确保每年新增国民收入中依靠提高劳动生产率部分占一半以上，依靠增加劳动量部分居次要地位。

为实现以上目标，有必要像对国民经济调整那样，明确提出对人口生产实行"控制、提高、调整"的方针。当前，人口的数量控制是关键，要以数量控制带动素质的提高和结构的调整；但数量控制不能代替素质的提高和结构的调整，并且素质的提高和结构的调整对数量控制也大有裨益。贯彻"控制、提高、调整"的方针要采取多方面的对策和措施，最主要的有如下方面。

一是要继续贯彻计划生育基本国策，提倡一对夫妇生育一个孩子，因为无论按哪种预测方案都要求不同程度的独生子女率。但在战略和指导思想上必须明确，提倡生育一个孩子的目的主要是控制一代人的生育率，是 20 世纪内的事情，因此应明文规定独生子女结婚后可以生育两个，以解除他们的后顾之忧。

二是保证科学、教育、文化、卫生方面的投资有所增加，把人口的智力投资放在重要位置，实现由以物的投资为主向以物的投资和人的投资并重、人的投资有更快增长的投资重点的转移。要看到大力发展科教文卫事业，不仅为提高人口素质所需要，而且也为降低人口生育所必需。

三是大力发展商品经济，加快人口城市化进程。在目前我国城乡差别比较明显的条件下，人口城市化发展速度直接关系到人口身体素质和文化素质提高的程度，也关系到生育的降低和人口数量的控制程度。为了加快乡村人口向城镇人口的转移，一方面要努力发展农村商品经济；另一方面要适当鼓励农民进城，特别是进入乡镇自谋职业以加快人口城市化的步伐。

在劳动就业方面，首先靠政策打开劳动就业的新局面，然后靠科学的管理和规划发展这个新局面。一方面要逐步缩小国家计划安置的就业范围，同时不使更多的农村劳动力涌向农业，使扩大就业建立在不断提高就业效益基础上。

为达到上述目的，需要采取的主要对策和措施如下。

其一，改革劳动制度，建立劳动力的社会调节机制。

其二，调整就业结构，扩大集体所有制的比重；调整就业的部门结构，大力发展城镇工商业和第三产业，保证农业栽培业劳动力向广义农业转移，工农业物质生产部门劳动力向非物质生产部门转移；注意就业劳动力的性别结构，对城镇妇女就业采取较为灵活的办法。

其三，抓住提高就业效益这个中心环节。除了大力发展教育、提高新就业人员的文化和技术水平以外，对已就业人员要下决心有步骤地组织培训，发展回归教育。通过这些措施，达到逐步降低经济生产年龄人口就业率和提高就业效益的目的。

20世纪80年代中国人口发展回顾与展望[*]

在改革开放方针驱动下，20世纪80年代中国经济、科技、社会得到长足进步，人口也经历着一些重大变动。从客观上观察，最值得重视和主要的特点如下。

小小"马鞍形"的出生率变动

中国自20世纪70年代进一步强调控制人口增长，加强计划生育以来，人口出生率大幅度下降，由1969年的34.1‰下降到1979年的17.8‰，10年中间几乎下降近一半，这在世界人口发展史上是极少见的。进入80年代，出生率这种逐年下降的局面宣告结束。1980年全国人口出生率上升到18.2‰，比1979年上升0.4个千分点；其后两年继续上升，分别达到20.9‰和21.1‰，分别比上一年提高2.7个千分点和0.3个千分点。然而1983、1984、1985年人口出生率却又显著下降，分别下降到18.6‰、17.5‰、17.8‰。1986～1989年人口出生率又上升到20‰以上，这4年分别达到20.8‰、21.0‰、20.8‰、20.8‰。^①按算数平均数计算，1980、1981、1982年3年的人口出生率平均达20.1‰；1983、1984、1985年3年平均达18.0‰，比80年代最初3年平均水平低2.1个千分点；1986～1989年4年平均达20.9‰，比1983～1985年平均水平高出2.9个千分点。这就形成了80年代中国人口出生率的一个显著特点：初期和后期较高、中期较低的"马鞍形"结构。

需要指出，以上是根据国家统计局按常规公布的数字得出的"马鞍形"结论，实际上这个"马鞍形"很可能还要大一些，20世纪80年代后期的人

---

    * 该文发表于《中国人口年鉴》，1990。

    ① 《中国统计摘要1990》，中国统计出版社，1990。

口出生率可能还要高一些。根据国家计生委公布的全国 2‰ 生育节育抽样调查数字，1987 年人口出生率为 23.3‰，高出国家统计局公布的 21.0‰2.3个千分点。而其后几年的育龄妇女和生育峰值年龄女性人口数量均有上升，影响出生率变动的其他外在因素变动不大，有理由认为 1988、1989 年的人口出生率不会在 23.3‰ 以下。如此，这个人口出生率变动"马鞍形"后 4年上升的幅度更高更突出，更值得重视。如按国家计生委 2‰ 生育节育抽样调查出生率 23.3‰、死亡率 7.2‰、自然增长率 1.61% 进行估量，1988 年底全国人口应为 109978 万人，比统计数字 109614 万人多出 364 万人；1989年底应为 111744 万人，比统计数字 111191 万人多出 553 万人。如仍按这一水平增长，1990 年底预计可达 113539 万人，大大超过 111300 万人的"七五"人口规划数字，对未来的人口数量变动产生深刻影响。

展望未来人口数量、出生率、增长率的变动，则必须清楚以下三个方面的基本情况。

其一，目前的人口态势。20 世纪 80 年代人口出生率和增长率表现出的"马鞍形"，中期以后同我们在《2000 年的中国人口和就业》研究中的高位预测基本相符，使人口形势变得更加严峻起来。由于受 1962~1973 年生育高潮期间出生的大量人口形成的年龄结构的影响，大约 1.5 亿左右女性人口在1977~1988 年陆续通过 15 岁，进入育龄期；1982~1993 年通过 20 岁，达到法定结婚年龄；1985~1996 年通过 23 岁，达到生育峰值年龄。具体说来，1982~1993 年每年新进入 20 岁的女性人口在 1100 万人以上，其中有 8 年在1200 万人以上，有 3 年在 1300 万人以上；1985~1996 年新进入 23 岁的女性人口也在 1100 万人以上，其中有 7 年在 1200 万人以上，90 年代前 3 年更在 13009 万人以上，形成我国人口发展史上前所未有过的庞大的生育大军，新的一次生育高潮已经到来。

其二，经济对社会条件的制约。人口变动除受自身条件包括年龄结构影响外，还可受到经济的、政治的、文化的等条件制约，而经济条件的制约更具有基础的性质，目前城乡之间生育水平的差距就是证明。在城市，由于经济收入固定和相对水平较高，年老退休后多数人享有退休金，所以提倡生育一个孩子基本上能为广大群众所接受；在乡村，由于生产力发展水平不够高，生产手段比较落后，生产一个孩子的成本比较低廉，而当其成长为劳动力之后，为父母和家庭所带来的劳动—经济效益，养老—保险效益，继承家业兴衰的风险效益等却比较高。尤为值得重视的是，广大乡村在实行了生产承包责任制之后，家庭在颇大程度上恢复了过去失掉的生产功能，需要劳动力特别是需要男性劳动力，成为他们追求生育子女数量的直接的经济动因。而寄希望于子女养老，也更具有现实的意义。乡村中这种孩子成本—效用作用的倾斜，是阻碍生育率、出生率下降最主要的原因，追逐多生多育经济上发达的动机。

其三，人口政策的相对稳定。这是因为，从人口自身情况看，出生率和生育率经过 20 世纪 70 年代以来的持续下降，已经降到比较低的水平，在发展中国家属最低水平之列，今后继续下降的难度加大了；从环境因素看，当前稳定是总揽一切的大局，包括人口政策在内的各项政策都要服从这个大局，不能搞突变的人口政策，从实际效果看，不管想要变动政策的主观动机怎样，实际上包括收紧一类的政策变动在内，只要是政策一变就会在人们心理上引起波动，客观上造成抢生、超生，因而稳定现行政策是明智的选择，不能大起大落。

因此，展望"八五"和未来 10 年的人口发展，即使我们的人口控制工作做得很有成效，也只能使人口出生率和增长率比过去逐步有所降低，而不可能像 70 年代那样大幅度急剧下降。从实际出发，如能实现《2000 年的中国人口和就业》研究中的高位预测，即 1990、1995、2000 年的人口出生率分别下降到 20.6‰、19.1‰、15.1‰，增长率分别下降到 1.41%、1.26%、0.86% 就相当不错了。这样，1995 年全国总人口将达到 121600 万人，2000 年将达到 128000 万人，21 世纪中叶将突破 15 亿人，以后才有可能趋于零增长。

步入成年型初期的年龄结构

由于人口出生率 20 世纪 70 年代的急剧下降和 80 年代经历的小小"马鞍形"，同时也受到死亡率特别是老年人口死亡率下降、预期寿命延长的影响，中国 80 年代的人口年龄结构处在不断变动之中，已由年轻型过渡到成年型初期。

决定总体人口年龄结构变动的，就我国实际情况而论，迁入、迁出人口数量甚微，主要是出生和死亡人口的变动。故探讨人口年龄结构类型变动，不得不简单地回顾一下 1949 年以来人口自然变动情况，人口再生产类型的转变。40 年中人口自然变动可划分成以下几个较明显的阶段：1949～1952 年为人口再生产类型由高出生、高死亡、低增长向着高出生、低死亡、高增长的转变时期，这一时期按算术平均数计算的人口年平均出生率为 37.3‰，自然增长率为 2.00%；1953～1957 年完成了这一转变，出现第一次生育高潮，年平均出生率达 34.7‰，增长率达 2.38%，1958～1961 年为第一次生育低潮，人口年平均出生率下降到只有 23.2‰，增长率只有 0.46%；1962～1973 年为第二次生育高潮，是 40 年中持续时间最长，增长最大的一次生育高潮，人口年平均出生率达 34.8‰，增长率达 2.58%；1974～1985 年为第二次生育低潮，人口出生率年平均下降到 19.7‰，增长率下降到 1.37%；1986 年以来人口出生率、增长率显著回升，预计将持续到 1997 年的生育高潮已经形成，只是这一次的人口出生率和增长率显然要比第一次生育高潮低一些，比第二次生育高潮要更低，不会出现人口年龄结构年轻化问题。由此可见，20 世纪 60 年代与 50 年代比较，人口年龄结构进一步年轻化了，以 1953 与 1964 年两次人口普查相比，0～14 岁少年人口所占比例由 36.3% 上升到 40.4%，15～64 岁成年人口所占比例由 59.3% 下降到 55.1%，65 岁以上老年人口所占比例由 4.4% 下降到 3.7%。70 年代中期以后这种状况开始转变，80 年代则继续这种转变，并在 80 年代中期完成由年轻型向成年型的过渡。以 1964 与 1982 年两次人口普查相比，0～14 岁少年人口所占比例下降 6.9 个百分点，1982 年下降到占 33.5%，15～64 岁成年人口所占比例上升 6.6 个百分点，1982 年上升到占 61.6%；65 岁以上老年人口所占比例上升 1.2 个百分点，1982 年上升到占 4.9%。到 1987 年这种情况更发生进一步的变化：0～14 岁少年人口所占比例继续下降到占 28.7%，比 1982 年降低 4.8 个百分点，15～64 岁成年人口所占比例上升到占 65.8%，上升 4.2 个百分点；65 岁以上老年人口所占比例上升到占 5.5%，上升 0.6 个百分点。按照联合国公布的标准，80 年代中期我国人口年龄结构已跨入成年型初期，在人口年龄结构变动中完成由量变到质变的一个飞跃。

我国人口年龄结构在 80 年代中期以后步入成年型，并开始向老年型过渡，这在我国人口发展史上是一件有着深远意义的变动，也是 80 年代中国人口发展中的一件重大事情。展望未来，按照前面讲过的高位预测方案，中国人口年龄结构趋于老龄化，将给经济、科技、社会发展带来一系列重要影响，需要开展超前研究。而最重要的是社会如何应对日益增多的老年人口的需要，首先是基本生活需要，建立可靠的老年保障体系。从中国的具体国情出发，只能是积极发展社会供养，扩大社会保险范围，继续提倡子女供养，发挥家庭养老的作用；适当组织老年人口就业，提高老年收入水平，走社养、家养、自养互相补充、"三位一体"的养老保险体系的道路。

改革大潮下的人口城市化

20 世纪 80 年代在对内搞活、对外开放浪潮涌击下，人口城市化步伐大大加快起来。按照国家统计局公布的数字，1979 年全国市镇人口为 18495 万人，占总人口的 19.0%；到 1989 年增加到 57494 万人，占总人口的 51.7%。10 年间市镇人口净增 38999 万人，所占比例提高 32.7 个百分点，可谓城市人口前所未有的大膨胀。但正如国家统计局在公布上述数字时所指出的："市镇总人口是指辖区内全部人口"，"1984 年建镇标准有调整，新建镇较多，因此 1984 年以来市镇总人口增加较多。"[1] 学术界和有关部门，一般也认为这个市镇人口有一定的虚数，受行政区划变动影响较大，但到底多出多少，不一而足。联合国国际经济和社会事务部提供的资料，估计中国城市人口所占比例 1985 年只有 20.6%，1990 年只有 21.4%，[2] 显然这个估计又过于偏低。这里关键的问题是何谓市镇人口，划分市镇人口的根据是什么，这是确定城市化水平的前提条件。

如何划分市镇人口，从人口学、经济学、社会学等不同角度出发有不同的标准。参考其他国家颁布的标准并结合我国的实际情况，笔者以为从人口集居的程度加上所从事的职业的性质，具体说即人口密度加上非农业人口的比例，可能是比较适当的。这里说的市是指经国家批准成立市建制的城市，1989 年底全国计有市 450 个，其中直辖市 3 个，地级市 185 个，县级市 262 个；镇指经省、自治区、直辖市批准建立的建制镇，目前有 10000 多个。镇的标准几经调整，1963 年以前为常住人口在 2000 人以上，非农业人口占50% 以上，1964 年改为常住人口在 3000 人以上，非农业人口占 7.0% 以上，或常住人口在 2500 人以上、不满 3000 人，非农业人口占 85% 以上；1984 年调整为凡县级地方国家机关所在地，或总人口在 20000 人以下的乡、乡政府驻地非农业人口超过 2000 人，或总人口在 20000 以上的乡、乡政府驻地非农业人口占 10% 以上，或少数民族地区、人口稀少的边远山区、山区和小型工矿区、小港口、风景旅游区、边界口岸等地，非农业人口虽不足2000 人，确有必要，都可建镇。这一标准颁布后，确实建制镇一下子增加许多，加上市管辖范围的扩大，使按统计口径计算的"市镇人口"涌进过

---

① 《中国统计年鉴 1989》。

② United Nations, *Prospects of World Urbanization. 1988*, New York, 1989.

多的农业人口,这是"虚数"的主要部分。根据有关资料计算,1984 年底全国 300 个市中非农业人口占 57.4%,6211 个镇非农业人口仅占 38.9%,全部市镇人口中非农业人口与农业人口各占一半,比上述 70% 的标准农业人口比例差 20%。[①] 近 5 年来这一比例变动不大,如按农业人口高出 20% 的比例进行调整,则调整的步骤为:

(1) 如以 F_0 代表统计市镇人口中农业人口数量,u_0 代表统计城市人口数量,R_0 代表统计农业人口占市镇人口比例,则:

$$F_0 = u_0 \cdot R_0 = 57494 \times 0.5 = 28747 \text{(万人)}$$

(2) 如以 F_n 代表调整后市镇人口中农业人口数量,R_n 代表调整中市镇人口中农业人口应占比例,则:

$$F_n = \frac{F_0 \cdot R_n}{R_0} = \frac{28747 \times 0.3}{0.5} = 17248.2 \text{(万人)}$$

(3) 如以 u_n 代表调整后市镇人口数量,则:

$$u_n = u_0 - (F_0 - F_1) = 45995.2 \text{(万人)}$$

(4) 如以 R_u 代表调整后市镇人口所占比例,P_n 代表总体人口数量,则:

$$R_u = \frac{u_n}{p_n} \times 100\% = \frac{45995.2}{111191} \times 100\% = 41.4\%$$

即目前中国市镇人口大约占总人口的 40%,比统计数字降低 10 个百分点左右,比学术界一些同志城市化 30% 多的估计要高。笔者以为上述调整是有根据的,也是比较合理的。1984 年新的建镇标准公布后和建制镇数量的陡然增加,从总体上看是正确的。长期以来小城镇没有得到应有的发展,工商业的滞缓已经给国民经济发展带来不少困扰,一些建制镇早该建立。对此国外不乏评论,1984 年世界银行在对中国经济考察后所作的报告中,提出中国"公社办公室所在地被列为农村,即使它是数千人的集中区,并且其中有许多人所从事的是非农业性的职业,这样规模的人口集中区在大多数国家中都被列为城镇人口"。至于中国为什么不列入,该报告归结为"中国经

---

① 参见田雪原《改革和开放给人口城市化带来新的生机》,《中国人口科学》1988 年第 3 期。

济结构非同寻常"。① 该报告援引美国的城镇定义人口在 2500 人以上、人口密度在每平方公里 400 人以上（不包括农地、铁路站场、大型公园、大型工厂、飞机场、公墓、大海、湖泊等）的人口集中区，说明中国不仅应将公社（乡）驻地人口列入城镇人口，而且在城市郊区居住的大量人口也应列为城镇人口，并据此估量当时的中国市镇人口所占比例已经达到 34%。② 所以，1984 年建镇标准同国外相比，是比较适当的，也适合中国当时的实际情况。事实上此后小城镇的蓬勃发展不仅给人口城市化带来新的生机，而且给改革开放和整个国民经济发展增添了活力。问题是要在估量市镇人口数量变动时，把相应的不该属于市镇人口部分过多的农业人口去掉，实事求是地反映人口城市化的水平。

20 世纪 80 年代人口城市化过程中另一值得重视的一点，是市镇人口结构的变动，包括市和镇人口之比的变动，市人口内部大、中、小之比的变动。1980 年按辖区人数之比镇与市为 5693 万人：13448 万人，即镇与市人口数量之比为 1：2.4；1989 年按上述调整后的镇与市人口数量之比，变动到 1：1.3。镇人口占市镇人口数量的比例，由 29.7% 上升到 44.7%，上升 15个百分点，80 年代镇人口有了更大增长。③ 在市人口结构内部也有一些变动，见表 1。

表 1　1980 与 1988 年比较市人口结构变动

按人口分组	1980 年			1988 年		
	数量（个）	人口数（万人）	占市镇人口（%）	数量（个）	人口数（万人）	占市镇人口（%）
10 万人以下	16	119	0.9	13	69	0.2
10 万~50 万人	130	3489	26.8	197	6260	20.8
50 万~100 万人	36	2543	19.6	141	10133	33.7
100 万~200 万人	22	2686	20.7	64	7842	26.1
200 万人以上	13	4161	32.0	17	5777	19.2
总　　计	217	12998	100.0	432	30081	100.0

① 《城镇化：国际经验和中国的前景》，世界银行对中国经济考察的背景材料，气象出版社，1984。

② 《城镇化：国际经验和中国的前景》，世界银行对中国经济考察的背景材料，气象出版社，1984。

③ 参见《中华人民共和国人口统计资料汇编》，中国财政经济出版社，1988。

表 1 明显地表现出 20 世纪 80 年代市人口规模结构两头小、中间大的变动倾向：10 万人口以下小城市所占比例 1988 年比 1980 年下降 0.7 个百分点，10 万~50 万中等城市下降 6.0 个百分点；50 万~100 万较大城市上升 14.1 个百分点，100 万~200 万大城市上升 5.4 个百分点，200 万以上特大城市，下降 12.8 个百分点。

总起来看，20 世纪 80 年代的人口城市化发展使重大轻小的倾向有了显著改变，特别是乡镇人口的迅速增加，从根本上扭转了过去市镇人口比例的基本格局。同时较大城市、大城市人口比例也有一定上升，表现出城市化方针贯彻执行过程中有一定的弹性。笔者以为，"控制大城市规模，合理发展中等城市，积极发展小城市"的方针比较适合中国实际，应当继续坚持；但"控制"、"合理发展"、"积极发展"不等于厚此薄彼，作机械的解释。因为大、中、小城市在国民经济中的地位和作用不同，不能互相取代。包括镇在内的小城市保持着城镇工商业同农村经济的天然联系，在城乡经济、文化交流中起着纽带的作用，大城市则对本经济区农业以及地区经济发展发挥着中心、主导、辐射的功能，具有更强的吸引力和协调能力，也会得到一定的发展。因此，正确地选择城市化发展道路是在上述方针指导下，增加必要的弹性，在控制的同时搞活，注意防止"农转非"人口城市化的超前发展。在搞活的同时要控制，注意宏观调控、微观搞活，控而不死、活而不乱，适应改革开放和促进国民经济发展的需要。

伴随商品经济活跃起来的人口流动

1988 年 10 月 3 日《中国人口报》转登《中新社》的一条消息：中国目前约有流动人口 5000 万人，即全国平均每 20 人中就有 1 人参加到城乡人口大流动中去；其中 23 个 100 万以上人口的大城市日流动人口数量接近 1000 万人，上海市为 183 万人，北京市 115 万人，广州市 110 万人。这对于长期处于封闭或半封闭状况下的人口众多的中国来说，是条多少有点儿带"爆炸性"的新闻，中国人口终于大规模地流动起来。统计资料显示：1949~1959 年全国客运总量由 13695 万人增加到 91183 万人，增长 5.7 倍，年平均增长速度达到 20.9%；1959~1969 年由 91183 万人增加到 123859 万人，增长 35.8%，年平均增长速度为 3.1%；1969~1979 年由 123859 万人增加到 289665 万人，增长 1.3 倍，年平均增长速度达 8.9%；1979~1989 年由

289665 万人增加到 789400 万人，增长 1.7 倍，年平均增长速度达 10.5%。①
可见除 20 世纪 50 年代由于过去水平较低、第一个五年计划的顺利发展使客
运量增加较快外，80 年代平均增长速度高于 70 年代，更大大地高于 60 年
代。究其原因，主要是经济改革深入发展，推行对外开放、对内搞活方针政
策，社会主义商品经济迅速发展扩大的结果。据有关方面估计，流动人口中
从事务工、经商等经济活动人口占 2/3 以上。对此，北京市 1985 年上半年
所作的一次对流动人口的专项调查更能说明问题。该调查表明，在京流动人
口年龄构成 0～14 岁约占 7%，且多居住在本市常住人口居民户家中；15～
54 岁劳动力人口约占 80%，多集居在旅店、招待所、临时工棚中；55 岁以
上人口约占 13%，多散居在本市居民户和医院中。从性别上区分，全部流
动人口中女性约占 13%，男性约占 87%，且不同年龄组性别比相差悬殊；
0～14 岁性别比为 129（以该年龄组女性为 100），15～54 岁为 142.8，55 岁
以上为 112。这说明流动人口具有十分鲜明的从事商品经济活动的性质，该
调查在业人员占全部流动人口的 84%，非在业人员仅占 16%。事实上改革
开放、商品经济发展最快的沿海地区，特别是广东、福建、浙江、江苏、山
东半岛、辽东半岛以及京、津、沪 3 个直辖市，流动人口好比法术般地从地
下冒出来，大大小小的城镇涌入大量离土不离乡、离土又离乡的乡下人，他
们是昨天的农民，今天的城镇工商业者，这不能不是 20 世纪 80 年代人口现
象中一种带有时代壮观的景象。

　　流动人口激增既是改革开放、商品经济大潮掀起的波澜，无疑对满足城
市灵活就业劳动力的需要，调整城市的产业结构，发展商品市场、劳务市
场、技术市场，繁荣城镇工商业等，起到积极的作用，为农村剩余劳动力的
转移广开了门路。同时也带来不少问题，主要的，一是给本来就很紧张的城
市住房、交通、供水、供电等增加新的压力，使其更趋紧张；二是鱼目混
珠、泥沙俱下，一些不法之徒混入流动人口行列，伺机作案，1987 年全国
共抓获流窜犯罪分子 5.58 万多名；三是抢生、偷生、逃生"超生游击队"
加入人口流动大军，人户分离，飘忽不定，使这些人的计划生育管理陷入困
境，给人口控制增加了新的难题。20 世纪 80 年代流动人口激增是改革和商
品经济大潮下的产物，有其必然性，有其现实的作用和深远的影响；同时也
带来若干问题，有利也有弊。我们的方针应是兴利除弊，将积极引导与控

---

① 根据《中国统计年鉴 1989》，《中国统计摘要 1990》计算。

制、管理结合起来，掌握流量，疏导流向，使人口流动有利于经济、社会进步发展，促进社会主义商品经济的繁荣。

在谈到 20 世纪 80 年代中国内地的流动人口时，值得一提的是外来旅游人口的迅速增加。1980 年来内地旅游人数共计 570 万人，到 1988 年增加到 3189 万人，8 年中间增加 4.6 倍，以年平均 24% 的速度递增。其中外国游客由 53 万人增加到 184 万人，增长 2.5 倍；华侨由 3 万人增加到 8 万人，增长 1.7 倍；港澳和台湾同胞由 514 万人增加到 2977 万人，增长 4.8 倍，① 为增长幅度最大、所占比例最高部分。通过旅游加深了我们同国外、华侨、港澳和台湾同胞之间的了解和友谊，加强了科技、文化交流，旅游外汇收入也相应由 6.2 亿美元增加至 22.5 亿美元，收到"风景出口"的经济效益，也是改革开放的一项成果。

---

① 《中国统计摘要 1990》。

20 世纪 90 年代的中国人口问题[*]

人口、资源、粮食、工业化、环境是当今世界各国共同关心的问题，人口居其首，其他问题在不同程度上都同人口有关。中国 1990 年普查，全国人口已达 116002 万人，其中内地 30 个省、自治区、直辖市达 113368 万人，比 1982 年普查净增 12550 万人，增长 12.45%，人口形势再度严峻起来。那么，20 世纪 90 年代中国人口前景怎样，对经济、科技、社会的发展将产生什么样的影响，有哪些出路可供选择，不能不构成研究 90 年代中国经济发展和改革的一个方面的重要内容。人口问题涉及面很广泛，这里仅从总体人口和不同年龄组人口的数量变动上，分析一下 90 年代中国人口的基本态势，并以改革的精神，寻求解决的思路和途径。

新的生育高潮的冲击和抉择

中国自 20 世纪 70 年代大力加强计划生育以来，控制人口增长取得举世瞩目的成就。以 1969 与 1984 年比较，人口出生率由 34.25‰ 下降到 17.50‰，下降 16.75 个千分点；自然增长率由 2.62% 下降到 1.08%，下降 1.54 个百分点，位居发展中国家最低水平之列。然而从 1986 年起人口出生率和增长率开始回升，一次新的生育高潮已经形成。^① 不过对此次生育高潮的到来和对中国人口数量变动的影响，国内外存在着不尽相同的认识。有的认为中国人口已到了爆炸、危机、失控的地步；有的就人口出生率、增长率达到的高度而论，远不及 50 和 60 年代，因而只是一种"无须忧虑"的回升而已。因此有必要对当前的生育高潮加以解剖，弄清它的本质和特点，以便有针对性地采取相应的对策。这一次生育高潮的基本态势如下。

---

* 原载《九十年代中国经济发展与改革探索》，经济科学出版社，1991。

① 《中国统计年鉴1989》，中国统计出版社，1989。

第一，是一次波峰，比前两次生产高潮为低，但增长的势能颇强，有可能连续突破原定人口计划指标的生育高潮。

自 1949 年新中国成立 40 年来，人口同经济的发展相类似，经历过几次大的起伏。1949～1952 年人口年平均增长率达 2.00%，可视为由高出生、高死亡、低增长向高出生、低死亡、高增长过渡的人口再生产类型的转变阶段；1953～1957 年人口年平均增长率达 2.38%，可视为一次较小的生育高潮，第一次生育高潮；1958～1961 年人口年平均增长率下降到 0.46%，出现第一次生育低潮；1962～1973 年人口年平均增长率上升到 2.56%，是 40 年中最大的一次生产高潮，第二次生育高潮；1974～1985 年人口年平均增长率下降到 1.37%，为 40 年中持续时间最长的一次生产低潮，第二次生育低潮；1986 年以来人口出生率和自然增长率显著回升，1986～1989 年年平均出生率达 20.86‰，年平均自然增长率达 1.43%，[①] 标志着已经进入一次新的生育高潮。但是，这一次生育高潮出生率和自然增长率比前两次生育高潮要低下一截：出生率比第一次生育高潮低 13.84 个千分点，比第二次低 14.13 个千分点；增长率比第一次生育高潮低 0.95 个百分点，比第二次低 1.13 个百分点。这说明这一次生育高潮掀起的波峰不及前两次高，到 1992 年达到峰值年份也不会出现像 60 年代中期那样的高增长率。然而，一是由于人口基数增大后出生和净增人口的绝对数量随着增加，1986～1989 年年平均净增人数达 1537 万人，已略高于第一次生育高潮期间年平均净增人数 1400 万人的水平。二是这一次生育高潮基本上是第二次生育高潮在人口年龄结构上的反映，持续的时间同样要在 12 年左右，即到 1996 年以后才能趋缓，具有稳定增长和难以改变的性质。在这种情势下，原定的"七五"人口规划目标要有较大的突破，2000 年的规划目标也会有较大的突破。按照 5 年前我们在《2000 年的中国人口和就业》课题研究中所提出的，低位预测在 12.0 亿人，人中位预测 12.5 亿人，高位预测 12.8 亿人三种方案，5 年来人口增长的轨迹在中位预测和高位预测之间运动，并向着高位预测逼近。而人口增长轨迹一旦沿着高位预测滑下去，21 世纪中叶全国总人口突破 15 亿人在所难免，实现人口零增长的目标将变得渺茫。

第二，这是一次严重冲击计划生育管理目标，并且纠正难度很大的一次生育高潮。

---

① 根据《中国统计年鉴 1989》计算。

由于前几年人口控制工作在某些地方有所放松，在此基础上迎来新的生育高潮，这对计划生育管理目标不能不是一个很大的冲击。一是早婚早育大量增加。据有关部门调查统计，现在一年中不到法定结婚年龄结婚人数超过600万人，占当年结婚人数的20%左右，早育人数也超过100万人。二是超生现象严重。据统计，1987年出生婴儿中一孩约占53%，二孩占32%，三孩以上占15%左右，但二孩中计划内仅占60%左右，三孩以上计划内仅占15%左右，如此计划外生育占25%左右。三是为数不少的早婚、早育、计划外婚育人口混入流动人口行列、变成人户分离、飘忽不定的抢生、逃生、偷生、超生"游击队"，使计划生育的各种规定和奖惩措施在很大程度上失去对他们的约束力，人口的目标管理陷入困境。

第三，这是一次加剧短缺经济和过剩人口的矛盾，给改革和治理、整顿增加新的压力的生育高潮。

除了一般意义上说，由于人口增加使人均占有资源减少，使本来水平就比较低的人均耕地、森林、淡水以及许多非更生性资源进一步下降，因人口膨胀而加大消费，粮食、能源、住房、交通等紧张状况难以缓解；入学、就业压力继续增大，使我们难以摆脱"低工资、多就业—劳动生产率提高慢—再低工资、多就业"很不理想循环的束缚，难以步入以内涵扩大再生产为主的道路外，当前尤为值得重视的是人口增长过快对经济改革和治理、整顿的影响。其实，近年来出现的经济过热和人口过热、通货膨胀同人口膨胀之间有着一定的联系：不仅出生和就业人口过多而加大需求，造成消费需求同生产需求一起同时膨胀，成为加剧经济过热和通货膨胀一个方面的重要原因；而且在改革大潮和商品经济席卷下，原来处于封闭和半封闭状态下的人口松动开来，活动起来，现在全国流动人口在5000万人以上，人口城市化步伐大大加快，城镇里涌进来大批昨天还是农民的新工商业者，他们或成为建筑施工队，或兴办乡镇企业，或从事长途贩运，变为纯商品生产者或经营者，而他们的生育在颇大程度上处于城乡两不管状态。他们手中握有一定数额的生产资料、商品和大量货币，无论对于生产资料市场还是消费资料市场，都形成一股巨大的冲击力，对经济过热和通货膨胀起着某种推波助澜的作用。因此，要把人口控制纳入深化改革和当前的治理、整顿之中，力争创造一个较为有利的人口条件。

那么，面对新的人口生育高潮如何加强人口控制，创造有利的人口环境呢？则必须从人口、经济、文化等的实际状况出发，从分析影响人们生育行为的外部条件和内在因素中去寻找。

首先，对这一次新的生育高潮的出现，要有一个实事求是的、科学的认识。如前所述，这一次生育高潮基本上是第二次生育高潮在人口年龄结构上的反映。事实上，1962~1973 年出生的 3.2 亿人口中，女性人口在 1.5 亿人以上，这些人已在 1977~1988 年陆续通过 15 岁，进入育龄期，在 1982~1993 年通过 20 岁，达到可以结婚的法定年龄；在 1985~1996 年通过 23 岁，陆续达到育龄妇女生育峰值年龄。按照年龄结构推移，1982~1993 年每年新进入 20 岁的女性人口均保持在 1100 万人以上，其中有 8 年在 1200 万人以上，有 3 年在 1300 万人左右；1985~1996 年每年新进入 23 岁的女性人口也在 1100 万人以上，其中有 7 年在 1200 万人以上，20 世纪 90 年代前 3 年更在 1300 万人左右，形成迄今为止人口发展史上前所未有过的庞大生育大军。从这个意义上说，当前正在经历的生育高潮是不可避免的；我们所能做到的，不是完全消除高潮，而是尽可能地使生育率降低，减少出生和净增人口的绝对数量，使生育高潮掀起的波峰尽量低一些。

其次，要稳定现行计划生育政策，运用以往成功的经验，当前尤应如此。中国现行计划生育政策，即国家干部和职工、城镇居民除特殊情况经过批准外，一对夫妇只生育一个孩子；在农村也要提倡一对夫妇只生育一个孩子，某些群众确有实际困难要求生二胎的，经过批准可以间隔几年以后生第二胎，无论哪种情况都不能生三胎；少数民族地区也要提倡计划生育。其中确有实际困难的农户可以包括独女户，但不要求全国"一刀切"。可以看出，上述政策体现了人口从严控制的要求，坚持提倡一对夫妇只生育一个孩子，坚决杜绝三胎；同时也体现了从实际出发、实事求是的精神，分别城乡不同情况，乡村适当照顾生二胎。现在的问题不是再争论政策的宽严问题，而是要取信于民，坚决贯彻执行，使之落到实处。为了有效地做到这一步，必须纳入法制轨道，计划生育法或条例应尽快出台，各地也应根据本地区的实际情况，规定若干补充条文。此外，中国开展计划生育几十年，创造了比较丰富的经验，诸如领导重视，密切同有关部门协作，共同贯彻落实基本国策的经验；加强人口计划管理，实行计划生育目标管理责任制的经验；计划生育同扶贫等工作相结合，推行综合治理的经验；贯彻"三为主"方针和加强基层建设的经验等。这些经验在过去的人口控制中发挥了重要作用，今后应结合不断发展的客观形势，使之日臻完善，继续发挥应有的作用。必须看到，目前的人口控制在主要支点上还只能依据认真贯彻现行政策，推行以往行之有效的一套办法，舍此则别无他途。

再次，从长远和发展的观点探讨影响生育率下降的内在因素，寻求下降的客观规律，需要完成个人生育行为利益选择的转变和人口控制机制由以行政手段为主向利益调节为主的过渡。按照马克思主义的唯物史观，存在决定意识，人口再生产的最终驱动力在于人们的经济利益。在这方面，现代资产阶级经济学家、人口学家作了广泛的探究，美国哈佛大学的 H. 莱宾斯坦教授、芝加哥大学的 G. S. 贝克尔教授等更创立了比较完整的孩子成本—效益理论。他们把孩子视为商品，将人口再生产视为商品生产过程，提出生产孩子这种商品的成本由直接成本，即养育一个孩子所需的生活费用、教育费用和婚姻费用等的直接支出；间接成本或机会成本，即父母特别是母亲在抚育孩子时因损失时间而减少收入两部分组成。孩子对父母和家庭的效益呢？主要表现在孩子成长为劳动力之后提供的劳动—经济效益，为家庭增加经济收入；养老—保险效益，主要是发展中国家的老年人口供养不得不在相当大的程度上依靠子女；消费—享乐效益，孩子这种特殊的消费品能够满足父母某种精神上的需求，带来天伦之乐。此外，孩子还具有承担家业兴衰的风险效益，继承和维护家庭地位的效益，安全保卫的效益等。由此父母对孩子的数量需求取决于直接或间接投在孩子身上货币成本的成本效益：若净成本为正值，说明孩子不能补偿父母的损失，这样的边际孩子父母是不需要的；若净成本为负值，说明生产这样的边际孩子父母可以得到更大的利益，是需要的；若净成本为零，则取决于随机因素，父母要不要生产这样的边际孩子在很大程度上取决于心理状态。如从动态角度观察，随着经济的发展和家庭人均收入的增加，孩子作为劳动力给家庭带来经济收入的作用呈下降的趋势。同时由于社会保险事业的发展，孩子作为家庭养老的作用也呈下降的趋势。即孩子的劳动—经济效益，养老—保险效益随着经济的发展和社会进步不断下降。消费—享乐效益怎样呢？考察结果证明，同经济、文化等的发展没有必然的联系。而孩子承担家业兴衰的风险效益，继承和维护家庭地位的效益等也有所降低。在成本方面，G. S. 贝克尔进一步提出，用于孩子基本生活费用和母亲怀孕、分娩期间的直接和间接的成本，在一定社会生产力发展水平条件下是相对稳定的，是孩子的不变成本或数量成本；用于提高孩子身体和文化素质的医疗保健和教育费用是不断增加的，是孩子的可变成本或质量成本。社会越向前发展，要求孩子可变成本或质量成本要随着相应增加，这种增加导致孩子不变成本或数量成本减少，父母的选择偏好由投入孩子的数量成本转入质量成本。遂使生育率下降，出生率大幅度降低。

上述孩子成本—效益理论无疑有其局限性。世界人口经济学界对此认识也不尽相同，但它揭示的生育行为和利益选择之间的关系，对我们寻求解决人口控制的途径则不无可借鉴之处。长期以来，由于中国商品经济不发达和商品观念淡薄，自然不肯把人口生产纳入商品生产范畴。然而这并不等于人们的生育行为不受利益调节的支配。我们常常听到这样的议论："我这个儿子算是白养了"——花费了很多的钱财和心血，最后不养老；由于超生被罚款，"3000 元买一个'议价儿'值得"。"白养"、"值得"是权衡得失后的结论，是比较投在孩子身上成本和从孩子取得效益的结果，自觉不自觉地对孩子成本效益作出的估价。事实上，现行政策中对超生子女父母的罚款，就是外在的增加孩子的成本；对独生子女的奖励，也可视为外在的增大孩子的效益。当前最值得引起重视的是，除经济、文化比较发达的城市和某些乡村，出现了较为明显的由孩子数量成本向质量成本转移，边际孩子效用下降外，在经济、文化不够发达的城镇和广大乡村，则发生了孩子成本效益向着相反方向的倾斜。改革开放以来经济发展比较快，但孩子成本尤其是孩子质量成本中的教育费用并没有相应地增加，一些地方还出现了大量中小学生辍学，孩子质量成本下降的情况。由于开放搞活，城镇招收职工指标、乡村口粮指标的控制，这些附加孩子成本外在因素的作用失去了往日的威慑力量。甚至超生子女罚金，也出现"有钱不怕罚"，"无钱罚不怕"的局面，不能起到应有的作用。在效用方面，由于城镇个体经济、集体经济、合资企业的发展，一些家庭程度不同地复活了生产的职能；乡村联产承包责任制的实行，家庭的生产职能迅速加强，使得孩子的劳动—经济效益强化起来。这些个体、集体、合资单位均非吃"皇粮"企业，多数无退休金制度，孩子的养老—保险效益也跟着强化起来。同这两种强化并行的，还有由于家庭产业的扩大和家庭经济职能的增强，孩子承担家业兴衰的风险效益，维护家庭地位的效益，安全保卫的效益等也程度不等地强化起来。这种经济、文化不发达，尤其是相对更不发达、占据全国人口多数的广大乡村发生的孩子成本没有什么提高，孩子效益却大大强化，对于正在经历一次新的生育高潮的中国人口变动来说，是非常不利的，需要采取有效措施去谋求孩子成本—效益新的平衡。

在孩子成本方面，主要的，一是增大超生子女成本，适当提高超生子女罚金，不能一次性而要罚到同独生子女奖励年限一样长，约 14 年，使其父母明确意识到：超生子女将来带来的效益不能补偿他们付出的成本。二是卓有成效地提高孩子的质量成本，特别是增大教育费用。这就要在分配制度上，逐步改变脑力劳动与体力劳动所得不尽合理的现象，提高家庭人口智力投资效益，使其父母感到用在孩子身上的质量成本在未来孩子提供的效益上能够得到追加的补偿，诱导人们由投入孩子数量成本向质量成本的转移。

在孩子效益方面，一是提高一个孩子对父母的效益，保证独生子女费奖金兑现，通过劳务市场和社区服务，弥补父母因少生子女而损失的劳动—经济效益；通过对独生子女父母逐步实行老年保险，包括变独生子女费为养老基金等措施，补偿父母因少生子女而减少的养老—保险效益；还通过对独生子女优先入托、入学、分房、招工、户口农转非等优先措施，开展独生子女人身保险等，增大其承担家业兴衰和维护家庭地位的风险效益。二是通过对超生子女入托、入学、住房、招工、补贴、户口农转非等的限制，削减其对父母的效益值，使边际子女的效益显著下降。

通过上述在孩子成本和孩子效益两方面的"软硬兼施"，逐步实现谁少生子女，谁花费的孩子成本小、带来的效益大；谁多生子女，谁花费的孩子成本多，带来的效益并不大，甚至反而要小。久而久之，使人们从关心自己的利益得失，即孩子成本—效益的变动上，关心生育子女的数量，主动选择少生、优育、优教的道路。与此相适应的是，国家的人口管理机制，也可以从目前的以人口目标行政管理为主，转变到以维护独生子女和计划内生育子女家庭的正当权利和受益，变为严肃法纪征收必要的超生费为主的管理，变为更直接为广大人民群众服务、备受欢迎的组织机构，完成由行政机制向利益调节机制的过渡。

生产年龄人口激增的冲击和抉择

与当前生育高潮并行，且来得更早一些和退得更迟一些的，是生产年龄人口激增的高潮。按照人口学规定，16～59或15～64岁定为生产年龄人口，而不论其中有的成员能否劳动。以此推算，1962～1973年最大一次生育高潮期间出生的3亿多人口，于1977～1988年间全部到达15岁以上，2022～2033年达到60岁以上，2027～2038年达到65岁以上。在此期间，这3亿庞大人口群2000年过渡到27～38岁，2010年过渡到37～48岁，生产年龄人口处于持续上升阶段，大致可一直上升到2020年前后。具体说来，15～

64 岁生产年龄人口可从 1982 年的 6.25 亿人，上升到 2000 年的 8.58 亿人，2010 年的 9.56 亿人，2020 年的 9.77 亿人。所占比例，也将由 1982 年的 61.5%，上升到 2000 年的 68.8%，2010 年的 71.4%，2020 年略有降低。[①] 可见，如果说当前的生育高潮掀起的波峰受社会因素影响还有一定弹性的话，那么这次生产年龄人口激增高潮的弹性则变得很小，因为 2005 年以前的生产年龄人口均已出生，其绝对数量已经相对固定，只需每年按年龄推移增加新进入人口，减去退出和按年龄别死亡人口。因此，充满整个 20 世纪 80 年代、90 年代和 21 世纪头 10 年的生产年龄人口激增高潮已形成，具有不可逆转的性质，就业压力将继续增大，这是研究中国人口和经济发展必须正视的另一个关系发展全局的重要问题。

怎样分析和对待当前正在经历的生产年龄人口激增的高潮？要从实际出发，应用"两分法"，从生产角度观察，劳动力是生产的基本要素之一，生产年龄人口所占比例上升，意味着被抚养的少年和老年人口所占比例的下降，按照上述预测，抚养比可由 1982 年的 0.63，下降到 2000 年的 0.46，2010 年的 0.40，到 2020 年也仅略回升到 0.46，相当于 2000 年的水平，比目前低许多。抚养比大幅度下降，社会负担较轻，劳动力供给充裕且比较低廉，于国民经济发展可以称之为人口年龄结构变动的"黄金时代"，是发展中国家经济"起飞"的重要条件之一。事实上，世界特别是亚洲一些国家和地区走向现代化的经验表明，无不利用这一有利条件，发挥劳动力廉价的优势，提高产品的国际竞争能力，促使经济高速成长，日本、新加坡等的发展就是例证。我们也要这样做，抓住人口年龄结构变动的"黄金时代"，把现代化建设搞得更快一些，1983 年以来笔者曾多次撰文阐述这个问题。[②] 我们要积极吸取国内外的成功经验，特别是 10 年改革开放以来自己的新鲜经验，把充裕的人力资源挖掘出来，科学地利用起来，沿着改革、开放、搞活的路子，使其成为经济发展的活力和动力，更好地发挥其应有的作用。

这是问题的一个方面。另一方面，由于我国人口问题属人口压迫生产力性质，总体人口、生产年龄人口、劳动力均处于过剩状态，对生产年龄人口激增高潮的冲击又不容乐观，在未来的 20 多年里必须准备承受不断增大的就业压力。就是说，有利与不利、动力与压力、机会与挑战并存，我们的战

---

① 参见田雪原主编，邬沧萍、鲁志强副主编《2000 年的中国人口和就业》，1985。

② 参见田雪原《利用人口年龄结构变动，促进现代化建设》，1983 年 6 月 15 日《人民日报》；《人口年龄结构变动和宏观经济发展问题研究》，《中国人口科学》1987 年创刊号。

略只能建立在扬长避短，以长补短，力求使劳动力资源得到最大限度的开发利用，同时又将其过剩一面的消极影响减少到最低限度基础上。要实现这一总的要求，必须有一个明确的就业战略，在充分就业、合理就业、有限就业诸模式中，做出协调人口和经济发展的最优抉择；还要有一个合理的就业结构，包括就业的所有制结构、产业结构和技术结构。

摆正就业率和就业效益的关系，是制定中国就业发展战略的首要立足点，也是就业问题上人口和经济发展矛盾的焦点。一般说来，一个国家就业率的高低主要由人口的年龄构成、国民经济发展水平、经济技术结构以及就业政策等因素决定。发达国家就业手段比较充足，人口年龄结构已步入老年型，生产年龄人口所占比例较高，因而总人口就业率比较高，目前在45%以上；又由于教育发达，大、中、小学入学率较高，通常生产年龄人口的25%～30%在校学习，故生产年龄人口就业率比较低，一般在75%以下。发展中国家情况则相反，人口年龄结构较轻，生产年龄人口所占比例相对较低，总人口就业率一般在35%左右；又由于教育不发达，在校人数所占比例不高，生产年龄人口就业率一般高达85%以上。我国情况怎样呢？据统计，1987年总人口就业率达48.8%，属发达国家类型，生产年龄人口就业率为74.2%[①]也属于发达国家类型。这种高就业型的形成同社会主义国家性质分不开，也同长期奉行低工资、多就业的政策联系在一起，有利也有弊。最大的弊端是社会劳动生产率增长缓慢，以农业为例，1952～1988年按可比价格计算农业总产值年平均增长3.7%，而农业劳动者人数年平均增长速度达2.2%，使得新增农业产值中的60%左右是依靠活劳动的增加创造的，农业劳动生产率提高所创造部分只占40%。若以实物形态而论，每个农业劳动者生产的粮食没有多少提高，甚至同古代社会的较高水平也相差无几。众所周知，劳动生产率的提高是经济发展的轮子，社会前进的尺度，必须将保证劳动生产率的提高作为就业发展战略的一项基本原则确定下来。然而，仅有这一个方面的原则是不够的，片面追求就业效益的就业方针，置生产年龄人口激增高潮于不顾是不符合实际的，也是行不通的。如果因为单纯追求就业效益而保留大量失业人口，不仅在一般意义上形成劳动力资源的巨大浪费，造成严重社会问题；而且在特殊意义上，根本无法解决今后20年内新增2亿人以上生产年龄人口，就业压力不断增大的矛盾。结论是必须兼顾就

---

① 根据《中国统计年鉴1989》数据资料计算。

业率原则，在保证劳动生产率不断增长前提下实行比较充分的就业，应成为就业发展战略的基本准则。

实现这种"兼顾性"就业发展战略难度很大，需要通过劳动制度改革的深化，建立起新的机制，逐步达到合理的所有制就业结构、产业就业结构和技术就业结构。在所有制结构方面，长期以来全民所有制单位职工直线上升，除乡村外，城镇集体所有制单位职工也上升较快，而个体劳动者却大幅度下降。1957 年全民所有制、城镇集体所有制、城镇个体劳动者三者之比为 24∶6∶1，到 1978 年变动到 497∶137∶1，全民与集体所有制职工之比变动不大，集体所有制职工略有上升；个体劳动者所占比例一落千丈，由占原城镇职工的 3.4% 跌落到占 0.2%。改革开放以来情况有很大改观，1988 年城镇三种所有制劳动者之间之比改动到 15∶5∶11，全民所有制单位职工所占比例下降许多，集体和个体有所上升，特别是个体劳动者已上升到占全部城镇职工的 4.8%，为近 30 年来所占比例最高值。① 这是实施改革开放、广开就业门路政策的结果，适当扩大集体所有制、个体劳动者就业比例，保持一个同经济发展水平相适应的就业所有制结构，是今后应付生产年龄人口激增、就业压力继续增大需要坚持下去的一项大的政策。

就业的产业结构同所有制结构变动相类似，长期以来从事第一产业的社会劳动者所占比例一直很高，第二产业尤其是第三产业所占比例很低。改革开放以来情况有很大改变，1978～1988 年从事第一产业劳动者所占比例下降 11.2 个百分点，第二产业上升 5.0 个百分点，第三产业上升 6.2 个百分点，② 以第三产业劳动者所占比例上升最快。这是一种十分可喜的就业结构的调整和新增生产年龄人口就业重点的转移，也是推行"兼顾型"就业发展战略必不可少的转移。转移的方向，一是由以农业栽培业为主向以林、牧、副、渔多种经营的转移，改变新增农业生产年龄人口基本从事农业栽培业，妨碍农业劳动生产率提高的不利状况；二是由以农业为主向以城镇工商业为主的转移，走人口城市化的道路。这一转移在总体上应当适当加快步伐。在具体的转移上，要依据农业所能提供的剩余产品能力，城镇的承载能力等情况决定，注意防止农转非的超前发展；三是以物质生产部门为主向以非物质生产部门为主的转移，特别是第三产业应有一个比较快的发展，吸收更多的生产年龄人口就业。不过它同农转非相类似，要建立在第一、第二产

① 《中国统计年鉴 1989》。
② 《中国统计年鉴 1989》。

业发展的基础上，也不能片面强调第三产业的超前发展。

实现"兼顾型"就业，要有一个适当的技术就业结构，在技术密集、资金密集、劳动密集型就业结构中作出合理抉择。目前我国技术就业结构按不同技术水平劳动者人数多少划分，从事高技术新兴产业部分的劳动者人数最少，从事比较先进和中间技术传统产业部门的劳动者人数次之，从事手工劳动和半机械化产业部门的劳动者人数最多，从高到低形成典型"金字塔"状技术就业结构。这种状况在现代化过程中肯定不断有所改变，按照"兼顾型"就业战略的要求，其基本点如下。

高技术及其带头产业，即技术密集、资金密集型产业应有一定的发展。当前，以微电子技术为主要标志的世界新的技术革命正在蓬勃发展，以前所未有的速度和规模改变着传统的生产和生活方式。发达国家不仅致力于新技术和新兴产业，而且力图用新技术改造传统产业，实现"再工业化"，努力降低成本，增强竞争能力，使传统的"工业沟"加深。如果我们不发展高技术及其新兴产业，我们在这方面就无法跟上时代前进的步伐，传统的工业技术差距也将拉大，就不能真正实现四化。因此，从总体上看，从事技术密集、资金密集以及技术密集、资金密集同劳动密集相结合的劳动者人数会有较快的增加。应当指出，技术密集、资金密集型就业同劳动密集型就业有排斥的一面，但在某些产业部门，例如微电子工业则有相互结合的一面，我们尤应注意发展三种密集相结合的产业，扩大从事高技术新兴产业的就业者队伍。

但是，高技术新兴产业能够吸收就业者的数量是极其有限的，占据就业主体的农业以及采矿、冶金、水泥、机械、纺织、造船等传统产业，从就业的技术结构来讲，则属于落后的技术、中间的技术或者比较先进的技术。特别是目前占据社会劳动者人数 60% 的农、林、牧、渔、水利业劳动者，尚处于以手工劳动和半机械化为主的状态，工业和运输业中的某些企业和环节，商业和服务业一些部门手工劳动还占相当大的比重。半机械化劳动大量存在，短期内都提高到机械化，自动化水平是做不到的。解决生产年龄人口激增的就业压力，主要还必须依靠这些部门吸收。全面地看待在未来一二十年内生产年龄人口激增期间的就业技术结构，从事高技术和新兴产业就业人数会有明显增加，但增加有限，从事比较先进和中间技术的传统产业和部门就业人数会迅速增加，从事手工劳动为主的产业和部门，就业人数会逐渐减少，使"金字塔"状技术就业结构向着直立方向发展。显然，在短时间还直立不起来，解决不断增大的就业压力，扩大劳动就业的基本立足点还必须放在发展劳动密集和资金密集、技术密集相结合的产业和部门上。

老龄化的冲击与抉择

在生育高潮和生产年龄人口激增高潮中，人口的年龄结构正悄然地发生变化。1989 年抽样调查全国 65 岁以上老年人口所占比例上升到 5.6%，表明人口年龄构成不仅跨入成年型，并在不断地向着老年型迈进，20 世纪 90 年代将成为这种迈进的关键时期，基本完成向老年型的转变。展望 90 年代和 21 世纪前半叶的中国人口老龄化发展趋势，将给我们带来两方面的问题：一方面，是对经济、科技、社会发展的影响。如在总体人口老龄化之前，劳动力的相对老龄化对经济发展将产生怎样的影响，老龄化对技术进步有利还是不利，适应老龄化需要经济结构作哪些调整，消费结构会有什么变动，城乡之间、地区之间老龄化进程和达到水平上的差异有利还是不利于经济上差距的缩小，传统文化将有什么样的改变等。另一方面，老龄化的到来和老年人口的累进增长，社会如何解决与日俱增的老年人口的需要，满足其衣、食、住、行方面的生存需要；就业、学习、参与社会活动等的发展需要；文体活动、旅游等享乐的需要。如果说前一个方面老龄化对发展的影响是一个尚待研究和探讨的"软任务"的话，那么后一个方面，即如何满足不断增长的众多老年人口的需要，首先是满足基本生活需要，则是在进入老龄化社会之前就必须解决的"硬任务"，建立和健全可靠的老年保障制度已提到我们面前。这是迎接人口老龄化"银色浪潮"冲击的首要任务，这项任务解决得好，即可较平坦地渡过老龄化严重阶段；这项任务不解决或解决不好，我们将在老龄化冲击面前陷入被动。如何解决呢？必须从实际出发，建立具有中国特色的老年保障体系。这个实际，尤为值得重视的是以下两点。

一是在经济尚不发达条件下迎来人口老龄化，亦即处在接近发达国家的人口老龄化程度和发展中国家经济状况的矛盾之中。迄今为止，进入人口老龄化的国家均为发达国家，程度不等的均以发达的经济和较完备的社会保障支撑着老龄化社会的运转，即使如此，一些国家也为庞大的老年保障开支所困扰，出现福利国家砍福利的较为普遍的现象。我国情况怎样呢？20 世纪末、21 世纪初进入老年型人口年龄结构时，经济上在饥饿、温饱、小康、富裕、最富裕几个阶段中，只能刚刚跨入小康水平；到 21 世纪三四十年代达到人口老龄化高潮期，国民经济会有很大发展，但不可能赶上目前人口老龄化最严重国家人均国民生产总值在 10000 美元以上的水平，更不可能赶上那时的发达国家水平。这是一个基本的态势。我们必须清醒地意识到，我们是在经济不发达情况下接受老龄化挑战的，西方的某些做法特别是福利国家的路子，我们是走不通的。

二是老年人口经济收入和老年人口供养的现状，这是考虑建立老年保障体系的基础。在这方面，由中国社会科学院人口研究所承担的"七五"国家社科重点项目"中国老年人口调查和老年社会保障改革研究"，在国家统计局城乡调查队帮助下完成的中国 1987 年 60 岁以上老年人口抽样调查，提供了比较完整的资料。调查表明：在退休金、从子女处取得、本人劳动收入（包括再就业）、储蓄和保险、金融资产性收入、社会救济收入中，城市以退休金所占比例最高，市占 63.7%，镇占 56.3%；其次为子女（包括其他亲属）供给，市占 16.8%，镇占 21.0%；再次为老年人口自身劳动收入，市占 14.6%；镇占 14.7%。县以老年人口自身劳动收入占第一位，占 50.7%；其次为子女供给，占 38.1%；再次为退休金，占 4.7%。① 可见，无论城市还是乡村，退休金、子女供给、本人劳动收入三项之和占到老年人口全部收入的 90% 以上，构成老年人口经济来源的"三大支柱"。不过城市和乡村具有不同的性质：城市老年人口经济收入已过渡到以退休金为主，表现出工业型的特点；乡村则仍以本人劳动收入和子女供给为主，滞留在农业型阶段。就全国而言，当前正处于由农业向工业型转变之中，是特定历史条件下的一种特殊的老年经济模式。

基于以上两点并考虑到老年保障有关的家庭的演变趋势，传统观念的改变，社会经济运行机制的改革等，建立以经济保障为主的老年社会保障体系，可以概括为：积极发展社会供养，继续提倡子女供养，适当调节老年自养"三位一体"、互相补充的体系。

积极发展社会供养是各国应付人口老龄化冲击首先筑起的一道大坝，也是经济发展和社会进步的一个方面的重要标志。由于经济发展了，国家和企业可以拿出一部分资金举办老年保障事业；同时由于劳动者个人收入的增加，本人储蓄部分的增大，这部分储蓄同国家、企业相结合，使得退休金制度很快风靡一些经济比较发达的国家。我们在走向老龄化和推行四个现代化

---

① 《中国 1987 年 60 岁以上老年人口抽样调查资料》，《中国人口科学》1988 年增刊（1）。

过程中，也要随着国民经济的发展责无旁贷地扩大社会养老范围，提高社会养老水平，大力推行退休制度。那种认为中国只能实行家庭子女供养，排斥社会养老的观点，是不符合时代发展需要的，也是同应付人口老龄化高潮冲击相悖的。事实上，40 年来我国在支付这方面的费用增长很快。仅以近 10 年来为例，1978～1988 年我国全民所有制单位离休、退休、退职职工人数由 284 万人，增加到 1539 万人，增长 4.4 倍；相应支付的职工保险福利费用也由 16.3 亿元，增加到 256.5 亿元，增长 14.7 倍。支付费用远较职工人数增长为快的原因，在于每一名职工平均支付额的增加，同期由 551 元增加到 1571 元，增长 1.9 倍所致，且具有继续增长的趋势。[1] 展望未来，仅城镇人口要享受退休金待遇的，20 世纪 90 年代每年将比目前增加 200 万人左右，2000～2030 年将增加 300 万人以上，国家财政难以重负，何况还要进一步扩大退休金制度。国际上一般认为，国家或企业支付的退休金占工资总额的25% 为"警戒线"，超过则为国民经济或企业的正常经济活动难以负担。而按照上述估计，如按现行制度执行，21 世纪 30 年代我们可能突破这道"警戒线"。同时，现行退休金制度弊病颇多，不利于企业的技术进步，不利于国家为养老而集资，不利于个人为养老而储蓄，不利于缩小老年收入的城乡差别。因此，目前这种完全由国家、企业包下来的"铁饭碗"退休制度必须改革，只有改革才能有活力，只有改革才能有力量扩大社会保险范围，更广泛地推行老年退休制度。改革的方向，是建立由国家、企业、劳动者本人共同筹集老年基金的办法。这种办法国外有许多经验可以借鉴，基本的思路是在劳动者参加工作或参加工作数年后，按月缴纳一定数额（例如工资的 5%～10%）的保险金，国家、企业同时支付略多一些的保险金，共同作为老年基金转入保险公司或银行，再规定职工老年退休后一定的提取办法，保证退休金的合理发放。具体实施上要注意不损害按现行退休制度可以享受的职工的利益，以便得到顺利推行。

继续提倡子女供养，是由我国特殊国情决定的。抽样调查表明，1987年全国加权汇总老年人口家庭平均每户 4.9 人，这比起 40 年前的家庭规模已经缩小，但比同年一般家庭平均 4.2 人仍多出 0.7 人。同家庭规模相连，老年人口家庭类型以 3 代户所占比例最高，全国加权汇总占 50.0%；其次是2 代户，占 29.2%；再次是一对夫妇户，占 12.9%，其余所占比例均较小，

---

[1] 《中国统计年鉴 1989》。

单身户占 3.4%，4 代以上户占 3.0%。① 这说明老年人口家庭已经摆脱了封建社会那种以联合大家庭为主的结构，但还没有像一般家庭那样进入以核心家庭为主的结构，处于由多代际大家庭向 2 代或 1 代的小家庭转换之中，具有过渡的性质。这说明，一方面老年人口同子女居住生活在一起，依靠子女供养仍旧占据一定的优势，尊老、敬老、养老的传统仍旧有一定的威力，另一方面这种优势和威力正在依着一定的条件，向着相反的方向转化。众所周知，在中国和东方世界老年人常常受到尊重和爱戴，誉为社会的一种美德。那么这种传统是怎样形成的呢？笔者认为它的深刻根源在于传统的农业经济。在传统的农业经济条件下，生产技术长期停滞不前，手工技巧和经验成为决定生产的关键因素，技巧和经验同熟练和年龄成比例地增长，于是老年人口便成为技术上的权威，生产上的指挥者，家庭的主宰，受到晚辈们的尊敬，子女孝敬和赡养老人也就成为天经地义，久而久之形成东方式的敬老传统和养老方式。工业社会则迥然不同，商品竞争激烈，技术更新速度越来越快，老年人口再也无法保持农业社会那种经验的优势，总体上看昔日的生产技术权威跌落为当今技术进步的落伍者，年龄歧视取代了受尊敬的地位。当前，我国传统农业在乡村仍有一定影响，但上述转变已经发生，而且随着现代化和社会主义商品经济的发展，这种转变还将继续下去，家庭小型化趋势在所难免，敬老养老的传统观念正在经受强烈的震撼。由于我国老年社会供养不可能与人口老龄化同步发展起来。我们切不可过早地否定家庭和子女养老的作用，而要通过舆论的、法律的等手段继续维护，避免出现部分老年人口无人赡养的真空。

适当组织老年人口自养，是社养、家养的必要补充。如前所述，目前老年人口中仍有一定数量的主要收入来自自身的劳动收入，并且随着健康的增进，经济的开放搞活，有上升的趋势。重新就业和继续从事劳动的老年人口不但经济来源有保证，而且对提高他们在家庭和社会上的地位，消除年龄歧视，都大有好处。调查表明，目前 60 岁以上老年人口在家庭中经济上具有支配地位的占 27.0%，支配部分的占 19.7%；而依靠本人劳动收入的老年人口，所占比例高达 48.8% 和 26.1%，依靠子女供给者仅有 10.4% 和 13.3%。相反，经济上无支配权者全国平均为 39.1%，依靠本人劳动收入的老年人口只占 9.6%，依靠子女者高达 62.2%。① 可见提高老年人口在家庭中

① 《中国 1987 年 60 岁以上老年人口抽样调查资料》。

的地位，除应进行必要的尊老、敬老教育外，倡导老年人口继续就业，提高参与社会经济活动的能力，是行之有效的途径。

老年人口再就业，增大了社会劳动力供给量，这在我国人口和劳动力过多情况下，不能不是一个矛盾，需要认真对待。老年人口再就业有两种情况，一种情况为在原岗位继续从事原来的工作，另一种情况为从事不同的工作，发生老年人口再就业的职业转移问题。调查表明，老年人口再就业的职业转移以转入服务人员所占比例最高：市老年人口再就业服务人员中来自原服务人员比例为 34.0%，另有 66.0% 由其他职业转来，其，来自原生产工人占 48.1%；镇来自服务人员比例为 53.9%，来自原生产工人比例为 35.9%。其次是商业人员，市来自原商业人员比例为 46.4%，来自原生产工人为 40.0%，来自原办事人员为 5.5%；镇来自原商业人员的比例为 56.8%，来自原生产工人的比例为 18.9%，来自原专业人员的比例为 3.1%。再次是办事人员，市来自原办事人员的比例为 49.8%，来自原生产工人的比例为 12.2%，来自干部的比例为 16.9%；镇来自原办事人员的比例为 69.1%，来自原专业人员的比例为 9.5%，来自原干部的比例为 9.5%。[①] 总的转移方向是：生产工人转向服务人员、商业人员和办事人员，干部、专业人员转向办事人员、服务人员和商业人员，这些转移所占比例甚高。依三次产业划分，城市老年人口再就业的职业转移，主要是原从事第二产业的劳动者转入第三产业。以及第三产业内部不同职业之间的转移。城乡老年人口作为统一体观察，老年人口再就业主要是由第一、第二产业向第三产业的转移。这给我们以重要启示，即老年人口再就业有同生产年龄人口争夺就业机会，增加就业压力的一面，加剧着劳动力供过于求的矛盾；而老年人口再就业的职业转移又透露出另一面，即老年人口再就业主要转向第三产业，具有弥补第三产业就业不充分，某些岗位年轻人不愿意、老年人做起来又比较合适，促进就业结构合理的作用。如果组织得当，解决得好，这方面的老年人口再就业是有很大潜力的。

参考文献

[1]《中国 1987 年 60 岁以上老年人口抽样调查资料》，《中国人口科学》1988 年增刊（1）。

---

① 《中国 1987 年 60 岁以上老年人口抽样调查资料》。

［2］彭珮云：《我国人口发展的形势及计划生育政策》，《人口动态》1989 年 1 月。

［3］田雪原主编，邬沧萍、鲁志强副主编《2000 年的中国人口和就业》，1985。

［4］刘铮、李建保：《论农村劳动生产率、家庭教育投资、人口质量关系》，《中国人口科学》1989 年 6 月。

［5］田雪原：《人口和建设具有中国特色的社会主义》，《中国人口年鉴1985》，中国社会科学出版社，1986。

［6］中国科学院国情分析研究小组：《生存与发展》，科学出版社，1989。

［7］世界银行：《1989 年世界发展报告》，中国财政经济出版社，1989。

［8］Lester R. Brown et al. , *State of the World 1988*, *1989*, *1990*, A Worldwatch Institute Report on Progress To ward Sustainable Society, W. W. Norton and Company, New York, London.

［9］United Nations, *Global Estimates and Projections of Population by Sex and Age*, *The 1988 Revision*, *New York*, *1989.*

［10］Be Ellen Jamison, *World Population Profile 1989*, U. S. Department of Commerce Bureau of the Census.

人口与经济

四个现代化和从 9 亿人口出发[*]

把全党工作的着重点转移到社会主义现代化建设上来，是党的十一届三中全会作出的重大战略决策。但是，实现什么样的现代化，怎样实现这个现代化，特别是如何结合我国的特点走出一条中国式的现代化道路，这是需要进一步认真研究解决的理论问题和实践问题。从 9 亿人口出发，就是其中的一个重要题目。

坚持从实际出发，就要从 9 亿人口出发

实现四个现代化有两种不同的出发点：一种是从现成模式出发，即把世界经济和技术发达国家的一套东西全盘搬到中国来；另一种是从客观实际出发，即密切结合我国实际吸取国外好的东西，实现具有中国特点的现代化。两种不同的出发点，反映了两种相反的思想方法，我们应取后者而避免前者。

实事求是、一切从实际出发，是马列主义、毛泽东思想的一条基本原则。民主革命时期，我们党从中国的实际情况出发，走毛泽东同志指引的农村包围城市、武装夺取政权的道路，取得了革命的胜利。社会主义革命和建设时期，在恢复经济和第一个五年计划阶段，我们党从当时我国经济、政治的实际情况出发，制定了正确的路线、方针和政策，取得了社会主义改造的伟大胜利，国民经济得到迅速恢复和发展。20 世纪 50 年代后期，由于发生了高指标、瞎指挥、"共产风"等脱离实际的错误，使社会生产力遭到很大破坏，国民经济的发展受到挫折。此后，虽然 60 年代前期和中期国民经济又有较大程度的恢复和发展，但 10 多年来始终不能摆脱经济困境的阴影，

* 该文发表于《经济研究参考资料》1980 年第 124 期。

一直拖到崩溃的边缘。究其原因，最主要的当然是林彪、"四人帮"那条极"左"路线的严重干扰破坏，而那条路线除了他们的险恶用心之外，最根本的特点就是脱离实际，超越客观现实。实践证明，我们什么时候坚持实事求是、从实际出发的唯物主义原则，革命和建设就蓬勃向前发展；什么时候违背了这条原则，从主观愿望出发，从"想当然"出发，革命和建设便遭受损失，甚至归于失败。这是付了一笔很高"学费"得来的经验，搞现代化建设一定要记住这条经验，坚持从实际出发，从中国的特点出发。

那么，我国的实际状况怎样呢？有些什么特点呢？至少有如下三点是应该充分注意的。

一曰穷。毛泽东同志 1957 年曾经说过："要使全体干部和全体人民经常想到我国是一个社会主义的大国，但又是一个经济落后的穷国"[1]。虽然我们又经过 20 多年的建设，初步建立了比较完整的工业体系，但在这段时间内国民经济两次大起大落，特别是林彪、"四人帮"在 1967 到 1976 年的大破坏，国民经济遭受一场浩劫，使得我国至今仍在世界贫穷国家之列。

二曰人口多。中国向来以"地大物博、人口众多"著称，然而对此也要作具体分析。地虽然大，但耕地并不多，我国近 16 亿亩耕地约占全世界耕地面积的 7%，而人口却占 20% 以上；物虽然博，但宝藏埋在地下还不是现实的生产资料，我们的生产力发展水平很低。在这种情形之下，人口多就显得比较突出。

三曰科技落后。旧中国是一个半殖民地、半封建的国家，资本主义不发达，科学技术极端落后。新中国成立后这种状况虽然有了很大改变，但由于林彪、"四人帮"的摧残，使得同世界先进水平相比本来已经缩短了的差距又拉大了。目前，在一些主要科技领域，我们大约落后 15 ~ 20 年，有些领域相差还要大些。

以上三个特点不是孤立存在的，人口多是一个带有根本性质的特点。如果就国民生产总值的绝对数来说，在世界各国中，我国并不显得很低；但用 9 亿人口除得的平均数同人家相比，我们便一下子落了下来。穷，集中表现在按人口平均计算占有的固定资产和国民收入上，由此也就决定了我们不仅要在生产总量上赶上和超过经济发达国家，而且必须在按人口平均计算的生产量方面赶上和超过这些国家，才算完全建成了社会主义的现代化强国。我

---

① 《毛泽东选集》第 5 卷，人民出版社，1977，第 399 ~ 400 页。

们科技落后，一方面表现为现有科学技术水平不高，另一方面表现为科技、现代化管理人才和熟练工人在全部人口中所占比重不大。据有关部门统计，目前我国具有大学文化水平的仅占全部人口的 0.5% 左右，具有中学文化程度的占全部人口的 22% 左右。以我国和几个主要国家平均每万人中在校大学生人数的比较为例，便可看出（见表1）。

表 1　各国平均每万人中在校大学生人数

单位：人

国　别	年　度	平均每万人中在校大学生人数	注
中　国	1977	6.2（18.2）	（ ）包括七·二一和五·七大学
美　国	1973	456.4	
英　国	1972	112.0	
法　国	1973	141.4	
日　本	1973	185.3	
苏　联	1973	187.0	
印　度	1970	37.3	

所以，三个特点中关键是人口多这个特点，它贯穿于三个特点之中。从实际出发，从中国的特点出发，最重要的就是要从 9 亿人口出发。对此，毛泽东同志早就正确地指出："我们作计划、办事、想问题，都要从我国有 6 亿人口这一点出发，千万不要忘记这一点。"①今天，我们在大规模进行社会主义现代化建设的时候，尤其不应忘记这一点，无论农业、工业、交通运输等物质生产部门，还是科学、教育、卫生等各条战线，作计划、办事情、想问题，都要坚持从 9 亿人口出发这条基本的原则。

从 9 亿人口出发，走中国式的现代化道路

9 亿人口是一个根本的出发点，由此决定着走向四个现代化道路的一些重要特点。

---

① 《毛泽东选集》第 5 卷，人民出版社，1977，第 387 页。

（一） 实行自力更生为主的方针和走勤俭建国的道路

实现四个现代化要学习国外的先进技术和科学的管理方法，积极引进，遍采世界各国之长，这是一项经实践检验证明需要长期坚持的重要政策。例如，我国从国外引进的一些大型化肥设备建成投产后，不仅产量高，而且消耗低，生产 1 吨合成氨的耗电量仅为我国制造的同类设备的 1/40，使我们在短短几年内基本上掌握了 20 世纪 70 年代的化肥生产技术。但是，第一，由于我国人口有 9 亿之多，吃、穿、用等消费资料的生产是一个很大的问题，是不能依赖任何外国靠进口解决的大问题。拿粮食生产来说，由于消耗量很大，如果依赖外国进口，一是我们买不起，二是买得起也运不起、运不来，只有通过发展农业生产和建立一系列商品粮食基地的办法来解决。第二，生产资料的生产，如燃料、化工、冶金、机器制造等引进技术会多一些，这就要相应地扩大出口和偿还能力。目前，在我国生产力发展水平不高的情况下，要做到这一点，最基本的还是要动员广大群众发扬自力更生、艰苦奋斗精神，大力挖掘现有生产潜力，开展社会主义劳动竞赛，努力增加生产，并提高产品的品种质量。第三，实现四个现代化需要相当数量的资金积累，但由于我国劳动生产率低，加上人口多、消耗大，积累的增长受到一定限制。这是一个矛盾。解决这个矛盾要在开源和节流两个方面想办法，即一方面要充分利用现有的人力和物力，努力增加生产；另一方面还要厉行节约，节约每一个铜板，把它用在四个现代化建设上。因此，对于我们这样一个拥有 9 亿人口而又经济技术落后的国家实现四化来说，积极争取外援固然必不可少，但自力更生、勤俭建国精神切不可丢。丢了，不仅现有的生产能力不能得到发挥，而且也失去了争取外援的基础。只有坚持自力更生为主、争取外援为辅的方针，坚定不移地走艰苦奋斗、勤俭建国的道路，才能充分挖掘和利用巨大的人力资源，开发和使用一切有用的物质资源，为四个现代化服务。

（二） 采用先进技术不能一刀切

世界上经济比较落后的国家赶上和超过经济比较发达的国家，大力引进先进技术和大规模更新生产设备是一条成功的经验。二次世界大战后，日本钢铁工业大量从美国等国家引进带钢连轧、氧气顶吹转炉等技术，连续几次推行大规模设备投资计划。一批新建的大钢厂很快占了压倒优势，使全国钢产量从 1955 年的 285 万吨猛增 10 多倍，成为世界上钢产量最多的国家之一。我们实现四个现代化也要打破常规、尽量采用先进技术。但是，第一，目前我们已经拥有 6000 多个大中型企业和十几万个县以上办的全民所有制和集体所有制企业，这是我们实现四个现代化的基础，第二，我国人口多，而且科学技术落后。有了这两条，我们采用先进技术就不可能像日本钢铁工业那样基本上扔掉旧有的基地而另起"炉灶"。相反，由于人多和生产资料不足，即使有一些设备为现代化的大生产所淘汰，也不会一下子进了废品堆。因为一是有比它更落后的东西存在，二是有可以与之相结合的劳动力存在。如 20 世纪 50 年代生产的汽车应该说落伍了，但由于有比它更落伍的畜力车和人力车存在，恐怕只要能开得动，就不会当废钢铁回炉。从 9 亿人口出发，从中国的实际情况出发，采用先进技术要因地制宜、因人多寡而制宜，不能搞一刀切。四个现代化先化什么，后化什么，哪些要化到世界先进水平，哪些暂时化到 60 年代的水平就可以了；也总还有一些部门和企业要缓化一步、慢一点化。这种双重经济技术结构是四个现代化过程中的必然现象，是合乎规律发展的现象。绝不能一说搞四个现代化便蜂拥而上，不分部门和行业，也不分大、中、小企业，一律都要求最先进的技术和设备。那样做，不仅为目前我国现有的物力、财力所不允许，也为对 9 亿人口实行统筹兼顾、适当安排所不允许。毛泽东同志曾经指出："我们必须逐步地建设一批规模大的现代化的企业为骨干，没有这个骨干就不能使我国在几十年内变为现代化的工业国。但是多数企业不应当这样做，应当更多地建立中小型企业，并且应当充分利用旧社会遗留下来的工业基础，力求节省，用较少的钱办较多的事。"[①] 由国家投资兴建一批具有世界先进水平的重点项目，是实现四个现代化的骨干，必须全力建设好。同时，从实际出发发展具有中等技术的中小型企业，包括引进一些适合我国特点、能够充分发挥人的积极作用的小型"中间技术"，也为四个现代化所必需，应当引起重视。

（三）我国农业的现代化有着自己的鲜明特色

由于人口多、耕地少，平均每人不到 2 亩地，按人口平均计算只有美国的 1/8，法国的 1/3，印度的 2/5，粮、棉、油等农产品的生产和整个社会需要之间的矛盾比较尖锐。拿粮食生产来说，20 年来按人口平均计算一直在

---

① 《毛泽东选集》第 5 卷，人民出版社，1977，第 309 页。

600 斤上下，这种状况如不改变，搞得不好就有拖四个现代化后腿的危险。所以，农业的机械化和现代化，从而农业劳动生产率的提高，一定要在保证单位土地面积收获量增长的基础上进行。有一种观点认为，农业机械化不能提高单位面积产量，这是不能成立的，因为事实上一些农业高度机械化国家的单产都比较高。例如，1976 年我国小麦平均亩产 218 斤，法国 501 斤，英国 517 斤；玉米，我国平均亩产 329 斤，法国 537 斤，美国 732 斤，加拿大 765 斤；水稻，我国平均亩产 469 斤，日本 733 斤，美国 699 斤。但是，对机械化能够提高单产也要作具体分析，关键是要有一定的条件。美国韩丁农场是高度机械化的，既有大马力的拖拉机，又有整地、播种、收获、烘干、积肥、施肥、喷灌等一系列成龙配套的机械，还有专业公司提供的优良种子、高效能的化肥、灭草剂和杀虫剂等。有了这些条件，机械化就能提高单产；没有这些条件，单产就不一定能提高。我们怎样呢？目前还不具备这些条件，即使初步实现了农业机械化也不可能完全具备这些条件。因而也不可形而上学地来看待机械化提高单产的问题。对我国广大农村来说，在保证单产提高基础上实现农业机械化，还必须充分发挥人的因素的作用，把人力和机械力结合起来，以人力之充裕补助机械力和化学力之不足；不是丢掉精耕细作的传统，而是造出更多、更好、品种齐全的农业机械，逐步取代施肥、中耕除草等比较复杂的手工劳动，达到完全的机械化。这是我国农业走向机械化和现代化道路的一个重要特点。

欧美一些国家实行工业化和农业现代化的结果，曾使大批农业劳动力失业而流入城市，加入产业后备军。我国农业劳动力有 3 亿，每个劳动力所担负的耕地面积比起它们来要少得多：我国是 5 亩，意大利是 62 亩，法国是 119 亩，英国是 169 亩，美国和加拿大就更高了。显而易见，随着我国农业机械化和现代化的发展，从事农业的劳动力将大大减少，余下来的农业劳动力将是一个很大的数目。这些人能否像欧美那样都涌进城市呢？不能。这么多人涌进城市必将产生严重后果，同时，城市人口迅速膨胀也不利于城乡之间、工农之间差别的缩小和消灭。因而我们不能走那条路，只能走农工副相结合的道路。以河南省巩县回郭镇公社为例，这个公社从 1972 年大力发展社队工业，1979 年总产值达到 2700 多万元，占公社工农业总收入的 70%。最近 6 年社队企业为农业生产提供资金 1200 多万元，有力地支援和促进了农业机械化的发展，使全公社的耕作、运输、脱粒、植物保护和农副产品加工等基本上实现了机械化和半机械化。同时，务工社员达到 5800 多人，占公社总劳动力的 35%。再加上 20% 左右从事饲养和果树种植等副业生产的劳动力，使从事农业生产的劳动力减少一半以上，不仅解决了原来存在的人多地少的矛盾，而且妥善地解决了因农业机械化而余下来的劳动力问题。社队企业的发展为农业机械化积累了必要的资金、设备和技术力量，而农业机械化的发展又为社队企业输送了足够数量的劳动力，农、工、副互相促进，循环上升，这是我国农业走向机械化和现代化道路的另一个显著特点。

　　以上关于实现四个现代化道路几个特点的分析，仅仅是从我国有 9 亿人口这个角度出发的。不言而喻，这些并不能概括走中国式的现代化道路的全貌。但是，从 9 亿人口出发是一项根本的原则，是四个现代化必须遵循的准则。从这个基本点出发，我们就可以找到更多适合中国情况的一些规律，就会有更多的自由，就可以加快前进的步伐。

人口和国民经济综合平衡[*]

社会主义国民经济综合平衡，需要按照客观经济规律合理地确定生产资料生产和消费资料生产之间的比例，农业、轻工业和重工业之间的比例，农业和工业内部的比例，积累和消费之间等一系列比例关系，使社会生产和社会需要之间保持平衡。无论是社会生产还是社会需要，都直接同人口发展状况密切相关。人口同社会生产和社会需要之间保持适当的比例，既是国民经济综合平衡的一项任务，又是进行平衡时的一个基本的出发点，我们进行综合平衡的目的，就是使国民经济有计划按比例地持续高速度发展，以满足人们不断增长的物质和文化的需要。

人口和国民经济综合平衡牵涉的问题比较广泛，本文仅就人口数量和人口质量同经济发展之间的若干比例关系，作一些初步的探讨。

一 总人口同生活资料之间的平衡

人口作为一种抽象，是生产者和消费者的统一。不过，作为生产者是有条件的：一是要有劳动能力的自立人口，二是要处于劳动适龄阶段的人口。作为消费者是无条件的，一个人从生下来直到生命完结，始终是一个消费者。马克思和恩格斯指出："人们为了能够'创造历史'，必须能够生活。但是为了生活，首先就需要衣、食、住以及其他东西。因此第一个历史活动就是生产满足这些需要的资料，即生产物质生活本身。"① 在任何社会形态下，"生产满足这些需要的资料"构成人口再生产的条件，因而人口数量必须同物质生活资料保持一定的比例，也就成为一条普遍的规律，只不过在不同社会形态下作用的形式、性质和结果不同罢了。

---

 * 该文发表在《国民经济综合平衡的若干理论问题》一书，中国社会科学出版社，1981。

 ① 《马克思恩格斯全集》第3卷，人民出版社，1963，第31页。

在资本主义以前的各种社会形态里，人口同物质生活资料相适应的规律是自发起作用的，比例关系的调整是通过比例关系遭到破坏，必然性是通过偶然性为自己开辟道路的。在原始公社时期，由于生产力极端低下，人类所能获得的生活资料极其有限，当人口数量增多到超过能够获得的生活资料的供养能力时，饥饿和疾病袭来，人口死亡率上升，人口数量就要减少，人口和生活资料之间的比例关系是靠着生物学规律自发调节的。奴隶社会、封建社会和资本主义社会人口和物质生活资料之间比例关系的调整，虽然主要不再靠生物学规律，但仍旧属于自发调节的性质。资本主义所特有的相对人口过剩，一方面为资本家进行扩大再生产准备了充足数量的劳动人口，另一方面，广大劳动群众不得不从自身的发展和对子孙后代的抚养、就业等考虑，安排自己的生育。自发地调节着人口和物质生活资料间的比例。

社会主义实现生产资料公有制，消灭了剥削，从而使从前那种自发性的调节可以为有计划的调节所取代。恩格斯指出："如果说共产主义社会在将来某个时候不得不像已经对物的生产进行调整那样，同样也对人的生产进行调整，那么正是那个社会，而且只有那个社会才能毫无困难地做到这点。"① 要做到这点，使人口同物质生活资料之间保持适当的比例，总结 30 年正反两个方面的经验，从国民经济综合平衡角度来看，需要注意以下几个方面的关系。

（一）人口和国民收入之间的比例

国民收入是一个国家物质生产部门劳动者在一定时期内新创造的价值总和，是衡量一个国家国民经济发展速度和人民生活水平提高程度的一项重要指标。在国民收入构成一定的前提下，人口和生活资料之间的比例是否协调，可以从人口和国民收入的增长速度上表现出来。新中国成立后，我国国民收入和人口的增长速度，见表1。

从表1可以看出，除"二五"时期以外，其余各个历史时期国民收入增长速度均超过人口增长速度。那么，能否由此得出结论说，我国人口和国民收入增长之间的比例关系是协调的，因而总人口和生活资料之间的比例关系也是协调的呢？笔者以为不能。第一，从国民收入构成上看，既包括生活资料也包括生产资料，生活资料只是其中的一部分。第二，从国民收入的分配

---

① 《马克思恩格斯全集》第35卷，人民出版社，1979，第145页。

表1 我国国民收入、人口增长情况

单位：%

	国民收入平均每年增长	人口平均每年增长
"一五"时期	8.9	2.4
"二五"时期	−3.1	0.8
1963～1965年	14.5	2.5
"三五"时期	8.4	2.6
"四五"时期	5.6	2.2

和使用上看，经过分配和再分配，最后形成积累和消费两类基金，增加的国民收入不可能都用在消费上。第三，不仅要注意国民收入在总量上的增长情况，尤其要注意按人口平均计算的国民收入的增长情况，人均国民收入更确切地反映一个国家的人民生活水平。从1950～1976年我国国民收入由118亿美元增加到1252亿美元，增长10.6倍；美国由2658亿美元增加到15118亿美元，增长5.7倍；日本由162亿美元[1]增加到4728亿美元，增长29.2倍；法国由259亿美元增加到2977亿美元，增长11.5倍。我国同美、日、法三个国家国民收入增长速度的比例是1：0.5：2.8：1.1。但由于同期我国人口增长69.1%，按人口平均的国民收入由21美元增加到134美元，只增长6.4倍；美国由1746美元增加到7082美元，增长4.1倍；日本由189美元[2]增加到4193美元，增长22.2倍；法国由621美元增加到5639美元[3]，增长9.1倍，我国同美、日、法三个国家人均国民收入增长速度之比为1：0.6：5.4：2.2。可见，由于我国人口增长比较快，同日、法相比较，人均国民收入增长速度相对要低些。在上述期间，法国国民收入增长速度同我国相仿，但人口仅增长26.8%，人均国民收入增长速度为我国的两倍多，日本国民收入增长速度为我国的2.8倍，由于人口仅增长36%，人均国民收入达到我国的5.4倍。30多年来，虽然我国国民收入增长速度不算慢，国民收入总量也可以列入世界较多国家之列，但由于人口多、增长快，按人口平均计算的国民收入至今仍属于低水平之列，在全世界160多个国家中排在100位以后。人均国民收入是衡量一个国家人民生活水平的重要标志，我们

---

① 1952年数。
② 1952年数。
③ 1957年数。

只有大力提高人均国民收入水平，才能从根本上改变人口同生活资料之间不相应的状况。

（二）人口和消费基金之间的比例

国民收入使用额分做积累基金和消费基金，要取得社会总人口和生活资料之间的平衡，就要使消费基金同人口增长之间保持适当的比例。新中国成立后，随着生产的发展和国民收入的增加，消费基金有了不小的增长。1978与1952年相比较，我国消费基金增长2.9倍，平均每年增长5.4%。但由于同期人口增长66.7%，按人口平均的消费额只增长1.3倍，平均每年增长3.2%，扣除物价上涨因素，按人口平均的实际消费额只增长90%左右。而且，每年新增加的消费额中，将近60%是用在满足当年新增加人口的需要上面，用在提高原有居民部分只有40%多一点，不能满足人民生活水平提高的需要。

实现人口和消费基金之间的平衡，不仅二者在数量上要按比例地增长，而且要注意消费基金的分配和使用情况。1978年社会消费品零售总额中吃的部分占51%，穿的占23%，用的占22%，烧的占4%，可见吃的和穿的，特别是吃的部分构成消费中的最主要部分，这部分增长状况怎样，对人口和生活资料之间的平衡关系极大。1978与1952年相比，全国城乡居民每人平均的猪肉、食糖等的消费量有所上升，猪肉由每人平均11.8斤上升到15.4斤，食糖由每人平均1.8斤上升到6.6斤。但每人平均的粮食、食用植物油等的消费量则有不同程度的降低。全国城乡每人平均的粮食消费量，1952年为395斤，1956年为409斤，1978年下降到393斤。每人平均的食用植物油消费量，1952年为4.2斤，1956年为5.1斤，1978年下降到3.2斤，下降幅度很大。每人平均的棉布消费量，1952年为16.4尺，1956年为24.8尺，1978年下降到19.1尺，比1952年稍高，但低于1956年的水平。显然，作为满足人民基本生活需要的主要消费品同人口的增长是不成比例的，二者之间长期比例失调。

人口同消费基金之间比例失调，有着多方面的原因。从国民经济综合平衡角度观察，首先是人口增长过快，新增人口耗费了大量基金。目前，我国15岁以下未成年人口占总人口的38.6%，比发达国家高10%以上，加大了国家用于未成年人口的抚养费用。1953~1978年，全国每年用于15岁以下未成年人口的消费额多达450亿元以上，占国民收入的1/3，这就不可避免地要减少成人的消费部分。如果将未成年人口所占比重减少 10%，国家一年就可减少开支 160 多亿元，即等于 1978 年全国居民消费总额的 10%，数字相当可观。

其次，国民收入中积累和消费的比例安排不当。现在，比较一致的看法是，"一五"时期生产发展既迅速又平稳，人民生活得到显著改善和提高，25% 左右的积累率是比较适当的。然而，从第二个五年计划开始，由于片面追求高积累、高速度，使积累率超过 30%，个别年份甚至超过 40%，直至"四五"时期和 1976～1978 年还维持在 33% 以上，这就严重地挤压了消费，造成消费资料和人口增长之间比例失调。

再次，农业、轻工业、重工业之间的比例安排不当。农业，轻工业和重工业是物质生产的主要部门，一般地说，农业、轻工业生产的产品一部分属于生产资料，但主要生产的是用于满足人民生活需要的资料；重工业生产的部分产品属于生活资料，但主要生产的是用于生产消费的资料，农轻重之间比例是否协调，对人口和生活资料之间的比例关系影响颇大。多年来，我们虽然经常强调多发展一些农业和轻工业，但由于片面优先发展重工业的思想根深蒂固，致使农业发展缓慢，轻工业越来越"轻"，重工业越来越"重"，农业不能摆到应有的位置。以粮食生产为例，1957～1977 年粮食和人口的增长速度持平，都是 2%，20 年间全国每人平均占有的粮食数量一直在 600斤上下徘徊。生产决定消费，农业和轻工业发展缓慢，生活资料增长不快，必然造成人口和生活资料的比例失调。

（三）生产和非生产性基本建设投资之间的比例

生产和非生产性基建投资比例是否恰当，"骨头"和"肉"之间的关系处理得好不好，直接关系人口和生活资料之间的平衡。"一五"时期全部基建投资中，用于职工住宅、文教、卫生、饮食服务、公用事业等非生产性基建投资占 28.3%，二者之间的比例为 2.5：1，看来是比较适当的。苏联从 1918～1962 年间，生产与非生产性基建投资的比例为 2.1：1，朝鲜 1954～1960 年比例为 2.5：1，同我国"一五"时期的比例比较接近。

"二五"期间，非生产性基建投资只占全部基建投资的 13.2%，生产性投资与非生产性投资的比例变成 6.6：1。1963～1965 年调整，非生产性基建投资上升到 17%，比例关系降到 4.9：1。可是 1967～1976 的 10 年间，生产与非生产性基建投资比例扩大到 6.9：1，严重地破坏了二者之间的平衡。新中国成立以来，用于住宅建设的投资占全部基建投资的 5.8%，其中"一五"时期占 9.1%，"二五"和 1967~1976 年间下降到 4%~5%，造成全国城镇平均每人的住房面积由新中国成立初的 4.5 平方米，下降到 1979 年的 3.6 平方米，平均每人降低 0.9 平方米。国家用于城市公用事业建设投资仅占全部基建投资的 1.9%，比国外低许多，使许多城市供水不足，煤和煤气的供应比较紧张，至于交通拥挤，商业服务网点短缺，看病住院困难则更是普遍存在的问题。1977 年全国每万人平均拥有 3 辆公共交通车，每 530 多城镇居民才有一张病床，同职工和城镇人口的增长很不相称。

纵观 30 多年我国人口和生活资料之间比例关系中存在的问题，一方面是 20 世纪 70 年代以前人口发展失去控制，70 年代以后控制人口虽然取得很大成绩，但 30 多年来平均的人口自然增长率仍旧达到 19‰，增长速度比较快；另一方面国民经济、特别是消费资料的生产发展不够快，生活欠账较多，吃饭、穿衣、住房、坐车、上学、看病、买东西都有困难，来自人口方面的压力不断增大，人口和生活资料之间的比例严重失调。解决的办法，一面要大力控制人口增长，一面要坚决贯彻调整的方针，本着量力而行的原则，加快农业和轻工业的发展，适当减少积累增加消费，适当压缩生产性建设投资和提高非生产性建设投资的比重，使消费资料的生产和交通、住宅、文教、卫生、饮食服务和公用事业有一个比较快的发展。

二 劳动适龄人口同生产资料之间的平衡

从消费角度考察人口和国民经济发展的若干比例问题，无疑是非常必要的。但是，对国民经济发展具有决定性影响的，还不在于消费而在于生产。正如马克思指出的：生产同消费比较起来"生产是实际的起点，因而也是居于支配地位的要素"。[①] 消费资料是物质生产部门在生产过程中创造的，生产的发展决定着消费资料的增长和消费水平的提高。因此，探讨人口同国民经济发展的比例，最重要的还是要抓住劳动力和生产资料之间量上的比例关系。劳动力是劳动适龄人口中最主要的部分，劳动力加上劳动适龄人口中在校学习以及病残原因等非自立人口，便是全部劳动适龄人口。劳动适龄人口和生产资料之间的平衡，是通过劳动力和生产性固定资产之间的一定比例实

---

① 《〈政治经济学批判〉导言》，人民出版社，1971，第 17 页。

现的。

从事物质生产的劳动力和生产性固定资产之间最基本的关系，是劳动力就业人数 V 同固定资产 C 的增长成正比，同劳动者技术装备 K 的增长成反比。假设基年的劳动力就业人数为 V_0，则 n 年的劳动力就业人数为：

$$V_n = V_0 \cdot \left(\frac{1+C}{1+K} \right)^n$$

显然，上式可以出现三种不同情况：

（1）$1+C > 1+K$，即固定资产增长的速度大于劳动者技术装备提高的速度，则劳动力就业人数相应增加。

（2）$1+C = 1+K$，即固定资产增长的速度等于劳动者技术装备提高的速度，则劳动力就业人数相应减少。

（3）$1+C < 1+K$，即固定资产增长的速度小于劳动者技术装备提高的速度，则劳动力就业人数相应减少。

今后，我国工农业物质生产部门劳动力就业人数的变动，一般要经过这三个发展过程。以工业生产为例，作一点带有预测性的说明。

由于我国人口年龄构成轻，按照 20 世纪末全国人口在 12 亿人左右的总和生育率计算，直到 2012 年以前总人口和劳动适龄人口一直是增长的，2012、2013 年这两年劳动适龄人口不增不减，2013 年以后开始减少。这样，为保证劳动适龄人口就业，2012 年以前应保证 $1+C > 1+K$，2012、2013 年 $1+C = 1+K$，2013 年以后应保证 $1+C < 1+K$。参照过去 30 年中 C 和 K 值的变动和国外有关资料，以 1979 年 $V_0 = 5340$ 万人为基年，未来 80 年的工业劳动力就业人口的变动情况是：

①2012 年以前设 $C = 6.5\%$，$K = 5\%$，则 2012 年的工业劳动力就业人数为：

$$V_n = V_0 \cdot \left(\frac{1+C}{1+K} \right)^n = 5340 \times \left(\frac{1+0.065}{1+0.05} \right)^{33} = 8528 \text{（万人）}$$

②2012、2013 两年 $C = K$，设 $C = 5.8\%$，$K = 5.8\%$，则 2013 年的工业劳动力就业人口为：

$$V_n = V_0 \cdot \left(\frac{1+C}{1+K} \right)^n = 8528 \times \left(\frac{1+0.058}{1+0.058} \right) = 8528 \text{（万人）}$$

③2013 年以后至 2060 年，设 $C = 5.5\%$，$K = 6.5\%$，则 2060 年的工业

劳动力就业人口为：

$$V_n = V_0 \cdot \left(\frac{1+C}{1+K}\right)^n = 8528 \times \left(\frac{1+0.055}{1+0.065}\right)^{47} = 5747 \text{（万人）}$$

以上三种情况也是在工业化过程中工农业劳动力就业人数变动的三个发展阶段，这已为当今发达资本主义国家的历史所证明。随着固定资本和有机构成增长的速度不同，直接从事工农业物质生产的劳动力经历了由增加、停滞和减少的过程，在农业和采矿业"一次产业"中劳动力的减少更为突出。从我们所举的例子中还可以看出，固定资产 C 和劳动者装备程度 K 增长的幅度尽管相差很小，但时间一长劳动者就业人数就相差很大。如从 2013～2060 年这 47 年中，K 的增长速度仅比 C 高 1%，然而就业人数却减少3054 万人。那么，能否由此得出结论说，随着劳动者技术装备程度的提高，整个社会劳动者就业的人数会越来越少呢？笔者以为不能。这主要有以下几个方面的原因。

首先，国民经济对劳动力的需要量，除物质生产部门以外，尚有庞大的非物质生产部门。物质生产部门的技术构成和劳动生产率提高以后，确实减少了本部门对劳动力的需求量，但为科学、教育、卫生、服务行业等非物质生产部门的发展创造了条件，增加了这些非物质生产部门的劳动就业人数。1950～1975 年间，英国物质生产领域在业人数平均以每年 0.5% 的速度递减，非物质生产领域在业人数平均以每年 1.2% 的速度递增；联邦德国物质生产领域在业人数平均以每年 0.35% 的速度递减，非物质生产领域在业人数平均以每年 1.7% 的速度递减；法国物质生产领域在业人数平均以每年0.9% 的速度递减，非物质生产领域在业人数平均以每年 1.35% 的速度递增，结果非物质生产领域增加的劳动就业人数超过物质生产领域减少的就业人数，社会总就业人口还是增加许多。

其次，物质生产部门技术构成提高以后，由于劳动生产率的大幅度增长，不仅生活资料的大量增加支持了非物质生产领域就业人数的扩大，而且由于生产资料的增长也为更多人口就业提供了手段。特别是随着科学技术进步和在生产中的广泛应用，新的生产部门和行业不断涌现，大大扩大了劳动就业领域。因此，既要看到在物质生产领域所需劳动力数量同固定资产的增长成正比，同劳动者装备的提高成反比，技术进步和提高劳动生产率具有抑制劳动适龄人口就业的一面，又要看到在整个国民经济中，技术进步和提高劳动生产率具有扩大劳动就业的一面。从这种见地出发，结合我国社会主义建设实际，搞好劳动适龄人口和生产资料增长之间的平衡，以下一些比例关系是至关重要的。

（一）劳动适龄人口增长速度和生产资料增长速度之间的关系

人口生产和物质生产有很大的不同，人口生产具有生产周期长和稳定变化的特点。现在进入劳动适龄阶段的人口是十五六年以前出生的，今后十五六年内劳动适龄人口的数量现在已基本定局，只需扣除十五六岁以下年龄死亡的人口。20 世纪 50 年代后期以来，由于片面强调人是生产者，过高地估计了生产资料的增长速度和对劳动力的吸收能力，甚至"大跃进"中还出现劳动力"不足"的说法；同时却忽视了人作为消费者，否认或过低地估计了人口多，劳动力增长快带来的各种困难，造成劳动适龄人口和生产资料增长之间比例失调。1952~1977 年，我国每年新增固定资产平均在 150 亿元左右，1973 年以来也只有 200 多亿元。且不说这些新增固定资产有一部分需要用来提高原有劳动者的技术装备，即使全部用来解决新增劳动适龄人口就业，按每个职工平均的技术装备为 1 万元计算，只能安排 150 万 ~ 200 万人就业，使就业问题越积越多。

在农村，人口多、耕地少的矛盾越来越突出。现在，无论按人口还是按每个农业劳动力负担的耕地面积说，我国都属于人均耕地面积少的国家。在东南沿海某些人均耕地只有几分的地区，已经出现农业劳动力过多，以至于轮流出工、间歇待业的现象。我国农业现代化会有自己的显著特点，这是肯定无疑的。但是，农业机械化的道路迟早是要走的，农业人口和农业劳动力多同耕地少的矛盾总是要解决的，它们之间的比例关系应逐步调整，以适应农业现代化的发展需要。

由于人口再生产周期长，20 世纪内将要陆续进入劳动适龄阶段的人口大体已经确定。到 1990 年以前，平均每年新增加的劳动适龄人口约在 1400 万，劳动适龄人口同生产资料增长速度比例失调的状况不可能在短期内消除。要想从根本上把二者之间的比例关系调整好，除大力发展生产，增加积累，创造更多的就业手段以外，还必须实行计划生育，切实控制人口的增长，因而也就控制了未来劳动适龄人口的增长。

（二）增加劳动就业和提高劳动生产率之间的关系

劳动适龄人口和生产资料之间比例失调，尽可能多地安排劳动力就业，是一个十分迫切的问题。30 多年来，我们在安排劳动就业方面做了大量工作，积累了不少经验，但同时存在不少问题，怎样处理增加劳动力就业同提高劳动生产率之间的矛盾，就是需要总结的经验教训之一。

第一个五年计划期间，这两个方面的关系处理得比较恰当，既解决了旧中国遗留下来的 400 多万人失业和大量新增人口的就业问题，劳动生产率也提高很快。工业劳动生产率平均每年提高 8.7%，工业产值的增加主要是靠提高劳动生产率创造的。第二个五年计划一开始，"人海战术"盛行，劳动生产率大幅度下降，增加的工业产值全部是靠增加劳动者人数创造的。第三个五年计划期间工农业劳动生产率略有提高，第四个五年计划期间工业劳动生产率又略有下降，这两个五年计划期间工农业产值的增加，主要都是靠增加劳动者人数创造的。由此可以看出，第二个五年计划以来，劳动就业人数的增加在很大程度上是以牺牲劳动生产率为代价的，使工农业劳动生产率长期得不到提高，甚至有所下降，处在"低工资、多就业，劳动生产率提不高"的状态，只好在低工资、多就业的不理想的循环当中继续。

提高劳动生产率具有抑制和扩大劳动就业的二重性，已如前述。从国民经济综合平衡角度观察，总的说来，扩大劳动就业的一面毕竟居于主导和支配的地位。这点反映在就业结构的变化上最为明显，一些发达资本主义国家物质生产领域和服务行业之间劳动力就业的比例变化，见表 2。

表 2　国外物质生产领域和服务行业之间就业比例

单位：%

国　别	美　国		西　德		法　国		日　本	
	1950 年	1975 年	1950 年	1975 年	1950 年	1975 年	1950 年	1975 年
物质生产领域就业人口	42	32	65	53	66	50	69	48
服务行业就业人口	58	68	35	47	34	50	31	52

注：本表物质生产领域包括农业、工业和建筑业。服务行业未包括军事部门。

从表 2 可以看出，这些国家服务行业就业人数上升很快，关键在于物质生产部门劳动生产率的提高。目前，我国一个农民生产的粮食只有美国的几十分之一，煤矿工人的劳动生产率只有美国的 1/9，日本的 1/3，法国的 1/2；钢铁工人的劳动生产率只有美国的 1/26，日本的 1/31，法国的 1/14，没有那么多的生活资料和生产资料支持大量的非生产人口，服务行业不可能搞得很大，不可能吸收更多的劳动力到服务部门就业。要改变我国百分之八九十劳动力集中在生产领域的状况，归根结底必须大幅度地提高物质生产部门的劳动生产率。采取"两个人的活三个人干"，靠牺牲劳动生产率扩大就业的办法，虽然暂时可以增加一些就业人口，减轻一点就业的压力，但由于劳动生产率提不高，生产发展不快，积累增加不大，服务行业也不能快一点发展起来，从长远观点看，有碍于劳动就业问题的解决。我们在安排劳动力就业时，一定要十分注重劳动生产率这项指标，确保劳动生产率的稳步增长，这不仅是工农业生产发展的需要，从长远来看，也是解决劳动就业问题本身的需要。

（三）劳动就业和经济技术结构之间的关系

如前所述，在生产资料为一定量的前提下，劳动者的技术装备提高越快，吸收的劳动就业人数就越少，相反就越多。有一种意见认为，我们不宜采取现代技术，而应以中间的和落后的技术为主，以利于劳动力就业；相反的意见认为，现代化就是用最先进的技术装备一切物质生产部门，第二流、第三流的技术都应该摒弃。笔者以为，这两种意见都有合理之处，但都有值得商榷的地方。

众所周知，发展生产可以有增加劳动者人数和提高劳动生产率两条途径。不过，历史发展到现在，早已结束了单凭追加劳动者人数发展生产的办法，而代之以提高劳动生产率为主。我们发展国民经济，主要也要走这条道路。不靠科学技术的力量，不用先进技术装备国民经济各个部门，永远不能摆脱落后的面貌。因此，一切物质生产部门都要建立一批高度机械化、自动化的现代企业，形成国民经济的骨干力量。同时，任何国家的技术装备都不可能是一刀切的，总有相对说来是比较先进的，中间的和比较落后的，像我们这样经济技术比较落后的国家尤其如此。从我国人口多、底子薄的根本特点出发，把解决劳动就业和技术进步结合起来考虑，我们的技术结构就不应该是单一型的，而应该是多层经济技术结构，不过，在这多层经济技术结构中要有主有次。要有以自动化、机械化为核心的现代化企业作为国民经济的支柱，又要有大量半自动化、半机械化和手工劳动为主的中小企业作为补充。要保证农业、工业、科学技术和国防事业沿着现代化道路稳步前进，又要在工业中，特别在轻工业中多发展一些纺织、农副产品加工、工艺美术等劳动密集型行业；在农业中大力发展多种经营，使农、林、牧、副、渔各业都有所发展。同时，还要加强商业、修缮业、饮食业、城市公用事业等服务行业，广开门路，吸收更多的劳动力就业。

三　人口质量同经济发展需要之间的平衡

人口再生产必须同物质资料再生产相适应，这个适应既包括人口的数量方面，也包括人口的质量方面。人们繁衍子孙后代作为一种再生产，不仅是一定人口数量的再生产，同时也是一定人口质量的再生产。一般地说，人的身体素质一代要比一代健壮，发展进化也越来越完善；而作为人口质量核心组成部分的思想和文化素质，其提高更是十分明显的。人们在改造自然和社会的长期斗争中发展了自身，发展了智力，积累和丰富了斗争经验。这些知识一代一代地传下去，不断发扬光大，人口质量便不断地提高。

不同历史阶段的生产力发展状况不同，对人口数量和质量方面的要求也有所不同。在资本主义以前（包括资本主义工场手工业时期）诸社会形态，生产力发展程度尽管有天壤之别，但都以手工劳动为主要特征，劳动者人数多少对生产的发展有决定性作用。到了 18 世纪后半期产业革命发生后，手工劳动逐渐被机器所取代，生产的发展由主要依靠劳动者人数的增加变成主要依靠提高劳动生产率，劳动者技术和文化等人口质量方面因素的作用被提到了首位。随着科学技术的巨大进步，这一趋势变得更加明显。据估计，20 世纪初劳动生产率的增长大约有将近 20% 是科学技术进步的结果，到了 30 ~ 60 年代这个比例超过 30%，现在更上升到 70% ~ 80%，有的部门甚至达到 100%，科学技术作为生产力发挥出越来越重要的作用。

科学技术发展了，人的因素在生产中的作用有什么变化呢？有这样一种认识，认为科技的发展削弱了生产中人的因素的地位和作用，似乎现代化大生产就是靠着先进的机器设备。笔者觉得，这种观点是值得商榷的，至少是不够全面的。不错，在现代化大生产中生产工具的作用更突出了，但并没有因此而削弱了生产中人的因素的地位和作用。如果说有所削弱的话，那也仅限于人的数量方面，至于人的质量方面的作用非但没有削弱，反而大大加强了，人的智力的开发，人口质量的提高已成为现代经济高度成长的强有力的杠杆。以日本为例，1905 ~ 1960 年这 55 年中间，物化资本增长 6 倍，劳动力人数增长 0.7 倍，教育投资增长 22 倍，增长最快的是用在教育等人口质量方面的投资，取得国民收入增长近 10 倍的显著经济效果。据统计，日本大学毕业生 1951 ~ 1973 年的 22 年间增加 15 倍，大学研究院毕业生 1983 ~ 1973 年的 10 年间增加 4 倍多，加上全国普及高中教育，培养了大批熟练工人和科技队伍，才有可能在吸收外国先进技术基础上创造性地发展本国的技术，建立起一系列的新兴工业部门，用不到 20 年的时间，消除了同欧美发达国家大约落后 30 年的科技差距，达到世界先进水平。南斯拉夫、罗马尼亚、朝鲜等社会主义国家，由于实行了 8～10 年的义务教育，大学和中等专业学校毕业生迅速增加，才使国民经济获得比较快的发展。

新中国成立前，我国遭受帝国主义、封建主义、官僚资本主义的剥削和压迫，人民生活极度贫困，各种疾病流行，人口死亡率高达 28‰ 以上，人口平均寿命农村只有 35 岁，城市也不足 40 岁，被称为 "东亚病夫"。科学文化落后，文盲和半文盲在全国人口中居绝大多数，人口质量低。新中国成立以后，党和政府在大力发展国民经济的同时，注意发展科学、教育、卫生、体育等事业，随着人民生活的改善，健康水平大为增进，目前人口死亡率降低到 6.2‰，人口平均寿命达到 68 岁，属于死亡率比较低和平均寿命比较高的国家。科学、教育、文化事业也大为改观，新中国成立 30 年来高等学校在校学生人数增加 9 倍，中等专业学校增加 8 倍，普通中学增加 57 倍，小学增加 6 倍，这一切都说明，比起旧中国来人口质量确实有了相当巨大的提高。

但是，无论在健康和身体素质方面，还是在智力开发和思想文化素质方面，我国人口质量还不够高，不能适应国民经济发展的需要，同国外一些国家相比也有不小的差距。

在身体素质方面，由于多年不讲优生学，把优生学当做资产阶级学说加以批判，对已经发现的多种遗传性疾病没有开展有效的防治工作，使先天性心脏病、先天性愚型患者等 "低能儿" 所占比重有所上升。我们生产的粮食不能满足人民生活和国家各方面的需要，至今尚有 1 亿多农民口粮不足。在食物构成和人体对各种营养的需要之间差距更大。1977 年按人口平均的水产品我们只有美国的 1/3，苏联的 1/8，西德的 1/1.5；肉类只有美国的 1/10，苏联的 1/5，西德的 1/8，鸡蛋只有美国的 1/8，苏联的 1/5，西德的 1/6，至于每人平均的奶类则更不成比例。医疗卫生事业也比较落后，目前我国每一个病床负担的人口数比美国高 4 倍，比苏联高 6 倍，比西德高 6 倍，每一名医师负担的人口数，我国也是美国的 2 倍，苏联的 3 倍，西德的 2 倍多。这种状况妨碍着人民健康水平的增进，影响人口质量的提高，不利于四化建设。

在思想文化素质方面，目前我国每万人中约有科技人员 50 多人，而美国是 120 人左右，西德近 200 人，法国超过 300 人，都比我们高几倍。我国每万人中大学生在校人数为 10 人，美国达 500 人，日本近 200 人，法国 140 人，英国 110 人，印度近 40 人，可见与发达资本主义国家相差很大，比印度一类的发展中国家也不如。这说明，尽管 30 年来我国科教事业有很大发展，但仍然没有摆脱落后的局面。究其原因，固然与原来薄弱的基础有关，但直接同我们对科学教育的重视程度，对人口质量和经济发展之间辩证关系的认识密切相关，有不少值得研究的问题。30 年来，用在科教文卫上面的投资占基建总投资的比重大幅度下降，某些年份的绝对投资额也出现下降，严重地影响了这些事业的发展，给国民经济造成不良后果。据 26 个省、市、自治区的不完全统计，目前初中以下文化程度的职工大约占职工总数的81%，这些人中约有 8% 左右的文盲和半文盲。三级工以下的占职工总数的70%，技术人员只占职工总数的 2%，各级领导真正懂得现代科学技术和管理的干部不多，这已成为妨碍经济高速度发展的重要原因。

在 20 世纪内把我国建设成为社会主义的现代化强国，需要全体劳动者具有健康的体魄和旺盛的精力；需要高度的智慧，丰富的知识和经验；需要大批科学家、工程师、专家和管理干部；需要千千万万掌握现代生产技术的熟练工人、熟练农民和其他熟练劳动者；需要迅速提高人口质量。要完成这几项任务，从国民经济综合平衡角度说，就要"取长补短"，调整人口和物质生产之间的比例关系。在人口生产中，当务之急就是要大力控制人口数量和提高人口质量。控制人口数量因减少消费而增加积累，积累增加又为扩大生产规模和增加劳动就业提供手段，从而有利于调整劳动适龄人口和生产资料之间的比例。同时，积累增加又可以增加用于职工住宅、公共交通以及科学、教育、文化、卫生、体育等非生产性建设投资，加快消费资料的发展，有利于调整总人口同生活资料之间的比例；加快科教文卫事业的发展，有利于促进人口质量同国民经济发展需要之间的平衡。同样，人口质量的提高必然导致劳动生产率的增长，劳动生产率的增长和生产规模的扩大又有利于调整劳动适龄人口和生产资料之间的比例、总人口和生活资料之间的比例。可见，调整人口生产，控制人口数量和提高人口质量同调整各种物质生产比例关系十分密切。从人口和物质"两种生产"入手解决比例失调问题，是实现国民经济综合平衡的基本方法和条件。

利用人口年龄构成变动
促进现代化建设[*]

人口年龄构成对经济发展的影响

十二大把实行计划生育和控制人口增长作为一项基本国策确定下来，把人口因素在现代化建设中的地位和作用提到了一个新的高度。怎样认识人口的这一作用，笔者认为，不仅要重视人口的数量和质量，而且要注意人口年龄构成的作用，认真研究年龄构成及其变动对四化建设的影响。

一个人并非从一生下来就是一个生产者。他要经过婴儿、儿童、少年阶段才能进入劳动年龄，成长为一名劳动者。然而，一个人从生下来到生命完结却始终都是一个消费者。人口学根据人在一生不同时期的不同作用，将人口分成 0～14 岁少年人口、15～64 岁经济生产年龄人口和 65 岁以上老年人口三个基本组群，并用少年与老年人口数量之和占经济生产年龄人口的百分比，表示从属年龄人口比。这个比值越高，说明某总体人口中处于经济生产年龄的青壮年人口占的比例越小，需要抚养的少年和老年人口占的比例越大，于经济的发展越不利；反之，这个比值越低，则对经济的发展越有利。目前，世界从属年龄人口比约为 73.2%。欠发达国家为 75.4%，发达国家为 51.5%，欠发达国家为发达国家的 1.4 倍。从属年龄人口比值高，一方面因增加消费、减少生产性积累而直接影响国民经济的发展；另一方面因用在科学、教育等方面的费用难以得到相应的增加，人口和劳动力的质量难以得到应有的提高，又间接地影响国民经济的发展。所以，合理的年龄构成和适当低一些的从属年龄比，是经济顺利成长的一个重要条件。

那么，我国人口年龄构成和从属年龄比将会怎样变动呢？为了弄清这个

---

* 本文原载 1983 年 6 月 5 日《人民日报》。

问题，最近我们以 20 世纪末全国人口控制在 12 亿人左右的预测为基础，作了多种方案的年龄构成演变的测算，取得了一批比较完整的数据。

（一）生育率较高的方案

以 1978 年总（和）生育率 2.3 为起始值，1985 年降低到 2.2，1985～2000 年由 2.2 降低到 1.9，2000～2020 年由 1.9 提高到并一直保持在 2.1 的替换水平，则从属年龄人口比 1978 年为 69%，1990 年为 45%，2000 年为 49%，2020 年为 41%，2040 年为 56%。

（二）生育率中间的方案

总（和）生育率 1985 年降低到 1.9，1985～2000 年由 1.9 降低到 1.6，2000～2050 年由 1.6 提高到 2.1 替换水平，则从属年龄人口比 1978 年为 69%，1990 年为 42%，2000 年为 43%，2020 年为 37%，2040 年为 58%。

（三）生育率较低的方案

总（和）生育率 1985 年降低到 1.7，1985～2000 年由 1.7 降低到 1.5，2000～2050 年由 1.5 提高到 2.1 替换水平，则从属年龄人口比 1978 年为 69%，1990 年为 40%，2000 年为 40%，2020 年为 36%，2040 年为 61%。

为什么从属年龄人口比会有上述变动呢？因为目前我国人口年龄构成比较轻，25 岁以下人口占总人口一半以上，这部分众多人口在未来 40 年内仍然滞留在经济生产年龄范畴。同时，65 岁以上老年人口数量的增加远远补偿不了由生育率下降引起的少年人口数量的减少，致使任何一种方案在 2020 年以前从属年龄人口比均呈下降的趋势。2020 年以后占现在人口大部分的 25 岁以下人口陆续进入老年期，老年人口增加比较迅速，使从属年龄人口比于 2040 年前后达到高峰值。为了避免过于严重的人口老龄化的出现，上述三种方案都在 2000 年以后生育率开始调高，因而 2015 年以后进入经济生产年龄的人口逐渐回升，使得从属年龄人口比在 21 世纪 40 年代达到高峰值时仍在现在的水平以下。随后这个比值缓慢下降，2080 年可基本稳定在 55% 左右，同目前发达国家的平均水平比较接近。从最近几十年内人口年龄构成演变的趋势看，只要生育率继续有所降低，无论是较低的、中间的还是较高的方案，20 世纪余下的近 20 年时间内从属年龄人口比都将有一个显著的下降，21 世纪头 20 年内还将继续稍有下降。这一趋势是毫无疑义的。

充分利用人口年龄构成的"黄金时代"

上述情况表明，从现在起到 2020 年左右，我国人口年龄构成将经历一个从属年龄人口比很低的"黄金时代"。这个"黄金时代"又可以分成前后两个时期：前期到 2000 年，是比率大幅度下降时期；后期从 2000～2020 年，是比率由缓慢下降过渡到停止下降转而上升的时期。

这一情况对实现 2000 年工农业总产值翻两番和现代化关系极大。首先，从筹措建设资金看，1953～1978 年每年用于全国少年人口的消费额多达 450 多亿元，即使今后仍保持这一水平不再增加，按中间的方案计算，由于 0～14 岁少年人口比重由 1978 年的 35.8% 下降到 1985 年的 27.6%，1990 年的 23.3%，1995 年的 22.3%，2000 年的 22.7%，扣除在此期间因老年人口增加而增加的支出，同 1978 年相比，1985 年全国仍可减少支出 92 亿元，1990 年减少 140 亿元，1995 年减少 145 亿元，2000 年减少 131 亿元。从现在算起到 20 世纪末累计减少的支出是一笔高达几千亿元的巨大数目，如果将节约下来的部分支出用在生产建设上，特别是用在改善工农业生产技术装备上，对实现总产值翻两番将会起到重要的作用。

其次，从经济生产年龄人口的变动上看，按照中间的预测方案，15～64 岁经济生产年龄人口占总人口的比重由 1978 年的 59% 提高到 1985 年的 66.6%，1990 年的 70.4%，1995 年的 70.8%，2000 年的 69.7%，其绝对人数由 1978 年的 5.7 亿增至 2000 年的 8.3 亿，即 20 多年里增加 2.6 亿人。

经济生产年龄人口增长对工农业总产值翻两番将起什么作用？笔者以为要作辩证的分析。新中国成立 30 多年来人口增长比较快，因而劳动力增长也比较快，这在耕地面积有限和固定资产增长有限的情况下，给劳动就业带来很大困难，使之成为人口问题中的一个十分突出的问题。从这个角度说，今后经济生产年龄人口最好不再增加，甚至减少一些更好，这是我们的希望。然而由于我国人口年龄构成比较轻，今后 20 多年内陆续进入婚育年龄的人口很多，具有明显的增长态势，按照中间的预测方案，总人口要增长到 2023 年，较低的预测方案也要增长到 2006 年。因而经济生产年龄人口在今后一个时期内也是要继续增长的。面对这一不可更改的现实，唯一正确的态度是：一方面要努力控制人口和经济生产年龄人口的增长；另一方面要千方百计把经济生产年龄人口这部分劳动力资源利用起来。一些国家特别是亚洲一些国家和地区现代化的经验证明，充分利用本国廉价的劳动力是经济高速度成长的重要条件之一，日本、新加坡等就是这样的例证。我们应该在现有条件下积极提高劳动者的科学文化和技术水平，多发展一些专业化的劳动密集型行业，把劳动力雄厚的潜力挖掘出来。不言而喻，这绝不意味着劳动力越多越好，而是说在总的人口规模既定的前提下，经济生产年龄人口占得多些要比少些为好。

再次，需要指出的是，人口年龄构成"黄金时代"的到来，在不同的生育率方案下有着不同的意义。生育率较高的方案，1978～2000年从属年龄比只下降20%，中间的方案下降26%，较低的方案可下降29%。这说明，控制人口增长的工作做得越好，从属年龄人口比就降得越低，国家支付老少从属年龄人口的费用也就越少，节约的资金越多，对现代化建设也越有利。在这种条件下，经济生产年龄人口占的比例越大，"黄金时代"的水平也越高。现在，实行计划生育已写进国家根本大法，成为家喻户晓的一项基本国策，今后生育率可望经历一个明显降低的过程。只要生育率继续有所降低，从属年龄人口比下降的过程就会发生，从而对国民经济产生良好作用。我们要通过加强计划生育工作，自觉地利用正在到来的上述"黄金时代"，为实现20世纪末工农业年总产值翻两番的宏伟目标而奋斗。

经济生产年龄人口变动和
就业战略重点的转移*

在向四个现代化迈进的新的历史时期，人口问题是始终值得注意的一个重要问题。人口中经济生产年龄人口怎样变动，从而确定什么样的就业战略方针，则尤为重要，是建设具有中国特色的社会主义经济需要认真研究和着重解决的根本问题之一。

人口和经济关系中的核心问题

在人口和国民经济发展之间，存在着两种最基本的比例关系，即总人口和生活资料之间的比例关系，经济生产年龄人口和生产资料之间的比例关系。这两种比例关系有着不同的表现形式，前者主要在消费水平和消费结构上表现出来，后者主要在就业水平和就业结构上表现出来。而无论从人口或从经济的角度观察，后一对比例关系更带有根本的性质，是更为重要的比例关系。

从人口角度观察，人口学一般将总体人口划分成 0～14 岁少年人口，15～64 岁成年或经济生产年龄人口，65 岁以上老年人口三个基本组成部分。不难看出，成年或经济生产年龄人口占据 50 个年龄组，所占比例最高，因而其绝对人数不仅比少年人口多，比老年人口多，而且比老少人口数量之和还要多。从这三部分人口的不同作用来看，成年或经济生产年龄人口显得更为重要。我们说，人是生产者和消费者的统一。但一个人一生下来不就是一个生产者，他必须经过婴儿、幼儿、儿童几个发育生长阶段以后，才有可能成长为一名劳动力。也就是说，0～14 岁少年人口只是消费者而不是生产者，最

* 该文发表于《经济研究》1984 年第 11 期。

多只能是潜在的生产者。到了老年退出生产过程以后，则又变成纯消费者。尽管对于一个正常的人来说少年、成年、老年诸阶段同样都是不可避免的，但从社会发展角度观察，必须充分注意不同年龄组人口所起的不同作用，唯有经济生产年龄人口才是真正的生产者和消费者的统一。他们不仅生产满足自身需要的财富，而且生产满足老少人口消费需要的财富，还要生产满足积累和其他社会发展需要的财富，是全社会财富生产的担当者。因此，经济生产年龄人口在总体人口中有着特殊的地位，是处于核心和支配地位的人口。

从经济角度观察，在社会生产和再生产过程中，生产、交换、分配、消费四个环节是相互制约、密切联系在一起的，任何一个环节均不可缺少。但是，生产同交换、分配、消费比较起来，不能不居于首位，不能不起着决定的作用。因为生产不仅决定着可供交换、分配、消费的产品的数量和方式，而且决定着交换、分配、消费的性质。马克思指出："交换就其一切要素来说，或者是直接包含在生产之中，或者是由生产决定"。[①] 他还指出："分配关系和分配方式只是表现为生产要素的背面……就对象说，能分配的只是生产的成果，就形式说，参与生产的一定形式决定分配的特定形式，决定参与分配的形式。"[②] 而生产对消费说来，"生产出消费的对象、消费的方式和消费的动力。"[③] 可见，只有一端把握住生产这个关键环节，另一端把握住经济生产年龄人口这个总体人口中的核心部分，才能把握住人口和国民经济发展之间关系的实质。而这两端有机地结合起来，则是通过经济生产年龄人口从事一定的生产活动，即通过一定的劳动就业方式表现出来。因此，研究我国经济生产年龄人口的变动和应当采取的相应对策，就成为解决现代化建设中的人口问题的一个首要问题。

我国经济生产年龄人口变动趋势

经济生产年龄人口的变动，主要受出生、死亡和迁移因素的制约。在我国，由于迁移因素影响不大，死亡率 1962 年下降到 10‰ 以内以后逐渐趋于

---

① 马克思：《〈政治经济学批判〉导言》，《马克思恩格斯选集》第 2 卷，人民出版社，1972，第 102 页。

② 马克思：《〈政治经济学批判〉导言》，《马克思恩格斯选集》第 2 卷，人民出版社，1972，第 98、95 页。

③ 马克思：《〈政治经济学批判〉导言》，《马克思恩格斯选集》第 2 卷，人民出版社，1972，第 98、95 页。

稳定，生育因素的影响表现最为突出。

1949 年新中国成立以前，人口生产处于高出生、高死亡、低增长阶段。新中国诞生后，随着人民生活的改善，医疗卫生事业的发展，健康水平的增进，人口死亡率降低很快，而人口出生率却仍旧停留在过去的高水平之上，这就形成了全国人口的迅速增长，仅仅在新中国成立后的最初三年里，便进入了由高出生、高死亡、低增长向高出生、低死亡、高增长的过渡，并接着出现了 20 世纪 50 年代中期的第一次生育高潮，1953～1957 年的人口平均增长速度达到 2.4%。1958～1961 年为一个生育低潮，人口的年平均增长速度下降到 0.5%。1962～1973 年为另一次生育高潮，人口的年平均增长速度高达 2.6%。1973 年切实加强计划生育工作以来，人口出生率大幅度降低，由 1973 年的 27.9‰下降到 1983 年的 18.6‰，10 年之间下降 1/3，这一期间的人口年平均增长速度下降到 1.4%，是一个一直持续到现在长达 10 年以上的生育低潮。30 多年来人口生产这种两起两落的特殊情景，形成我国的特殊人口年龄结构，决定着经济生产年龄人口的特殊的历史演变。以三次人口普查为例：1953 年全国人口普查时 15～64 岁经济生产年龄人口占总人口的 59.3%，绝对人数为 3.36 亿人；1964 年全国人口普查时由于受 20 世纪 50 年代中期生育高潮的影响，少年人口占总人口的比例猛增，由 1953 年的 36.3%上升到 1964 年的 40.4%，相应的经济生产年龄人口由占总人口的 59.3%下降到 55.9%。绝对人数有所增加，但增加的幅度不大，仅由 3.36 亿人增加到 3.88 亿人，其后由于受到 60 年代中期至 70 年代初期生育高潮的影响，继之又受到生育率大幅度降低的生育低潮的影响，形成 1982 年特殊的人口年龄结构：少年人口占总人口的比例下降到 33.5%，经济生产年龄人口占总人口的比例上升到 61.6%，绝对人数增加到 6.18 亿人，比 1953 年增加 83.9%，比 1964 年增加 59.3%。

未来经济生产年龄人口变动趋势怎样？由目前的人口年龄结构所决定，20 世纪内的变动情况已经基本确定下来。道理很明显，现在 0～14 岁少年人口将在未来 15 年内陆续过渡到经济生产年龄人口，而经济生产年龄人口中每年过渡到 65 岁以上老年人口的数量也是确定的，故 1999 年以前每年经济生产年龄人口的绝对数量已经确定，而且不受不同生育率因素的影响，生育率的变动只能影响 1999 年以后经济生产年龄人口的绝对数量。按照 20 世纪末全国人口控制在 12 亿人的预测，15～64 岁经济生产年龄人口可由 1982 年的 6.18 亿人，增加到 1985 年的 6.83 亿人，1990 年的 7.65 亿人，1995 年的 8.17 亿人，2000 年的 8.54 亿人；经济生产年龄人口占总人口的比例，可由 1982 年的 61.6% 上升到 1985 年的 65.3%，1990 年的 69.6%，1995 年的 70.7%，2000 年的 70.9%。如果生育率高一些，例如 20 世纪末全国人口总数控制在 12.5 亿人的预测，1985、1990、1995 年经济生产年龄人口绝对数量与上面预测相同，2000 年略有增加，可达 8.58 亿人；经济生产年龄人口占总人口的比例稍有降低，1985 年为 65.0%，1990 年为 68.4%，1995 年为 68.6%，2000 年为 68.8%。如果生育率再高一些，例如 20 世纪末全国人口总数控制在 12.8 亿人的预测，1985、1990、1995 年经济生产年龄人口绝对数量仍然与上面两种预测相同，2000 年又有所增加，可达 8.64 亿人；经济生产年龄人口占总人口的比例进一步降低，1985 年为 64.7%，1990 年为 67.3%，1995 年为 67.2%，2000 年为 67.5%。可见，尽管低、中、高不同生育率的预测经济生产年龄人口占总人口的比例有些差异，但比例大幅度上升的趋势则是相同的，2000 年可比目前提高 5% ~ 8%；尽管 2000 年经济生产年龄人口的绝对数量稍有不同，但各种预测 1999 年以前均是相等的，到 20 世纪末将比目前增加 2 亿多人。就是说，由目前我国人口年龄结构的特点所决定，无论经济生产年龄人口绝对数量或占总人口的比例，20 世纪内都将大幅度增长，并将一直增长到 2020 年左右。不过，2000 ~ 2020 年间增长的幅度很小，经济生产年龄人口的迅速增长主要是 20 世纪余下的 16 年间的事情。[①]

加快实现就业战略重点的转移

联系新中国成立 35 年来劳动就业实际，面对 20 世纪内经济生产年龄人口大幅度增长的趋势，为适应社会主义现代化建设发展需要，笔者以为，必须本着改革的精神对就业作出调整，尽快实现就业战略重点的转移。

第一，加快由以农业栽培为主向以多种经营和城镇工商业为主的就业战略重点的转移。

30 多年来，我国新增经济生产年龄人口就业一直以农业为主，直到 1982 年农业劳动者人数仍占全部社会劳动者人数的 71.6%。在农业劳动者中，直接从事各种作物栽培的劳动者又占 70% 以上，每年新增就业人口中

---

① 参见田雪原《论人口年龄构成变动和人口规划方案的选择》，《中国社会科学》1984 年第 2 期。

以农业栽培业劳动者的增加为最多。这在全国耕地面积变动不大的情况下，直接导致每一名农业劳动者平均负担耕地的减少：由 1949 年的 9.4 亩减少到 1982 年的 4.7 亩，33 年间刚好减少一半，在世界各国中属于农业劳动力平均占有耕地较低水平之列。它的一个明显的后果，是严重妨碍了农业特别是农业种植业劳动生产率的提高。1952 到 1982 年，全国粮食产量由 3278 亿斤提高到 7069 亿斤，增长 1.2 倍；而每个农业劳动者生产的粮食仅由 1893 斤增加到 2237 斤，增长 18.2%。在此期间，国民收入中来自农业部分由 245 亿元增加到 1893 亿元，增长 6.7 倍；而每个农业劳动者提供的净产值仅由 323 元增加到 399 元，仅增长 23.5%。每个农业劳动者负担的人口数没有变化，包括本人在内为 3.1 人。为什么会出现上述现象呢？最根本的一点是农业特别是农业栽培业劳动者迅速增加的结果。1952 到 1982 年，农业劳动者人数由 1.73 亿人增加到 3.2 亿人，增长 85%，从而造成粮食产量有很大增长，但每个农业劳动力生产的粮食增加不多；农业产值有很大增长，但每一名农业劳动者提供的农业净产值则增加很少。按照前面的分析，20 世纪内全国经济生产年龄人口将有一个较大幅度的增长，其绝对人数 2000 年将比目前多出 2 亿多人。如果仍然按照过去的做法一半以上增加到农业栽培业上来，即比现在再增加 1 亿多栽培业劳动力，势必引起每个农业劳动者平均负担的耕地面积的进一步缩小，农业栽培业劳动生产率的提高将进一步受到限制。显然，这是实现农业现代化所不能容许的，我们应当采取果断措施，不但保证每年新增劳动人口不再进入农业栽培业，而且应有计划有步骤地使农业栽培业劳动力转移一大部分出来。

实现这一转移的途径之一，是由农业栽培业转向多种经营。我国 144 亿亩土地中可耕地仅占 10% 多一些，草原面积占 33%，淡水面积占 2%，高原和山地（一部分为高山牧场）占 59%，具有发展林、牧、副、渔的很好条件。因此实现劳动力由农业栽培业向林、牧、副、渔多种经营的转移不仅有必要，而且有可能，我们应当运用各种经济杠杆加速这种转移过程。

实现农业栽培业劳动力转移的途径之二，是发展乡镇工商业，加快人口城市化发展进程。30 多年来我国工农业劳动者结构和人口的城乡结构发生不小的变化：1952～1982 年工业劳动者人数由占工农业劳动者人数的 6.7% 上升到 15.6%，农业劳动者人数由占工农业劳动者人数 93.3% 下降到 84.4%；与此相适应的是，市镇人口占全国人口的比例由 12.5% 提高到 20.8%，乡村人口占全国人口的比例由 87.5% 下降到 79.2%。但是与发达国家职业结构的演变和人口城市化的进程比较起来，我国的发展还不够快，其结构类型是比较落后的。事实上，一些发达国家在农业现代化过程中，以栽培业为主的农业劳动者不仅相对减少，甚至绝对数量也大为减少。1955～1975 年，美国农业劳动者人数由 673 万人减少到 338 万人，20 年中减少近一半；日本由 1768 万人减少到 661 万人，减少一大半；英国、法国、联邦德国等都发生了类似的情形。与这种就业结构的转移相呼应，人口城市化步伐大大加快起来，世界城市人口所占比例很快由 1950 年的 28.8%。提高到 1975 年的 39.3%。当前法国、联邦德国等国家农业就业人口占工农业就业人口的比例已经降低到 10% 以内，美、英等国更降低到 3% 以内，说明农业劳动力向非农业的转移和人口城市化的速度相当快。我们要解决现代化过程中因经济生产年龄人口猛增而带来的就业问题，加快农业劳动力向非农业转移过程，从根本上来说，则非走人口城市化的道路不可。在目前重点是发展小城镇，尽量多吸收一些农民进城自谋职业，繁荣城镇工商业，充分发挥城镇工商业对农村经济和农业现代化的促进作用。我们应制定一个科学的城市化发展战略。从我国实际情况出发，强调首先发展中小城镇，无疑是非常正确的。但不能把发展小城镇同发展大中城市对立起来，更不能认为一说大中城市也要获得一定发展就是走西方城市化道路。笔者认为，西方城市化的本质并不在于城市规模的大小，而在于它是剥削农民，使大批农民流入城市变成一无所有的无产者。我们进行人口城市化只是吸收农村多余的劳动力及其附属人口进城，目的是改变农村人口压迫生产力的状况，为了农业现代化，为了农民的根本利益。而从人口城市化发展的历史来看，大、中、小城市的发展也有一定的内在联系，长期只发展某一规模类型的城市是做不到的，只能做到以发展哪种规模的城市为主。事实上，小城镇有小城镇的作用，大中城市有大中城市的作用。特别是在即将到来的新的技术革命中，大城市除工商业基础较好外，科学、教育、技术、信息发达，在一个较大的经济区范围内起到中心城市的作用，而这是中小城镇所不能代替的。因此，为了加快乡村人口向城镇人口的转移，我们在强调人口城市化要以发展小城镇为主的同时，对大中城市也应适当发展，而不能采取不发展的方针。

第二，加快由以工农业物质生产部门为主向以非物质生产部门为主的就业战略重点的转移。

30 多年来，商业饮食服务业、科教文卫事业等非物质生产部门就业人数的增长远没有工业部门的快，再加上一半以上的新增劳动力就业于农业，这就造成了物质生产部门职工人数增加过多，占就业总人口的比例过高，而非物质生产部门职工人数增加过少，占总就业人口的比例过低，直到 1982 年仅占全部社会劳动者人数 10% 的局面。结果某些生产部门和企业本来人员已呈饱和状态还要继续加人，形成人浮于事、机构臃肿、生产效率不高。由于我国经济和科学技术水平不高，技术构成比较低，而技术构成越低吸收劳动者的弹性就越大，另一方面吸收的劳动者越多对采用新技术的排斥力越大，这就严重地堵塞了走内涵扩大再生产之路，以至于形成某些企业的技术装备 10 年、20 年一贯制。这是造成劳动生产率和经济效益不高的根本原因之一。

面对今后数十年内我国经济生产年龄人口还将大幅度增长的形势，就业战略重点应尽快由以物质生产部门为主转移到以非物质生产部门为主的轨道上来。从非物质生产部门来说，也确实需要吸收更多的劳动力人口就业。目前发达国家物质生产领域和服务行业就业人数之比达到 1∶1 左右，英国则达到 1∶1.5，美国更达到 1∶2.3，① 白领职工大大超过蓝领职工的数量。可见，加快由以物质生产部门为主向以非物质生产部门为主的就业战略重点的转移，不仅是解决今后新增经济生产年龄人口就业的需要，而且也是大幅度提高物质生产部门的劳动生产率，高速度发展国民经济的需要，更是现代化的一种发展趋势。

第三，加快由以提高就业率为主向以提高就业效益为主的就业战略重点转移。

就业率无论是就业人口占总人口的比率，即总人口就业率，还是就业人口占经济生产年龄人口的比率，即经济生产年龄人口就业率，都能直接反映出劳动力资源的利用程度，因而是研究劳动就业问题的一项重要指标。一般说来，一个国家就业率的高低主要由人口的年龄结构、国民经济发展水平、经济技术结构以及就业政策等因素决定，但具体分析起来，影响总人口就业率和经济生产年龄人口就业率的因素也有程度上的不同。

发达国家经济比较发展，就业手段比较充足，人口年龄结构大都步入成年型或老年型，经济生产年龄人口所占比例甚高，因而总人口就业率一般比较高，目前在 45% 左右。同时，这些国家教育发达，目前中小学入学率达 85% 以上，大学入学率达 20% 以上，经济生产年龄人口中有 25%～30% 的

---

① 这些国家的物质生产部门不包括交通运输和邮电，计算口径比我们略窄一些。

人在校接受大学、高中和相当于高中的职业教育，故经济生产年龄人口就业率比较低，一般在 75% 以下。发展中国家情况则相反，由于人口年龄结构比较轻，经济生产年龄人口所占比例比较小，总人口就业率比较低，目前一般在 35% 左右。又由于教育不够发达，经济生产年龄人口中在校接受教育的人数所占比例不大，经济生产年龄人口就业率就比较高，目前一般可达 85% 以上。随着经济和文化的发展，人口年龄结构由年轻型向成年型、老年型的转化，经济生产年龄人口所占比例的增大，总人口就业率则有上升的趋势，经济生产年龄人口就业率则有下降的趋势。各国经济和人口发展的历史表明，这是历史前进过程中一种必然的发展趋势。

我国 1953 到 1982 年总人口增长 76.9%，经济生产年龄人口增长 85.5%，而就业人口增长 109.3%，增长幅度最大，使得总人口就业率由 37.6% 提高到 44.5%，相当于目前发达国家的水平；经济生产年龄人口就业率同发展中国家相比较低，但高于发达国家。这种状况好不好呢？笔者认为要作辩证的分析。从一个方面来说，就业率高反映了劳动力资源得到比较多的利用，实现了比较充分的就业，体现了社会主义制度的优越性；从另外一个方面说，在这种比较充分就业的背后掩盖着劳动力的实际利用率不高，就业效益差的矛盾，又妨碍了社会主义优越性的发挥和经济机制的有效运转。1953～1982 年全民所有制工业总产值年平均增长 10.7%，职工人数年平均增长 6.6%，使得总产值增加额中有 61.7% 是依靠增加职工人数创造的，依靠劳动生产率提高创造的部分仅占 38.3%。分时期来看，除"一五"、1963～1965 年和"五五"三个时期总产值的增加主要靠的是劳动生产率的提高以外，其余各个时期 2/3 以上靠的是劳动者人数的增加，"二五"和"三五"期间还出现了劳动生产率的负增长。这就使得就业人数的大量增加，从而就业率的提高同就业效益低之间的矛盾明显地暴露出来。1953 到 1982 年全民所有制工业总产值增长 12 倍，而每一名职工创造的总产值仅增长 1.6 倍，就业效益长期徘徊不前，个别年份甚至出现下降的情况。这是造成多年来以增加劳动量外延扩大再生产为主，提高生产效率内涵扩大再生产受到抑制的一个方面的重要原因。我们要在不断提高经济效益前提下实现 20 世纪末工农业年总产值翻两番，在劳动就业问题上，必须尽快实现由以提高就业率为主向以提高就业效益为主的战略转移。实现这一转移的基本条件有两个：一是调整人口年龄结构，完成由年轻型向成年型的过渡。根据预测，如果 2000 年全国人口控制在 12 亿人左右，则 15～64 岁经济生产年龄人口占总人口的比例可由目前的 61.6% 提高到 71.0%，总人口就业率必然随着提高。为此就要继续使生育率有所降低，严格控制人口的数量增长，完成人口再生产类型的转变。二是要大力发展大学、高中和中等职业教育，使这部分人占经济生产年龄人口的比例有一个较大幅度的提高。1982 年我国高等学校在校学生人数为 115.4 万人，中等专业学校为 103.9 万人，普通高中为 640.5 万人，共计 859.8 万人，占该年经济生产年龄人口的 15%。今后上述教育如能获得较快发展，在校学生人数如能提高 5% ~ 10%，即在校学生人数占经济生产年龄人口的 20% ~ 25%，则经济生产年龄人口就业率可下降到接近目前发达国家的水平。因此，大力发展教育，适当增加教育投资和调整教育结构，不仅可以为四化建设输送合格的劳动力，保证人才的需要，而且可以大大减轻就业压力，降低经济生产年龄人口就业率，有利于向提高就业效益的战略转移。

人口和建设具有中国特色的社会主义[*]

我国是世界上人口最多的国家。人口状况怎样，对经济、科技、社会的发展影响很大，是研究建设具有中国特色的社会主义不容忽视的一个基本方面。本文着重从宏观发展角度，探讨其中最重要的几个问题。

人口、基本国情和发展速度、发展目标

我国历来以地大物博、人口众多著称于世。就国土面积而论，仅次于苏联和加拿大，大于美国和巴西。幅员如此辽阔，客观上形成大面积的高山、高原、丘陵、平原、盆地等各种复杂地形。地下埋藏着品种相当齐全的矿藏，为我们建立一个独立完整的社会主义经济体系提供了比较优厚的自然条件。然而联系到目前的 10 亿多人口，对这些条件就要作出具体的分析，并从这种分析中弄清我国的基本国情。

其一，相对 10 亿多人口说来，比较丰富的自然资源的人均占有量并不很高。如按 1982 年普查时全国人口为 10.32 亿人，国土面积为 960 万平方公里计算，每千人平均占有国土面积 9.3 平方公里，而同年苏联每千人占 83 平方公里，美国 40.3 平方公里，巴西 66.4 平方公里，加拿大 405 平方公里，我国只相当于他们的几分之一，甚至几十分之一。矿产资源中我国煤炭保有储量当居世界首位，约为美国的 2 倍，苏联的 2.7 倍，而人均占有量仅相当于美国的 45%，苏联的 70%。

其二，比较短缺的资源人均占有量。如目前我国人均耕地面积约为 1.5 亩，美国为 13.6 亩，苏联为 12.9 亩，巴西为 4.3 亩，加拿大为 26.7 亩，分别为我们的几倍甚至十几倍，人口多耕地少的矛盾相当突出。人均林木蓄积量我

———————————

*　该文发表于《中国人口年鉴 1985》。

们只相当于美国的 11.4%，苏联的 3.2%，相差很悬殊。

其三，新中国成立 35 年来国民经济有了相当巨大的发展。1949～1983 年按当年价格计算的国民收入由 358 亿元增加到 4673 亿元，增长 12.1 倍，年平均增长 7.8%，增长的速度不算慢；但由于同期人口由 5.42 亿人增加到 10.25 亿人[①]，增长 89.1%，人均国民收入年平均仅增长 5.9%，1983 年达到 458 元，在世界各国中属于低水平之列。

上述情况说明，虽然我国资源比较丰富，经济有了很大增长，但对于一个拥有 10 亿多人口的大国说来，我们的资源还不够充足，有些则颇感短缺，经济的发展水平还很低。人口多、底子薄构成基本国情中的主要特点，具有中国特色的社会主义要在这样的基础上建立起来。从这一基本国情出发，对人口多带来的利弊要作辩证的分析。一方面人口多准备了充足的劳动力，可以满足经济发展对人力数量的需要；另一方面对人口多的困难要有足够的估计，在发展速度和发展目标问题上要实事求是，审慎行事。

人口多带来的困难之一，是消费大。在正常情况下，消费额要占国民收入使用额的 70% 以上，这在经济发展水平不高的情况下，用在积累上面的资金是有限的，积累率不能过高。从实践上看，"一五"时期保持 24.2% 的积累率，生产发展迅速平稳，人们生活也得到较大的改善和提高：1963～1965 年积累率也比较低，生产和生活之间失调的关系得到调整，促进了国民经济的健康发展。而从 1958 年开始的三年"大跃进"，为了追求"赶超"一类的"高指标"，达到主观臆想的"高速度"，采取了脱离实际的"高积累"。积累率由 1957 年的 24.9%，很快提高到 1958 年的 33.9%，1959 年的 43.8%。结果"三高"搞上去了，群众的积极性却受到挫折，国民经济正常的比例关系遭到破坏，经济发展大起大落，到头来"三高"反倒成了"三低"。1962 年工农业总产值、国民收入额大体上仅相当于 1957 年的水平，积累率也下降到 10.4% 的低水平。我国是社会主义国家，我们发展生产的最终目的，就是为着满足人们日益增长的物质和文化的需要，首先是满足 10 亿多人口的消费需要。从人口多、底子薄的基本国情出发，在确定发展目标、发展速度时，一定要充分考虑到这种需要，不可忽视这种需要，脱离这种需要。积累、增长速度等项指标的确定要实事求是，量力而行，不可定得过高。

---

① 由于计算口径的需要，未包括台湾省以及香港、澳门特区的人口。

人口的数量控制和消费方式的选择

作为一定历史时期的总体人口，和作为最终产品的消费资料之间的比例关系，能够比较全面地反映出人口和经济发展之间的联系，是从人口角度研究建设具有中国特色的社会主义需要探讨的一个重要问题。

考察消费发展的历史和目前的消费状况，大致经历四个发展阶段：贫困、温饱、小康、富裕，富裕中又可分成一般富裕和超富裕。新中国成立前，我国广大劳动人民挣扎在死亡线上，处于贫困阶段。新中国成立后随着国民经济的发展，人民的生活逐步得到改善，最基本的生活资料得到保障，解决了温饱问题，目前大体仍处在温饱阶段。1952～1983年，按当年价格计算的居民消费额由434亿元增加到2939亿元，增长5.8倍，年平均增长6.4%。而人均消费水平由76元增加到288元，增长2.8倍，年平均增长4.4%，按不变价格计算年平均增长3.0%，比居民消费额增长速度慢许多。究其原因，最根本的是由原来"一穷二白"的基础所决定，生产力发展水平比较低，短期内不易改变。而同期全国人口由57482万人增加到102495万人，即增加消费对象45013万人，增长78.3%，不能不使人均消费水平的提高受到比较大的影响。还有一点值得注意的是，长期以来我们在经济建设上的一个指导思想是重速度、轻效益，高积累、低消费，重生产、轻生活，低工资、多就业，消费没有摆到应有的位置，客观上起到了抑制消费的作用。然而，生产、交换、分配、消费是再生产过程中不可分割的环节，是密切相连的。影响消费必然影响生产，也要影响交换和分配，经济发展的历史在实践上已经证明了这一点。因此，那种只重视生产忽视生活，只重视积累轻视消费的观点是不足取的。它不仅同社会主义生产的目的相违背，而且也不能发挥消费对国民经济发展的促进作用。

党的十一届三中全会以来，在经济调整和改革的带动下，消费资料生产获得较快发展，居民消费水平有了明显的提高。1978～1983年居民消费额由1673亿元增加到2939亿元，5年中间增加了1266亿元，年平均增长速度达到11.9%（按当年价格计算），为新中国成立以来增长最快的时期之一。近年来也有人主张突出消费，走高消费道路。笔者以为这是值得商榷的，不大现实的。如前所述，我国自然资源一般说来还比较丰富，但有些质量不高，有些则不够丰富。按人口平均的占有量很低，必须精打细算地科学使用，不容许采取高消费、高浪费的做法。对于消费资料生产的增长和消费额的增加，对人口的增长都要作出实事求是的估量。新中国成立以来居民消费额有了不小的增长，用可比价格计算的同工农业总产值、国民收入增长速度的比较，如表1所示。

由表1看出，居民消费额年平均增长速度同国民收入相当接近，1953～1983年居民消费额年平均增长速度仅高0.1%，1979～1983年也仅高0.1%，可视为同步增长。同工农业总产值增长速度相比，差距大一些，其中差距最小为1979～1983年，仅差0.7%；差距最大为"二五"时期，相差3.9%。但无论何时，居民消费额均没有达到同工农业总产值同步增长的情况，1953～1983年年平均增长率相差1.9%。考虑到未来经济调整和改革的进行，经济关系进一步理顺，经济效益提高以后，居民消费额同工农业总产值增长速度之间的差距有可能缩小。我们以同步增长为上限，以1953～1983年相差1.9%为下限，以1979～1983年相差0.7%居中，以1980年居民消费额2223亿元为基期，按工农业总产值翻两番，年平均增长7.2%的要求，预测出2000年时居民消费额上限同步增长可达8892亿元，居中可达7833亿元，下限可达6245亿元。

表1　1953～1383年居民消费额、国民收入、工农业总产值年增长比较

单位：%

时　　期	居民消费额年增长	国民收入年增长	工农业总产值年增长
"一五"时期	9.2	8.9	10.9
"二五"时期	-3.3	-3.1	0.6
1963～1965	14.4	14.7	15.7
"三五"时期	8.3	8.3	9.6
"四五"时期	5.1	5.5	7.8
"五五"时期	5.7	6.1	8.1
1953～1983	6.3	6.2	8.2
1979～1983	7.2	7.1	7.9

资料来源：《中国统计年鉴1984》，中国统计出版社，1984。

关于人口会怎样增长，要特别注意下述三个方面的情况。

一是生育率经过过去10多年的降低已经降到比较低的水平，自然增长率由1972年的2.22%，下降到1983年的1.15%，几乎降低一半，这在世界

人口发展史上是少见的，在发展中国家已属于较低水平，今后继续大幅度下降变得困难了。一些人口自然增长率下降到 1.0% 以内甚至接近零增长的地区，生育率继续下降的余地变小了。

二是受 20 世纪 60 年代中期至 70 年代初期生育高涨形成的人口年龄结构的影响，从 1986～1995 年前后为一个潜在的生育高涨期，平均每年新进入婚育年龄的人数在 1100 对以上，生育率的降低十分困难。

三是人口城乡结构比较落后。1983 年市镇总人口占全国人口的 23.5%，乡村总人口占全国人口的 76.5%，在一个比较长的时间里乡村人口生育率将高于市镇，使生育率的降低变得困难。

此外，人口的文化素质不够高，生育率高的边远山区和少数民族地区又不大容易降下来，都不利于人口的数量控制。如以 1983 年全国人口 10.25 亿人为基期，若年平均增长 0.93%，则 2000 年全国人口为 12.0 亿人；若年平均增长 1.17%（相当于 1983 年水平），则 2000 年全国人口为 12.5 亿人，若年平均增长 1.32%，则 2000 年全国人口为 12.8 亿人。据此，20 世纪末人均居民消费额在 500 元～700 元之间，居中水平即人口按 12.5 亿人和居民消费额增加到 7833 亿元的预测，人均居民消费额可达 627 元。比 1980 年的 227 元增长 1.8 倍，比 1983 年的 288 元增长 1.2 倍。即使如此，居民的消费水平的提高也是有限度的，只能达到舒适实用，而谈不上豪华，即小康水平。有鉴于此，从经济和人口发展的实际出发，在消费方式的选择上，低消费、限制消费固不可取，西方高消费、高浪费的道路也是走不通的，而只能采取有指导的适度消费的方针。

人口素质的提高和经济技术结构

人口素质指人的身体素质和思想文化素质而言，包括健康状况、预期寿命、智力、知识、技术、教育、传统、道德等。这些方面既有区别，又有联系，这里主要从人口文化素质的提高探讨对经济技术结构变动的影响。

我国目前的经济技术结构状况，按各种技术部门劳动者人数多少划分，从事高技术新兴产业部门的劳动者人数最少，从事比较先进和中间技术传统部门的劳动者人数次之，从事手工劳动和半机械化部门的劳动者人数最多，从高到低形成典型"金字塔"状。这种状况在现代化过程中肯定要发生变化，决定这一变化的条件，一是现有的经济技术基础，二是人才条件，即人口文化素质的提高。

我国高技术及其带头产业必然有一定的发展。当前，以微电子技术为主要标志的世界新的技术革命正以前所未有的速度和规模迅速地发展起来，得到广泛的应用，改变着传统的生产和生活方式。发达国家不但大力发展与新技术革命相适应的产业，而且用这些最新的技术成果去改造钢铁、汽车、纺织等传统产业，进行"再工业化"，努力降低成本，增强竞争能力，使传统的"工业沟"加深。因此，如果我们不发展微电子等高技术，不建立电子、新材料、新能源等新兴产业，不仅在信息革命中不能摆脱落后的局面，而且有拉大传统工业技术差距的可能，就不能实现具有现代化水平的中国特色的社会主义。那么，我们有没有可能做到呢？回答是肯定的，政治和经济方面的有利条件且不论，在人口方面也是具备这一条件的。

对我国人口的文化素质现状需作辩证的分析。一方面就总的状况来说，人口的文化水平不够高，另一方面新中国成立35年来已经有了很大的提高，而且由于拥有10亿多人口，各种专门人才占总人口的比例比较低，但其绝对人数则相当可观。1983年全民所有制单位自然科学技术人员数达到685.19万人，其中工程技术人员280.23万人，农业技术人员40.47万人，卫生技术人员193.41万人，科学研究人员32.81万人，教学人员138.27万人，加上集体所有制单位39.24万人，总计自然科学技术人员达到724.43万人，是一支数量不小，具有相当基础科学水平，具有一定攻坚能力并在数学、材料科学、生命科学、天文学、地理学和某些新兴技术能够站在前沿阵地和领先地位的队伍。这支队伍的后备力量更为雄厚，1983年全国在校大学生为120.7万人，中等专业学校为114.3万人，普通中学为4397.7万人，三者相加达到4632.7万人。从发展观点看，今后的潜力很大。因此，只要目标明确，政策对头，组织得当，这支队伍可以在攻克高技术和建立新兴产业中有所作为，作出贡献。

同时我们也要看到，现阶段我们的主要立足点还不能放在高技术及其相应的产业上。这不仅由目前我国经济技术的落后状况所决定，由科技要与经济、社会协调发展，把促进经济发展作为首要任务的基本方针所决定，而且也为人口文化素质比较低的基本状况所决定。1983年自然科学技术人员724.43万人只占全国总人口的0.71%，120.7万人在校大学生平均每万人中只有11.8名，具有各种专门技术的人才毕竟太少了。而作为专门人才基础的总人口的文化水平比较低，又是决定社会经济技术结构的基础。一般地说，在传统工业中受过高等教育的专门人才要占职工总数的 2% 左右，熟练工人要占将近一半；而在现代化的工业企业中，受过高等教育的专门人才要占 30% 左右，熟练工人所占比例也有所升高，对职工技术水平的要求大大提高了。我国职工情况怎样呢？据典型调查材料表明，职工中受过高等教育的约占 3%，受过高中和中等教育的约占 16%，受过初中和小学教育的约占 73%，未受过教育的约占 8%，显然同现代企业的要求相差甚远。因此，从人口和职工的文化程度状况来看，高技术和新兴产业不可能发展过多、过快，而作为目前和今后较长一段时间内国民经济主体的农业，以及矿山、机械、钢铁、水泥、纺织、造船等，只能随着企业的不断改造采用适合我国情况，特别是人才情况的比较先进的技术，有些则只能采取中间技术，20 世纪末达到发达国家 70 年代末 80 年代初的水平。而这些部门的状况，构成国民经济技术结构中的基础，形成经济技术结构的主体。

由于目前占社会劳动者人数 70% 的农业劳动力还处在以手工劳动为主的状态，工业和运输业中的某些企业和环节，商业和服务行业一些部门手工劳动还占有相当的比重，半机械化劳动大量存在，短期内都提高到机械化、自动化水平是办不到的。从人口文化素质因素考察，目前全国尚有 2.3 亿左右 12 岁以上的文盲和半文盲，这是影响技术进步的一个重要因素。尤其值得注意的是人口的智力结构很不合理，现在总人口中具有大学、高中、初中、小学文化程度人口之比约为 1：11：30：59，呈典型"金字塔"状。大、中、小学在校学生人数之比为 1：42：124，也呈典型"金字塔"状，而且"塔基"更为庞大。人口文化的这种"金字塔"结构对应于"金字塔"的经济技术结构，要想改变经济技术结构"金字塔"，首先要改变人口文化结构"金字塔"，即努力扫除文盲，发展中等和中等专业教育，而且高等教育要有成倍的增长。显然，这绝不是短期内所能奏效的。在提高人口文化素质和改变人口文化结构的比较长的时期里，例如到 20 世纪末或者再长一些时间，高技术和新兴产业应努力发展，但不可能构成经济技术结构的主体；应用先进技术和中间技术建立和改造传统产业，可能迅速上升，而以手工劳动为主的部门和产业则会逐渐减少，使三角形经济技术结构逐渐立起来，变成"导弹型"。要使高技术和新兴产业占主导地位，落后技术大大缩小，使"导弹型"变成上下直立的圆柱形，甚至倒三角形，则必须花费更长的时间才有可能做到。

人口年龄结构变动和
宏观经济发展问题研究[*]

人口对经济、科技、社会发展的影响，随着 1978 年 7 月世界人口闯过 50 亿大关，越来越引起人们的普遍关注。在我国，由于人口多、底子薄构成基本国情中的最主要特点，人口对发展影响的研究显得更为重要。然而人口除数量、素质这些基本的方面以外，人口的年龄构成是一个容易被忽略、却颇值得重视的重要因素，应当开展广泛深入的研究，本文力图从分析我国人口年龄结构变动入手，对影响国民经济发展的最重要的几个问题，作出一些探讨。

中国人口年龄结构变动回顾和展望

人口年龄结构的变动，是由历年出生人数依次加入总体人口，年龄别死亡人数分别退出总体人口，移入和移出人数按其年龄加入或退出总体人口三个基本因素决定的。不过就我国的具体情况而言，移入和移出人数不多，影响人口年龄结构变动的，主要是出生人数和死亡人数决定的。考察 1949 年新中国成立以来的人口出生和死亡的变动情况，出生率除 1958～1961 年特殊时期外，整个 50 和 60 年代保持在 32‰～43‰的高增长率。进入 70 年代以来显著降低，由 1969 年的 34.11‰下降到 1979 年的 17.82‰，10 年间下降近一半。80 年代开始有升有降，大致在 18‰上下波动。人口死亡率除 1958～1961 年特殊时期外，总的趋势是下降的，并在 70 年代以后基本稳定在 6‰～7‰的水平，年龄别死亡率总的趋势也是下降的，尤以婴儿死亡率下降最为明显。出生和死亡的这种演变，直接决定着总体人口年龄结构的变

　＊　本文发表于《中国人口科学》1978 年第 1 期。

动。以 1953 年、1964 年、1982 年三次普查为例,年龄结构演变的趋势如图 1 所示[①]。

图 1 表明,1964 与 1953 年人口年龄金字塔比较显得更为年轻化:0~14 岁人口占总人口的比例由 36.3% 上升到 40.4%,15~64 岁比例由 59.3% 下降到 55.9%,66 岁以上比例由 4.4% 下降到 3.7%。这种年轻化的趋势持续到 70 年代初期。1982 与 1964 年人口年龄金字塔比较则变化很大:金字塔底部明显收缩进来 10 多个年龄组,0~14 岁人口所占比例下降到 33.5%;成年人口中除 35~39 岁和 40~44 岁所占比例略有下降外,15~64 岁人口比例上升到 61.6%;金字塔顶端加厚起来,65 岁以上人口所占比例上升到 4.9%,人口年龄结构开始向着老龄化方向发展。

迄今为止,人口学家关于按年龄构成区分的不同人口类型的标准,不尽统一。较早的瑞典人口学家桑德巴的"三分法",老年人口比例是以 50 岁为起点计算的。其后波兰人罗塞特提出 60 岁以上作为老年人口年龄起点,并细分为接近老年型、开始老年型、完全老年型的不同比例。联合国规定的标准是二重的:年轻型为 65 岁以上人口占 4% 以下,或 60 岁以上占 7% 以下;成年型为 65 岁以上占 4%~7%,或 60 岁以上占 7%~10%;老年型为 65 岁以上占 7% 以上,或 60 岁以上占 10% 以上。近年来,一些人口学家以 65 岁以上老年人口比例 5% 以下、5%~10% 和 10% 以上作为划分三种类型的标准,日本大学黑田俊夫则提出 65 岁以上老年人口比例 7% 以下、7%~10% 和 10% 以上的新标准,以适应当今人口老龄化发展的客观形势。笔者以为,从我国人口年龄构成的实际情况出发,参照国际上的一些划分标准,目前我国人口年龄结构处于年轻型末期与成年型初期之间,其基本特征是:一方面年轻人口所占比例大,1982 年普查年龄中位数只有 22.9 岁,具有较强增长势能;另一方面人口老龄化态势已初步形成,将以比较快的速度达到老龄化较高水平。未来总体人口年龄结构的变动,参见表 1[②]。

表 1 表明,至 2040 年以前 0~14 岁少年人口比例是逐步下降的,中位预测下降 19.3%,比 1982 年普查时降低 14.2%。15~64 岁成年人口所占比例先升后降:中位预测由 1982 年的 61.6% 上升到 2010 年的 71.4%,然后下降到 2040 年的 63.3%。65 岁以上老年人口所占比例逐步上升,中位预测由

[①] 《中国统计年鉴 1986》,中国统计出版社,1988;《中国 1982 年人口普查资料》,中国统计出版社,1985。

[②] 参见田雪原主编,邬沧萍、鲁志强副主编《2000 年的中国人口和就业》1985。

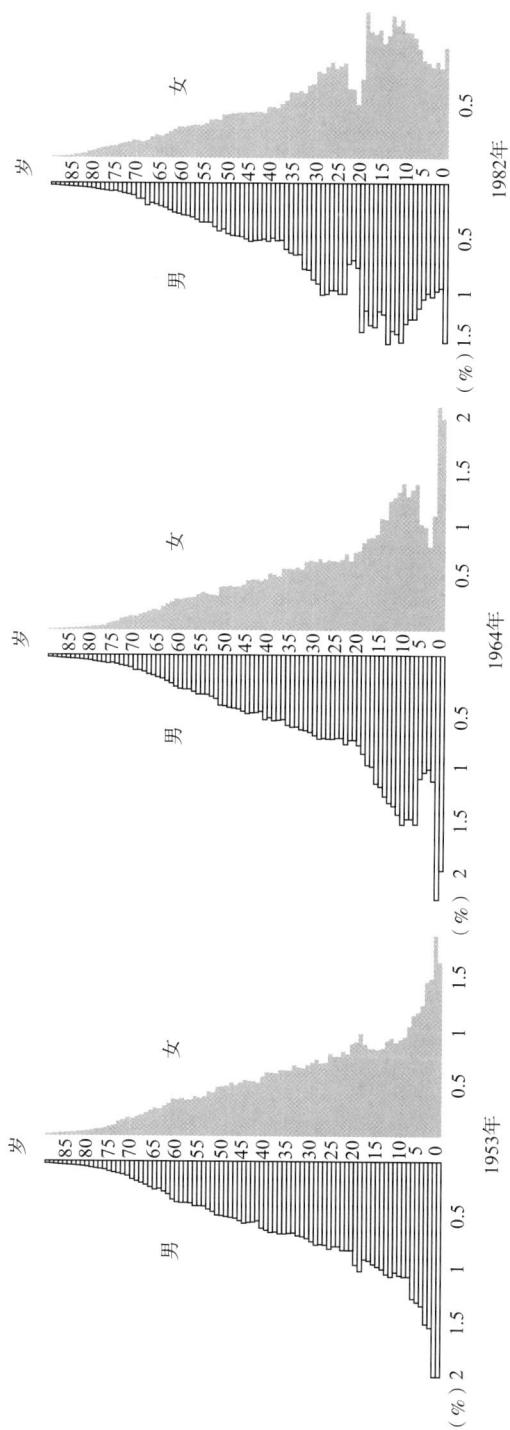

图1 全国人口年龄构成

1982 年的 4.9% 上升到 2040 年的 17.4%，上升的幅度很大，老龄化发展比较迅速。

表 1　总体人口年龄结构变动预测

单位：%

年　份	低位预测			中位预测			高位预测		
	0～14岁	15～64岁	65岁以上	0～14岁	15～64岁	65岁以上	0～14岁	15～64岁	65岁以上
1990	24.6	69.6	5.8	26.0	68.4	5.6	27.1	67.4	5.5
2000	21.9	70.9	7.2	24.3	68.8	6.9	25.7	67.5	6.8
2010	20.1	71.7	8.2	20.7	71.4	7.9	21.2	71.2	7.6
2020	19.8	69.0	11.2	20.8	68.6	10.6	21.5	68.3	10.2
2030	19.2	66.4	14.4	20.1	66.4	13.5	20.6	66.5	12.9
2040	19.3	61.9	18.8	19.3	63.3	17.4	19.5	64.0	16.5
2050	20.1	62.6	17.3	20.5	63.5	16.0	20.8	63.9	15.3

　　研究人口年龄结构变动固然首先应着眼于总体人口，但城乡之间、不同地区之间年龄结构上的差异，也应受到重视。1982 年普查，全国 0～14 岁人口所占比例以乡村为最高，占 35.37%；其次为镇，占 28.31%；市最低，占 26.01%。15～64 岁成年人口所占比例则倒了过来：市、镇、县分别为 69.31%、67.48%、59.63%。65 岁以上老年人口所占比例，依次为县占 5.00%，市占 4.68%，镇占 4.21%。这是就全国市、镇、县总水平说的，就个别情况而言，最大城市上海市老年人口比例当居榜首，北京市和天津市也名列前茅。从地区人口年龄结构的差异上看，年龄中位数可以反映人口老化或年轻化的程度，1982 年普查的情况是：全国为 22.91 岁，最高的上海市为 29.23 岁，其次北京市为 27.20 岁；最低的宁夏为 18.42 岁，其次青海为 18.54 岁。[①] 大体情况是：人口密度较高、出生率下降较快的地区，老年人口所占比例相对高，年龄中位数偏高，人口密度较低、出生率下降较慢的地区，年轻人口所占比例相对高，年龄中位数偏低。这就形成了大致同人口的地理分布相对应的年龄构成上的差异：自西北向东南年龄中位数、老年人口所占比例逐渐增高，人口老龄化程度呈阶梯式分布。

_____

　　① 《中国 1982 年人口普查资料》。

生产年龄人口变动和就业发展战略

人口年龄结构变动对宏观经济发展的影响，首先是经济生产年龄人口的变动对就业发展战略的影响问题。因为从人口角度说，生产年龄人口比少年人口、老年人口都多，所占比例最大；只有这部分人才真正是生产者和消费者的统一，他们不但生产自身消费的财富，还要生产少年人口和老年人口消费的财富，在总体人口中是处于核心和支配地位的人口。从经济角度说，生产同交换、分配、消费比较起来不能不居于首位，不仅决定着可供交换、分配、消费的物质内容，而且决定着交换、分配、消费的性质和方式。因此，就业主要作为一端把人口中的核心部分同另一端生产这个关键环节联系起来，体现着人口和国民经济发展之间关系的实质。其发展战略的确立，显然必须顾及这两个方面的情况。

未来 15 ~ 64 岁生产年龄人口的变动趋势已如上述，以中位预测为例，所占比例一直要上升到 2010 年左右。其绝对人数的增长时间还要长一些，可由 1985 年的 6.83 亿人增加到 1990 年的 7.65 亿人，2000 年的 8.58 亿人，2010 年的 9.56 亿人，到 2015 年达到最高峰值时可达 9.80 亿人，然后缓慢下降，2020 年下降到 9.77 亿人，2040 年下降到 9.30 亿人。即在未来的 30 年内生产年龄人口，从而劳动力的数量是要大幅度增长的，大致比目前增加 3 亿人。其后生产年龄人口数量虽有减少，但在 2015 年以后的又一个 30 年内，也保持在 9.3 亿人以上，比 1985 年多出 2.5 亿人。生产年龄人口如此迅速膨胀，从供给方面给劳动就业施加巨大影响，提出了新的课题。考虑到社会主义现代化建设发展的需要，在发展战略上，应当着力实现就业战略重点的转移。

首先，实现由以农业栽培业为主向以多种经营和城镇工商业为主的就业战略重点的转移。30 多年来，我国新增人口就业一直以农业为主，农业中又以农业栽培业为主。党的十一届三中全会以来这种状况虽然有所改变，但直至 1985 年从事农、林、牧、渔、水利业的劳动者人数超过 31187 万人，占全部社会劳动者人数 49873 万人的 62.52%。其结果是农业特别是农业栽培业劳动生产率低，每个农业劳动者占有的耕地面积大量减少，1982 年比 1949 年减少一半，目前进一步减少。粮食总产量增加很多，每个农民生产的粮食却增加不多；农业产值增长不算慢，每个农业劳动者提供的净产值总的看来增长不快。按照前面的中位预测，2000年15~64岁生产年龄人口将比1985年增加1.75亿人，2010年增加2.73亿人，如像过去那样主要都面向农业，一半以上面向农业栽培业，无论如何也是行不通的。我们应当做到使每年新增加的生产年龄人口不再进入农业栽培业，并应有计划地转移一部分出来。转移的途径之一，是栽培业向多种经营的转移。我们具备这样的条件：144亿亩土地中高原和山地（一部分为高山牧场）约占59%，盆地和平原约占30%，丘陵约占9%，淡水面积约占2%，具有发展林、牧、副、渔的良好条件。转移的途径之二，是发展乡镇工商业，加快人口城市化的进程。近年来江浙一带乡镇工业蓬勃发展，提供了新鲜的经验，说明不仅是一部分农民先富起来的重要途径，而且也是实现农村劳动力转移的有效方式。事实上，一些发达国家在农业现代化过程中，以栽培业为主的农业劳动者不仅相对减少，甚至绝对数量也大为减少。1955~1975年美国从事农业的劳动者人数减少近一半，日本减少一半多，其他发达国家也都经历了这一过程。目前法国、联邦德国等国家从事农业人口的比例已下降到不足10%，美国、英国等更下降到占3%以下，农业人口转移仍在加速进行着。我们要解决未来大量新增人口就业问题，非走人口城市化的道路不可，目前要大力发展小城镇，繁荣城镇工商业。

其次，实现由以工农业物质生产部门为主向以非物质生产部门为主的就业战略重点的转移。多年来，我国商业饮食服务业、科教文卫等非物质生产部门就业人数的增长不快，加上一半以上新增生产年龄人口进入农业，这就造成了物质生产部门职工人数增加过多，所占比例过高，而非物质生产部门职工增加过少，所占比例过低的局面。结果某些生产部门和企业本来人员已经饱和还要继续加人，形成人浮于事，生产效率不高。而这种效率不高的技术构成比较低的企业，吸收劳动者的弹性较大，似乎可以凭着主观意志随意增加人。这样做的结果又严重地妨碍了新技术的采用，堵塞了走内涵扩大再生产的路子。这种状况必须改变，今后大量新增生产年龄人口就业主要不应面向生产，而应面向服务行业，面向第三产业。这也是现代化发展的必然趋势。当前发达国家物质生产领域与服务行业就业人数之比达到1:1左右。英国达到1:1.5，美国达到1:2.3，"白领职工"大有超过"蓝领职工"之势。面对今后数十年内我国生产年龄人口大幅度增长的态势，实现向以非物质生产部门为主的就业战略重点的转移，不仅是解决新增生产年龄人口就业的需要；也是提高物质生产部门劳动生产率和高速度发展国民经济的需要。

再次，实现由以提高就业率为主向以提高就业效益为主的就业战略重点的转移。长期以来，我国实行的是低工资、多就业的政策，一方面高就业反映了劳动力资源得到比较多的利用，实现了比较充分的就业；另一方面又暴露出高就业背后劳动力实际利用率不高，就业效益比较差的矛盾。以全民所有制工业总产值的增长为例，"一五"、1963～1965年和"五五"三个时期产值的增加主要是依靠提高劳动生产率取得的，"二五"、"三五"和"四五"时期主要都是依靠增加劳动者人数取得的，"二五"、"三五"时期还出现了劳动生产率的负增长。这是造成多年来以增加劳动量外延扩大再生产为主，提高生产效率内涵扩大再生产受到压抑一个方面的重要原因。鉴于未来二三十年内生产年龄人口还有一个猛增的过程，就业压力有增无减，就业率和就业效益的矛盾将更为突出。总的指导思想二者应当兼顾，针对以往更多强调充分就业，不同程度的忽视就业效益的倾向，在战略上有一个向着以提高就业效益为主的转变问题。在充分就业、比较充分就业、合理就业、不充分就业等战略抉择中，笔者倾向于比较充分就业和合理就业。即在保证就业效益不断提高，至少是保证不降低的条件下，尽量扩大就业面，达到尽可能比较充分的就业。不顾效益与否只是一味地强调充分就业，或者无视生产年龄人口猛增的事实片面强调就业效益，都是同我国人口年龄结构变动和现代化发展的客观要求不相协调的。

老龄化趋势和老年社会保障制度改革

研究人口年龄结构变动和宏观经济发展战略问题，除生产年龄人口和就业发展战略之间的关系值得重视外，老年人口变动和老年社会保障问题的研究，是值得高度重视的又一个方面的问题。前面三种预测中老龄化程度不尽相同，但在未来的60多年内老年人口绝对数量是相等的，因为这些人已按年龄分布于0岁组以上各年龄组，只要每年扣除年龄别死亡人数并作人口年龄推移，便可得到每年的老年人口的绝对数量。如果以1982年普查65岁以上老年人口0.5亿人为起点，28年后即2010年可翻一番，将超过1亿人；再过20年后再翻一番，2030年可达2亿人；到2040年达到最高峰值时可达2.6亿人，即比1982年净增2亿老年人口。还应提出的是，不仅总体人口老龄化程度迅速加深，而且老年人口中超高龄化，或者老年人口的进一步老龄化发展也颇为迅速。这里笔者应用人口年龄中位数的计算公式：

$$X_{md} = X_i + \frac{\dfrac{\sum P_x}{2} - \sum_0^{md-1} C_X}{P_{md}} \cdot d$$

计算出老年人口的年龄中位数，中位预测 60 岁以上老年人口年龄中位数的变动，可从 1982 年的 67.6 岁提高到 1990 年的 67.7 岁，2000 年的 68.3 岁；2000 年后略有下降，2010 年可下降到 68.2 岁，2020 年下降到 67.9 岁，2030 年下降到 67.8 岁；2030 年以后迅速上升，2040 年可上升到 69.7 岁，2050 年可上升到 70.4 岁。不言而喻，老年人口年龄中位数的变动主要是受历史上出生人口数量，尤其是 20 世纪 60 年代中期至 70 年代初期生育高潮的影响。当这部分人还未达到老年人口较高年龄组时，老年人口年龄中位数偏低；而当这部分人进入老龄较高年龄组，老年人口年龄中位数便跟着提高上来。老年人口年龄中位数的这种变动趋势，亦即老龄化的超高龄化发展，是研究老龄问题时需要引起注意的。因为老年人口中处于中位数以下的一半人口和处于中位数以上的一半人口，在体力、智力和活动能力上是有着明显差别的，因而其生活的自理程度也是有着明显差别的，是解决老龄问题时必须考虑的问题。

老龄化是世界人口发展的一种普遍趋势，它是经济、科学技术进步，人类寿命延长的一种进步标志。不仅如此，从人口再生产角度说，一定程度的老龄化是人口由增长型向稳定型、稳态型过渡所必需的，是实现长期人口规划目标必经的阶段，我们应取积极的态度。但不能因此而忽视老龄化及其所带来的问题。相反，面对我国人口老龄化及超高龄化发展趋势，必须审慎对待，妥善地解决未来多出四五倍的老年人口衣、食、住、行、劳动、学习、医疗、婚姻、娱乐、交往等各种问题。而在这些问题中，老有所养是第一位的，是解决全部老年人口问题的基础。

老有所养是贯穿每一个老年人后半生始终的一个基本问题。在时间上，从进入老年期到生命完结，都必须有所养；在空间上，不分性别、民族、种族、城乡、地区分布，每一个老年人都要有所养，是老年人口生命延续和一切活动的基础。特别是从我国实际情况看，目前经济发展水平和消费水平不高，在饥饿、温饱、小康、富裕四个阶段中处于温饱阶段，20 世纪末只能达到小康水平，21 世纪三四十年代水平也不可能很高，决定了今后较长一段时间内，解决全部老年人口的老有所养仍旧是当务之急。

当前，我国的养老方式可以粗略地划分成两大类：一类包括国家机关、国营企业、多数城镇集体所有制企业和少数农村集体所有制企业职工在内的定期领取离退休金制度；另一类是多数农民、城镇个体手工业者和少数集体所有制企业职工无离退休金待遇，主要依靠子女抚养和社会救济。这两类人员所占的比例，按现在在业人员划分，前者约占30%，后者约占70%。无疑，约有30%的社会劳动者能够拿到离退休金，使老年生活有了可靠的保证，拿不到离退休金的人确有困难也可以得到某种照顾，对比旧中国广大劳动人民挣扎在死亡线上，老年生活更无保障，有着天壤之别，是巨大的社会进步。然而现行社会保障制度存在的问题，同人口年龄结构加速走向老龄化的矛盾，也是很突出的。主要是，一是同离退休金猛增的矛盾。1952年全民所有制单位支付的劳保福利费为9.5亿元，相当于工资总额的14.0%；1985年上升到266.8亿元，33年间增长27.1倍，占工资总额的比例也提高到25.1%。职工劳保福利费中包括丧葬、医疗、困难补助等项内容，但离退休费所占比例最大，1985年占42.1%。今后随着人口老龄化的加速到来和离退休人数的大量增加，每个职工离退休费用水平的提高，有关方面预计国家支付的离退休金2000年将比目前增长2倍以上，2030年将比2000年再增长10倍，占工资总额的比例也将上升很快，形成难以支付的巨大财政压力。一般认为，支付老年人口的费用占国民收入的25%为"警戒线"，超过这个"警戒线"将给国家财政和经济发展造成严重困难，西欧、北欧的一些国家就是前车之鉴。二是同经济技术进步的矛盾。当前一般由职工所在单位支付离退休金，这对于那些职工队伍老化、设备老化、产品老化的企业来说，是一个沉重的负担，严重地阻碍着固定资产更新和技术进步。同时就全社会来说，职工个人不付任何费用便能领到离退休金的老年保障制度，不利于个人储蓄和国家集资，妨碍扩大投资和改进技术。三是不利于缩小城乡差别，特别是相对说来生活上保障程度更低一些的乡村老年人口，老有所养问题更多一些。四是不利于计划生育和控制人口的增长。因为多数劳动者尤其是广大农民没有老年生活保障，难解缺儿少女的后顾之忧，多生多育、养儿防老也就成了他们的一种办法。五是同家庭小型化的矛盾。我国有着敬老、养老的传统，目前三代人的养老式家庭仍占有很大比重。但是随着商品经济的发展，职业变动和人口流动的增加，传统观念的改变，老年夫妇户、孤寡老人户比例上升，老年社会保障亟待加强。

解决上述矛盾的根本出路，在于明确我国老年社会保障的基本方针，积极推进改革。在战略上，笔者以为，一方面要发扬中华民族尊老、爱老、养老的优良传统，发挥传统养老方式的作用；另一方面要随着经济的发展，逐步实行对全体老年人口的社会保险，改革老年社会保障制度。方向是在达到退休年龄前二三十年，最好是从一个人一走上工作岗位就开始，由个人、所在单位和国家三方集资设置老年年金，待年老退休时专款发给。这是一项相当细致、极其复杂的工作。美国从罗斯福执政设置老年年金，中间经增设遗嘱年金和伤残年金，补充随工资和物价浮动的规定，用了几十年的时间才完善起来。我们要赶在比较严重的人口老龄化到来之前完成这项工作，就要从现在起着手改革，及早制定方略，贯彻实施。

从属年龄比变动和经济发展速度

考察人口年龄结构变动对宏观经济发展的影响，每个生产年龄人口负担的未成年和老年人口之比，即从属年龄比的变动是一个很重要的问题。前面的预测表明，15～64 岁生产年龄人口所占比例将一直上升到 2010 年左右，然后才缓慢下降，它的一个直接结果是人口从属年龄比的降低，直至 2010年以后才略有提高。以中位预测为例，从属年龄比的具体变动情况是：1982年为 62.3%，1990 年为 46.2%，2000 年为 45.3%，2010 年为 40.1%，2020 年为 45.8%，2030 年为 50.6%，2040 年为 58.0%，2050 年为 57.5%。这种情况表明，尽管未来老年人口绝对数量增加比较迅速，老年人口比例上升也比较快，但它抵不过少年人口数量的减少和所占比例的降低，从而导致人口从属年龄比的下降。21 世纪一二十年代后从属年龄比虽有回升，但直至 2040 年老龄化最严重、从属年龄比回升最高水平时，也只有 58.0%，还略低于目前的实际水平。

这是一个颇为引人注目的人口年龄结构的变动趋势，它对研究人口和经济发展之间的关系提出了一个重要的问题，即怎样估量从属年龄比降低对国民经济发展的影响。当前，学术界对这个问题的观点不尽一致，但几年来笔者一直坚持认为，我国面临的人口从属年龄比的大幅度降低，为国民经济发展提供了人口方面的有利条件，总的说来利大于弊，是人口年龄结构变动的"黄金时代"，我们应抓住这一有利时机，把经济的发展速度搞得更快一些。为什么这样说呢？首先，人口从属年龄比的大幅度下降是伴随着人口老龄化的加速到来而发生的，说明少年人口绝对数量的减少和所占比例的下降更为迅速，因而国家每年用于未成年人口的消费可以大大节约一笔出来。据估计，1990 年以后每年可以减少 100 亿元以上，未来二三十年内将节约几千亿元，是一笔相当可观的数目。毫无疑问，这笔资金如用在发展生产、改进技术装备上，将对实现 20 世纪末工农业总产值翻两番和加速四化进程，起重要作用。

其次，对生产年龄人口的大幅度增长，也要作历史的和辩证的分析。就一方面说，鉴于目前和今后一段时间内就业压力大，以至于不得不加快就业战略重点的转移，扩大就业与提高就业效益的矛盾仍很突出，今后生产年龄人口最好不再继续增长，如能减少一些更好。然而由目前我国人口年龄构成比较轻，具有较强增长势能的基本态势所决定，未来二三十年内总人口要继续增长，生产年龄人口要增长更快一些，已成不可逆转之势。我们所能做到的，只有通过降低生育率减慢总人口的增长速度，因而也就减少了生产年龄人口的数量和比例上升的程度。所以，我们在大力控制人口数量增长的同时，必须正视生产年龄人口大幅度上升的客观必然性，把生产年龄人口充分有效地利用起来。事实上，世界特别是亚洲一些国家和地区走向现代化的经验表明，利用好本国廉价的劳动力，提高产品的竞争能力，是经济高速度成长的重要条件之一，日本、新加坡等就是例证。在这个意义上说，未来二三十年内我国从属年龄比大幅度下降，生产年龄人口多，需要负担的少年和老年人口之和占的比例小，是发展经济的大好时机，是促进国民经济发展和实现翻两番的人口方面的有利条件。机不可失，时不再来。我们要把握住人口年龄结构变动的这一有利时机，吸取国内外特别是新中国成立以来正反两个方面的经验和近年来的新鲜经验，沿着改革、开放、搞活的路子，把充裕的人力资源挖掘出来，科学地利用起来，在现代化建设中发挥更大的作用。

沿海经济发展战略人口观[*]

沿海地区经济的发展，除其基础设施比较好，交通方便，科技开发力量较强以外，人口优势也是一个有利条件，它是实现沿海地区经济发展战略的重要保证。

人口数量观

实现沿海经济发展战略有利的人口条件，首先在于沿海地区人口数量多，劳动力资源丰富，且未来二三十年内生产年龄人口所占比例有继续上升的趋势，社会负担比较轻。1986 年末我国内地共有人口 105721 万人，其中沿海 11 个省、自治区、直辖市为 43526 万人，占全国人口的 41.17%，而其面积却仅占全国的 13.5%，沿海是我国人口分布比较集中的地区。同时，在我国自 20 世纪 70 年代中期以来人口出生率长期稳定下降的过程中，沿海地区下降的幅度更大，持续的时间更长，因而与其他地区比较在人口年龄构成上表现出一定的差异：目前全国 0 ~ 14 岁少年人口约占总人口的 28.68%，沿海地区（福建省材料暂缺）占 26.10%，比全国低 2.58 个百分点；而 15 ~ 59 岁成年人口全国占 62.88%，沿海除个别省区外普遍高于这一水平，其中北京高达 69.29%，上海 68.51%，天津 67.59%，辽宁 67.54%，江苏 67.52%，浙江 66.10%。① 与此相适应的是，尽管沿海 60 岁以上老年人口所占比例有所上升，但由于增加的老年人口数量低于少年人口减少的数量，使得少年和老年人口数量之和占总人口的比例，即需要成年人口负担的附属年龄人口比例呈下降趋势，并且在 20 世纪内这种趋势还会继续发展下去，多数省区可持续到 2010 ~ 2020 年，出现一段生产年龄人口所占比例大，老少人口所占

---

*　本文发表于《经济研究》1988 年第 8 期。

①　根据《1987 年全国 1% 人口抽样调查》的主要数字计算，中国统计出版社，1988。

比例小的人口年龄结构变动的"黄金时代"。

怎样看待人口年龄结构的这种变动？从一方面看，在我国当前人口和劳动力比之经济的发展显得过多的情况下，生产年龄人口最好不再增加，否则会加大就业压力，给经济发展带来不少问题和困难；从另一方面看，由现在的人口年龄构成所决定，生产年龄人口继续增长的态势已形成，而从经济发展角度说，总体人口中生产年龄人口所占比例相对高一些，需要抚养的老少从属年龄人口所占比例相对低一些，社会负担轻一些，则不能不是一个不可多得的良机。这是我国特别是沿海地区所特有的一种人口优势。在当今世界，一般发达国家人口年龄构成早已进入老年型，社会负担较重，某些国家生产年龄人口所占比例已失去上升趋势，从而苦于劳动力供给不足和劳动力价格昂贵；而一般发展中国家由于人口出生率高，少年人口所占比例过大，社会负担较重，生产年龄人口所占比例也不高。我国正处于二者之间：在静态意义上，由于劳动力供给充足，不易发生费用上涨过快、成本上升过猛的情况，具有人口和劳动力资源丰富，费用比较低廉的优势；在动态意义上，由于未来二三十年内生产年龄人口数量有增无减的态势，劳动力费用低廉和负担较轻的状况将长期保持，使我国在这一点上较上述两类国家处于有利地位。

沿海地区在人口数量方面的优势，值得一提的还有为数众多的移居海外以及同海外联系密切的人口。众所周知，沿海是我国主要侨乡和港澳同胞的故乡，其中广东和福建尤为典型。据估计，海外华侨、外籍华人和港澳同胞中祖籍为广东的约2400万人，占全国总量的60%左右；祖籍在闽南三角区的约400万人。① 总的看，祖籍为沿海地区的移居海外人口占全部移居海外人口的90%以上。与此相联系的是，沿海同时是归国华侨、侨眷和港澳同胞亲属聚居的地方。有资料表明，仅广东一省就有这类人口2000多万人，占全省人口的1/3左右，有的地区高达1/2以上。我国华侨、外籍华人和港澳同胞历来有着爱国主义的光荣传统，他们从办学、办企业到传播文化和科学技术，为国家和民族的兴旺发达不遗余力，近年来在现代化建设中更发挥了重要作用。我们实行沿海经济发展战略要大力吸引外资，发展原材料和出口"两头在外"的企业，不仅给爱国侨胞以报效祖国的机会，而且也给其工商界人士进行投资和技术转让以机会，他们可以通过在华兴办独资、合资

---

① 参见《中国人口年鉴1986》，社会科学文献出版社，1987，第252、268页。

企业和经营商品贸易获得实惠。而定居沿海的大批归侨、侨眷和港澳同胞亲属，保持着同海外天然的联系，他们或者自身成为与外资合作的一方，或者利用联系之便成为沟通信息的媒介和纽带，在发展外向型经济中发挥着积极的作用。

沿海地区人口数量的上述优势表明沿海在发展外向型经济方面具有得天独厚的条件，是支持沿海经济发展战略的有力支柱。但也要看到，沿海地区人口和生产年龄人口膨胀势头严重，就业压力将继续增大，因而在妥善解决不断增长的生产年龄人口就业问题的同时，保持劳动生产率不断提高，是沿海地区经济发展所面临的重大课题。

同样迫切的另一个问题是，随着沿海经济发展和人口增加而来的人多地少的矛盾变得越来越突出。尤其是经济比较发达的珠江三角洲、长江三角洲、山东半岛、辽东半岛、京津唐地区和闽南三角区，人多地少的矛盾更为尖锐。其经济中心区的人口密度可能是全国的十几倍，为全国以至于全世界注目的高人口密度区。一些地区的人口密度已经达到或接近饱和状态。然而沿海经济发展战略的重点地区除待开发的海南省以外，首先是这两个三角洲、两个半岛和两个人烟稠密的地区。当前这些地区由于工业和城市发展，人均耕地已经跌落到只有几分的局面了。实施沿海经济发展战略必然使城镇工商业、基础建设、交通运输等有一个大的发展，随着再工业化高潮的出现，土地被征用较多，耕地面积会进一步减少。而由现在的人口年龄构成所决定，最近 10 年内为生育高潮期。这"一减一增"决定了沿海地区按人口平均占有的耕地将进一步下降的总趋势。当前，耕地对沿海来说已到了寸土必争的时候。适应这种形势，沿海经济发展战略应将最大限度地少占耕地列为一条重要原则，制止耕地大幅度减少情况的继续发展。

人口素质观

所谓人口素质，一般指人口的文化素质和身体素质而言，广义上也包括人口的道德素质。目前我国人口文化素质和身体素质总的说不够高，但相比之下，沿海要比内地高一些，如 1987 年全国具有大学文化程度的人口约占总人口的 0.88%，沿海除个别省区稍低一些外，均明显高于这一比例，北京占 7.09%，上海占 5.63%，天津占 3.31%，辽宁占 1.57%，江苏占 1.05%。相反，12 岁以上文盲半文盲人口所占比例全国为 20.59%，而辽宁、北京、天津、上海、广东已降至 15% 以下，[①] 其余地区同全国水平相差不大。这说明沿海人口文化素质比较高，人才相对比较集中，科技开发力量较强。

然而，如何科学地考核和衡量人口文化素质的高低，尤其是具体衡量指标的确定，还是一个有待进一步研究的问题。我国历次人口普查和各种人口登记，对 6 岁以上人口的文化程度均采用大学毕业、大学肄业或在校、高中、初中、小学、不识字或识字不多 6 个档次，有时前两个档次合并为具有大学文化程度的人口，最后一个档次亦作文盲半文盲人口看待。不难看出，这种粗略的统计对不同地区说来只能进行同一档次的比较，而不能进行总体人口平均具有的文化程度的比较，不能确切说明一个地区人口文化素质总水平的高低，而且不同指标所反映的人口文化程度有时还会发生矛盾。如以广东为例，1987 年具有大学文化程度人口所占比例比全国水平低，而文盲半文盲人口比例也比全国低 5.75 个百分点，因而难以断定广东人口文化素质是在全国水平之上还是之下。同时，从国民经济发展角度看，固然需要相当数量的受过高等教育的专门人才，更需要的还是大量受过中等教育和中等技术教育的技术工人和熟练劳动者。在这点上，日本 20 世纪 50 和 60 年代的"经济起飞"就是证明。1951～1973 年的 22 年间，日本在努力发展高等教育，大学毕业生增长 15 倍的同时，全面普及高中教育，培养了大批熟练工人，从而卓有成效地在吸收国外先进技术基础上发展起自己的技术，用不到 20 年的时间消除了比欧美发达国家大约落后 30 年的科技差距。所以，我们在考察人口的文化素质时仅仅注意到具有大学文化程度人口和文盲半文盲人口的比例高低是不够的，还要注意到中小学文化程度人口的比例，并找出一个能够反映总体人口文化水平的综合的或平均的指标，使之简单明了、可比性强。这就是总体人口平均所受教育年限，或称为人口文化素质指数。从我国实际情况出发，取大学毕业、在校或肄业平均接受教育年限为 16 年，高中平均为 11 年，初中平均为 8 年，小学平均为 4 年，不识字或识字很少（文盲半文盲）平均为 0.25 年，则 1987 年全国人口文化素质指数为 4.65，沿海地区北京为 7.12，上海为 6.93，天津为 6.43，辽宁为 5.82，江苏为 4.91，河北为 4.83，广东为 4.76，浙江为 4.71，均不同程度地高于全国水平，只有山东、广西、福建稍低，但也远较西藏 1.47、青海 3.13、云南

---

① 《1987 年全国 1% 人口抽样调查》的主要数字。

3.27，贵州 3.35 为高。笔者以为，经过这样计算的全国和各省市区的人口文化素质指数基本上反映了人口文化水平的高低。需要指出，由于同一文化档次中已经毕业与肄业，在校高年级与低年级所受教育年限可能相差好几年，又由于多年来学制反复变动，加上各种函授、电大等成人教育的发展，使具有同等文化程度人口所受教育年限参差不齐，每一档次平均所受教育年限系数值的确定只能是一个近似值，所以不直接称为某总体人口平均所受教育年限，而称之为人口文化素质指数。但由于在不同的计算中同一文化档次均采用相同的常量系数，因而这一指标具有很强的可比性，能够代表某总体人口的文化素质水平。

沿海地区人口的身体素质也比较高，突出的表现是婴儿死亡率较低和预期寿命较长。其中京、津、沪 3 市的婴儿死亡率分别由 1952 年的 65.7‰、46.8‰ 和 137.7‰，下降到 1985 年的 10.0‰、11.7‰ 和 12.6‰，接近发达国家水平。[1] 人口预期寿命大大延长，尤以 80 岁以上占 60 岁以上老年人口比例表示的长寿水平的增进最为典型。1982 年普查全国老年人口长寿水平为 6.6%，沿海除河北为 6.5% 外其余均高于这一水平，浙江、广东、上海、辽宁、江苏、广西、山东、北京都达到 7.1% 以上，在全国前 9 位长寿水平较高的省市区中，有 8 个是沿海省市区。[2] 一般地说，人口文化素质较高的地区人口身体素质也比较高，因为二者所需要的前提条件，即科学、教育、文化和医疗、卫生、保健事业的发展一样，是建立在一定的经济发展上的。沿海地区较发达的经济培育了具有较高文化素质和身体素质的人口和劳动力，而具有较高文化素质和身体素质的人口和劳动力，又是吸引投资和技术的重要条件，是发展沿海经济，实现沿海经济发展战略的可靠人力保证。

沿海在人口文化素质方面存在的最大问题是不同地区之间高低相差很大。以前提出的人口文化素质指数衡量，北京、上海、天津、辽宁、江苏、河北、广东、浙江 8 省市明显高于全国水平，而山东、广西、福建 3 省区在全国水平之下。最高的北京人口文化素质指数 7.1，为最低的福建 4.1 的 1.7 倍；上海 6.9，为广西 4.4 的 1.6 倍。如以各不同文化档次人口比较，则差别更大：每 10 万人中具有大学文化程度人口所占比例，北京是山东的 13.7 倍，辽宁是广西的 3.7 倍；而文盲半文盲所占比例，山东为北京的 2.1 倍，广西为辽宁的 1.5 倍。总起来看，除海南外，沿海 11 个省市区人口文

① 《中国社会统计资料 1987》，中国统计出版社，1987。

② 《中国统计年鉴 1987》，中国统计出版社，1987。

化素质可分成三类：一类为较高的北京、上海、天津、辽宁3市1省，人口文化素质指数在5.8以上，比全国水平4.6高出1.2个百分点以上；二类为居中的江苏、河北、广东、浙江4省；人口文化素质指数略高于全国水平；三类为较低的山东、广西、福建3省区，人口文化素质指数略低于全国水平。还要注意到，即使在同一省市区内，人口文化素质也有很大差异，如福建省该指数虽较低，但厦门、泉州、莆田、福州海岸线一带人口文化素质却相当高，为全省乃至全国可数的较高地区之一；山东省人口文化素质指数在全国水平以下，但胶东半岛却在全国水平以上，等等。因此，在确认沿海人口文化素质较高这一前提下，还要作具体分析，高和低是相对的，高中有低，低中又有高。

同沿海人口文化素质发展不平衡相适应，在坚持经济发展战略立足点放在发展劳动密集型以及劳动和知识密集型相结合产业的时候，不可搞"一刀切"。对于人口文化素质较高的省市和人口文化素质较低省区中的较高地区，在强调发展劳动密集型产业的同时，应结合本地实际，多发展一些劳动同知识、技术、资金密集相结合的产业，以及少量纯知识密集型、技术密集型、资金密集型产业，不能一强调发展劳动密集型产业就不要后者，重走"土法上马"的老路。北京市中关村电子一条街的发展表明，在人才集中区发展高技术产业是完全做得到的。而对于人口文化素质较低的省区和人口文化素质较高省市中的较低地区，要坚定不移地走发展劳动密集型产业的道路，充分发挥人力资源丰富的优势，只是要注意这是20世纪80年代同现代科学技术结合在一起的劳动密集型产业，是建立在对劳动者进行必要的培训和科学管理基础上的劳动密集型产业，而不能重蹈"人海战术"的覆辙。这就要求在经济发展战略的总体布局上，将不同地区的人口文化素质因素同其他因素结合在一起，形成分地区、分层次的劳动密集型产业，劳动同知识、技术、资金密集相结合型产业，以及少量纯知识密集、技术密集、资金密集型产业。

人口结构观

人口结构有狭义与广义之分。狭义的人口结构系指人口的年龄和性别结构，即人口的自然结构；广义的人口结构除自然结构外，还包括人口的经济结构和社会结构。这里主要从沿海人口的经济结构角度探讨其对经济发展战略的影响和制约。

沿海地区有较先进的人口城乡结构和职业结构，它们是一定社会经济发展的结果。总的情况是经济越发达城镇人口所占比例越高，如 1987 年世界城镇人口约占总人口的 43%，发达国家占 72%，发展中国家占 34%；同时人口城市化水平越高，从事农业劳动的人口所占比例就越低，1987 年美国城镇人口占 74%，直接从事农业劳动的人口仅占总人口的 3% 左右①。另一方面，人口的城乡结构和人口的职业结构一经形成，特定区域内的城市所具有的中心主导、辐射等功能，在发展本地区经济、交通、贸易、金融、信息中的作用就会显现出来，一定的人口职业构成的作用也会显现出来，形成该地区相对稳定的经济运行框架，制约和影响经济的发展。目前我国人口城市化水平还不够高，据统计，1987 年城镇人口约占 37.1%，但地区间差别很大，呈西低东高的分布态势。如西藏、青海市镇人口占 20% 以下；云南、甘肃、贵州在 20% ~ 30% 之间；东南沿海 11 个省市区则占 43.7%，比全国高出 6.6 个百分点以上；而上海、天津、北京、辽宁市镇人口更占 60% 以上。② 与此相连的是，除广西、河北、山东外，沿海地区的人口职业结构表现出"一低三高"的特点。"一低"是农林牧渔业劳动者所占比例低，1986年全国农林牧渔业劳动者约占 15 岁以上人口的 56.3%，沿海地区上海仅占 18.1%，北京占 18.8%，天津占 21.9%，辽宁占 29.9%，浙江占 46.0%，福建占 49.7%，江苏占 51.5%，广东占 55.5%，不同程度地低于全国水平。"三高"，一是生产工人、运输工人和有关人员占总人口比例高，1986 年全国为 12.5%，北京、天津、上海超过 30%，辽宁、浙江超过 20%，江苏接近 20%，其余地区同全国水平不相上下；二是各类专业人员占总人口比例高，1986 年全国占 4.0%，北京、上海超过 8.0%，天津达到 7.7%，辽宁达到 5.7%，江苏略高于全国水平，其余地区略低于全国水平；三是商业人员占总人口比例高，1986 年全国为 1.4%，北京、天津、上海、辽宁超过 2.4%，广东超过 2.1%，其余地区同全国水平相差不多。③ "一低三高"的人口职业结构标志着沿海正向着现代人口职业型迈进，它同较高的人口城市化水平结合在一起，具有一定的参与国际竞争的能力。

同较先进的人口城乡结构和职业结构紧密相连的是沿海日益增加的流动

---

① 参见美国人口咨询局《1987 世界人口数据表》（英文）。

② 《1987 年全国 1% 人口抽样调查资料》。

③ 《中国统计年鉴 1987》。

人口和迁移人口，从而在人口的流动结构和地区分布结构上表现出自己的特点。多年来，同商品经济不发达和封闭式经济体制相适应，人口居住和就业相当稳定，给本来就够僵化的经济涂上一层凝固剂，严重妨碍着经济的发展。改革开放以来打破了这种僵局，一方面是农村经济体制改革大大解放了生产力，农业劳动生产率的提高为农业剩余劳动力的转移创造了条件；另一方面，城市经济体制改革促进了各种所有制和各种经营方式的城镇工商业的发展，为农业剩余劳动力进入城镇提供了机会和场所，从而使流动人口和迁移人口大大增加。特别是 1984 年以来，各地普遍放宽了农民进入乡镇的限制，允许农民自带口粮进入乡镇务工经商和从事各种服务业活动，出现了大量"离土不离乡"的流动人口和"离土又离乡"的迁移人口。有关调查资料表明，浙江省从工和经商的外出农民超过 200 万人，温州一个地区就在 39 万人以上。北京和上海的流动人口超过 100 万人，几年来在北京的外地建筑施工队都保持在 10 万人以上，成为一支具有较强竞争力的建筑队伍。当前，沿海地区的人口流动和迁移有两点特别值得关注：一是经济特区建设引来大量流动人口和迁移人口，如深圳特区就有外来从事各项建设服务的人口 20 多万；仅有 30 多万人口的厦门每日流动人口超过 6 万。二是过去人口迁出大于迁入的沿海地区，现在出现转机，大有迁入胜过迁出之势。这表明，随着经济上的改革、开放和搞活，市场机制开始在人口和劳动力调节中发挥作用，开辟了新的各尽所能、人尽其才的途径。

沿海人口城市化的加速，流动人口和迁移人口的大量增加，同时给沿海地区的经济发展带来一些新的、涉及发展全局的问题。这些问题有的现在已比较严重，有的刚露苗头。沿海外向型经济发展起来之后，凭借它对流动人口和迁移人口更强的吸引力，将会大大加快乡村人口向城镇转移的速度，如无有效的机制进行调节，将出现一定数量的盲目流入城镇的流动人口和迁移人口，因而可能产生两个方面的后果：在乡村，可能因弃农从工和经商的人口过多，影响土地的使用和对土地的投入，造成农业生产不景气，某些农副产品供不应求，加剧市场的紧张和物价上涨；在城镇，可能形成供大于求的劳务市场，其好处是使劳动力费用低廉的优势得以保持，然而它的最大坏处却也在此，它将使我们难以跳出"低工资、多就业——劳动生产率提不高——低工资、多就业"的圈子，不能顺利步入"收入较高、就业合理——劳动生产率提高快"的良性循环轨道。而大量流动人口和迁移人口涌进城市，人口城市化超前发展，必然使本来就很紧张的城市住房、交通、副食品供应等问题变得更加严重，增加城市管理的困难，最终影响沿海经济发展战略实施的效果。全面看待沿海流动人口和迁移人口增加对人口城市化迅速发展的作用，有针对性地兴利除弊，是沿海经济发展战略必须认真对待的重要问题之一。不言而喻，我们不能像过去那样采取"堵"和"卡"的办法，把流动和迁移人口赶回农村，这既不利于人口城市化和城乡商品经济的正常发展，也为旨在进一步搞活开放的沿海经济发展战略所不允许；更不能对流动和迁移人口撒手不管，甚至"取消城市户口"让农民自由进城，因为这会打破正常的城市秩序，为正确贯彻实行沿海经济发展战略造成诸多障碍。面对人口城市化的加速进行和日益增长的流动、迁移人口，沿海经济发展战略总的原则应当是利用人口和劳动力流动的有利的一面，限制和避免其有害的一面，掌握人口流动和城市化发展的客观规律，在促进人口流动的前提下，加强计划控制和管理，针对不同城镇规模制定出具体的政策。

发展经济，促进转变，
寻求人口与经济发展的良性循环*

——中国沿海地区人口经济发展的启示

中国自实行改革开放政策 10 多年来，社会生产力获得迅速发展，社会主义商品经济异常活跃，某些传统观念正在经历时代的震撼而改变，这一切已经并且正在对人口变动产生决定性的影响。无疑，作为改革开放前沿包括北京、天津、河北、辽宁、上海、江苏、浙江、福建、山东、广东、广西、海南 12 个省、自治区、直辖市在内的沿海地区，这种影响表现尤为突出。从理论与实践的结合上研究这种影响，寻求发展的某些内在规律性，对于内地和全国来说具有超前研究的性质，有一定的战略意义。当然沿海 12 个省、市、区的发展也是很不平衡的，但毕竟有较多的共性。就人口与经济发展的关系而言，最重要的是指出一条经济发展促进人口转变，走上协调发展的路子。这就是：发展经济，提高科学技术水平，促使由投入孩子的数量成本向质量成本转移；人口文化素质提高后，进一步推动技术进步和经济的发展，走上低生育率——高文化素质——高劳动生产率——低生育率良性循环的轨道。

基本的理论和实践

人口变动同经济发展之间存在怎样的关系，经济发展怎样制约着人口的变动，既是人口经济学的一个基本的理论问题，也是解决中国人口问题需要认真研究的实际问题。改革开放以来人口和经济发展的实际，特别是沿海一些地区发展的实际，提出许多生动具体富有研究价值的材料。按照马克思主

---

* 该文发表于《中国人口科学》1991 年第 1 期。

义的唯物史观，存在决定意识，生产力决定生产关系，经济基础决定上层建筑，人口生产和再生产的最终驱动力在于人们的经济利益关系。在这方面，随着资本主义商品经济的发展和泛商品观念占据支配地位，一些资产阶级经济学家、人口学家作了广泛的探究，尤以微观经济学家的探究为多，特别是美国哈佛大学的 H. 莱宾斯坦教授，芝加哥大学的 G. S. 贝克尔教授等更创立了比较完整的孩子成本—效益理论。他们把孩子视为商品，将人口再生产视为商品生产过程，提出生产孩子这种商品的直接成本，即养育一个孩子所需的生活费用、教育费用和婚姻费用等的直接支出，间接成本或机会成本，即父母特别是母亲在抚育孩子时因损失时间而减少收入两部分组成。孩子对父母和家庭的效益呢？主要表现在孩子成长为劳动力之后提供的劳动—经济效益，为家庭增加经济收入；养老—保险效益，主要是发展中国家的老年人口供养不得不在相当大的程度上依靠子女；消费—享乐效益，孩子这种特殊的消费品能够满足父母某种精神上的需求，带来天伦之乐。此外，孩子还具有承担家业兴衰的风险效益，继承和维护家庭地位的效益，安全保卫的效益等。由此父母对孩子的数量需求取决于直接或间接投在孩子身上货币成本的成本效益：若净成本为正值，说明孩子不能补偿父母的损失，这样的边际孩子父母是不需要的；若净成本为负值，说明生产这样的边际孩子父母可以得到更大的利益，是需要的；若净成本为零，则取决于随机因素，父母要不要生产这样的边际孩子在很大程度上取决于心理状态。如从动态角度观察，随着经济的发展和家庭人均收入的增加，孩子的劳动—经济效益、养老—保险效益呈不断下降的趋势。消费—享乐效益怎样呢？考察结果证明，同经济、文化等的发展没有必然的联系。而孩子承担家业兴衰的风险效益、继承和维护家庭地位的效益等也有所降低。在成本方面，G. S. 贝克尔进一步提出，用于孩子基本生活费用和母亲怀孕、分娩期间的直接和间接的成本，在一定社会生产力发展水平条件下是相对稳定的，是孩子的不变成本或数量成本；用于提高孩子身体和文化素质的医疗保健和教育用费是不断增加的，是孩子的可变成本或质量成本。社会越向前发展，要求孩子可变成本或质量成本要随着相应增加，这种增加导致孩子不变成本或数量成本减少，父母的选择偏好由投入孩子的数量成本转入质量成本，遂使生育率下降，出生率大幅度降低。

上述孩子成本—效益理论无疑有其局限性，世界人口经济学界对此认识也不尽相同，但它揭示的生育行为和利益选择之间的关系，对我们寻求解决人口控制的途径则不无可借鉴之处。长期以来，由于中国商品经济不发达和商品观念淡薄，自然不肯把人口生产纳入商品生产范畴。然而这并不等于人们的生育行为不受利益调节的支配。我们常常听到这样的议论：某某儿子"白养了"，某某"得了孩子的得济"。"白养"就是父母在孩子身上投下的成本没有得到应有的补偿，或者有了收入不给父母，或者"娶了媳妇忘了娘"，不养老。"得济"则刚好相反，父母在孩子身上投下的成本得到了相应的补偿，取得了明显的劳动—经济效益，或养老—保险效益，或其他效益。"白养"或"得济"是权衡孩子成本—效益后得出的结论，自觉或不自觉地对生育行为经济利益得失作出的一种估价，是决定生育子女数量的发动的动机。

在实践上，经济发展水平同生育率之间的关系是显而易见的，见图1[①]。

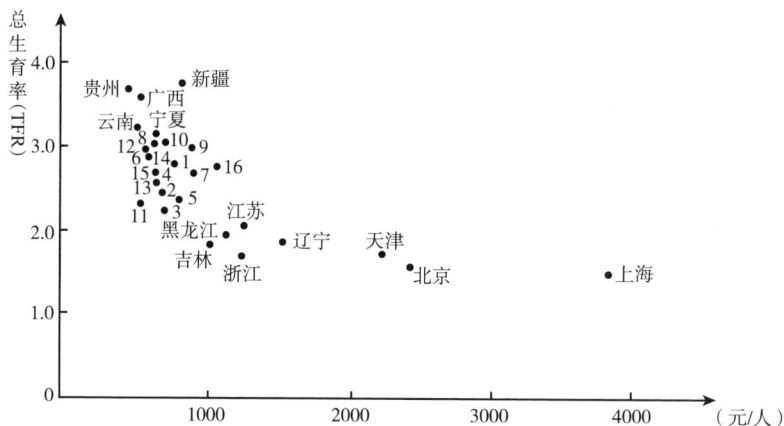

图1　1987 年各地区总生育率（TFR）和人均国民收入

注：1. 河北，2. 山西，3. 内蒙古，4. 安徽，5. 福建，6. 江西，7. 山东，8. 河南，9. 湖北，10. 海南，11. 四川，12. 陕西，13. 甘肃，14. 青海，15. 湖南，16. 广东。

图1清楚地说明这样几点：第一，1987 年凡人均国民收入在 1000 元以下的地区，包括较高的山东、湖北，较低的贵州、云南等 22 个省、自治区，总生育率均在替换水平以上（TFR > 2.1）。第二，除广东特殊外，其余人均

① 《中国统计年鉴1989》，中国统计出版社，1989，第 33 页；《中国人口统计年鉴1989》，科学技术出版社，1989，第 182～133 页。

国民收入在 1000 元以上的北京、辽宁等 8 省市总生育率均在替换水平以下，人均国民收入最高的上海已下降到 1.48，其次北京下降到 1.58。再次，总生育率最高的省、自治区，均为国民收入最低地区。西藏总生育率最高达 4.3，人均国民收入倒数第 4 位，仅 598 元；贵州总生育率之高居第 3 位，人均国民收入居倒数第 1 位；广西总生育率之高居第 4 位，人均国民收入倒数第 2 位。

沿海 12 个省、自治区、直辖市（台湾情况不详，未计其内，下同）情况怎样呢？1987 年全国人均国民收入 872 元，沿海有北京、天津、上海、辽宁、江苏、浙江、山东、广东 8 个省市高于这一水平；河北、福建、广西、海南 4 省区低于这一水平。总生育率全国为 2.6，沿海北京、天津、上海、辽宁、江苏、浙江、福建、广东 8 个省市低于这一水平，山东、广西、海南，河北高于这一水平。12 个省、区、市中有 7 个人均国民收入高于全国水平并且总生育率低于全国水平，有 2 个或人均收入高于全国水平，或总生育率低于全国水平。总起来看，沿海地区按人口平均的国民收入比较高，经济比较发达；生育率下降比较快；达到的水平比较低，符合生育率随着经济发展而下降的一般规律。当然，中国生育率的下降主要是人口政策的作用，然而不能因此而排除经济因素的基础作用，事实上二者是结合在一起共同发生作用，才有上面的结果。

成本的转移和困惑

在同样的人口和生育政策条件下，沿海以及其他经济比较发达地区生育率相对比较低，部分地区实现了由孩子不变成本或数量成本向可变成本或质量成本的转移，是经济发展、技术进步的客观需要，也是发展和进步的结果。

首先，由于经济比较发达，技术水平比较高，手工劳动条件下那种劳动者的手臂就是他们的力量的时代已经结束，经济和技术进步主要的不是取决于劳动者的数量，而是取决于他们的质量，取决于他们科学技术水平的高低。在这种条件下，多生一个边际孩子的成本是相对稳定的，而其给家庭和父母带来的边际劳动经济效益却大大降低。加上随着商品经济的发展和商品观念的强化，传统观念正在淡化，家庭小型化趋势在不停地进行，边际孩子提供的边际劳动—经济效益下降的趋势是发展的必然。经济技术进步对劳动者素质，特别是科学文化素质提出了更高的要求，只有将孩子培养成为具有较高文化素质的劳动者，才能获得较高收入，为家庭和父母提供较多的劳动—经济效益。这就使家庭和父母面临一种抉择；将用于孩子身上同样数量的养育费用，愿意更多地用在可变成本或质量成本上面，而不愿意用在不变成本或数量成本上面，发生孩子成本的转移。

其次，随着经济的发展和人均收入水平的提高，孩子的养老—保险效益也呈下降的趋势，促进人们追求多生子女数量热情的减退，用于孩子的不变成本或数量成本下降。这可以从社会和个人两方面得到说明。在国家方面，由于经济发展了，劳动生产率提高了，社会积累大大增加了，不管出于何种目的，国家和企业总要拿出相应的资金建立老年年金制度，举办更多的老年保障等福利事业，甚至走上福利国家的道路。从个人方面讲，随着经济的发展个人收入无疑增加很多，使他们有可能在参加工作之后拿出一部分收入储蓄起来，以备将来老年需用。特别是各种老年年金制度对个人养老金一般都实行免减个人所得税、较高利率的诱惑力，使个人储蓄成为年金重要来源和组成部分。在这种情况下，家庭和子女养老功能大大减退，发达国家孩子的养老—保险效益已下降到最低点，更加促使人们由投入孩子的数量成本向质量成本转移。

此外，由于以微电子技术为先导的当代科学技术进步发展异常迅速，一日千里，不仅大大带动了产业革命，出现所谓"后工业化"高潮，有力地推动着经济的发展；而且使现代科技进入家庭，渗透到社会各个角落，开阔了人们的视野和情趣，在一些人的心目中孩子作为天伦之乐的精神效益下降，作为承担家业兴衰的风险效益也在下降。这些都不同程度地促使人们减少孩子的数量成本，转向孩子的质量成本。

我国情况怎样呢？自改革开放以来国民经济获得相当迅速的发展，经济技术获得很大进步，1979 与 1989 年比较，按当年价格计算的国民生产总值由 3998 亿元，增加到 15789 亿元；按可比价格计算增长 1.41 倍，[①] 无疑对生育率和人口生产产生相当大的作用，然而由于生产力发展总的水平不高，也由于经济体制改革出现的一些特殊情况，这个作用呈现出比较复杂的情势。

就一方面说，在城市特别是大中城市，以及经济相对高度发展的部分乡

---

① 《中国统计年鉴 1990》，中国统计出版社，1990，第 33 页。

村，确实发生了如前面分析的情况，随着经济的发展和技术水平的提高，发生了孩子劳动—经济效益、养老—保险效益不断下降，开始了由孩子数量成本向质量成本的转移。这方面沿海地区的例子不胜枚举，一些调查表明，像北京、上海、天津、沈阳、广州以及江、浙、闽、粤等沿海经济高度发达的开放地区，孩子能为父母和家庭提供劳动—经济效益，父母依靠或部分依靠子女养活的所占比例很低。相反，子女虽已成家另立门户经济上完全独立，但父母仍需给予一定经济补助的所占比例却比较高。而城市中老年人口享受退休金的比例又比较高，1987年抽样调查市占63.7%，镇占56.3%，多数人的老年经济供养并不依赖子女，孩子养老—保险效益削弱许多。乡村的例子也不少，如辽宁省鞍山市东鞍山乡四方台村，全村1004人住7栋7层楼房，一个大院，1989年人均收入1596元，住房不收房租，自来水，煤气同城市一样，"九九"重阳节组织老年人口赴本溪水洞参观，每月发给老年人25元生活补助费，人们便不愿多生孩子，有的主动献出生育第二个孩子的指标。大连市金渊区后石村也属这种类型。在这里孩子数量成本向质量成本转移的过程已经发生，一些人对子女的追求已由数量方面转向质量方面，少生优育成为他们的目标。

就另一方面说，当前出现的某些新情况，又不利于生育率的降低甚至刺激了生育率的上升。其一，乡村联产承包责任制的推行和城镇尤其是小城镇个体、联营经济的发展，使基本上丧失了20年之久的家庭的生产和经营管理职能得以恢复，家庭中需要劳动力特别是男性劳动力变得迫切，大大提高了孩子的劳动—经济效益，刺激了要求生育子女特别是男孩子的经济的动机。

过去乡村在人民公社体制条件下，形成一套以"五保户"、"敬老院"等为主体的社会集体养老保障体系，相对生产力不发达来说是一套相当完备、水平较高的养老保障体系，对于解除无子女、少子女的老年后顾之忧，曾经起过重要作用。随着经济改革和乡村新的行政和经济体制的确立，原有的一套养老机构有的撤销了，有的虽未撤销也大大削弱了，使人们重又看到依靠子女乃是保险系数最高的养老之路，孩子的养老—保险效益也得到增值。

新条件下广大乡村和经济技术比较落后的小城镇，孩子的主要效益不同程度地增值，如果孩子的成本得到同步的增加，则对生育率不会发生较大波动的影响，然而孩子成本却没有发生这种同步变动。上面的分析表明，在一定经济发展水平下孩子的数量成本是相对稳定的，孩子的质量成本是随着经济技术进步不断提高的，但在特定历史条件下情况却不尽然，出现某种扭曲现象。这主要是由投入孩子质量成本效益不够高决定的。有资料表明，1989年全民所有制单位分行业职工平均工资最高为地质普查和勘探业2563元，其次为交通运输、邮电通信业2490元，再次为建筑业2413元。科技人才高度集中的科学研究和综合技术服务事业只有2123元，排在工业之后；教育和文化艺术只有1899元，国家机关、党政机关和社会团体只有1875元①。这种分配上不够合理的"脑体倒挂"现象，如和个体户或个体联营企业高收入相比则"倒挂"更为严重，使知识贬值，产生新的"读书无用论"，一些地方中、小学生辍学严重，"上学不如经商"，"花钱念书不如赚钱跑运输"，严重地阻碍着孩子质量成本的增加。倒是增加孩子的数量成本，可能带来的经济效益更实惠一些。

乡村和经济比较落后的小城镇孩子成本—效益发生的这种不利倾斜，还有环境和控制生育经济政策作用下降的影响。众所周知，乡村过去在人民公社经济体制条件下，实行的是统一经营管理的经济，生产、交换、分配、消费统一进行，并和行政管理融为一体，具有超乎寻常的权威性。在这种经济和行政体制下的计划生育政策和管理，包括各种奖罚措施，不但易于推行，而且各种规定和措施的有效性足以影响人们的生育行为。如一些地方曾经实行过的不给计划外生育的子女口粮、自留地等，使全家的经常生活受到相当大的影响。再加上其他的处罚和舆论的压力，人们要想超生子女，必须付出相当高的代价。改革之后则不然，"政社合一"的权威机构不存在了，统一的生产经营变成了一家一户的经济行为，计划生育的各种规定和措施，尤其是一些奖罚规定和措施，失去了往日的威力。如不分配给超生子女口粮和自留地已无特别的意义，而罚款对富裕起来的农民是"有钱不怕罚"，对仍是贫困者说来是"无钱罚不怕"。辩证唯物主义认为，内因是变化的根据，外因是变化的条件。改革开放以来，乡村经济体制变动中的若干因素，城市主要是小城镇实行开放搞活中变动的若干因素，使得孩子对父母和家庭的效益上升了，而孩子的成本主要是可变部分的质量成本，并没有相应提高。在外在环境方面，又曾因为体制变动等原因，社会控制机制的职能又曾一度削弱。这种内在和外在因素的变动，除了受人口年龄结构制约，1986～1997年

---

① 《中国统计年鉴1989》，第34页。

要出现一个新的生育高潮外，是构成近年来生育率回升的重要原因。而人口年龄构成是过去几十年、上百年人口出生、死亡、迁移变动的结果，短期内是不易改变的；要想有效地控制人口增长，使之尽量同经济的发展相适应，只有在影响生产率的上述外在因素上施加作用力。这在经济技术水平比较落后的条件下是极其困难的，是真正的困难所在。

改革和寻求发展的良性循环

以上的分析表明，在人口和经济发展之间存在着发展的两种循环。一种是在生产力发展水平较低的条件下，经济的发展主要依靠投入更多的劳动力，导致人们追求生育子女的数量，使孩子的不变成本或数量成本长期稳定在较高水平。另一种是工业革命发生后特别是近代和现代科学发展获得的巨大进步，由此推进产业革命的不断前进，劳动生产率的空前增长，经济的发展主要不是依靠投入更多劳动者的数量，而是提高以科技为核心的劳动者的质量。这是人口与经济发展两种不同的循环模式；前一种家庭依靠投入较多的孩子数量成本，在科学技术和劳动生产率不高条件下取得较多的孩子的经济效益；而技术构成越低吸收劳动者的弹性越大，"人们投入孩子的数量成本就越多。后一种家庭投入较多的孩子质量成本，在科学技术和劳动生产率较高条件下取得较大的孩子经济效益；而技术构成越高吸收劳动者的弹性越小，促使人们由投入孩子的数量成本向质量成本转移，孩子质量成本上升。"显然这是两种截然不同的人口经济发展循环模式，也可以称之为初级发展循环模式和高级发展循环模式。我们的目标是要尽快跳出初级模式，积极过渡到高级模式。

要推进和完成这种过渡，生育率的降低是关键。而生育率的降低，又取决于孩子劳动—经济效益、养老—保险效益等的下降，取决于孩子不变或数量成本向可变或质量成本的转移。在西方，绝大多数国家完成这一转变经历了漫长的历史过程，是随着社会经济发展和技术进步的要求，逐渐实现孩子成本转移的，过渡到低生育率，高劳动生产率。今天当最发达国家完成这种转移后，又出现某些新的问题：过低的生育率造成新生劳动力的短缺，从而影响人口与经济发展的良性循环，尽管这种影响仅仅是初露征兆。我国情况与西方完全不同，当前和今后相当长的历史时期内主要是人口过剩问题，应当全力推进人口与经济发展由初级向高级阶段的过渡，完成由高生育率、低劳动生产率向低生育率、高劳动生产率的转变。从中国具体国情出发，以改革的目光推进这种过渡和完成这种转变，在战略上有如下三个层次的决策。

第一，认真贯彻控制人口增长基本国策，稳定现行计划生育政策，运用以往成功的经验，当前尤应如此。这是因为中国人口生育率的降低同西方国家主要依靠发展经济、自然降低的路子不同，中国政府的计划生育政策在生育率的降低中起了关键的作用，今后生育率的控制和下降仍需主要依靠这一途径，舍此则为舍本求末。当前稳定现行政策至关重要，因为任何政策变动，不管是放松或收紧，都会引起一种不信任感，导致生育率上升的被动局面。运用以往成功的经验亦很重要，因为中国推行计划生育工作几十年，有许多适合中国国情的有效做法。诸如领导重视，密切同有关部门协作，共同贯彻落实基本国策的经验；加强人口管理，实行计划生育目标管理责任制的经验；计划生育同其他工作相结合，计划生育中心户的经验，计划生育结合扶贫的经验；贯彻"三为主"和加强基层建设的经验等。在这些经验中，沿海作为人口控制较成功、经济发展较快，更有着许多带有超前发展的经验值得总结和借鉴，这在当前和发展研究中更有意义。

第二，从长远和根本的观点探讨生育率下降的内在原因，需要以改革精神，在孩子成本和效益两方面采取有效措施，逐步实现个人生育行为利益选择的转变和人口控制机制由以行政手段为主向以利益调节为主的过渡。

在孩子成本方面，主要的，一是增大超生子女成本，适当提高超生子女罚金，不能一次性而要罚到同独生子女奖励年限一样长，约14年，使其父母明确意识到：超生子女将来带来的效益不能补偿他们付出的成本。二是卓有成效地提高孩子的质量成本，特别是增大教育费用。这就要在分配制度上，逐步改变脑力劳动与体力劳动所得不尽合理的现象，提高家庭人口智力投资效益，使其父母感到用在孩子身上的质量成本在未来孩子提供的效益上能够得到追加的补偿，诱导人们由投入孩子数量成本向质量成本的转移。

在孩子效益方面，一是提高一个孩子对父母的效益，保证独生子女费奖金兑现，通过劳务市场和社区服务，弥补父母因少生而损失的劳动—经济效益；通过对独生子女父母逐步实行老年保险，包括变独生子女费为养老基金等措施，补偿父母因少生子女而减少的养老—保险效益；还通过对独生子女优先入托、入学、分房、招工、户口农转非等优先措施，开展独生子女人身保险等，增大其承担家业兴衰和维护家庭地位的风险效益。二是通过超生子女入托、入学、住房、招工、补贴、户口农转非等的限制，削减其对父母的效益值，使边际子女的效益显著下降。

通过上述在孩子成本和孩子效益两方面的措施，逐步实现谁少生子女，谁花费的孩子成本小，带来的效益大；谁多生子女，谁花费的孩子成本多，带来的效益并不大，甚至反而要小。久而久之，使人们从关心自己的利益得失，即在孩子成本—效益的变动上，关心生育子女的数量，主动选择少生、优育、优教的道路。沿海一些经济比较发达地区的调查表明，已有一定数量家庭走上这条道路。与此相适应的是，国家的人口管理机制，也可以从目前的以人口目标行政管理为主，转变到以维护独生子女和计划生育子女和家庭的正当权利和受益，为严肃法纪征收必要的超生费为主的管理，变为直接为广大人民群众服务、备受欢迎的机构，完成由行政管理机制向利益调节机制的过渡。

第三，发展经济，推进技术进步，为孩子成本转移和过渡到人口与经济发展的良性循环奠定基础。在中国过去数十年的生育率下降过程中，政府的人口政策起了关键的作用，这已成为国内外各界公认的事实。而且未来生育率控制在主要之点上也将取决于国家宏观上的调控能力，已如本文前述。然而不能因此忽视经济的基础作用，政策只有建立在适合的经济的社会基础之上，才能产生良好的效果。事实上中国计划生育政策的成功也是同国民经济发展水平，同经济结构和生产关系的性质，上层建筑结构紧密结合在一起的。从这个角度说，人口问题说到底是经济问题。孩子不变成本或数量成本向可变成本或质量成本的转移，孩子劳动—经济效益、养老—保险效益、继承家业兴衰的风险效益等的下降，最终取决于国民经济发展水平，科学技术发展水平和经济技术的结构。只有经济技术发展了，劳动生产率提高了，收入普遍增加了，才能从根本上解开父母依赖子女经济供养的链条，使其对子女效益的期望值下降。也只有经济技术水平提高了，宏观上对劳动者的科学、文化、技术水平的要求提高了，才能使得孩子的质量成本，特别是用于教育方面的质量成本跟着相应提高，完成由孩子数量成本向质量成本的转移。说到发展经济和推进技术进步，应当从实际出发，量力而行，适时发展。这里经济自身等方面的条件且不论，就人口条件对经济发展和技术进步的制约作用而言，必须考虑到：相对有限的自然资源和经济发展水平说来，我国人口数量过多，且在相当长一段时期内增长的势能颇强，消费大，积累不能过多，投资战线不宜过大，过长，国民经济发展速度不能要求过快；人口素质尤其是人口文化素质比较低，由大学文化程度人口所占比例排下来到高中、中专、初中、小学，同人口年龄结构相类似，呈典型"金字塔"状，此外尚有 2 亿左右的文盲和半文盲。自然从事高技术、高产业的劳动者所占比例甚微，从事比较先进或中间技术的传统产业次之，从事手工劳动或半机械化劳动的落后产业劳动者人数最多，所占比例最大，形成同样类型的"金字塔"状经济技术结构。因此仅从人口条件观察，经济的发展只能走长期稳定、持续、协调发展的路子，技术改造只能走稳步前进的路子。这是切合包括人口因素在内的是快而不是慢的路子，因而是脚踏实地地促进生育率下降，促进孩子数量成本向质量成本转移，步入低生育率、高文化素质、高劳动生产率人口和经济发展良性循环的路子。

参考文献

［1］刘国光主编《中国经济建设的若干理论问题》，江苏人民出版社，1986。

［2］国家统计局编《沿海经济开发区经济研究和统计资料》，中国统计出版社，1989。

［3］田雪原：《沿海经济发展战略人口观》，《经济研究》1988 年 8 月。

［4］曾牧野：《沿海新潮与广东改革》，广东高等教育出版社，1989。

［5］张敏如等：《中国沿海地区人口流动与管理》，中国广播电视出版社，1989。

［6］Gary S. Becker, *An Economic Analysis of Fertility*, Princeton University Press, 1960.

［7］Juliam L Simon, *The Economics of Population Growth*, Princeton University Press, 1977.

［8］Lester R. Brown et al, *State of the World 1990*, A World Watch Institute Report on Progress Toward Sustainable Society, W. W. Nortn and Company, New York, 1990.

人口老龄化与发展老年科学

中国老年人口现状*

一 迎接"银色浪潮"挑战：发展老年科学和
开展老年人口调查

人口多、底子薄、生产力不够发达是我国基本国情中最主要的特点。当前，解决人口问题的首要任务是要大力控制人口的数量增长，以及提高人口的质量，认真贯彻计划生育基本国策。然而在人口出生率下降后，人口的年龄结构已不声不响地发生着变动，出现了老龄化的倾向，大街小巷人头攒动的人流中多了点点白发，使我们在经历人口激增浪潮冲击的同时，将面临一场人口老龄化"银色浪潮"的冲击，它将对人口、经济以及整个社会发展产生重要影响。党的十三大通过的"沿着有中国特色的社会主义道路前进"的报告中，在强调"计划生育工作丝毫不能放松"和"必须强调优生优育，提高人口质量"的同时，明确指出"还要注意人口迅速老龄化的趋向，及时采取正确的对策。"我们既要明确控制人口的数量是解决我国人口问题的关键，同时也要清楚提高人口质量、注意年龄结构变动是实行全面人口发展战略方针的重要组成部分，需要开展相应的科学研究。鉴于我国人口老龄化的若干特点和发达国家人口老龄化走过的道路，这个问题超前研究不仅是必需的，而且也是可能的。

人口老龄化的加速发展，提出了发展老年科学的客观要求，这门科学便应运而生，迅速发展起来。现在，老年学作为综合性、边缘性最强的学科之一，在老年人口学、老年经济学、老年社会学、老年心理学、老年医学、老年生物学等分支学科中获得广泛发展，而老年人口学的发展尤令人瞩目，在某种意义上说，它是老年科学发展的基础。因为从质的规定性上看，老年学

* 本文发表于《人口情报与研究》1990 年第 1～6 期。

及其主要分支学科的研究对象，都是具有一定数量、一定质量和一定结构的老年人口，离开这样的老年人口，任何老年科学便会失去存在的依据，变成无本之木，无源之水，失去可靠的立足点。然而，老年人口是总体人口中的一部分，它的数量的变动取决于总体人口的年龄构成，取决于人口出生、死亡以及迁移变动的结果。老年人口的质量，取决于各年龄组人口的身体素质和文化素质，低年龄组人口固有的素质会随着年龄的推移自然带入老年人口。老年人口的年龄性别结构，婚姻、家庭结构，城乡和地区分布结构等，也都同总体人口的结构密切相关。老年人口研究需要联系总体人口去把握，是总体人口年龄推移的结果，老年科学的发展要以人口学的研究作基础。而从量的角度观察，老年科学的发展同人口老龄化的发展直接相关联，适应发达国家人口老龄化发展的需要，老年科学首先在发达国家建立和发展起来，积累了丰富的资料，发表了大量的论著，以一门独立的学科姿态出现，立于众学科之林。

我国老年科学作为一门独立学科提出来，则是 20 世纪 50 年代后期的事情。1958 年，中国科学院正式建立了老年学研究室，1964 年在北京召开了全国老年学和老年医学的学术讨论会。然而，处于萌芽状态的老年学，在十年动乱期间自然也逃不出被扼杀的命运，没有继续存在和发展下去，只是在老年病防治等老年医学方面有所发展，但那更多的是属于纯医学方面的事情。党的十一届三中全会带来了科学发展的春天，也给老年科学带来了新的生机，随同老年科学发展关系密切的科学研究的深入，国际学术交流的扩大，老年科学渐渐引起人们重视，从不同方面作出研究，于 1986 年 5 月正式成立了中国老年学学会，把老年科学研究提高到一个新的水平点。

为了回答日渐逼近的人口老龄化"银色浪潮"的挑战，老年科学研究必须坚持理论同实践相结合的原则，注重调查研究，取得第一手资料。只有取得第一手资料，才能作出实事求是的分析，才能找到事物内在的规律，提出解决各种老年人口问题的建议，也才能够在博采国外研究所长基础上，发展我们自己的老年科学。为此，近年来国内一些专家、学者和实际工作者作了不少调查研究；而列入"七五"国家社科重点的"中国老年人口调查和老年社会保障改革研究"项目，为迄今为止中外老年人口中规模最大的一次抽样调查，由中国社会科学院人口研究所承担，并协调国家统计局城乡抽样调查队于 1987 年中完成全国抽样调查。这次调查严格遵循随机抽样原则，按照允许误差不超过 ±0.5% 的要求，市镇在抽选 15 万户大样本基础上，进行第二项样本抽选，共调查市镇 223 个，60 岁以上老年人口 17819 人；乡村按照农调队 6 万个经常性抽样调查户直接调查，共调查 830 个县，60 岁以上老年人口 18936 人。城乡合计共调查 60 岁以上老年人口 36755 人，样本分布覆盖除西藏、台湾省外的全国 28 个省、自治区、直辖市，具有推论老年人口总体的性质。抽样调查的标准时点定为 1987 年 6 月 30 日 24 时，全部调查在 7 月 1 日至 15 日完成。为保证质量，首先在上海市和广东省作了试点调查，并在问卷设计、调查员培训、填表审核、计算机录入、逻辑检查、验收等关键环节采取措施，严格控制非抽样误差。经论证，中国 1987 年 60 岁以上老年人口抽样调查达到原设计要求，质量是比较高的，数据资料是可靠的。本稿将主要依据这次抽样调查首批电子计算机汇总资料，对中国老年人口现状和特点作出分析，探讨解决最重要的一些老年人口问题的途径，对涉及的若干老年科学研究问题提出见解。

二 典型 "金字塔" 状结构：老年人口年龄、性别和文化构成

老年人口年龄、性别、文化构成资料，可以通过多种调查特别是人口普查取得，这部分资料不是中国 1987 年 60 岁以上老年人口抽样调查所要了解的重点项目。但是由于年龄、性别、文化构成属人口基础数据资料，同我们所要研究的老年人口婚姻、家庭、经济收入、就业、供养、参与社会活动能力等关系十分密切，还是有必要对此作出一定的分析。

1. 年龄构成

老年人口年龄构成和总体人口年龄构成比较，最大的特点是具有更典型的正三角形 "金字塔" 状结构。这主要是因为老年人口的年龄别死亡率在高年龄组和低年龄组之间相差很大的缘故。以我国 1982 年普查提供的 1981 年人口年龄别死亡率来看，男女合 20 岁的年龄别死亡率只有 1.44‰，30 岁只有 1.67‰，40 岁只有 2.90‰，50 岁只有 6.87‰，但到 60 岁便一下子提高到 18.20‰，65 岁提高到 26.89‰，70 岁提高到 46.58‰，75 岁提高到 68.36‰，80 岁提高到 116.81‰，85 岁提高到 173.91‰，90 岁提高到 278.88‰，95 岁提高到 306.81‰，100 岁以上提高到 476.77‰[1]。可见，不

---

① 中国社会科学院人口研究中心编《中国人口年鉴 1985》，中国社会科学出版社，1986，第 880~881 页。

仅老年人口的年龄别死亡率同成年人口之间相差悬殊，而且老年人口高年龄组和低年龄组之间相差也比较悬殊，上述 65 岁老年人口年龄别死亡率高出 60 岁 8.69 个千分点，70 岁高出 65 岁 19.69 个千分点，75 岁高出 70 岁 21.78 个千分点，80 岁高出 75 岁 48.45 个千分点，85 岁高出 80 岁 57.1 个千分点，90 岁高出 85 岁 104.93 个千分点，95 岁高出 90 岁 27.93 个千分点，100 岁以上高出 95 岁 169.96 个千分点。总的趋势是年龄越高，较高年龄组和较低年龄组之间的年龄别死亡率相差越大，较高年龄组存活人数越少，这在很大程度上消除了少年和成年时期人口年龄结构参差不齐的状况，形成典型"金字塔"状结构。中国 1987 年 60 岁以上老年人口抽样调查老年人口年龄"金字塔"，如图 1 所示[①]。

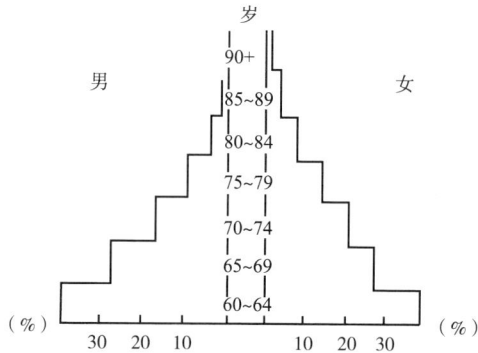

图 1　中国 1987 年老年人口年龄结构

由图 1 看出，随着老年人口年龄的增高，较高年龄组所占比例明显降低，呈阶梯形状。具体情况是：60～64 岁组占 60 岁以上老年人口的比例为 36.7%，65～69 岁组占 26.0%，70～74 岁组占 18.5%，75～79 岁组占 11.1%，80～84 岁组占 5.4%，85～89 岁组占 1.8%。图 1 中 1987 年老年人口年龄结构为 1.8%，90 岁以上组占 0.5%。由此也不难看出，目前我国老年人口中较低年龄组所占比例甚高，老年人口的年龄构成较轻，这是又一明显特点。这里借用总体人口年龄中位数计算公式，以 60 岁作起点，以 60 岁以上老年人口作总体人口，计算出 1987 年 60 岁以上老年人口年龄中位数为

---

① 《中国 1987 年 60 岁以上老年人口抽样调查资料》，《中国人口科学》1988 年增刊（1），本文引用老年人口数据凡未注明出处地方，均引自该资料。

67.6 岁，同 1982 年相同。即 1987 年全国 60 岁以上老年人口中 67.6 岁以下老年人口占一半，67.6 岁以上占一半，年龄结构比较轻。这对于我们认识我国老年人口现状，分析老年人口健康、就业、交往以及考虑养老制度和养老方式的改革说来，都是非常重要的，是一项制约性很强的基础性指标。

当然，伴随着人口老龄化而来的必然在将来会出现较高年龄组人口所占比例增大，较低年龄组人口比例减小的超高老龄化问题，其发展趋势可见表 1。

表 1　中国 1953～2050 年老年人口超高老龄化预测

单位：岁

年　份	60⁺（千人）	$\dfrac{60～64}{60^+}$	$\dfrac{80^+}{60^+}$	$\dfrac{80^+}{60～64}$	年龄中位数（60⁺）
1953	41.533	0.397	0.045	0.112	66.8
1964	42.351	0.417	0.043	0.102	66.5
1982	76.638	0.357	0.066	0.185	67.6
1990	97.392	0.353	0.070	0.198	67.7
2000	127.485	0.322	0.081	0.252	68.3
2010	160.852	0.345	0.092	0.268	68.2
2020	223.026	0.323	0.083	0.258	67.9
2030	306.610	0.354	0.079	0.223	67.8
2040	338.039	0.241	0.097	0.404	69.7
2050	318.874	0.268	0.149	0.555	70.4

资料来源：1953、1964、1982 年根据全国人口普查资料计算；1990～2050 年根据《2000 年的中国人口和就业》中位预测计算。

由表 1 看出，伴随总体人口年龄结构老龄化有一个老年人口年龄结构超高老龄化问题，但由于受到现有总体人口年龄结构制约，二者并不是同步进行的。从 1990～2030 年，总体人口年龄结构将加速走向老龄化，而在此期间 80 岁以上老年人口占全部 60 岁以上老年人口的比例，仅由 7.0% 提高到 7.9%，80 岁以上老年人口占 60～64 岁老年人口的比例，也仅由 19.8% 提高到 22.3%；60 岁以上老年人口年龄中位数，仅由 67.7 岁提高到 67.8 岁，几乎没有变动。就是说，由于受到现有总体人口年龄构成影响，在未来的 40 多年里，在人口加速走向老龄化过程中，老年人口的超高老龄化并不明显，较低年龄组老年人口所占比例甚大，这给我们一个很好的机会，如能很好地发挥这些较年轻的老年人口的作用，对于我们顺利渡过老龄化严重阶段这一难关，以至于对整个建设事业，都有重要意义。表1同时告诉我们，2030年以后老年人口超高老龄化发展迅速，2030～2050年的20年间，80岁以上老年人口占60岁以上老年人口的比例将上升7.0个百分点，80岁以上占60～64岁的比例将上升33.2个百分点，而老年人口年龄中位数将上升2.6岁，即70.4岁以上老年人口将占到全部60岁以上老年人口的一半。2040年前后总体人口年龄结构老龄化达到峰值年份，但老年人口年龄结构超高老龄化却还在发展；到2050年总体人口年龄结构老龄化已有一定程度的缓解，而老年人口年龄结构超高老龄化达到更高水平，社会必须考虑届时不仅60岁以上老年人口可达3.19亿人之多，而且其中80岁以上老年人口可达0.48亿人所带来的压力，要建立适应超高老龄化需要的社会保障体系。

2. 性别构成

考察世界老年人口性别比，在160多个国家和地区中，60岁以上老年人口性别比在100以下的国家和地区有130多个，在100以上的有20多个，老年人口性别比偏低，女性多于男性是普遍现象。目前，科学家们对这一现象的解释主要归于遗传学，归于男性和女性染色体的不同。然而，20多个国家老年人口性别比高于100却不能用染色体——老年人口自身内在的原因来解释，因为这些国家无论男性还是女性老年人口所携带的染色体同其他国家没有什么不同，这些国家老年人口性别比偏高原因只能到外在原因中去寻找，到影响人口死亡原因的不同上去寻找。根据联合国《人口年鉴1977》提供的资料，这些国家有非洲的贝宁、利比亚等15个国家，亚洲的印度、马尔代夫等9个国家，大洋洲的法属波利尼西亚等3个国家和地区，以及拉丁美洲的古巴。目前对这些国家和地区的老年人口性别比偏高的原因众说不一，有的归结为女性老年人口地位的低下，有的归结为宗属方面的原因，但有一点认识是共同的：这些国家和地区女性老年人口的年龄别死亡率普遍比较高，存活人数相对少。发达国家与此相反，由于影响老年人口死亡率的外在因素如食物、营养、居住、医疗保健等获得较好解决，男性和女性老年人口之间不存在很大的差别，故内在的遗传因素便显示出其作用，使老年人口中女性明显多于男性，性别比偏低。如1985年法国60岁以上老年人口性别比为71.0，日本为72.7，英国为73.4，瑞典为82.6，老年人口性别比相当低。反映到总体上，发达国家和发展中国家老年人口性别上的这种差异，如

表 2 所示。

表 2　1985 年发达国家和发展中国家老年人口性别比

年 龄 组	世 界	发达国家	发展中国家
60 +	79.44	65.73	92.02
60 ~ 64	90.00	76.51	100.01
65 ~ 69	85.76	72.04	95.19
70 ~ 74	76.50	64.92	88.59
75 +	62.58	52.50	76.94

资料来源：*World Population Projections 1984*，The World Bank。

表 2 表明，经济收入水平较高的发达国家同经济收入水平较低的发展中国家的老年人口性别比有很大不同，发展中国家 60 岁以上老年人口性别比要比发达国家高出 26.29，其中发展中国家 60 ~ 64 岁性别比已达男女平衡状态，比发达国家高 23.50，其余更高年龄组也高出许多。大量统计数据表明，除个别情况外，经济较发达国家比较不发达的国家性别比要低，经济发达程度同老年人口性别比成反比的现象，带有一定的普遍性。

然而，无论发达国家还是发展中国家，老年人口中年龄越高性别比越低则是普遍的规律。表 2 中世界老年人口性别比 65 ~ 69 岁比 60 ~ 64 岁低 4.24，70 ~ 74 岁比 65 ~ 69 岁低 9.26，75 岁以上比 70 ~ 74 岁低 13.92。中国老年人口性别比也相类似，65 ~ 69 岁性别比比 60 ~ 64 岁低 11.7，70 ~ 74 岁比 65 ~ 69 岁低 14.0，75 ~ 79 岁比 70 ~ 74 岁低 16.0，80 ~ 84 岁比 75 ~ 79 岁低 12.3，85 ~ 89 岁比 80 ~ 84 岁低 5.4，90 岁以上比 85 ~ 89 岁低 10.9。总的趋势是，同老年人口年龄构成相似，随着老年人 1∶1 年龄组年龄的升高性别比不断降低，相反，随着老年人口年龄组年龄的降低性别比不断增高，也呈典型"金字塔"状结构。

3. 文化构成

人口的文化构成是衡量人口文化素质结构的最重要指标，老年人口文化构成怎样，对解决老年人口的劳动、就业、收入、参与社会活动、养老制度的改革等关系密切，是需要认真研究的问题。中国 1987 年 60 岁以上老年人口抽样调查结果中老年人口文化构成具有以下一些特点。

第一，同老年人口年龄、性别构成相仿，具有典型"金字塔"状结构——随着老年人口年龄组年龄的升高，文化程度逐步降低，形成上尖下宽的结构。全国加权汇总的 60 岁以上老年人口年龄组别文化程度的变动，如表 3 所示。

表 3　全国（加权汇总）老年人口按年龄分组文化程度

单位：%

年龄（岁）	60～64	65～69	70～74	75～79	80～84	85～89	90⁺
大　　学	1.81	1.21	0.84	0.73	0.71	0.71	0.00
中　　专	1.75	0.83	0.56	0.38	0.17	0.53	0.00
高　　中	2.63	1.66	1.49	0.76	0.53	0.00	0.61
初　　中	10.33	7.31	4.83	3.13	3.29	3.04	4.29
小　　学	22.89	19.22	15.72	12.07	10.66	7.69	4.90
识字不多	12.76	12.89	11.94	9.99	8.50	7.15	5.52
不 识 字	47.80	56.84	64.59	72.09	76.09	80.85	84.66
合　　计	100.00	100.00	100.00	100.00	100.00	100.00	100.00

表 3 表明，老年人口中具有大学、中专、高中、初中、小学以至于识字不多者所占比例，总的趋势是随着年龄组年龄的升高而降低，只有不识字者所占比例随着年龄组年龄的升高而升高。这反映了 20 世纪 20 年代出生的人口要比 10 年代所受教育为高，10 年代比进入 20 世纪前后 10 年出生的人所受教育为高，历史越往前推移出现所受教育越低的状况。

这里存在一个问题，虽然表 3 表明了各种有文化老年人口的文化程度随着年龄升高而降低，无文化随着年龄的升高而升高的情况，但也有例外者，如具有中专文化的 85～89 岁组所占比例就比 80～84 岁组、75～79 岁组为高，高中和初中个别年龄组也有类似情形。更为重要的是，究竟从总体上观察各年龄组处于一个什么样的文化水平，有没有一个统一的、可作比较的指标。这个问题一直在人口统计中存在着。过去我国历次人口普查和人口登记，6 岁以上人口的文化程度均采用大学毕业、大学肄业或在校、高中、初中、小学、不识字或识字很少 6 个档次，有时前两个档次合并为具有大学文化程度人口，最后一个档次亦作文盲半文盲人口。本次全国老年人口抽样调查问卷设计从老年人口实际和进行相关分析需要出发，将老年人口文化程度分为大学、中专、高中、初中、小学、识字不多、不识字 6 个档次，其中中专和高中属同一档次不同类型。不难看出，由此得到的数据资料无法汇总出一个统一的、可比的指标，因而不同年龄组之间，不同人口类型之间，不同地区之间只能进行同一档次文化程度比较，不能进行统一的、抽象的比较。

这样就容易发生像上面出现的矛盾，不同档次可以有相反的情况出现：从一个档次指标看甲高于乙，从另一个档次指标看乙高于甲，到底是甲高于乙还是乙高于甲，难以判断。这就需要找到一个能够反映某总体人口的综合的、具有平均意义的指标，并且具有简单明了、可比性强的特点，这就是某总体人口平均所受教育的年限。显然，只要给出不同文化档次的人口数量和每个档次平均所受教育的年限，则某总体人口平均具有的文化水平就可以求得。可是由于不同历史时期各类学校学制长短不一，同时，同一文化档次毕业与肄业、高年级与低年级相差好几年，各档次人口平均所受教育年限实际上是一个很难确定的量，在没有取得关于这个问题的全国的专门数据情况下，只能取其近似值，故不宜采用人均教育年限的概念，而称之为人口文化素质指数，尽管其含义是人口平均接受教育的时间。从我国实际情况出发，取具有大学文化程度人口平均接受教育年限近似值为 16 年，中专和高中为 11 年，初中为 8 年，小学为 4 年，不识字和识字很少为 0.25 年，计算出 1987 年全国 60 岁以上老年人口文化素质指数为 2.00，基本上代表老年人口总体受教育的水平。据此计算出的老年人口不同年龄组文化素质指数为：60～64 岁为 2.67，65～69 岁为 2.02，70～74 岁为 1.57，75～79 岁为 1.26，80～84 岁为 1.10，85～89 岁为 0.94，90 岁以上为 0.83，老年人口所具有的文化程度随着年龄的升高而降低的"金字塔"状结构，便一目了然了。

第二，同全国人口具有的文化程度相比，老年人口居于更低一层的水平。过去由于经济落后、文化教育不发达，全国人口的文化素质不高；同时 1987 年 60 岁以上老年人口均系 1927 年以前出生的，1949 年新中国成立之前文化教育尤为落后，使老年人口具有的文化水平低一大截。按照上述方法计算的全国 1987 年总体人口文化素质指数为 4.65，比 60 岁以上老年人口高 2.65，即全国人口文化素质指数为 60 岁以上老年人口的 2.3 倍。

第三，男性老年人口文化水平大大高于女性。1987 年全国老年人口抽样调查市、镇、县的情况，如表 4 所示。

由表 4 看出，在城市男性老年人口以具有小学和初中文化程度人口所占比例最大，两项合计，市占 59.08%，镇占 59.30%；女性以不识字所占比例最大，市占 62.64%，镇占 68.51%。至于具有大学、高中文化程度人口所占比例，男性为女性的几倍，相差很大。乡村情形也大致相同，只是由于乡村男性老年人口文化程度也较低，由不识字和识字不多到小学、初中，高中、大学降幂排列，不识字和识字不多占一半以上。男性和女性之间的差距表现在文化档次上有所不同：女性老年人口有小学文化以上的仅占3%多一些，近乎97%的乡村女性老年人口均为不识字和识字很少，处于相当低下的状态。如以文化素质指数衡量，1987年抽样调查市男性老年人口文化素质指数为5.29，市女性为1.73，男性为女性的3.1倍；县男性老年人口文化素质指数为2.13，县女性为0.41，男性为女性的4.5倍。相比之下，乡村男性和女性老年人口文化水平的差距更大一些，强烈地反映出旧中国在文化教育上的男尊女卑状况。

表4　男女别老年人口文化构成

单位：%

	市		镇		县	
	男	女	男	女	男	女
大　　学	6.38	1.30	4.03	0.29	0.32	0.14
中　　专	2.36	1.58	2.60	2.00	0.67	0.10
高　　中	6.22	1.75	6.29	1.47	1.13	0.01
初　　中	22.44	4.90	22.69	4.01	7.20	0.39
小　　学	36.64	14.33	36.61	11.15	28.65	2.47
识字不多	11.95	13.50	12.64	12.57	18.66	5.15
不 识 字	14.02	62.64	15.13	68.51	43.35	91.75
合　　计	100.00	100.00	100.00	100.00	100.00	100.00

第四，城乡之间老年人口文化程度相差悬殊，城市大大高于乡村。具有大学文化程度老年人口所占比例，市为3.70%，镇为2.05%，县为0.23%，市比镇高出1.65个百分点，镇比县高出1.82个百分点；具有高中文化程度老年人口所占比例，市为5.80%，镇为6.01%，县为0.91%，镇与市比较接近，镇高出县5.10个百分点；具有初中文化程度老年人口所占比例市为13.16%，镇为12.79%，县为3.60%，市与镇比较接近，与县差距很大，镇比县高出9.19个百分点；具有小学文化程度老年人口所占比例市为24.89%，镇为23.11%，县为14.81%，市与镇也相当接近，与县差距较大，镇比县高出8.30个百分点；不识字和识字不多老年人口所占比例市为52.50%，镇为56.04%，县为80.55%，市与镇也比较接近，与县差距较大，县高出镇24.51个百分点。如用人口文化素质指数衡量，1987年中市老年人口文化素质指数为3.64，镇为3.50，县为1.22，市∶镇∶县为3∶2.9∶1，市与镇

差别不大，市镇老年人口文化素质指数大致为乡村的 3 倍，高出许多。这反映出旧中国乡村教育尤其落后的历史状况。

三　旧式婚姻关系的再现：老年人口
婚姻、生育和家庭

中国 1987 年 60 岁以上老年人口抽样调查的对象，为 20 世纪 20 年代和 20 年代以前出生的人口，其婚姻关系再现了过去人口再生产早婚、多育和人口再生产基本单位家庭规模比较大的特点。

1. 早婚普遍和一次性婚姻占绝对优势

全国老年人口抽样调查加权汇总的 1987 年 60 岁以上老年人口初婚年龄和该年全国 1% 人口抽样调查 15 岁以上人口初婚年龄比较，如表 5 所示。

表5　1987 年 60 岁以上老年人口和 15 岁以上人口初婚年龄比较

单位：%

初婚年龄（岁）	60 岁以上	15 岁以上
15 ~ 19	47.0	27.3
20 ~ 24	35.2	52.3
25 ~ 29	11.8	17.2
30 ~ 34	4.2	2.8
35 +	1.8	0.4
合　　计	100.0	100.0

资料来源：15 岁以上人口初婚年龄资料引自《中国 1987 年 1% 人口抽样调查资料》，中国统计出版社，1988。

由表 5 看出，60 岁以上老年人口初婚年龄在 15 ~ 19 岁所占比例将近一半，而 15 岁以上人口仅占 27.3%，表明过去很强的早婚习惯。而且，老年人口中年龄组年龄越高，早婚现象越是严重，在 15 ~ 19 岁结婚所占比例为：60 ~ 64 岁占 43.8%，65 ~ 69 岁占 46.0%，70 ~ 74 岁占 49.4%，75 ~ 79 岁占 50.8%，80 ~ 84 岁占 53.8%，85 ~ 89 岁占 54.3%，90 岁以上占 61.0%，随着年龄的升高呈阶梯式上升。相反，初婚年龄升高后，又随着老年人口年龄组年龄的升高呈阶梯式的下降：初婚年龄在 20 ~ 24 岁所占比例，60 ~ 64 岁组占 37.1%，70 ~ 74 岁组下降到占 33.7%，80 ~ 84 岁组下降到

占 33.3%，90 岁以上组下降到占 26.4%；初婚年龄在 25～29 岁所占比例，60～64 岁组占 13.8%，70～74 岁组下降到占 10.3%，80～84 岁组下降到占 7.8%，90 岁以上组下降到占 7.5%。这种现象从历史发展的角度观察，就是随着时代的前进后来人早婚习惯逐渐有所减弱，初婚年龄还是有所提高。

老年人口文化程度高低同初婚年龄有着密切的联系：具有大学文化程度老年人口以初婚年龄在 20～24 岁所占比例最高，达 36.0%；其次为 25～29 岁，占 26.4%；再次为 15～19 岁，占 22.0%，而高中、中专、初中、小学文化程度老年人口初婚年龄所占比例最高的也为 20～24 岁，占 40% 左右；但居于第二位的即为 15～19 岁，所占比例在 30% 上下，比具有大学文化水平的高许多；居于第三位的为 25～29 岁，所占比例不足 20%，比具有大学文化程度的低许多。文盲半文盲老年人口初婚年龄所占比例在 15～19 岁者，高达 53.0%；其次为 20～24 岁，占 32.9%；再次为 25～29 岁，占 9.4%。这不仅同具有大学文化程度人口初婚年龄有天壤之别，而且同具有中小学文化程度老年人口也有很大不同，文盲、半文盲老年人早婚的特点尤为鲜明。

城乡之间老年人口以每 5 岁组区分的初婚年龄排列，其次序相同：初婚年龄低者所占比例大，高者所占比例小，依次为 15～19 岁、20～24 岁、25～29 岁、30～34 岁、35 岁以上；但所占比例高低有一定差别，特别是初婚年龄低的比例差别较大，如初婚年龄在 15～19 岁所占比例，市占 40.3%，镇占 41.1%，县占 51.0%，县比市镇约高出 10 个百分点。初婚年龄在 20～24 岁所占比例，城乡之间差别不大；初婚年龄在 25 岁以上所占比例，城市大大高于乡村，大约高出 10 个百分点的样子，正好填补了在 15～19 岁低下的比例数。

老年人口初婚年龄在性别上的差异是显而易见的，无论城市或乡村男性老年人口初婚年龄一般均高于女性。在男性老年人口中，城乡均以 20～24 岁所占比例最高，市占 37.1%，镇占 37.2%，县占 40.9%，分别比女性老年人口占 34.4%、34.5% 和 29.4%，高出 2.7 个百分点、2.7 个百分点和 11.5 个百分点。而女性老年人口初婚年龄以 15～19 岁所占比例最高，市占 56.9%，镇占 57.0%，县占 66.9%，分别比男性老年人口占 27.1%、23.1% 和 34.1%，高出 29.8 个百分点、33.8 个百分点和 32.8 个百分点。在初婚年龄较高所占比例中，男性更高于女性，如 25～29 岁初婚年龄所占比例市男性高出女性 18.3 个百分点，镇高出 15.5 个百分点，县高出 13.2 个百分点。这种情况说明，女性老年人口早婚尤为突出，初婚年龄普遍低于男性。

与老年人口早婚现象并行，老年人口结婚次数偏低，一次性婚姻占绝对优势。1987年抽样调查加权汇总资料表明，全国60岁以上老年人口从未结婚者占0.7%，结婚次数一次者居多，主要是单身未婚者所占比例一般男性老年人口多于女性，特别是乡村，多出1.1个百分点；结婚一次者所占比例为82.4%，二次者为14.9%，三次者为1.7%，四次以上者为0.3%。这种状况在城市和乡村老年人口中有着大致相同的表现，但也存在微小的差别，主要是乡村从未结婚者所占比例稍高，见表6。

表6　市、镇、县老年人口婚次结构

单位：%

结婚次数	全国	市	镇	县
零　　次	0.7	0.4	0.4	0.8
一　　次	82.4	83.9	80.9	82.5
二　　次	14.9	14.4	16.6	14.5
三　　次	1.7	1.4	1.8	1.8
四次以上	0.3	0.2	0.3	0.4
合　　计	100.0	100.0	100.0	100.0

男性与女性老年人口比较，结婚次数结构略有不同，见表7。

表7　男女别老年人口婚次结构

单位：%

结婚次数	市		镇		县	
	男	女	男	女	男	女
零　　次	0.4	0.3	0.3	0.4	1.4	0.3
一　　次	81.5	85.6	80.7	81.1	81.8	83.0
二　　次	15.8	13.1	16.3	16.7	14.1	14.9
三　　次	1.9	0.9	2.2	1.5	2.2	1.5
四次以上	0.4	0.1	0.4	0.2	0.6	0.2
合　　计	100.0	100.0	100.0	100.0	100.0	100.0

由表7看出，男女别老年人口婚次结构大致的情形雷同，一次性婚姻占绝对优势，结二次婚者在13.1%～16.7%之间，结三次婚以上所占比例很

小，单身未婚者也很少。但也存在一定差别，主要是单身未婚者所占比例一般男性老年人口多于女性，特别是乡村多出 1.1 个百分点；结婚一次者所占比例女性均高于男性，市高出 4.1 个百分点，镇高出 0.4 个百分点，县高出 1.2 个百分点；结二次婚者所占比例看不出存在何种规律性；结三次、四次婚以上者所占比例，男性又显然高于女性，结三次婚者所占比例市男性高出女性 1.0 个百分点，镇高出 0.7 个百分点，县高出 0.7 个百分点。这种情况说明，女性老年人口婚次结构更具有一次性婚姻的特点，反映出旧社会"嫁鸡随鸡、嫁狗随狗"、"烈女不嫁二夫"等封建观念的影响。但时代毕竟不同了，近年来老年婚姻问题成为社会关注的一大课题，"黄昏恋"成为文艺创作的素材之一，出现了镇和县女性老年人口结二次婚所占比例高于男性的现象。

在按照老年人口文化程度分组和原职业分组的婚次结构中，最明显的有两点不同，一是具有大学文化程度老年人口从未结婚者所占比例相对为高，如市老年人口结婚零次所占比例为 0.4%，具有大学文化程度为 0.8%；镇平均为 0.4%，具有大学文化程度为 1.3%；县平均为 0.8%，具有大学文化程度高达 4.7%。二是城市老年人口原职业为干部、商业人口和服务人员者结婚一次所占比例要低一些，结婚二次所占比例相对高一些。如市老年人口结婚一次者所占比例为 83.7%，而原职业为干部者占 79.8%，为商业人员者占 80.0%，为服务人员者占 81.6%；而结婚二次者所占比例平均为 14.4%，上述三类人员分别达到 17.9%、17.3% 和 16.4%。镇老年人口结婚一次者所占比例为 80.9%，原职业为干部者老年人口结婚一次所占比例为 78.0%，商业人员为 80.6%，服务人员为 78.2%；而结婚二次者所占比例平均为 16.6%，原职业为干部者为 20.2%，为商业人员者为 17.1%，为服务人员者为 18.0%。

2. 有配偶率较低和丧偶率较高

这是世界各国老年人口共同的特点，是由老年人口年龄性别结构所决定的。如前所述，世界除 20 多个国家和地区外，老年人口性别比普遍在 100 以下，女性老年人口多于男性，从而决定着老年人口有配偶和无配偶的比例。据联合国 1976 年《人口年鉴》提供的资料，1976 年美国 35～39 岁妇女组 79% 为已婚并同配偶生活在一起，而 1976 年瑞典为 80%，日本为 91%，墨西哥为 84%，印度为 92%；可是美国 65～74 岁组妇女的这一比例降至 47%，75 岁以上更降至 22%，瑞典降至 20%，日本降至 15%，墨西哥也降至 32%，印度降至 20%。就是说在 75 岁以上老年妇女人口中，除去一直未婚者外，美国有将近 3/4 是单身妇女，瑞典达 4/5，日本达 5/6，墨西哥为 2/3，印度为 4/5。男性人口虽有很大不同，但趋势是相同的；按照上述年代美国 35～39 岁男性人口结婚并同配偶生活在一起的为 86%，瑞典为76%，日本为 92%，墨西哥为 88%，印度为 93%；到 75 岁以上美国下降到68%，瑞典下降到 54%，日本下降到 63%，墨西哥下降到 67%，印度下降到 67%①。我国情形也相类似，见表 8。

表 8　老年人口与成年人口婚姻状况比较

单位：%

年龄组（岁）	未　婚	有配偶	离　婚	丧　偶
24	36.3	63.4	0.2	0.1
30～34	4.9	93.9	0.6	0.6
60⁺	0.6	62.2	0.6	36.6
60～64	0.8	79.6	0.7	18.9
65～69	0.5	67.8	0.8	30.9
70～74	0.5	51.6	0.5	47.4
75～79	0.8	37.3	0.6	61.3
80～84	0.5	24.0	0.6	74.9
85～89	0.2	15.3	0.2	84.3
90⁺	0.6	14.2	0.6	84.6

资料来源：24 岁组、30～34 岁组引自《中国 1982 年人口普查资料》，老年人口引自《中国 1987 年 60 岁以上老年人口抽样调查资料》（加权汇总）。

表 8 表明，我国老年人口同成年人口相比，同样具有有配偶率低，同 24 岁人口不相上下，比 30～34 岁组低 31.7 个百分点；以及丧偶率高，比 24 岁人口高 36.5 个百分点，比 30～34 岁组高出 36.0 个百分点的特点。而且这一特点是随着老年人口年龄组的升高而加剧着。如 1987 年全国 60 岁以上老年人口有配偶率 60～64 岁组为 79.6%，70～74 岁组下降到 51.6%，80～84 岁组下降到 24.0%，90 岁以上更下降到只有 14.2%；相反丧偶率是节节上升，60～64 岁组为 18.9%，70～74 岁组为 47.4%，80～84 岁组为74.9%，90 岁以上为 84.6%。至于老年人口婚姻状况中的未婚和离婚所占比例，同老年人口年龄构成关系不大，最主要是有配偶率随着年龄的升高急

---

①　参见 John R Weeks *Population*，Second Edition 1978，by Wadsworth Publishing Company。

速降低，丧偶率随着年龄的升高大幅度上升这两个相反方向的运动，它给老年人口供养和生活料理带来特殊的问题。

老年人口高丧偶率和低配偶率在不同文化程度老年人口中，有不同的表现。1987年抽样调查表明，老年人口中文化程度越高有配偶率越高，丧偶率越低；文化程度越低有配偶率越低，丧偶率越高。加权汇总的数据情况是：全国具有大学文化程度老年人口的有配偶率为85.5%，高中为87.5%，初中为82.6%，小学为77.9%，识字不多为98.9%，不识字为52.6%。具有大学文化程度老年人口的有配偶率比小学高出8.6个百分点，比不识字高出32.9个百分点。丧偶率则刚好相反：具有大学文化程度老年人口为10.5%，高中为12.1%，初中为16.2%，小学为21.0%，识字不多为29.6%，不识字为47.1%，随着文化程度的降低而上升。可见，在目前全国老年人口中文化程度较高者有配偶伴随者多一些，文化程度较低者要少一些，在不识字老年人口中只有近一半人有配偶，另有近一半为丧偶者。这种情况说明，文化程度较低和不识字、识字很少的老年人口处境更孤独一些，得到配偶照顾要少一些。

如从老年人口收入角度观察，也有较明显的差别，收入高者有配偶率高、丧偶率低，收入低者有配偶率低、丧偶率高。加权汇总的全国按收入分组的老年人口婚姻状况表明，月平均收入在201元以上老年人口的有配偶率为93.8%，151元～200元为92.6%，101元～150元为89.4%，71元～100元为77.1%，46元～70元为64.4%，15元～45元为56.5%，15元以下为56.1%。丧偶情况为：201元以上丧偶率为6.2%，151元～200元为7.0%，101元～150元为9.8%，71元～100元为21.6%，46元～70元为34.2%，15元～45元为42.3%，15元以下为42.3%。为什么经济收入水平高低同老年人口有配偶率和丧偶率高低有着如此密切的相关关系呢？足见在社会主义商品经济条件下，经济收入作为人们择偶的一项条件，即使在老年人口婚姻关系中也还有它一定的位置，收入较高老年人口重新找到配偶相对较容易，收入较低和无收入重新寻找配偶就要困难得多。此外，经济收入较高，营养健康状况较佳，生了病容易得到应有的治疗，死亡率较低，寿命较长，原配偶相依为伴时间长，也是基本的原因。经济是基础，老年人口婚姻关系也离不开这一基础。

城乡之间老年人口有配偶率存在一定差别。抽样调查表明，1987年全国市60岁以上老年人口有配偶率为68.5%，镇为66.7%，县为55.6%，市高于全国60.3%平均水平8.2个百分点，镇高于6.4个百分点，县低于4.7

个百分点，有配偶率由高至低为市、镇、县排列。丧偶率全国为 36.6%，市为 29.4%，镇为 31.2%，分别低于全国 7.2 个百分点，5.4 个百分点；县为 40.6%，高于全国 4.0 个百分点。这表明，城市与乡村比较，乡村无配偶的孤寡老人所占比例更高一些，问题更突出一些。

3. 早育严重和生育子女数量多

早婚的一个直接结果是早育，使得女性老年人口中早育所占比例相当高，生育胎次较低年龄组所占比例大。根据 1987 年抽样调查加权汇总资料，在全部女性老年人口生育胎次中 16~20 岁生育的占 26.8%，16~23 岁生育的占 67.2%，16~25 岁生育的占 81.7%，26 岁以后生育的仅占 18.3%。而 1981 年全部育龄妇女生育分布中 16~20 岁生育的仅占 3.5%，比全国老年人口调查低 23.3 个百分点；16~23 岁生育的占 20.7%，比全国老年人口抽样调查低 46.5 个百分点；16~25 岁生育的占 43.9%，比全国老年人口抽样调查低 37.8 个百分点，26 岁以上生育的占 56.1%，比全国老年人口抽样调查高出 37.8 个百分点。这说明我国 20 世纪 80 年代育龄妇女的年龄别生育率同 40 年代中期以前已大不相同，本次抽样调查再现了 20 世纪 40 年代中期以前早育现象严重的历史图景。

结婚和生育年龄早晚同妇女的终生生育率关系密切，这已为国内外的大量实例所证明，1987 年全国老年人口抽样调查再次说明了这个问题。加权汇总的全国女性老年人口初婚年龄同生育胎次构成的关系，如图 2 所示。

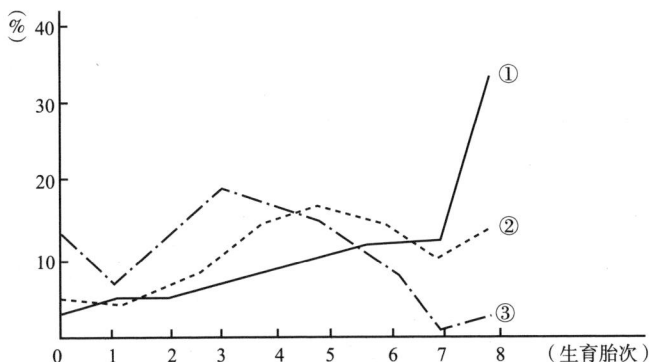

图 2　女性老年人口初婚年龄和生育胎次构成

注：①为初婚年龄 17 岁的女性老年人口；②为初婚年龄 23 岁的女性老年人口；③为初婚年龄 29 岁的女性老年人口。

由图 2 可以看出，女性老年人口终生生育子女人数构成同初婚年龄关系很大。初婚年龄为 17 岁的女性老年人口以生育 8 胎以上所占比例最大，占全部生育的 33.8%；其次为生育 6 胎和 7 胎，占 12% 左右；以下则呈生育胎次越少所占比例越低，生育 2 胎仅占 5.9%，生育 1 胎仅占 5.0%，未生育仅占 3.6%。初婚年龄为 23 岁的女性老年人口以生育 5 胎 16.4% 为最高，其次为生育 4 胎占 15.6%，再次才为生育 8 胎以上，占 15.4%，而生育 1 胎比例同 17 岁初婚年龄近似，未生育和生育 2 胎所占比例略高一些。初婚年龄为 29 岁的女性老年人口生育胎次构成更是截然不同：以生育 3 胎所占比例 19.8% 为最高，其次为生育 4 胎和 5 胎，占 16% 左右；再次为生育 2 胎，已占全部生育的 12.5%；未生育所占比例上升到 13.5%，即 29 岁结婚的女性人口有将近 1/7 不生育者，而生育 7 胎和 8 胎以上者所占比例，已下降到占 4% 以下，所占比例很小。纵观 1987 年老年人口抽样调查结果，凡在 23 岁以前结婚者生育 8 胎以上所占比例位居榜首，占 20% 以上，总的趋势是初婚年龄越低所占比例越高。如初婚年龄 16 岁者 8 胎以上所占比例达 38.8%，17 岁占 33.8%，20 岁占 24.8%，22 岁占 20.2%；初婚年龄在 23~31 岁之间以生育 5 胎或 4 胎所占比例最高，5 胎和 4 胎之和所占比例达到 30% 左右。32~38 岁以生育 2 胎或 3 胎所占比例最高，2 胎和 3 胎合计所占比例在 35%~80% 之间不等；38 岁以上以生育 1 胎或未生育所占比例最高。总起来看，初婚年龄高低对生育胎次的影响相当敏感，在这个意义上说晚婚就是少生，通过老年女性人口生育胎次构成的回顾性调查，再次证明了这一点。

初婚年龄低生育子女数量多，初婚年龄高生育子女数量少，是通过生育尤其是生育头胎年龄的早晚实现的，老年妇女生育头胎年龄的时间对胎次结构影响很大。总的情况是：凡在 25 岁以前生育头胎的一生共生育 8 胎以上所占比例居于首位，而其中 17~19 岁生育头胎的共生育 8 胎以上的比例高达 40%~50%；其次是或生育 7 胎、或生育 6 胎、或生育 5 胎所占的比例；生育 1 胎或 2 胎所占的比例，很小很小。在 26~34 岁生育头胎的，以生育 3 胎所占比例最高；只有生育头胎在 26、27、28 岁的以生育 4 胎或 5 胎所占比例为高。35 岁以后生育头胎的，多数一生只生育 1 胎，少数一生只生育 2 胎，头胎生育年龄高低直接影响着生育胎次多少和胎次结构。

同生育胎次多少关系较为密切的，还需提及女性老年人口所具有的文化程度。在抽样调查的全部具有大学文化程度的女性老年人口中，以生育 3 胎所占比例最高；中学文化程度以生育 4 胎所占比例最高；小学、不识字和识字很少以生育 8 胎以上所占比例最高。具体情况是，具有大学文化程度女性老年人口生育 3 胎所占比例为 22.6%，高中为 14.4%，初中为 14.8%，小学为 8.5%，文盲半文盲为 8.6%，而生育 8 胎以上所占比例大学为 4.8%，高中为 11.3%，初中为 13.2%，小学为 19.5%，文盲半文盲为 26.5%。总的趋势是：生育 3 胎以下所占比例，依据文化程度的提高而上升；生育 3 胎以上所占比例，依据文化程度的提高而下降。全国老年人口抽样调查表明，女性老年人口具有的文化水平同生育子女数量成反比的趋势，呈有规律的分布。

4. 过渡性质家庭

家庭是人口再生产的基本细胞单位，老年人口作为总体人口中的一部分，在家庭规模和结构上自然有共性和特性，这些共性和特性既同老年人口的基本特征有关，也同一个国家的生产力发展水平，传统文化的影响有关，所以目前的老年人口家庭带有一定的过渡性质。这种过渡性质，体现在老年人口家庭规模和家庭类型结构两个方面。

抽样调查加权汇总的数据表明，1987 年全国 60 岁以上老年人口家庭平均每户 4.9 人，比 1982 年普查全国平均 4.4 人多 0.5 人，比 1987 年中 1%人口抽样调查 4.2 人多 0.7 人。在家庭规模结构上，占本次老年人口抽样调查第一位的为 5 人户，占 18.9%；1982 年普查占总人口家庭第一位的为 4 人户，占 19.5%。居于第二位的老年人口抽样调查为 6 人户，占 16.6%；1982 年普查为 5 人户，占 18.4%。居于第三位的老年人口抽样调查为 4 人户，占 14.1%；1982 年普查为 3 人户，占 16.0%。而居于最末一位的老年人口抽样调查为 1 人户，占 2.6%；1982 年普查为 6 人户占 6.9%。就相同规模的户所占比例比较，除 2 人户老年家庭比例高于一般家庭外，其余 1 人户、3 人户、4 人户所占比例一般家庭均高于老年家庭；而 5 人户、6 人户、8 人以上户所占比例，老年家庭高于一般家庭，显然老年人口家庭同一般家庭比较有规模较大的特征。

老年人口家庭规模结构同老年人口年龄，文化、收入、城乡结构之间有着一定的联系。同老年人口年龄结构的联系，同老年人口较低年龄组较少需要照料，较高年龄组需要较多照料有关，低年龄组老年人口家庭规模相对要小，高年龄组老年人口家庭相对为大。全国加权汇总 60~64 岁老年人口家庭中以 3 人户占 18.4% 为最高，65~69 岁和 70~74 岁以 5 人户分别占 19.0% 和 19.8% 为最高，75 岁以上以 6 人户占比例最高，其中 75~79 岁 6 人户占 20.4%，80~84 岁 6 人户占 22.4%；85~89 岁 6 人户占 22.2%，90

岁以上 6 人户占 18.0%，随着老年人口年龄组年岁的增高较大规模家庭所占比例也增高。

不同文化程度老年人口家庭规模存在一定差别。全国老年人口抽样调查加权汇总具有大学文化程度老年人口以 2 人户所占比例最高，占 30.8%；具有中小学文化程度老年人口也以 2 人户所占比例最高，但有程度上的不同：高中占 27.4%，中专占 26.3%，初中占 21.4%，小学占 18.0%。大体上大学、高中、初中、小学老年人口 2 人户所占比例，每下降 1 级要降低 3 个百分点左右，老年人口的文化程度也同家庭规模大小成反比。

老年人口收入水平同老年人口家庭规模大小关系也较为密切。全国加权汇总的老年人口月平均收入在 25 元以下以 6 人户所占比例最高，占 19.5%；月收入在 26 元～70 元以 5 人户所占比例最高，占 20.1%；月收入在 71 元以上以 2 人户所占比例最高，占 30.8%，其中月收入超过 100 元的 2 人户所占比例超过 40%。总的趋势是收入水平较低家庭规模较大，收入水平较高家庭规模较小，清楚地以较低收入、中等收入、较高收入区分出来的家庭规模以 6 人户、5 人户、2 人户为所占比例最高的三个台阶。

城市同乡村比较，乡村老年人口家庭规模相对更大一些。1987 年抽样调查市和镇老年人口家庭平均每户 3.7 人，乡村为 5.5 人，多出 1.8 人。市、镇、县比较，1～4 人户所占比例市为 68.1%，镇为 64.8%，县只有 29.2%；其中 1～3 人所占比例市超过 50%，镇接近 50%，县只占 16.7%，相差 33 个百分点以上，相当悬殊。5 人以上户所占比例则倒了过来：县高于镇、镇高于市。如 5 人户所占比例县为 19.9%，镇为 17.8%，市为 17.0%；6 人户所占比例县为 21.3%，镇为 9.9%，市为 8.8%。父母和子女，或者祖父母和孙子女组成的二代户，全国加权汇总占老年人口总户数的 29.2%，市占 34.6%，镇占 31.1%，县占 26.9%，不仅城市高于乡村，而且城市中市和镇也有一定距离。再次为一对夫妇户，全国加权汇总占老年人口总户数的 12.9%，城市大大高于此数，市占 20.9%，镇占 22.5%；乡村大大低于此数，县占 7.5%。值得一提的是基本人口单身户全国加权汇总所占比例不高，只占 3.4%；但城市大大高于乡村，市占 5.2%，镇占 6.6%，县占 1.9%，市高于县 3.3 个百分点，镇高于县 4.7 个百分点；在乡村，老年人口单身户所占比例不及四代户 3.8% 高，比四代户低 1.9 个百分点，单身户在乡村所占比例只能排在第五位。由此不难看出，目前在我国老年人口家庭结构中，主干家庭当排在第一位，核心家庭排在第二位，联合家庭当排在第三位,单身家庭当排在第四位,除上述四种家庭以外的其他家庭当排在第五位。这样一种家庭类型结构已经大大摆脱了以联合大家庭为主的封建大家庭结构,但还没有像全国总体人口那样进入核心家庭为主的结构。同老年人口家庭规模密切相连,老年人口家庭类型结构也有某些特殊性,见表9。

表9 老年人口家庭类型结构

单位:%

	全国	市	镇	县
单 身 户	3.4	5.2	6.5	1.9
一对夫妇户	12.9	20.9	22.5	7.5
二 代 户	29.2	34.6	31.1	26.9
三 代 户	50.0	36.9	37.6	58.0
四 代 户	3.0	1.6	1.7	3.8
独身与其他亲属及非亲属户	0.4	0.4	0.2	0.6
其 他	1.0	0.4	0.3	1.4

由表9可以看出,全国加权汇总老年人口家庭以三代户所占比例为最大,占50.0%;但城市与乡村所占比例高低相差较大,市占36.9%,镇占37.6%,县占58.0%,县比镇高出20.4个百分点,镇和市比较接近,只差0.7个百分点。其次为以核心家庭为主的结构,说明正处于由大家庭向小家庭转化,老年人口家庭具有明显过渡性质。

四 农业型与工业型并存:老年人口 经济状况和供养

在中国和东方世界,老年人口普遍受到尊敬,有着敬老、爱老、养老的传统和社会风尚,常常为某些西方人羡慕不已,那么,这种尊老和敬老的社会风尚和传统是否天生就有,或者属纯观念上的东西呢?笔者认为并非如此,是有它形成和存在的客观经济基础的,这就是传统的农业经济。在商品经济不发达的农业社会,科学和生产技术不发达,甚至长期停滞不前,经验在靠以手工技巧劳动为主的生产劳动中,就成为决定技术水平高低的关键,而经验又往往同个人年岁的增长成比例地增加,于是乎老年人便成为经验和技术的象征,成为生产上的权威,赢得包括子女在内的周围人们的尊敬,子女孝敬老人和赡养侍奉老人成为天经地义，久而久之形成东方式的敬老传统和家庭养老方式。工业化社会截然不同，商品生产竞争激烈，科技进步日新月异，老年人口所具有的农业社会的那些经验与新技术相比已经黯然失色，大大贬值；同时由于年岁较大学习困难，跟不上技术更新的步伐，不能适应快速运转的节奏，许多人不得不由农业社会生产技术上的权威跌落为工业社会的落伍者，养尊处优的社会地位遂为年龄歧视所取代，使老年人口群处于较低下和不利的地位，产生现代社会的一套养老方式，形成子女成年后即与父母分居，自己独自立足于社会，甚至再和父母一起生活被视为"无能"的社会风尚和传统。我国是发展中国家，生产力发展水平不高，传统农业经济在乡村还有较深影响；同时又是社会主义国家，工业化和商品经济迅速发展起来，又不能不对旧社会的传统和老年人口经济生活产生重要影响。抽样调查表明，当前老年人口的经济状况、经济生活和供养状况，兼有这种农业型与工业型两方面的特征，处于由农业型向工业型转化过程中，是特定历史条件下的一种特殊的模式。

1. 经济收入来源

中国 1987 年 60 岁以上老年人口抽样调查的老年人口经济收入来源，分为退休金、从子女处取得、本人劳动收入（包括再就业）、储蓄和保险、金融资产性收入、社会救济等几项，而退休金、子女供给和本人劳动收入是主要的渠道，成为老年人口经济收入来源的"三大支柱"，占全部老年人口收入的 90% 以上。老年人口经济收入来源的不同，也主要体现在"三大支柱"来源的差别上，形成不同的来源结构。

城市与乡村比较，按收入构成划分，主要收入中城市以退休金所占比例最高，市占 63.7%，镇占 56.3%，即在主要收入构成中占一半以上，超过其他各项之和；居第二位的是子女（包括其他亲属）的供给，市占 16.8%，镇占 21.0%；居第三位是老年人口的自身劳动，包括重新就业所得到的收入，市占 14.6%，镇占 14.7%。县则以老年人口自身劳动收入占第一位，为 50.7%；子女供给占第二位，为 38.1%；退休金占第三位，为 4.7%。可见市和镇比较接近，而市镇和县比较，"三大支柱"中第一和第三支柱倒了一个个儿：作为市镇第一支柱的退休金，变成县的微小第三支柱；作为县的第一支柱的本人劳动收入，也变成在市镇只起辅助作用的第三支柱。这说明目前城市老年人口经济来源比起过去有很大变化，主要依赖国家和企业的退休金，子女供给和本人继续劳动只起辅助和补充的作用。根据国家统计局公

布的资料，全国离休、退休和退职职工人数 1978 年为 314 万人，到 1987 年
增加到 1968 万人，增长 5.3 倍；离休、退休和退职职工保险福利费用总额
相应由 17.3 亿元，增加到 238.4 亿元，增长 12.8 倍。9 年间，每 1 名离休、
退休和退职职工保险福利费由平均 551 元，增加到 1263 元，增长 1.3 倍。
就纯离退休金而言，1987 年全民所有制单位离退休金总额已达 133.4 亿元，
占当年全民所有制单位职工工资总额 1459.3 亿元的 9.14%[①]，并且上升的
速度很快。这说明，我国城市老年人口的经济收入来源已基本转向以国家和
企业支付为主的类型。乡村社会保险部分十分微弱，体现老年人口自食其力
和子女供给并重，自食其力略超过子女供给的特点。

老年人口主要来源构成与年龄有着十分密切的关系，总的趋势是随着老
年人口年龄组的升高，来自退休和劳动收入部分所占比例逐步降低，而来自
子女（包括少数其他亲属）供给部分不断上升。如市老年人口 60～64 岁组
退休金部分占主要经济收入来源的 66.1%，到 70～74 岁组降至 62.8%，
80～84 岁组降至 48.3%，90 岁以上降至 25.0%；来自本人劳动包括再就业
收入部分所占比例，也由 20.5% 降至 9.8%、2.2% 和 3.1%。来自子女和少
数其他亲属供给部分所占比例，则由 9.4% 上升到 21.1%、41.0% 和
62.5%。县老年人口经济来源构成随着年龄变动而变动的情形也大致相同：
在上述 4 个年龄组中，劳动收入部分所占比例由 66.5% 降至 33.4%、7.7%
和 2.6%，子女和少数其他亲属供给部分所占比例由 23.0% 上升到 55.5%、
78.6% 和 82.1%。至于退休金所占比例由于过低，其变动的趋势不很明显。
可见，对于不同老年人口年龄组来说，"三大支柱"所承受的压力是有很大
区别的，也是有大致的变动规律可循的。

老年人口主要经济收入构成在性别上表现的差别和不同，是颇值得重视
的。1987 年老年人口抽样调查提供的资料，见表 10。

由表 10 看出，第一，无论城乡离退休金和劳动收入所占比例，男性老
年人口均大大高于女性。离退休金在老年人口经济收入来源中所占比例，市
男性比女性高出 25.1 个百分点，镇高出 36.0 个百分点，县高出 5.9 个百分
点；劳动收入包括再就业收入所占比例，市男性比女性高出 10.4 个百分点，
镇高出 9.8 个百分点，县高出 30.4 个百分点。第二，子女和少数其他亲属
供给所占比例，女性老年人口均大大高于男性老年人口：市女性高出男性

———————

① 《中国统计年鉴 1988》。

28.7 个百分点，镇高出 34.7 个百分点，县高出 33.5 个百分点。第三，"三大支柱"所占比例在城乡男女别老年人口中的排列顺序大不相同：居第一位占比例最高的，男性市镇为离退休金，县为本人劳动收入；女性市为离退休金，镇和县为子女和少数亲属供给。居第二位的，男性市镇为本人劳动收入，县为子女和少数亲属供给；女性市为子女和少数亲属供给，镇为离退休金，县为本人劳动收入。从宏观上看，在老年人口经济收入来源构成中，男性老年人口偏重于自立型，女性偏重于依附型。这种经济来源构成上的不同类型，直接影响经济收入的水平及其在家庭中的经济地位。

表 10　男女别老年人经济收入来源构成

单位：%

	市		镇		县	
	男	女	男	女	男	女
劳动收入	18.9	8.5	18.7	8.9	62.9	32.5
离退休金	74.1	49.0	71.0	35.0	7.1	1.2
子女和其他亲属供给	4.9	33.6	6.9	41.6	24.6	58.1

2. 经济收入水平

经济是基础。老年人口经济收入水平怎样，是解决老有所养、老有所医、老有所学等各种老年人口问题和建立老年保障体系的基础。由于我国生产力不发达，加上过去长期以来实行的是低工资、多就业的政策，老年人口离退休金不可能很高，总体老年人口的经济收入水平更不高。据国家统计局《中国统计年鉴1988》提供的数字，1987 年全国城镇居民家庭平均每人全年生活费收入为 916 元，平均每人每月为 76.33 元；而 1987 年全国老年人口抽样调查，市老年人口每人月平均收入约 71 元，镇约 54 元，市老年人口月平均收入低于城镇总体人口 5 元左右，镇低于 22 元左右。全国农民家庭平均每人全年收入为 463 元，月平均 38.58 元；而乡村老年人口每人平均月收入约 33 元，低于一般农民 5 元左右。城市与乡村比较，老年人口人均月收入市高于镇 17 元左右，市高于县 38 元左右，镇高于县 21 元左右。如每月平均收入在 46 元以下视为低收入，46 元~100 元视为中等收入，101 元以上视为高收入，则按照三个收入等级划分市老年人口低收入占 16.0%，中等收入占 36.7%，高收入占 27.3%。由所占比例较高向较低的排列顺序是：

中等收入、高收入、低收入，另有 20% 无收入老年人口。镇的排列顺序是：中等收入占 30.7%，低收入占 25.6%，高收入占 19.6%，另有 24.1% 无收入。同市比较，中等收入下降 6.0 个百分点，低收入上升 9.6 个百分点，高收入下降 7.7 个百分点，无收入上升 4.1 个百分点。县的排列顺序是：低收入占 80.7%，比市低收入和无收入之和上升 44.7 个百分点，比镇上升 31.0 个百分点；中等收入占 18.2%，比市下降 18.5 个百分点，比镇下降 12.5 个百分点；高收入占 1.1%，比市下降 26.2 个百分点，比镇下降 18.5 个百分点。可见从价值形态上看，城市和乡村老年人口经济收入水平有较大差距：市以中高收入为主，镇以中低收入为主，县以低收入为主；但是考虑到目前城市与乡村物价指数的差别，消费品中商品率的差别，实物形式上的差距会有所缩小。

由于 1987 年 60 岁以上老年人口均为 1927 年以前出生的人口，1949 年以前即已走向社会，从事各种职业活动；1949 年新中国成立后又走过 38 年的路程，个人从事的职业和活动有所不同，收入有所不同，老年后享受的福利待遇差别很大，这在经济收入水平同年龄结构之间的关系上明显表现出来，见表 11。

表 11　老年人口不同年龄组人均月收入构成

单位：%

城　乡	人均月收入（元）	合计	60～64 岁	70～74 岁	80～84 岁
市	无　收　入	20.0	14.1	23.6	40.8
	45 元以下	16.0	11.3	19.6	25.8
	46 元～100 元	36.7	36.1	40.2	25.2
	101 元以上	27.3	38.6	16.2	8.2
	合　　计	100.0	100.0	100.0	100.0
镇	无　收　入	24.1	18.5	27.1	36.7
	45 元以下	25.6	16.3	30.9	43.6
	46 元～100 元	30.7	33.6	30.0	17.6
	101 元以上	19.6	31.6	12.1	2.1
	合　　计	100.0	100.0	100.0	100.0
县	无收入和 45 元以下	80.7	78.1	83.4	78.7
	46 元～100 元	18.2	20.4	15.8	20.3
	101 元以上	1.1	1.6	0.8	1.0
	合　　计	100.0	100.0	100.0	100.0

表 11 表明城乡老年人口经济收入和年龄结构之间的关系有相类似，也有所不同的情况。在城市，老年人口月平均收入总的趋势是随着年龄组年岁的升高而降低：无收入所占比例市由 60~64 岁的 14.1%，上升到 70~74 岁的 23.6%，80~84 岁的 40.8%，镇由 18.5% 上升到 27.1% 和 36.7%；低收入市由 11.3% 上升到 19.6%、25.8%，镇由 16.3% 上升到 30.9%、43.6%。中等收入和高收入总的趋势是下降的，如 46 元~100 元中等收入水平所占比例市由 60~64 岁占 36.1%，下降到 80~84 岁的 25.2%，镇由 33.6% 下降到 17.6%；101 元以上高收入市由 38.6% 下降到 8.2%，镇由 31.6% 下降到 2.1%，下降非常显著。实际上，高收入在市 60~64 岁年龄组中所占比例已居首位，其次是中等收入；镇中等收入居首位，其次是高收入。中高收入在市占全部老年人口收入的 74.7%，镇占 65.2%，这些人是老年人口中经济收入较高者。到 70~74 岁则有很大变化：市以中等收入所占比例最高。其次为无收入，高收入所占比例已由 60~64 岁的第一位，退居最后一位；镇则以低收入所占比例最高，中等收入居第二位，高收入也退居到最后一位。到 80~84 岁组情况变化更大：无收入在市占第一位，低收入占第二位，中等收入占第三位，高收入占第四位，形成收入高低同所占比例成反比的结构，同 60~64 岁组情况截然相反；镇则以低收入所占比例最高，其次为无收入，再次为中等收入和高收入，也形成收入高低同所占比例成反比的结构。县的情况总的趋势也是随着老年人口年龄组年岁的升高，无收入和低收入所占比例有所升高，中等收入和高收入有所下降，但升降的幅度不大，没有城市那样明显，且不是随着年龄组年岁的升高阶梯式地、有规律地变动，而是升中有降，降中有升。如无收入和低收入所占比例 70~74 岁组比 60~64 岁组有所升高，80~84 岁组同 60~64 岁组相比也略有升高，但 80~84 岁组同 70~74 岁组相比则有所降低，中高收入也如此，70~74 组、80~84 岁组同 60~64 岁组相比所占比例均有不同程度的降低，但 80~84 岁组同 70~74 岁组相比则有所升高。究其原因，主要同不同年龄组经济来源构成有关。如前所述，老年人口经济收入来源构成总的趋势是随着年龄组年岁的升高，来自退休金和本人劳动部分比例不断下降，而来自子女供给部分比例不断上升。这样，在城市老年收入中离退休金所占比例较高，年龄组年岁越低越高，故城市老年人口低年龄收入水平比高年龄组高得多；乡村离退休金所占比例甚微，主要是本人劳动和子女供给，但乡村老年人口本人劳动收入一般不高，子女供给随着近年来农村经济改革的深入和总收入水平的提高，子

女的收入增加很多，使得同子女一起生活所占比例更大的超高老年人口年龄组的不敷出按全年人均计算下来，并没有发生显著的降低，没有发生像城市那样高年龄组老年人口收入比低年龄组相差相当悬殊的状况。但是总体而言，无论城乡都程度不同地存在着高年龄组老年人口比低年龄组收入更低的情况，因而是提供社会保障首先要考虑的重点对象。

男女不同性别老年人口的经济收入水平，城乡之间情形不尽相同。在城市，男性高于女性很多；市男性老年人口无收入占 2.8%，女性占 35.30%，女性高于男性 32.5 个百分点；低收入男性占 4.7%，女性占 26.1%，女性高于男性 21.4 个百分点；中等收入男性占 41.1%，女性占 32.9%，男性高于女性 8.2 个百分点；高收入男性占 51.5%，女性占 5.7%，男性高于女性 45.8 个百分点。镇男性老年人口无收入占 4.3%，女性高达 41.7%，女性高于男性 37.4 个百分点；低收入男性占 12.0%，女性占 37.1%，女性高于男性 25.1 个百分点；中等收入男性占 45.5%，女性占 17.6%，男性高于女性 27.9 个百分点；高收入男性占 37.6%，女性占 3.6%，男性高于女性 34.0 个百分点。可见，在城市男性老年人口月收入大大高于女性，男性以中高收入所占比例较大，女性以低收入和无收入居多，差别显著，高低明朗。然而乡村却存在与我们常识不大一致的地方，男性和女性老年人口的月收入水平几乎没有多大差别：低收入男性占 80.5%，女性占 80.8%；中等收入男性占 18.2%，女性占 18.2%；高收入男性占 1.2%，女性占 1.0%。为什么乡村不同性别老年人口经济收入水平相差不大呢？与乡村老年人口年龄构成收入差别不大相类似，也要到经济来源构成上去寻找。县男性老年人口的经济收入来源的 62.9% 来源于本人劳动，而这些劳动又多以从事力所能及的农业劳动为主，有相当多的只是一些农业辅助劳动，收入不高；女性老年人口 58.1% 的经济收入来源于子女供给，调查中的实际收入水平是按家庭人口平均计算的，而随着农村经济改革，他们子女的收入增加很快，女性老年人口的经济收入也跟着上去了，出现了同男性老年人口的经济收入旗鼓相当的局面。如果仅就乡村自立门户的男性老年人口和女性老年人口来看，仍然存在着男性收入较高的情况。

3. 供养构成

老年人口供养同老年人口经济收入来源有着相当密切的关系，但不能等同。1987 年全国老年人口调查供养方式的选择有与经济收入来源相同的指标，也有不同的指标，故相同指标所占比例在经济收入来源和供养构成中不尽相同。抽样调查老年人口供养方式城市分做依靠本人工资收入、退休金

（包括离休）、配偶供养、子女供养、亲友供养和政府救济6类，乡村分做依靠本人劳动收入、配偶供养、子女供养、亲友供养、政府供养和集体供养6类，二者有可比之处，也有不尽相同的地方。城市中市和镇的情况比较接近：都以退休金作为主要供养方式，市占56.1%，镇占47.5%，市比镇高一些，但都在一半上下；其次是子女供养，市占22.4%，镇占27.8%，镇比市稍高一些；再次是配偶供养，市占13.0%，镇占14.3%，镇略高于市；本人工资收入部分市占6.8%，镇占7.1%，二者相当接近，而依靠亲友和政府救济供养的比例两项相加市占不足2%，镇占3%稍多一些，所起作用较小。县的情况大不相同，子女供养比例高达67.5%，其次是本人劳动供养占26.2%。再次是配偶供养占5.0%，其余三项相加占不到2%，作用很有限。这种情况大体上同城乡老年人口的经济收入来源相呼应，在养老方式上，体现城市以国家和企业供养为主，乡村以家庭子女供养为主的特点。

不同年龄组老年人口在供养方式上存在着不容忽视的差别和不同。抽样调查表明，随着老年人口年龄组年岁的升高，子女供养所占比例不断提高；其他供养所占比例，在城市主要是退休金，在乡村主要是老年人口本人劳动所得不断降低。如市退休金供养方式所占比例在60~64岁组为63.7%，70~74岁组为51.3%，80~84岁组为29.5%，90岁以上为13.2%；镇在这些年龄组所占比例分别为55.7%、43.7%、22.9%、14.8%。同时子女供养方式所占比例，市相应占9.4%、29.6%、62.8%、83.8%，在75~79岁组超过退休金所占比例；镇由11.8%上升到38.7%、65.4%、74.1%，在75~79岁组超过退休金所占比例。在乡村，上述4个年龄组子女供养方式所占比例是45.2%、83.5%、95.1%、95.8%，占绝对优势。居于第二位的是老年人口本人劳动收入供养，相应年龄组所占比例为45.0%、12.7%、2.5%、2.1%，70岁组以后所占比例则远远不能同子女供养相提并论。

不同性别老年人口供养方式存在一定差别和不同。在城市，男性老年人口退休金供养所占比例要高于女性。抽样调查市男性为81.9%，女性为33.1%，男性高出女性48.8个百分点，占绝对优势；镇男性为76.6%，女性为21.6%，男性高出女性55.0个百分点，也居于绝对优势。而女性老年人口子女供养所占比例居高，市高出男性30.3个百分点，镇高出男性34.7个百分点。在乡村，本人劳动所得供养所占比例男性老年人口为44.8%，女性为9.6%，男性高出女性35.2个百分点；而男性子女供养所占比例为52.6%，女性为80.7%，女性高于男性28.1个百分点。纵观当前我国老年人口供养方式全貌，男性与女性老年人口之别在于，男性倾向于自立型，女性倾向于依靠子女型。

4. 经济地位

由于老年人口经济收入多数人较有保证，城市中按月份领取离退休金的居多，乡村中继续从事各种劳动的人占有较大的比例，同社会经济活动和家庭经济活动保持着较多的联系；同时也由于中国和东方传统文化的影响，尊老敬老尽管有很大减弱但仍为人们所称颂，较少西方年龄歧视，老年人口在社会和家庭经济生活中还占有一定的位置，起到一定的作用。抽样调查反映的城乡老年人口在家庭中的经济地位，见表12。

表12 老年人口在家庭中经济地位构成

单位：%

	市	镇	县
起支配作用	41.5	39.9	18.7
支配部分	22.7	21.9	18.4
支配本人	13.3	14.2	13.2
无支配权	18.5	20.5	49.7
不　详	4.0	3.5	0.0
合　计	100.0	100.0	100.0

由表12看出，老年人口在家庭中的经济地位城市中市和镇比较接近，市镇和县比较差别较大。在家庭经济中起支配作用的，城市占全部老年人口的40%左右，市略高于镇；县只占18.7%，不足20%，所占比例甚低。支配部分家庭经济和支配本人经济所占比例，城市和乡村比较接近，城市水平略高于乡村。而在家庭中无经济支配权老年人口所占比例，市镇比较接近，在20%左右，市略低于镇；县接近50%，大大高于市镇。这说明，我国城市老年人口在家庭中的经济地位远较乡村高得多，80%的人握有支配家庭经济、部分家庭经济或本人经济支配权，经济上无任何支配权的仅占20%左右；乡村老年人口掌握"三权"人数之和仅占一半上下，另有一半无任何经济支配权，在经济上处于一种被支配的地位。

五　自食其力与奉献：老年人口就业和职业构成

由于人口年龄结构迅速走向老龄化和老年人口数量的大量增加，某些发达国家程度不同地正在经历一场老年人口重新就业的挑战，老年就业已成为一个新的社会问题。中国1987年60岁以上老年人口抽样调查对老年人口就业所列项目较为详尽，包括老年人口原职业、是否离退休、继续工作职业、重新就业职业、就业动机、未再就业原因、是否想再就业、离退休后不工作原因等13个条款，取得比较完整的就业情况资料。

1. 就业率

就业率是衡量人口参与社会经济活动的最重要指标，老年人口就业率直接反映着老年人口从事社会经济活动的广度和深度。然而老年人口就业率也有多种指标，在宏观上60岁以上老年人口总体的就业率和城市中老年人口离退休后的再就业率，最值得重视。因为这两项指标反映了一定总体老年人口就业的程度。还需说明，由于乡村中普遍没有离退休制度，因而也无离退休老年人口再就业的问题，乡村老年人口就业率，是指乡村老年人口继续从事劳动的人所占的比例。1987年老年人口总就业率，见表13。

表 13　60 岁以上老年人口总就业率

单位：%

市			镇			县		
男女合	男	女	男女合	男	女	男女合	男	女
15.0	20.4	13.2	11.6	17.9	6.9	31.5	53.0	12.4

表13表明，目前全国60岁以上老年人口总就业率，就城市来看市要高于镇，无论男女合或者男性、女性都如此。其中尤以女性老年人口差距为大，市比镇高出6.3个百分点，而男性仅高出2.5个百分点。城市与乡村比较，乡村老年人口总就业率（实际为60岁以上老年人口劳动参与率）比市高出16.5个百分点，比镇高出19.9个百分点。以性别区分，男性老年人口总就业率均高于女性：市男性高出女性7.2个百分点，镇高出11.0个百分点，县高出40.6个百分点，尤以县高出最多。同其他国家相比，如日本1983年65岁以上老年人口总就业率为25.1%，是老年人口就业水平较高国家，我国城市老年人口的总就业率稍低一些，而乡村则略高一些，全国加权汇总的老年人口总就业率相当接近，说明我们的水平并不很低。特别是乡村有近1/3的老年人口，男性乡村老年人口更达一半以上从事性质不同、程度不等的各种职业劳动，它一方面说明在我国生产力发展水平不高，农业生产

比较落后的情况下，有相当多的乡村老年人口不得不依靠自己劳动过活，自食其力；另一方面，乡村老年人口参与较多的各种劳动，对乡村经济以及老年人口自身的发展都会起到一定的作用。

在城市老年人口再就业中，离退休老年人口重新就业，是令人关注的问题，它所带来的影响也较大。1987年全国老年人口抽样调查城市老年人口离退休后再就业情况，见表14。

表14　市镇60岁以上老年人口离退休后再就业率

单位：%

市			镇		
男女合	男	女	男女合	男	女
18.0	22.6	8.2	13.2	16.0	5.1

将表14同表13对照看出，城市60岁以上离退休老年人口的再就业率要比城市老年人口总就业率为高，市高出3.0个百分点，镇高出1.6个百分点。同时，就不同性别老年人口离退休后再就业率比较，男性大大高于女性，市高出16.4个百分点，镇高出10.9个百分点。值得提出的是，随着经济上进一步开放、搞活，劳动人事制度改革的深入，老年人口离退休后从事各种工作、在不同所有制单位的不同形式的再就业有上升的趋势。怎样看待这一趋势？从老年人口角度观察，可以继续发挥他们的聪明才智，为增加社会财富作出贡献；也使他们在人生的最后阶段老有所为，把有限的时间和精力消耗在工作上，享受劳动带来的乐趣，无疑是一件好事。从社会角度讲，一部分蕴藏在老年人口中的劳动资源能够得到开发利用，或从事生产劳动，或从事社会服务，于社会是一件有益的事情；同时也会带来一定的问题，特别是在我国未来30多年里人口加速走向老龄化过程中生产年龄人口猛增的情况下，劳动大军供大于求，会增加社会总就业的压力。国家统计局1987年全国1%人口抽样调查年龄构成15～59岁人口为67827万人，其增长情况按照《2000年的中国人口和就业》中位预测。1990年约73110万人，1995年约77765万人，2000年约81721万人，2005年约86357万人，2010年约90063万人，2015年约90488万人，2020年约90504万人，2025年约89232万人，15～59岁生产年龄人口数量将一直增长到2020年，以后才开始下降，2025年降至89232万人，仍比目前多出21405万人。在生产年龄人口如此激

增面前又遇到老年人口重新就业的挑战，而且这种挑战与日俱增，不能不是一个需要研究和加以妥善解决的问题。

2. 就业动机

老年人口再就业动机同现行退休制度有着一定联系，国际间的退休制度差别较大，也有较一致的地方。主要发达国家目前的退休年龄以 60~64 岁组所占比例最高，日本、美国、英国等均占 1/3 左右；其次是美国、英国为 65~69 岁，日本为 50~59 岁，均占 1/4 左右。法国的退休制度较特殊，灵活性很大，50~59 岁、60~64 岁、65~69 年龄组退休比例均占 1/4 多一些。而从老年人口对就业意识的调查来看，日本老年人口对老年继续就业要求强烈，希望在 60 岁左右退休的仅占不到 1/5，65 岁左右退休占 1/4 强，70 岁左右退休的也占将近 1/4；英国和法国老年人口希望在 60 岁左右退休的占绝对优势，几乎占到一半，而要求 65 岁左右退休的所占比例较小，70 岁左右退休所占比例更小。美国则继续工作意识有所增强，要求在 65 岁左右退休的人占近 1/3，60 岁左右退休占近 1/6，70 岁左右退休占 1/8，具体见表 15。

表 15　发达国家退休年龄和老年人口期望退休年龄

单位：%

	年　龄	日　本	美　国	英　国	法　国
实际退休年龄	50~59 岁	26.5	17.5	13.7	25.9
	60~64 岁	36.8	31.6	34.0	26.5
	65~69 岁	17.3	25.12	2.4	27.7
期望退休年龄	60 岁左右	18.8	15.6	49.6	46.8
	65 岁左右	28.3	29.2	11.9	15.3
	70 岁左右	23.1	12.3	0.8	2.3

资料来源：日本总务厅长官官房老人对策室，《高龄者问题关系资料集》，昭和 60 年版（1985）。

我国目前的离退休年龄，一般为男 60 岁，女 55 岁，少数行业根据劳动工种需要退休年龄有所提前或推迟。那么，老年人口退休后重新工作的动机是什么呢？1987 年全国老年人口抽样调查从经济需要、发挥特长、精神寄托、工作需要四个方面设计问卷，结果表明市和镇的情况有所不同：市老年人口离退休后重新就业的首要目的是经济需要，指满足人的生存目的的需要，占 34.0%；其次是工作需要，占 28.1%；再次是发挥特长，占 20.0%；

最后是离退休后不满足于无所事事的寂寞生活，寻求精神寄托，占17.9%。镇工作需要居首位，占36.6%；经济需要居其次，占32.9%；再下是精神寄托和发挥特长，分别占20.9%和9.6%。对比某些发达国家在20世纪80年代初对60岁以上老年人口就业原因所作的调查，某些国家同我们有相似之处，某些国家则相差较大，见表16。

表16　美、英、法、日老年人口继续就业原因

单位：%

	美　国	英　国	法　国	日　本
希望增加收入	35.4	26.6	22.4	38.7
对工作有兴趣	43.9	41.2	40.8	12.2
有益于健康	14.2	17.6	20.4	33.1
有利于交朋友	3.3	5.6	8.4	7.2

资料来源：日本总务厅长官官房老人对策室，《高龄者问题关系资料集》。

表16表明，就增加经济收入的目的而言，我国老年人口再就业所占比例同美、日比较接近，高于英、法许多；而就工作兴趣和需要而论，除日本外，美、英、法诸国均比我国高得多；出于有益于健康方面的考虑，显然发达国家已列为影响老年就业的原因之一，我们主要是从寻找精神寄托同健康联系，所占比例同美、英、法不相上下。从总体上看，在我国由温饱向着小康水平过渡阶段，老年人口重新就业的首要目的是满足经济上的需要，是合乎规律的发展。从相反方面看，这一规律在退休老年人口不再就业原因中得到体现，见表17。

表17　市镇老年人口离退休后不再就业原因

单位：%

	市	镇
找不到工作	6.07	5.93
经济上不需要	4.90	4.52
安度晚年	34.68	45.05
帮助子女	16.42	12.84
健康原因	34.27	22.67
照顾配偶	3.65	3.00
合　　计	100.0	100.0

表 17 表明，城市中离退休后老年人口不再就业的主要原因或者为了安度晚年，到了岁暮之年理应休息了；或者出于健康方面的原因，想继续工作也是心有余而力不足了；或者帮助子女照顾下一代子孙，让其子女全力以赴地从事社会工作。这是离退休老年人口不再就业的三大主要原因，三项之和市占 85.37%，镇占 80.56%。然而经济方面的原因，在经济上需要但找不到工作和经济上不需要也不想再工作二者中，后者与前者的比例大体上是"四六开"，经济上需要但找不到工作的居多。在农村，从老年人口继续从事的是以力所能及的农业性劳动为主的性质，其以经济需要为主，具有谋生和劳动养老的特点是一目了然的，比城市更为突出，占继续从事劳动人数的81.9%，精神寄托、发挥特长等所占比例很低。

既然老年人口再就业在主要之点上还是养老谋生的性质，老年人口的再就业动机就会随着收入的高低而有所不同。城市离退休老年人口和乡村仍在从事劳动老年人口的再就业动机和月平均收入之间的关系，见表 18。

表 18　按月平均收入分组老年人口再就业动机

单位：%

		26 元~45 元	71 元~100 元	151 元~200 元
市	经济需要	65.2	41.8	30.7
	发挥特长	21.7	18.8	23.5
	精神寄托	4.4	11.3	20.0
	工作需要	8.7	28.0	25.8
	合　计	100.0	100.0	100.0
镇	经济需要	76.5	50.8	18.2
	发挥特长	17.7	3.1	15.2
	精神寄托	5.9	18.5	24.2
	工作需要	0.0	27.7	42.4
	合　计	100.0	100.0	100.0
县	经济需要	82.6	80.0	54.6
	精神寄托	6.3	5.2	27.3
	发挥特长	2.7	2.6	9.1
	其　他	8.4	12.2	9.1
	合　计	100.0	100.0	100.0

注：市镇为离退休后再就业老年人口，县为 60 岁以上仍从事劳动人口。

表 18 反映了老年人口就业动机随着人均月收入变动的大致趋势；经济需要随着人均收入的增高所占比例相应下降，其他动机特别是精神寄托和工作需要，则随着人均收入的增高所占比例相应升高。其中市经济需要再就业动机所占比例，人均月收入 71 元 ~ 100 元组比 26 元 ~ 45 元组下降 23.4 个百分点，151 元 ~ 200 元组比 71 元 ~ 100 元组再下降 11.1 个百分点；镇按着上述三个收入水平组再就业出于经济需要所占比例，随着收入的升高分别下降 25.7 个百分点，32.6 个百分点；县则逐级下降 2.6 个百分点，25.4 个百分点。以人均月收入 151 元 ~ 200 元组和 26 元 ~ 45 元组比较，以镇下降 58.3 个百分点为最高，说明镇老年人口再就业动机随着收入提高经济需要所占比例下降最明显；其次为市，下降 34.5 个百分点；再次为县，下降 28.0 个百分点。说明经济需要再就业动机随着经济收入水平的提高所占比例不断下降，其他动机所占比例必然相应上升。在上述三个收入水平组中随着收入的提高市精神寄托所占比例分别上升 6.9 个百分点，8.7 个百分点；镇分别上升 12.6 个百分点，5.7 个百分点；县先是略有降低，然后上升 22.1 个百分点；月平均收入 151 元 ~ 200 元与 26 元 ~ 45 元相比，以县上升 21.0 个百分点为最高，其次为镇上升 18.3 个百分点，再次为市上升 15.6 个百分点。城市中工作需要所占比例上升幅度也很大，市分别上升 19.3 个百分点，略下降 2.2 个百分点；镇分别上升 27.7 个百分点，14.7 个百分点。以月平均收入 151 元 ~ 200 元与收入 26 元 ~ 45 元比较，镇上升 42.4 个百分点，市上升 17.1 个百分点，镇上升的幅度相当大。

在老年人口再就业中，就业动机依据城市老年人口离退休时职业的不同而呈明显的差别，值得重视和研究。1987 年全国老年人口抽样调查参照 1982 年人口普查时职业划分成专业人员、干部、办事人员、商业人员、服务人员、农林牧渔劳动者、生产工人、其他共 8 类，其中城市老年人口，再就业动机可以分类研究。众所周知，西方发达国家常常依据人们从事各种职业的性质，将雇员分成"白领职工"和"蓝领职工"，产业结构变动、职业结构变动很大程度上体现在"白领职工"和"蓝领职工"构成变动上。我国产业结构和职业结构变动处于由落后型向先进型转化过程之中，简单的分成"白领"和"蓝领"两大类职工不能恰当地概括全貌，还有一些处于"白领"和"蓝领"之间的职工，可称之为"灰领职工"。从中国现在的实际状况出发，笔者以为可以把专业人员、干部和办事人员视为"白领职工"，商业和服务人员视为"灰领职工"，农林牧渔劳动者和生产工人视为

"蓝领职工"，则这三部分再就业老年离退休职工的就业动机有很大不同："白领"老年职工的再就业动机主要是工作需要，约占40%；其次专业人员和干部为精神寄托，分别占36.8%和32.6%，办事人员为经济需要，占24.1%。"灰领"和"蓝领"老年职工主要是经济需要，占42%以上；其次"灰领"为工作需要，商业人员和服务人员分别占27.9%和23.4%；"蓝领"则为精神寄托，为发挥特长、工作需要所占比例较低，表现出同"灰领"明显的差别。这说明，在肯定我国老年人口就业以经济需要为主的大前提下，还要作出具体的分析，专业技术人员、干部、办事人员这些"白领职工"主要是工作需要，只有其他几类"灰领职工"和"蓝领职工"老年重新再就业动机才是经济需要，满足生活的需要。

3. 职业和行业构成

由于中国目前城乡经济结构上的差异，1987年老年人口抽样调查城市按专业人员、生产工人等八大类调查了60岁以上老年人口再就业职业构成，乡村按农业、牧业、商业饮食业等十一大类调查了老年人口继续从事劳动的行业构成，见表19和表20。

表19和表20提供了比较完整的老年人口就业构成，以及城市老年离退休职工原职业和现职业的对比。有如下两点最值得重视。

第一，同目前全国的产业结构和劳动者的就业结构相适应，老年人口的就业结构具有鲜明的生产型特点。1987年底全国共有社会劳动者52783万人，其中农、林、牧、渔，水利业为31720万人，占60.1%；工业9343万人，占17.7%；商业、公共饮食业、物资供销和仓储业2655万人，占5.0%；建筑业2419万人，占4.6%；教育、文化艺术和广播电视业1375万人，占2.6%；交通运输、邮电通信业1373万人，占2.6%；其他各行业所占比例均在1.8%以下。如按三次产业划分，则第一产业占60.1%，第二产业占22.3%，第三产业占17.6%。如按物质生产部门和非物质生产部门划分，物质生产部门占90.2%，非物质生产部门占9.8%。这是全国劳动者就业结构总的状况，必然制约着老年人口就业的方向、规模和构成，特别是生产型的影响。表19表明，当前城市老年人口再就业中以生产工人所占比例为最高，市占27.0%，镇占22.5%，突出地高出一截，显示出城市老年人口就业仍以从事工业生产劳动为主。乡村这一特点更为突出，仅从事农业栽培种植业的老年人口就占全部继续从事劳动人口的78.2%，男性更占到80.8%，足以说明乡村劳动老年人口的生产性质；表20说明，从事商业、饮食、服务业的仅占 4.0% 左右，乡村老年人口继续从事劳动的绝大多数，还是广义的农业。

表 19　市镇老年人口再就业职业与原职业构成

单位：%

		合　计	专业人员	干　部	办事人员	商业人员	服务人员	农林牧渔者	生产工人	其　他
市	专业人员	100.00	89.30	5.88	2.67	1.07	0.54	0.00	0.54	0.00
	干　部	100.00	3.85	86.54	1.92	3.85	0.00	0.00	3.85	0.00
	办事人员	100.00	9.41	16.86	49.80	3.92	1.18	0.39	17.65	0.78
	商业人员	100.00	1.82	3.64	5.45	46.36	1.82	0.00	40.00	0.91
	服务人员	100.00	3.73	2.49	6.22	2.90	34.02	0.41	48.13	2.07
	农林牧渔者	100.00	0.00	0.00	0.00	0.00	0.00	33.33	66.67	0.00
	生产工人	100.00	1.02	2.54	2.80	0.76	1.53	0.25	90.84	0.25
	其　他	100.00	5.63	4.69	10.33	5.16	6.10	0.47	58.69	8.92
	合　计	100.00	51.10	8.85	12.83	5.90	7.34	0.41	47.63	1.92
镇	专业人员	100.00	95.45	2.27	2.27	0.00	0.00	0.00	0.00	0.00
	干　部	100.00	0.00	85.71	14.29	0.00	0.00	0.00	0.00	0.00
	办事人员	100.00	9.52	9.52	69.05	4.76	0.00	0.00	7.14	0.00
	商业人员	100.00	8.11	5.41	2.70	56.76	5.41	0.00	18.92	2.70
	服务人员	100.00	0.00	0.00	2.56	7.69	53.85	0.00	35.90	0.00
	农林牧渔者	100.00	0.00	0.00	0.00	0.00	0.00	100.00	0.00	0.00
	生产工人	100.00	0.00	0.00	5.36	1.79	0.00	0.00	92.86	0.00
	其　他	100.00	8.70	4.35	4.35	21.74	4.35	0.00	47.83	8.70
	合　计	100.00	20.48	5.62	14.86	12.85	9.64	0.00	35.34	1.21

第二，尽管如此，老年人口所从事的劳动同他们原来所从事的职业相比，还是发生了某些变化，出现了老年人口再就业的职业转移。从老年人口现职业构成上看，现职业为生产工人职业者主要来自原生产工人，市占90.8%，镇占92.9%，其他原职业为非生产工人者转入很少；专业人员也多为原来专业人员，市占89.3%，镇占95.5%，其他职业转入也很少；干部亦如此，来自原干部职业者市占86.5%，镇占85.7%，其他职业转入不多。转入最多者，一是现职业中的服务人员，市来自原服务人员的比例只有

表 20　县老年人口继续从事劳动行业构成

单位：%

	男女合	男	女
农　　业	78.2	80.8	68.1
林　　业	0.7	0.8	0.3
牧　　业	6.8	4.8	14.8
渔　　业	0.8	1.0	0.3
工　　业	1.1	1.3	0.4
建 筑 业	0.3	0.4	0.0
运 输 业	0.1	0.2	0.0
生产性劳务	1.8	1.9	1.6
商业饮食	2.6	2.7	2.5
服 务 业	1.4	1.5	0.9
其　　他	6.1	4.8	11.1
合　　计	100.0	100.0	100.0

34.0%，另有 66.0% 由其他职业转入，其中来自原生产工人占 48.1%。镇来自原服务人员的比例为 53.9%，来自原生产工人的比例达 35.9%；二是商业人员，市来自原商业人员的比例为 46.4%，来自原生产工人占 40.0%，来自原办事人员占 5.5%。镇来自原商业人员的比例为 56.8%，来自原生产工人占 18.9%，来自原专业人员占 3.1%；三是办事人员，市来自原办事人员的比例为 49.8%，来自原生产工人占 17.7%，来自原干部占 16.9%，来自原专业人员占 9.4%。镇来自原办事人员占 69.1%，来自原专业人员占 9.5%。来自原干部占 9.5%，来自原生产工人占 7.1%。从总的转移方向和转移数量来看，以生产工人转向服务人员所占比例最高，其次是转向商业人员和办事人员；专业人员以转向办事人员所占比例最高；干部也以转向办事人员所占比例最高。如以三次产业划分，城市老年人口再就业同原职业比较，主要是第二产业向第三产业转移，以及第三产业内部不同职业的调整；城乡老年人口作为一体观察，老年人口再就业在三次产业之间的变动，主要是由第一、第二产业向第三产业的转移。这给我们以重要启迪，即老年人口重新再就业有同生产年龄人口争夺劳务市场和就业机会一面，从而加剧着劳动力供过于求的矛盾；另一方面老年人口再就业的职业转移，主要转向第三产业，又有补充第三产业就业不充分，填补某些职业青年人不愿意做，老年人去做又比较合适，如看守保卫等工作。在这一范畴内老年就业大有潜力，

而且不发生同青年人争夺就业岗位的问题，为解决老年人口再就业指明一条重要的途径。

六　增进健康和活力：老年人口医疗、健康、居住和活动

如何消磨时光，特别是消磨得有价值、有意义，对于老年人口说来是每天都遇到的、周而复始的问题。要做到这一点，除了同老年人口的婚姻、家庭、收入、供养等有关系外，同老年人口自身的健康状况，同老年人口生活的客观环境直接相关。因此，将老年人口的活动同老年人口的医疗、健康、料理、居住等放到一起加以研究，是很有必要的。

1. 医疗

1949 年新中国成立后，随着国民经济的发展，医疗卫生事业的发展，首先在全民所有制单位实行了公费医疗，并积极扩大，一些企事业扩大了对家属的半公费医疗，集体和个体单位办起了合作医疗，初步建立了我国特有的一套医疗保障体系。原享受各种医疗待遇的职工，一般的说到了老年仍能继续享用，有的还有增加。但是，由于我国生产力发展水平不高，同时由于城乡不同经济体制的限制，形成了目前不同的老年人口医疗制度。1987 年抽样调查全国加权汇总的市、镇、县老年人口医疗的费用支付方式比较，见表 21。

表 21　老年人口医疗费用支付方式构成

单位：%

	全国	市	镇	县
自　　费	71.1	26.7	45.1	94.7
半自费	9.9	22.1	19.2	3.1
公　　费	18.4	51.2	35.7	2.2
合　　计	100.0	100.0	100.0	100.0

表 21 表明，就全国老年人口作为统一的整体观察，公费和半自费同自费医疗的比例大致"三七开"，公费同自费、半自费的比例大致"二八开"。总的看公费和半自费已占到一定的比例，但水平比较低。不过城乡之间、城

市中市与镇之间差距较大：公费医疗所占比例市比镇高出 15.5 个百分点，镇比县高出 33.5 个百分点；半自费市比镇高出 2.9 个百分点，镇比县高出 16.1 个百分点；而自费所占比例县高出镇 49.6 个百分点，镇高出市 18.4 个百分点。大体上的情况是：市已过渡到以公费和半自费医疗为主，二者之和占到市老年人口支付医疗费用人数的 3/4，属公费型；镇公费、半自费所占比例略超过一半，自费占到将近一半，属半公费型；县公费、半自费相加只占 5% 多一些，自费占 95%，属自费型。城乡之间老年人口医疗费用构成的这种差别，是历史上形成的，不可能在较短时间内消除，对老年人口健康水平将产生直接影响。

老年人口医疗费用支出构成同老年人年龄构成有很大关系，总的趋势是随着年龄组年岁的增高自费所占比例不断升高，公费所占比例不断下降，半自费所占比例变动不大。如全国加权汇总的 1987 年老年人口医疗费用自费所占比例 60～64 岁组为 65.4%，70～74 岁组上升至 76.5%，80～84 岁组上升至 82.4%，90 岁以上组上升至 86.5%；公费所占比例 60～64 岁组为 24.9%，70～74 岁组为 13.7%，80～84 岁组为 7.8%，90 岁以上组为 3.7%；半自费 60～64 岁组为 6.7%，70～74 岁组为 9.8%，80～84 岁组为 9.3%，90 岁以上组为 9.8%。抽样调查表明，随着老年人口年龄组年岁的升高自费和公费所占比例"一升一降"的运动轨迹，市、镇、县有着一致的趋势，反映出公费医疗制度随着时间的推移逐步扩大的历史发展过程。

不同性别老年人口医疗费用支出构成，也存在较大的不同，总的情况是自费所占比例女性高于男性，公费所占比例男性高于女性。抽样调查市男性老年人口自费支付占 9.0%，女性占 42.5%，女性比男性高出 33.5 个百分点；镇男性自费支出占 17.7%，女性占 69.3%，女性高出男性 51.6 个百分点；县男性自费支出占 92.7%，女性占 96.5%，女性高出男性 3.8 个百分点。公费医疗所占比例刚好倒了过来，市男性占 79.1%，女性占 26.4%；男性高出女性 52.7 个百分点；镇男性占 60.5%，女性占 13.9%，男性高出女性 46.6 个百分点；县男性占 4.3%，女性占 0.3%，男性高出女性 4.0 个百分点。相比之下，男性老年人口享有公费医疗所占比例最高，在城市已达到相当高的水平；而乡村男性和女性公费医疗所占比例虽然差距不小，但由于总的水平都比较低，也就显得无足轻重了。

抽样调查提供了老年人口每年负担医疗费用的具体情况。市老年人口中有 25.4% 没有个人医疗费用负担，或者完全公费，或者身体健康无病，没有医疗费用支出；19.8%个人负担医疗费用在 10 元以下，23.0%在 11 元～50 元之间，8.0%在 51 元～80 元之间，10.6%在 81 元～150 元之间，13.2%在 151 元以上。镇老年人口中 14.9%没有个人医疗费用负担，17.0%在 10 元以下，27.6%在 11 元～50 元之间，12.0%在 51 元～80 元之间，13.3%在 81 元～150 元之间，15.2%在 151 元以上。县老年人口 54.7%个人医疗费用负担在 10 元以下，29.8%在 11 元～50 元之间，9.1%在 51 元～100 元之间，6.4%在 101 元以上。从总体上看，老年人口医疗费用个人负担不算重，但在经济不发达、老年人口收入较低的情况下，也不算很轻，尤其是乡村部分老年人看病有困难。本次抽样调查市老年人口中有 68.5%看病无任何困难，31.5%有看病距离远或年老行动不便等困难，其中有经济上困难的占 14.3%。镇老年人口 64.2%看病无困难，略低于市；20.3%看病经济上有困难，比市高出 6.0 个百分点。县老年人口中真正看病无困难的仅占5.2%，其余 94.8%有程度不同的各种困难，其中存在经济困难的竟占到61.8%，足见缺医少药，有病无钱医治对于相当多数乡村老年人口说来，还是一个很大的难题。追根溯源还在于乡村经济比较落后，老年人口收入水平较低，保障系数小；乡村老年人口相对依靠子女程度大，在家庭中的地位较低，有部分人在生病情况下得不到应有的治疗；而在客观上，乡村医疗、卫生、保健事业发展不够快，不能适应总人口和老年人口大量增加的形势。

2. 健康

抽样调查加权汇总的全国老年人口健康状况，属良好一类的占 16.3%，较好占 28.3%，一般占 27.9%，较差占 17.6%，很差占 9.3%，不详占0.7%。良好和较好占 44.6%，较差和很差占 26.9%，前者高于后者 17.7个百分点。从总的情况看，不够健康的约占 1/4 多一些，健康者占近 1/2，1/4 多一些为健康状况一般者。值得一提的是，城市和乡村老年人口健康状况相当接近，这同其他一些指标有很大不同。如健康状况良好者市占15.0%，镇占 13.5%，县占 17.5%，县略高于市和镇；较好者市占 30.6%，镇占 32.4%，县占 26.3%，市和镇又稍高于县；较差者市占 18.0%，镇占18.7%，县占 17.2%，相当接近；很差者市占 10.6%，镇占 11.4%，县占8.2%，相差不大，比较接近。综合起来观察，市和镇老年人口中比较健康者所占比例更高一些，然而较差者所占比例也更高于县，这主要是县健康状况一般者所占比例较高，比市高出 4.9 个百分点，比镇高出 6.6 个百分点，较好和较差所占比例相应降下来所致。从客观上看，城乡之间老年人口健康状况差别不很大，以健康状况良好和较好者所占比例为大，情况是好的。

男女别老年人口的健康状况有一定差距。健康状况良好和较好者所占比例市男性老年人口为49.4%，女性为42.3%，男性高于女性7.1个百分点；镇男性为49.5%，女性为42.7%，男性高于女性6.8个百分点；县男性为47.7%，女性为40.4%，男性高于女性7.3个百分点。健康状况较差和很差老年人口所占比例，城市中女性明显高于男性，市女性占31.2%，男性占25.6%，女性高于男性5.6个百分点；镇女性占32.6%，男性占27.2%，女性高于男性5.4个百分点。乡村差距稍小一些，但也较男性为高，县女性老年人口健康状况较差和很差所占比例为27.3%，男性为23.3%，女性高于男性4.0个百分点。

影响老年人口健康状况的原因有很多，在主观方面有遗传的原因，特别是有无遗传病史的影响；有年龄上的原因，一般说年龄越高健康状况相对更差一些。在客观方面有经济收入水平、医疗条件的作用，经济收入水平较高、医疗条件较好的对各种疾病的防治较有效；有就业和参与社会活动多少的影响，老年继续从事某种劳动或参与一定的社会活动，使他们感到仍是社会有用之人，精神有所寄托，有益于健康；有居住和环境因素的作用，居住环境较好，适合老年人口生活习惯，也有益于他们的身心健康。1987年全国老年人口抽样调查证明，在众多影响老年人口健康因素中，最重要的还是经济收入多少和医疗条件好坏，因为这两个因素直接关系到老年人口的营养状况和有病能否就医，而就医又受经济收入影响。因此，考察老年人口收入水平和健康状况的关系带有根本的性质，1987年全国老年人口抽样调查的情况，如图3、图4、图5所示。

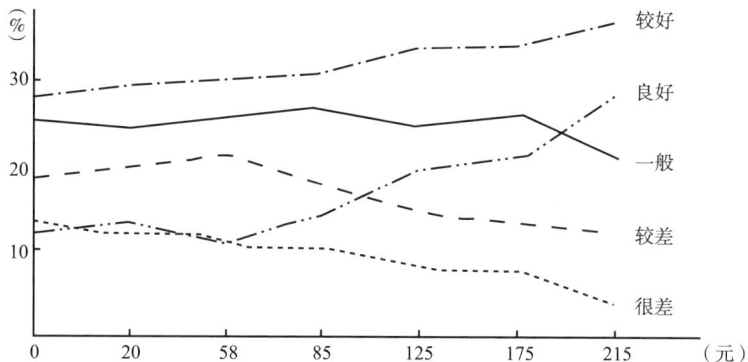

图3 市老年人口人均月收入与健康状况

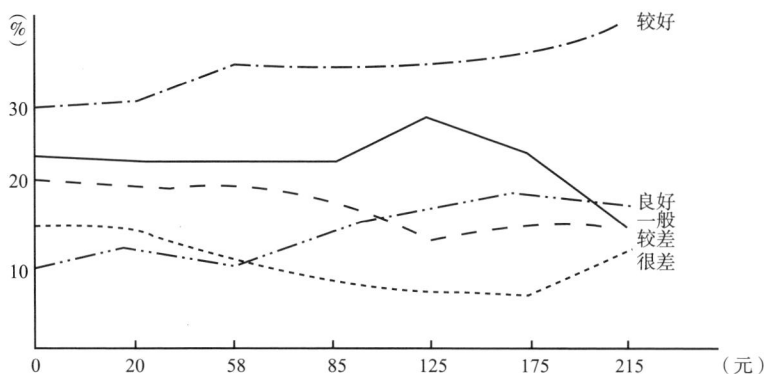

图4　镇老年人口人均月收入与健康状况

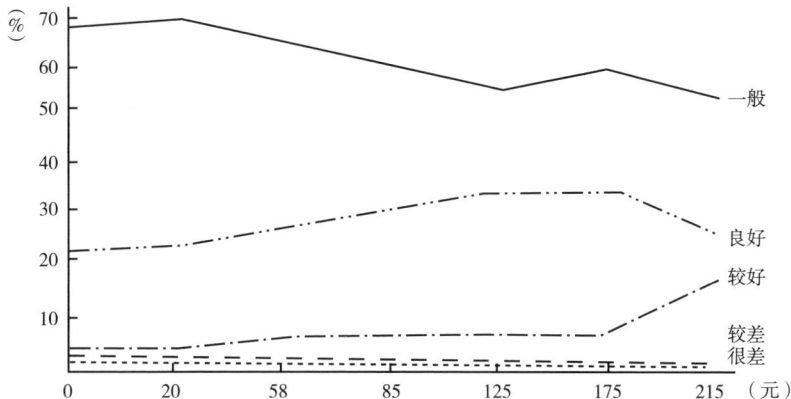

图5　县老年人口人均月收入与健康状况

由图 3、图 4、图 5 看出，无论城市还是乡村，随着老年人口人均月收入与健康状况人口收入水平的提高，健康状况良好者和较好者所占比例上升，较差和很差者所占比例下降。如从老年人口人均月收入 20 元提高到 85元、125 元，健康状况良好者所占比例市由 12.3% 提高到 13.1%、19.1%；镇由 12.1% 提高到 14.9%、17.0%，县由 24.1% 提高到 32.6%、35.3%；健康状况较好者所占比例，市由 29.1% 提高到 30.6%、33.4%，镇由29.9% 提高到 34.0%、33.9%，县由 4.4% 提高到 6.7%、7.7%。相反，健康状况较差者所占比例，市由 20.1% 下降到 18.7%、14.7%，镇由 19.7%下降到 18.9%、13.7%，县由 0.7% 下降到 0.6%、0.6%；健康状况很差者所占比例，市由 13.2% 下降到 10.3%、8.4%，镇由 14.8% 下降到 8.8%、

7.5%，县的变动由于受到填报该项人数少的影响变动不大，分别为 0.4%、0.5%、0.6%。就总的变动趋势看，收入较高者健康状况佳者所占比例大，收入较低者所占比例小是十分明了的。

为什么收入较高健康状况较佳？最主要的是收入直接决定老年人口的营养水平和就医水平。以市为例，不同收入的老年人口营养状况，如图 6 所示。

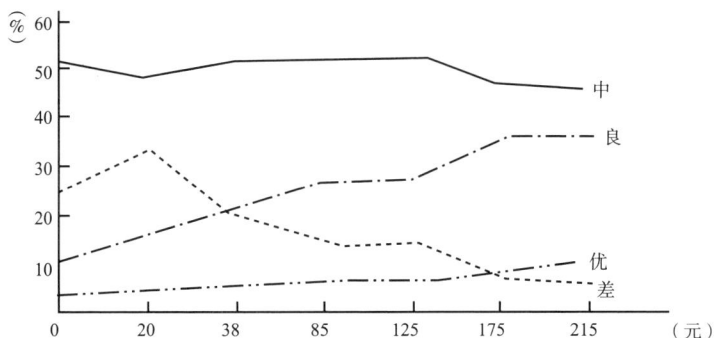

图 6　市老年人口人均月收入与健康状况

由图 6 看出，市老年人口营养状况怎样同人均月收入关系极为密切：随着收入水平的提高，营养优、良者所占比例上升，营养差者所占比例下降。仍以 20 元、85 元和 125 元三个收入档次为例，在这三个档次中营养优者所占比例分别为 2.8%、6.2%、5.9%，良者分别为 15.8%、26.8%、27.1%；而营养差者所占比例分别为 33.1%、14.6%、13.2%。镇和县的情况也如此，而且县的情况更突出。自然在生产力发展水平不高，人民生活处于温饱情况下的营养状况怎样，直接决定着身体健康情况怎样。此外，老年人口收入较高者患病后易得到应有的治疗，多数可以恢复健康，而收入较低者无钱看病人数较多，生病不能得到应有的治疗，影响健康。例如，市老年人口人均月收入在 16 元～25 元看病无困难者占 43.9%，收入增加到 71 元～100 元看病无困难者占 77.5%，101 元～150 元占 81.8%；相反，无钱看病的比例人均月收入 16 元～25 元为 37.6%，71 元～100 元下降到 4.4%，101 元～150 元下降到仅占 2.0%。在社会不能对全体老年人口实行医疗保险的情况下，老年人口收入水平高低是决定患病能否得到应有治疗和恢复健康的决定性因素。

3. 料理

同老年人口健康状况较好直接相关联，老年人口的生活料理体现了以本人自己料理为主，同时同传统文化和老年人口家庭规模、家庭类型相适应，子女照顾和帮助料理仍占有一定比例的特点。1987 年抽样调查加权汇总的全国老年人口料理和市、镇、县的比较，见表 22。

表 22　老年人口生活料理和求助

单位：%

	全国	市	镇	县
本人料理	83.8	86.6	86.6	82.2
依靠配偶	3.5	5.3	5.3	2.4
依靠子女	11.9	6.9	7.8	14.8
依靠亲友	0.5	0.5	0.5	0.5
依靠保姆	0.1	0.3	0.4	0.0
依靠邻居	0.1	0.2	0.4	0.0
依靠社会	0.1	0.2	0.1	0.1
合　计	100.0	100.0	100.0	100.0

由表 22 看出，目前全国 83.8% 的 60 岁以上老年人口的生活料理由本人负责，城市还要再高一些，乡村稍低一些，说明老年人口生活自理程度是比较高的。11.9% 依靠子女料理，但城乡差别较大：城市中市只有 6.9%，镇只有 7.8%，县却上升到占 14.8%，说明乡村老年人口日常生活中依靠子女的程度更大一些。依靠配偶照料全国占 3.5%，城市中市和镇均占 5.3%，乡村占 2.4%，城市高于乡村许多。其余依靠亲友、保姆、邻居、社会等的照料，全部加到一起不足 1%，城市略高一些，乡村略低一些，总的看只起较小的辅助作用。不过依靠保姆、邻居和社会照料在家庭发展日趋小型化形势下，会有一定的发展，特别是随着社会保障程度改革的深入，其发展是会比较快的，托老所、敬老院、各种形式的老年之家会在将来发挥较大的作用。

老年人口生活料理在不同性别之间存在一定差异：男性老年人口自己料理的程度更高一些，由子女料理的比例要低一些，依靠配偶料理的比例也稍高一些；女性老年人口自己料理的程度要低一些，依靠子女料理的比例要高一些，依靠配偶料理的比例也要低一些。如由老年人口本人料理的比例市男性占 87.2%，女性占 86.2%，男性高于女性 1.0 个百分点；县男性占 85.6%，女性占 79.2%，男性高于女性 6.4 个百分点。由子女料理所占比例，市男性老年人口为 3.7%，女性为 9.8%，女性高于男性 6.1 个百分点；县男性老年人口为 10.7%，女性为 18.4%，女性高于男性 7.7 个百分点。而由配偶料理所占比例，市男性老年人口为 8.3%，女性为 2.6%，男性高于女性 5.7 个百分点，县男性老年人口为 3.1%，女性为 1.9%，男性高于女性 1.2 个百分点。这表明在老年人口生活料理中，男性对配偶的依赖程度要大于女性，如何减少单身男女老年人口的比例，使之结成老年夫妻伴侣，是解决孤独老年人口生活料理的一条途径。

4. 居住

由于相当多数的老年人口同子孙（女）们住在一起，同时也由于非标准住房的复杂性，老年人口住房条件和面积是不好精确计算的。如将 1987 年全国老年人口抽样调查取得的数据资料加以分类，将老年人口人均居住面积在 6 平方米以下定为低水平，6～12 平方米定为中等水平，12 平方米以上定为高水平，市老年人口住房低、中、高三个水平分别占 23.0%、49.7%、27.3%，镇分别占 14.1%、47.9%、38.0%，县分别占 10.1%、34.9%、55.0%。若以低水平为 1，则低、中、高之比市为 1∶2.2∶1.2，镇为 1∶3.4∶2.7，县为 1∶3.4∶5.4。可见就老年人口平均占有住房面积而言，县高于镇，镇高于市，乡村老年人口住房面积相对多一些，住得宽敞一些，城市老年人口住房面积相对少一些，住得较狭窄一些。其中人均居住面积在 4 平方米以下所占比例，尤以市占 5.0% 为最高，比镇高出 2.8 个百分点，比县高出 1.3 个百分点。

然而，按家庭人口平均居住面积计算的老年人口住房并不能够真正代表老年人口的住房水平，因为居住面积虽小但有单独居室的，一般要比居住面积虽大但同子孙（女）共住的要好得多。从居住条件上看，城市中老年人口独居一室所占比例甚高，市占 73.5%，镇占 77.1%；二代同住一室的居其次，市占 18.2%，镇占 17.2%；三代同住一室的居再次，市占 5.9%，镇占 3.9%；此外还有少数老年人口无正式居室的，或居住在走廊，或居住在过厅，市占 2.4%，镇占 1.8%。乡村老年人口独居一室的比例较低，大约有一半老年人口居住条件较好，宽敞明亮，环境较佳；另有一半居住条件不够好，包括有 1.7% 的老年人口无正式居室，总的说来，居住条件不如城市。将居住面积和居住条件综合起来看，在住房紧张的大前提下，城市老年人口的住房更突出一些。抽样调查表明,老年人口的住房方面感到不存在什么问题者,市占66.9%,镇占71.9%,县占69.1%,占老年人口的大多数,市占比例稍低一些;感到存在某些问题,如住房面积小或质量差,或者子孙(女)同住一室等市占19.6%,镇占17.7%,县占24.8%,县所占比例高一些。而感到问题相当严重,或居住面积过小,或几代同住一室,或属于危房、棚户、无正式居室等市占12.5%,镇占9.3%,县占5.3%,城市明显高于乡村,城市中大约有1/10的老年人口住房无可靠保障,是各种老年人口问题中较为突出的问题之一。

5. 活动

老年人口在一天24小时中都在做什么?它既同一个国家的经济发展水平有关,也同民族的文化传统有关,受着多种因素制约。我国城乡老年人口一天的活动情况,1987年抽样调查结果见表23、表24。

表 23 城市老年人口日活动时间分配

单位:小时

	市			镇		
	男女合	男	女	男女合	男	女
睡　　眠	8.6	8.6	8.6	8.9	8.7	9.0
工作劳动	1.45	2.2	0.7	1.3	2.1	0.6
学习阅读	0.6	1.0	0.2	0.5	0.9	0.2
体育活动	0.6	0.8	0.4	0.4	0.6	0.2
看 电 视	1.8	1.8	1.8	1.5	1.6	1.5
其他文艺活动	0.65	0.8	0.5	0.6	0.9	0.4
家务劳动	3.4	2.1	4.7	3.4	2.3	4.5
社会交往	0.9	0.9	0.9	1.2	1.2	1.2
其　　他	6.1	5.8	6.4	6.1	5.7	6.4
合　　计	24.0	24.0	24.0	24.0	24.0	24.0

表23和表24表明,除"其他"一项外,在老年人口日活动中睡眠占的时间最多,市占据全天时间的35.6%,镇占据37.0%,县占据38.6%;其次,为家务劳动,市占据14.4%,镇占据14.4%,县占据14.2%;第三,城市为文体活动,市占据12.4%,镇占据10.5%,县为生产劳动占据9.3%;第四,城市为工作劳动,市占据5.5%,镇占据5.3%,县为串门聊

天占据 7.9%。比较城乡老年人口日活动时间分配异同发现，睡眠、工作生产劳动和其他三项所占时间城市低于乡村，而文化、体育、娱乐活动所占时间明显多于乡村，是乡村 3 倍以上，说明城乡老年人口在文化生活方面差距颇大。抽样调查乡村老年人口 31.4% 提出增设文化娱乐场所要求，位居各项"最大困难"调查项目榜首，足见 20 世纪 80 年代乡村老年人口对文化生活的追求和渴望。

表 24　乡村老年人口日活动时间分配

单位：小时

	男 女 合	男	女
睡　　眠	9.3	9.2	9.3
生产劳动	2.3	3.7	0.9
家务劳动	2.9	2.0	3.8
文体活动	0.5	0.6	0.5
看 电 视	0.4	0.5	0.4
学习阅读	0.1	0.2	0.0
串门聊天	1.9	1.8	2.0
其　　他	6.6	6.2	7.0
合　　计	24.0	24.0	24.0

不同性别之间老年人口日活动时间分配的最大不同是，女性老年人口用在家务劳动上面的时间要大大高于男性，市高出 2.6 小时，镇高出 2.2 小时，县高出 1.8 小时；而用在学习阅读和文体活动上面的时间，男性大大高于女性，市高出 1.5 小时，镇高出 1.7 小时，县高出 0.4 小时；用在工作和生产劳动上面的时间男性也高于女性，市高出 1.5 小时，镇高出 1.5 小时，县高出 2.8 小时。这"一低二高"说明，尽管妇女解放了，同全体妇女一样女性老年人口地位提高了，增强了参与社会活动和生产劳动的能力，但直到晚年仍不能真正摆脱锅碗瓢盆家务劳动的束缚，是加在老年女性人口身上的沉重负担。抽样调查市女性老年人口中有 9.3% 把家务劳动视做最大困难，镇上升到 12.2%，县上升到 15.0%，如何使城乡女性老年人口从繁重的家务劳动中解脱出来，是一项需要经过长期奋斗才有可能实现的目标。

随着经济上改革、开放、搞活的深入进行，商品经济的发展和人民生活水平的提高，同时也随着老年人口健康水平的增进，老年人口流动活跃起来，参与社会活动的能力也显著增强。抽样调查城市以本市、本镇为界，乡村以自然村为界的老年人口外出活动次数，1986年市为0.6次，镇为1.0次，县为6.3次。不难看出城乡之间老年人口外出活动次数上的这种差别纯系定义范围的不同，不具有可比的性质；但它确凿无疑地说明，如果还抱有过去那种老年人口只能是抱残守缺、死守故土的观念，那是多么的陈腐和不合时宜，如今只能另眼相看。抽样调查表明，在老年人口外出次数中居于首位的，城市仍为探亲访友，市占46.6%，镇占42.3%；乡村赶集则上升到首位，占48.4%。居于第二位的市为调查研究，占17.2%；镇为旅游，占16.5%；县为探亲访友，占39.9%。居第三位的市为旅游，占13.8%；镇为调查研究，占14.4%；县为旅游，占0.6%。老年人口外出活动的这些情况，有二点引人注目：一是乡村老年人口外出活动中赶集所占比例如此之高，说明乡村老年人口已同商品经济结下不解之缘，大量乡村老年人口出没于各种集市贸易、农贸市场，构成老年人口参与社会经济活动的直接的动因。二是旅游作为老年人口外出活动的一个新的项目发展起来，打破了国内旅游由青年人包揽的格局，一些过去从未出过远门的老年人口，包括改革开放后富裕起来的乡村老年人口，到了岁暮之年却开始跋涉千里游览名川大山，不能不说是一件新鲜的、打破历史传统的事情，而且，这一新鲜事情大有方兴未艾之势，它从一个侧面揭示出我国老年人口活动正在经历由传统型向现代型的转变，是现代化发展必然引起的老年人口活动方式的转变。

建立具有中国特点的老年保障体系[*]

　　近年来，随着我国人口年龄结构由年轻型步入成年型初期，总体人口年龄中位数由 1982 年的 22.9 岁上升到 1987 年的 24.2 岁。65 岁以上老年人口比例由 4.89% 上升到 5.46%，关于老年学和老年保障问题的研究取得了很大进展，一些研究单位和实际部门取得了不少成绩，令人鼓舞。但同实际需要比较，我们的研究工作还很不够。为了迎接我国人口加速走向老龄化的挑战，需要大家交流研究成果、互相学习、互相取长补短，拿出符合我国实际的、有科学理论依据的有用成果。因此，笔者很赞同第三次老年学科学讨论会以老年保障作为中心议题，通过学术交流，把这方面的研究向前推进一步。笔者在这里讲的老年保障主要是指经济保障，没有涉及其他更多方面。

　　为应付在未来的半个世纪时间里老年人口数量要接连出现的两个倍增，确保众多的老年人口在老龄化社会中很好地度过晚年，建立可靠的老年保障体系已经刻不容缓。目前，一些人口老龄化程度较高国家的经验证明，一个比较完备的老年保障体系的建立要经过几十年、上百年的过程，而且要随着老年人口的规模、结构、分布的改变，以及经济、文化、社会发展的程度不断加以调整。如美国社会保障制度的形成，大约花费 50 年的时间；荷兰并不是人口老龄化最早的国家，但养老金制度形成的历史却可追溯到 1889 年，甚至二次大战中流亡在伦敦的荷兰政府，1943 年还指示国家专门事务委员会提供一个重新考虑社会保障的总体方案。我们距离进入老年型人口年龄结构仅仅只有 10 多年时间。

　　现行老年保障体系同人口老龄化加速到来的趋势很不适应。为使我们能够顺利通过老龄化高潮期，建立可靠的老年保障体系的问题现在就要提到议事日程上来。同时，由于老龄化发展在时间上具有阶段和累进的性质，在空

　　*　本文发表于《人口学刊》1989 年第 4 期。

间上具有不平衡的特点，而客观上我们的生产力发展水平又不高，这就决定
了我国老年保障体系必然是综合性的、多层次的，而不可能是全国一个统一
的模式。1987 年中国 60 岁以上老年人口抽样调查表明，老年人口的生活来
源，具有多层次供养的特点。目前不同程度地依靠子女供养的所占比例很
大；依靠本人离退休金、重新就业、储蓄等收入的所占比例也比较高；还有
少量依靠配偶、亲友和政府救济的。我们在探讨建立具有中国特点的老年保
障体系的时候，既要有发展的战略眼光，随着现代化建设的推进和经济的发
展，社会保障所占的比重会大大增加；也要有现实的眼光，目前多数老年人
的供养还是依靠自己的劳动和子女供养。把这两种眼光结合起来，即积极扩
大社会保障范围，改革社会保障制度；强调子女对老人的赡养义务，注意发
挥家庭养老的作用；鼓励老年人口继续从事力所能及的工作，提高他们的收
入水平，即建立以社会供养、子女供养、老年人口自养"三大支柱"互相
补充的老年保障体系，将是我们的显著特点。

扩大老年社会保障范围改革老年社会保障制度

自 1949 年新中国成立以来，老年社会保障事业有了很大发展，保障的
人数逐年增加，金额增长很快。1978 与 1987 年比较，全国支付的离休、退
休、退职职工保险福利费用总额由 17.3 亿元猛增到 238.4 亿元，9 年时间增
长 12.8 倍，增长幅度相当大。然而中国 1987 年 60 岁以上老年人口抽样调
查表明，市的老年人口中享有退休金的比例为 63.7%，镇为 56.3%，县为
4.7%，城市中约占 40% 老年人口无退休金，乡村则更在 95% 以上。老年人
口抽样调查资料还表明，不仅城乡之间差别很大，而且同老年人口年龄、性
别、文化等构成关系也相当密切。目前，老年人口享有退休金的总的趋势
是：乡村老年人口与城镇老年人口比较，乡村更低；女性与男性比较，女性
更低；高年龄组与低年龄组比较，高龄组更低；文化程度较低和文化程度较
高比较，文化程度较低者更低。这四者即乡村老年人口、女性老年人口、较
高年龄组老年人口和文化水平较低的老年人口，恰恰是收入较少、最需要给
予一定经济保障的人口。随着国民经济的发展逐步扩大老年社会保障的规
模，使更多的老年人口在他们退出工作岗位时能够领取一定数额的退休金，
使他们的经济生活有可靠的保障，是社会的一种责任，也是人类进步和文明
的一种象征，无疑要大力推进。

但在我国财力有限和现行老年保障制度下，扩大老年保障、大幅度增加老年退休金面临严重困难。据有关方面估计，我国城镇退休职工人数 20 世纪 90 年代每年将增加近 200 万人，2000～2030 年每年将增加 300 万人以上，如按现行制度 2000 年国家支付的退休金总额将为 1985 年的 3 倍，2030 年将为 2000 年的 8 倍，退休金总额将超过工资的 25%，国家财政难以负担。同时，现行退休制度由于退休金由各单位分别支付，不利于较老企业的技术进步，不利于个人为养老而进行储蓄和国家集资，不利于缩小老年收入的城乡差别，不利于解除无子女或少子女的老年后顾之忧，因而不利于人口控制，必须进行改革。改革的方向，是打破由国家和全民所有制单位完全包下来的办法，建立由国家、企业和劳动者本人共同筹集老年基金的制度。即规定每个劳动者从他们参加工作时起，或者从 30 岁算起，每月交纳一定数量的保险金（例如工资的 5%），企业交纳同等或略多一些的保险金，国家财政投入同等或略少一些的保险金，共同作为老年基金。老年基金由国家有关保险公司或委托银行直接管理，专款专用；转入再投资，再规定适当的提取办法，保证劳动者在老年退休时能够领取相应的退休金。这方面有不少国家的经验可以借鉴，可结合我国情况制定具体的实施办法。

强调子女赡养义务 发挥家庭养老作用

扩大老年社会保障范围，改革老年社会保障制度，是建立老年保障体系首要的任务。但因受到国家经济和财力增长的制约，只能逐步展开，经历较长的过程。目前，我国老年人口的经济供养在很大程度上还依靠子女，城镇比较低一些，乡村高一些，依靠子女供养是老年保障的一种重要方式，这一特点也明显地体现在老年人口户的规模和结构上。家庭作为人口再生产的基本单位，其产生和发展从一个重要的方面记录着人口再生产的性质，老年人口家庭记录着老年人口再生产过程。毫无疑问，从老年人口角度讲，老年家庭作为晚期或暮年家庭同早期、中期或青年、成年家庭有着许多相同之处，然而也有着不少不同的地方，而且这种横断面的比较，可以帮助我们从纵的方面了解近百年来家庭关系的演变趋势。1987 年 60 岁以上老年人口抽样调查平均每户 4.9 人，比 1982 年全国人口普查 4.4 人多 0.5 人，比 1987 年中 1% 总体人口抽样调查 4.2 人多 0.7。目前，居老年人口家庭第一位的为 5 人户，抽样调查占 18.9%，而总体人口家庭 4 人户居首，1982 年普查占

19.5%。居第二位的老年人口家庭为6人户，占16.7%，总体人口为5人户，1982年占18.4%。居第三位的老年人口家庭为4人户，占14.1%；总体人口为3人户，1982年占16.0%。就相同规模的户所占比例比较，除2人户所占比例老年人口家庭略高于总体人口家庭外，其余1人户、3人户、4人户所占比例均比较低；而5人以上户所占比例，老年人口家庭均高于总体人口家庭。

同老年人口家庭规模紧密相连，全国老年人口家庭类型以3代户比例最高，抽样调查占50.0%，其次是2代户，占29.2%；再次是一对夫妇户，占12.9%；其他所占比例较小，单身户占3.4%，4代以上户占3.0%。这说明老年人口家庭已经摆脱了封建社会那种以联合大家庭为主的家庭结构，在城镇以核心家庭为主的2代户所占比例更同以主干家庭为主的3代户所占比例不相上下，抽样调查市分别占34.6%和36.9%，镇分别占31.1%和37.6%，但还没有像全国总体人口那样进入以核心家庭为主体的结构，具有典型子女供养的东方家庭色彩。

怎样看待目前仍占有较大优势子女供养式的老年家庭及其作用呢？一方面，随着现代化建设的推进，商品经济的发展，社会保障和老年人口自身收入的增加，将不可避免地出现家庭小型化的趋势，老年夫妇家庭和老年独居家庭会有所增加；另一方面刺激老年家庭小型化的这些因素的增长又是有限的，社会保障的扩大是有限的。为妥善地解决老年人口的生计，还必须强调子女对老年的赡养义务，充分发挥家庭的应有作用。

考察我国人口和经济发展的基本态势，一个显著的特点是接近于发达国家的人口类型，但却是发展中国家的经济，就人口而论，目前全国的婴儿死亡率在30‰多一些，发达国家为16‰，发展中国家为90‰；预期寿命接近70岁，发达国家为73岁，发展中国家为61岁。人口年龄结构正处于成年型向老年型过渡，并将以较快的速度步入老年型。目前发达国家处于老年型，发展中国家为典型年轻型。就经济情况而论，根据世界银行《1988年世界发展报告》提供的资料，1986年中国人均国民生产总值为300美元，发达国家为12960美元，发展中国家为610美元，我们只相当于发展中国家平均水平的1/2，20世纪末方可达到一般小康水平，21世纪中期也只能达到发达国家中等水平。也就是说，在人口年龄结构达到老年型和进入老龄化峰值年代这一历史时期，虽然国家的经济实力会大大增强，用于老年社会保障的费用会显著增加，但基本的态势仍然是发达国家的人口类型同发展中国家的经济的矛盾，国家不可能将养老事业全部包下来，家庭必须承担很大部分的赡养老人的义务。在这点上，东西方不同文化之间存在很大差异。1969 年日本老年人口同子女合居，以及只有老年夫妇户和老年单身户的比例同目前我国抽样调查的情况相当接近；而西方国家，老年人口同子女合居的，英国占 1/3、美国占 1/4、丹麦占不足 1/5。中国和日本只有老年夫妇和单身老人居住的户，所占比例均不超过 20%，而英国这两种类型的老年户占 56.0%，美国占 65.0%，丹麦达 73.0%[③]。西方国家老年人口"独立化"倾向固然是社会保障事业发达的结果，但他们已经感到老年"独立化"所带来问题的严重性。因为随着老年人口年岁的增加，随着身体老化而来的还有心理的老化、精神的老化；不仅物质生活要有保障，而且需要医疗、饮食起居等方面的照顾。还要有精神的寄托，能够与子女居住生活在一起，是一种较为理想的方式。一些西方学者甚至提出向东方学习的口号，提倡尊老、敬老、爱老，认为这是东方文明的重要标志。因此，尽管在现代化建设过程中我们要大力发展老年社会保障事业，积极扩大老年社会保障范围，但我们不能走西方福利国家的道路。福利国家道路为我国经济承担能力所不允许，同时也为综合解决老龄问题、有利于物质文明和精神文明建设所不允许。在中国，尊老、敬老、养老有着悠久的传统，我们应当摒弃它封建的那一层意识，而继承和发扬它的基本精神，并赋予新的时代的意义，建立起新型的代际关系。要强调父母对子女有抚养的义务，同样子女对父母也有赡养的义务，并制定有关的具体法律。对老年人口的家庭职能要注意研究，探索在家庭的经济职能、养育职能、社会职能、文化职能等表现的新特点、新问题，并制定出相应的政策解决这些问题，充分发挥家庭养老的作用。

鼓励老年人口继续就业　提高老年人口收入水平

目前，我国老年人口中依靠劳动和再就业获得的经济收入，在老年人口经济来源中已经占有一定的比重，随着现代化建设的推进和老年人口健康状况的改善，老年人口这种依靠本人继续劳动养老和继续为社会作出贡献，具有上升的趋势。由于目前我国城乡劳动制度和退休制度的不同，城市老年人口就业系指老年人口继续工作、新参加工作或离退休后重新就业，乡村系指老年人口继续参加劳动。按此口径，中国 1987 年 60 岁以上老年人口抽样调查老年人口就业率，市为 15.0%，其中男性为 20.0%，女性为 10.2%；镇为 11.6%，其中男性为 17.9%，女性为 6.0%；县为 31.5%，其中男性为 53.0%，女性为 12.4%。就老年人口总就业率来看，乡村高于城市；就不同性别老年人口就业率来看，男性大大高于女性，为女性的 2～4 倍。特别是乡村超过半数的 60 岁以上男性老年人口仍在从事性质不同、强度不等的各种劳动，一方面说明在我国生产力水平不高、农业生产比较落后的情况下，乡村老年人口生计在颇大程度上不得不依靠自食其力；另一方面乡村老年人口参与较多的经济活动对经济发展和完善老年人口自身，都将产生一定的影响。

在城市，随着经济体制和劳动人事制度改革的深入，经济上进一步开放搞活，老年人口离退休后再就业有上升的势头。抽样调查，市离退休老年人口再就业率达到 18.0%，高于市老年人口总就业率 3.0 个百分点；镇离退休老年人口再就业率达到 13.2%，高于镇老年人口总就业率 1.6 个百分点。这一状况有利于增加老年人口经济收入，增强老年人口参与社会活动的能力，丰富老年人口的生活；同时也带来一定的社会问题，尤其是在未来二三十年内我国生产年龄人口正处于高潮期，在劳动力供大于求、就业压力不断增大的情况下，将面临不断增长的老年人口重新就业的挑战。怎样解决这一矛盾？老年人口抽样调查老年人口就业的职业转移，为我们提供了解决的途径。现阶段，城市老年人口就业所从事的职业仍以生产工人、专业人员所占比例为高，二者合计市和镇均占全部就业老年人口的 1/3 左右；而商业和服务人员相加不足 1/4，表现出老年人口职业构成以"生产型"为主的特点。乡村老年人口就业职业构成"生产型"更为突出，抽样调查仍旧从事农林牧渔生产劳动的占 86.5%，占据绝对优势。尽管如此，老年人口职业构成同原职业构成比较还是发生了比较显著的变化。以市为例，生产工人、干部和专业人员所占比例下降了，服务人员、商业人员和办事人员所占比例上升了，发生了老年人口职业的转移。转移数量大的是生产工人，以转向服务人员比例最高，占全部生产工人转入其他职业的 34.4%，以下是转向办事人员和商业人员，分别占全部转出生产工人的 13.4% 和 13.1%。其次是以干部转向办事人员所占比例最高，占全部转出干部的 51.2%，以下是转向生产工人、专业人员等。专业人员以转向办事人员比例 45.3% 为最高，其余以转向服务人员所占比例 17.0% 为高，转入其他职业比例都比较低。这种情况说明，虽然当前老年人口就业没有摆脱"生产型"职业结构特征，但毕竟发生了由生产工人转向服务人员、商业和办事人员，干部和专业人员转向办事人员等方向性的转移，显示出老年人口继续为社会作出贡献的主要领域。老年人口职业结构变动为解决与生产年龄人口争夺劳动市场，回答老年人口重新就业的挑战指明了方向。引导得当，老年人口就业问题是可以妥善解决的，于社会和老年人口大有裨益。而且，一些发达国家曾经经历过的由鼓励老年人口退休到现在鼓励就业，也值得借鉴。适当支持老年人口继续从事力所能及的劳动，提倡老年人口自养，应是建立具有中国特点老年保障体系的重要支点之一。

参考文献

[1]《中国统计年鉴1988》，中国统计出版社，1988。

[2]《中国1987年60岁以上老年人口抽样调查资料》，《中国人口科学》1988增刊（1），本文引用老年人口数据凡未注明出处地方，均引自该资料。

[3] 井上胜也、长纪一：《老年心理学》中译本，上海翻译出版公司，1986。其中中国为1987年数（60岁以上老年人口），其他为65岁以上老年人口，日本为1969年数，美、英、丹麦为1965年数。

中日人口老龄化和老年人口就业比较研究[*]

中日两国在政治和经济生活方面有很大不同，而在人口特别在人口年龄结构变动和老龄化发展趋势，老年人口就业意识和就业结构变动等方面，却有许多相似之处。进行这方面的比较研究，彼此取长补短，对于应付迅速到来的人口老龄化的挑战，有着特殊的意义。对中国说来尤为重要。

一 加速发展的人口老龄化

中国人和日本人都是黄皮肤、黑头发，第二次世界大战后席卷全球的"婴儿高潮"也波及中日两国。1950～1988年间，中国人口由5.52亿人增加到10.95亿人，增长99.3%，日本人口由0.84亿人增加到1.22亿人，增长45.2%。38年间两国人口数量获得如此巨大的增长，这在人口发展长河中称得上是增长相当迅速的时期。然而分阶段来看，日本从20世纪40年代后期、中国从70年代初期开始，人口增长速度显著放慢，在人口增加激起的"黑（发）色浪潮"后面，接踵而来的是"白（发）色浪潮"的冲击。因此，我们必须在迅速到来的人口老龄化面前作出抉择。

考察中日人口老龄化的起因，首先在于人口出生率的大幅度下降。日本在1947～1957年的10年间，人口出生率下降一半。由34.3‰下降到17.2‰，中国在1969～1979年的10年间，人口出生率也下降一半，由34.1‰下降到17.8‰，降幅和速度同日本极为相似，只是日本比中国下降的时间早了20年，这使得目前日本人口年龄构成已步入老年型，中国则刚刚进入成年型。其次，在日本人口老龄化过程中，老年组人口年龄别死亡率的

＊ 本文发表于《日本问题》1989年4月。

降低起到一定的作用，据估计其影响可能相当于出生率下降影响的 25% 左右。如以 1930 年、1970 年和 1984 年 3 个年份比较，男性 60 ~ 64 岁组死亡率由 43.4‰ 下降到 21.8‰、13.5‰，女性由 28.1‰ 下降到 12.2‰、6.7‰；70 ~ 74 岁组男性由 96.4‰ 下降到 60.9‰、37.5‰，女性由 69.6‰ 下降到 37.5‰、20.6‰；80 岁以上组男性由 223.4‰ 下降到 176.7‰、137.0‰，女性由 184.5‰ 下降到 148.7‰、104.6‰。中国老年人口的年龄别死亡率虽有降低，但下降不多，对人口年龄结构变动影响不大，这一点与日本的情况有很大不同。

由于中日人口年龄结构由年轻型向成年型、老年型过渡原因的异同，形成现在各自特有的人口年龄结构，并决定着老龄化的大致进程。中日两国人口老龄化发展趋势，如图 1 所示。

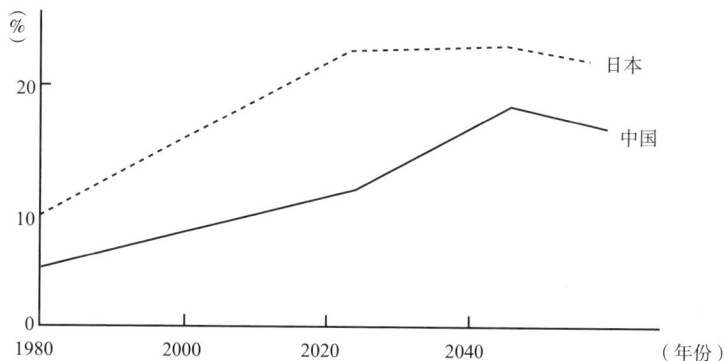

图 1　中日人口老龄化趋势比较

资料来源：田雪原主编，邬沧萍、鲁志强副主编《2000 年的中国人口和就业》中位预测；日本总务厅长官官房老人对策室：《高龄者问题关系资料集》，1985。

从图 1 可以看出中日两国人口老龄化某些共同的特点，主要如下。

其一，有着大致相同的老龄化发展趋势。在 2040 年以前，两国人口老龄化总的发展趋势是逐步加深；2040 年以后老年人口比例开始下降，老化程度得到缓解。不过，如前所述，由于日本人口出生率在 20 世纪 40 年代后期即开始下降，中国下降的时间要推后 20 多年，因此日本 65 岁以上老年人口所占比例在 1980 ~ 2020 年间上升很快，每 10 年约上升 3 个百分点；2020 年之后便成为强弩之末，2020 ~ 2040 年间仅上升不到 1 个百分点。中国人口老龄化则具有累进上升的趋势：1980 ~ 2010 年间 65 岁以上老年人口所占比例每 10 年上升 1 个百分点，2010～2030 年间每 10 年上升 3 个百分点，2030～2040 年的 10 年间上升 4 个百分点，2040 年以前处于加速上升状态。这是大趋势相同条件下的进程的不同，也是值得注意的不同。

其二，老龄化速度较快，达到的程度比较高。日本 1982 年 65 岁以上老年人口为 0.11 亿人，按照扣除年龄别死亡人数作年龄预测推移，23 年后可翻一番，2005 年可达 0.22 亿人，到 2040 年达到最高峰值时可达 0.27 亿人，相当于 1982 年的 2.45 倍，老年人口绝对数量增长比较迅速。中国 65 岁以上老年人口绝对数量大体上可由 1982 年的 0.5 亿人，增加到 2010 年的 1.0 亿人，28 年间翻一番；20 年后再翻一番，2030 年可达 2.0 亿人；到 2040 年达到最高峰值时可达 2.57 亿人，相当于 1982 年的 5.14 倍，其绝对数量增长比日本要快许多。这在人口出生率继续维持在较低水平情况下，必然导致人口老龄化程度加剧。根据预测，1982 年日本 65 岁以上老年人口所占比例为 9.6%，中国为 4.9%；2000 年日本将上升到占 15.6%，中国将上升到 6.9%；2020 年日本将上升到 21.8%，中国将上升到 10.6%；2040 年日本将上升到 22.0%，中国将上升到 17.4%。根据联合国国际经济和社会事务部的预测，2025 年世界人口老龄化最严重的一些国家，65 岁以上老年人口比例如下：联邦德国 22.5%，瑞典 22.2%，日本 21.3%，法国 19.3%，英国 18.7%。日本在老龄化最高国家之列。中国人口老龄化程度，2026 年不会很高，65 岁以上老年人口将占到 11.8%，但 2040 年可达 17.4%，同英、法等国相接近，达到仅次于联邦德国、瑞典等人口老龄化最严重国家的水平。西方包括西欧、北欧、美国等发达国家，65 岁以上老年人口比例从 7% 上升到 17% 的时间，一般需要 80 年左右，有的长达 100 年，而中国、日本只需要 35～40 年，老龄化来得相当急速。

中国和日本人口老龄化发展最大的不同，除了前面提到的 2040 年以前中国人口老龄化更具有累进增长的性质以外，由于中国幅员辽阔，人口众多，城乡之间、不同地区之间经济发展水平相差许多，人口老龄化表现出空间上不平衡的特点。在城乡之间，据中国 1987 年 1% 人口抽样调查提供的资料，65 岁以上老年人口所占比例，县为 5.53%，市为 5.49%，镇为 5.34%，老龄化程度由高至低依次为县、市、镇阶梯分布。这在现代化建设和人口城市化过程中，在乡村以生产年龄人口为主的农业剩余人口向中小城镇转移过程中，乡村老年人口所占比例相对较高是合乎规律的发展。同时，由于城市人口生育率控制比较严格，出生率比较低，如以 60 岁以上老年人口所占比例而论，1987 年市占 8.61%，县占 8.52%，镇占 8.20%，排列顺序已变成市、县、镇。事实上，出生率很低的上海、北京等大城市，人口年龄结构已步入老年型。随着商品经济的发展和以发展小城镇为主的人口城市化的加速进行，较大城市和乡村人口老龄化速度会更快一些，小城镇相对要慢一些。

中国人口老龄化空间分布不平衡在地区之间也较明显。1987 年全国人口年龄中位数为 24.18 岁，最高的上海市达 32.01 岁，北京市达 29.74 岁；最低的青海省只有 20.36 岁，宁夏回族自治区只有 20.55 岁。总的趋势是：东南人口密度较高、生育率下降较快的地区，老龄化程度较高；西北人口密度较低、生育率较高的地区，老龄化程度较低，形成自东南向西北人口老龄化程度逐步减弱、层次比较分明的分布结构。

二　颇具重要地位的老年人口就业

问题与解决问题的手段总是同时发生的。面对人口加速老龄化的挑战，日本和中国已经或准备采取必要的措施，并将不断加以充实和改革。目前，日本已经建立了包括共济年金、厚生年金、国民年金在内的比较完整的公共年金制度；延长退休年龄，积极推行和维护将退休年龄由 60 岁延长到 65 岁，发挥高龄者的潜力；促成职工在职时个人年金的形成，企业给予必要的协助等。中国在国家机关和全民所有制企业普遍实行了退休制度，职工年老退休可以领到全额或占原有工资比例颇高的退休金；部分经营有方的集体，个体企业，也积极推行退休金制度；大力发展老年保险事业，发展"敬年院"、"老年之家"福利事业等。在这些努力中，日本和中国都把发挥老年人口潜能，鼓励老年人口就业放到比较重要的地位，形成同西方国家老年人口供养方式上的一大明显不同。1982 年日本 55 岁以上男性人口就业率达到62.3%，而美国只有 42.8%，英国为 41.6%（1981 年），联邦德国为32.8%，法国为 30.3%；女性日本达 29.8%，美国为 21.8%，英国为16.3%（1981 年），法国为 14.3%，联邦德国为 12.4%。上述比率，无论男女，日本均高出许多。1983 年日本 65 岁以上老年人口就业率高达25.1%，在发达国家中名列前茅。中国据 1987 年抽样调查，60 岁以上老年人口就业率，市为 15.0%，镇为 11.6%，乡村继续从事劳动的老年人口的比例为 31.5%，加权汇总的老年人口就业率为 22.7%，比日本稍低，在世界各国中居于较高水平。

中日老年人口的高就业率，有着经济和文化方面的深刻原因，并使就业在全部老年人口经济收入和精神生活中占有重要地位。在经济方面，1983年日本老年人口家庭全年收入额中所占比例，养老年金占50.4%，居第一位，劳动收入占35.0%，仅次于养老年金居第二位；财产收入占6.9%，居第三位；其他社会保障、资助等占7.7%。可见，尽管日本经济高度发展，目前老年人口就业所得收入在全部老年人口经济收入中仍有举足轻重的作用。中国是发展中国家，老年人口就业在主要之点上还具有谋生的性质，在全部老年人口经济收入中占有重要地位是显而易见的。1987年60岁以上老年人口抽样调查表明，目前在老年人口的劳动就业收入、退休金、储蓄和保险金、社会救济、金融资产性收入、子女（或其他亲属）供给、出售财物、亲友赠送等10种收入形式中，退休金、子女供给和劳动就业收入构成老年人口经济收入来源的"三大支柱"，占到全部收入的90%以上。其中老年人口劳动就业收入占经济全部收入的比例，市占14.6%，镇占14.7%，县占50.7%。市、镇居10种收入来源中的第三位，乡村则居首位，超过其他各种收入来源的总和，足见老年人口从事力所能及劳动的重要。

在文化方面，中日老年人口的就业意识十分接近。在中国，如果问到老年人是否愿意继续工作？绝大多数人会回答愿意，而且相当数量的人会回答：愿意工作到身体健康状况不能适应工作时为止。这是因为中国老年人口强烈的就业意识固然主要为经济上满足生存需要的目的所驱使，但工作需要和发挥专长也占到一定的比例，尤其是1987年抽样调查提供了老年人口就业出于精神寄托的目的：市占17.9%，镇占20.9%。即把老年从事一定的生产劳动当成一种乐趣，当成一种精神上的需要，这不能不说是一种中国文化或东方文化。这种文化同样存在于日本。1982年10月日本内阁总理大臣官房广报室"关于社会福利舆论调查"的报告表明，全国20岁以上人口回答"只要身体健康就一直工作"的占被调查总数的66%；1981年1月总务厅长官官房老人对策室对60岁以上老年人口继续就业原因的调查，回答由于希望增加收入者占38.7%，回答由于健康状况良好就要工作者占38.1%。在他们看来，健康状况良好就继续工作是天经地义的事情。这同西方国家有很大不同。西方如英、法等国老年人口多数不赞成继续就业。日本老人对策室的调查表明，1981年日本

60 岁以上老年人口主张退休年龄在 60 岁的占 18.8%，而英国占 49.6%，法国占 46.8%；主张在 65 岁退休的，日本占 28.3%，英国占 11.9%，法国占 15.3%，主张 70 岁退休的，日本占 23.1%，英国占 0.8%，法国占 2.3%。这是两种不同的老年人口就业观：一种视老年人口为人生的最后一站，人到老年应退出工作岗位，进入纯消费的享乐阶段；另一种视劳动为人生的终身伴侣，老年人口从事力所能及的工作，不仅为生存所必需，同时也为发展和享乐所必需。也许这就是在老年人口就业问题上，东西方不同文化之间表现出来的一大差异。

三　老年人口就业的职业转移

较高的老年人口就业率，给相当一部分老年人口增加了经济收入，增添了精神安慰，同时由此而产生的对经济技术进步和劳动力市场的影响，也是值得重视的。在农业社会，科学和技术进步缓慢，在以手工劳动为主的情况下，经验和熟练程度就是技术，而老年人口又是经验和熟练程度高的象征，因而成为技术和生产上的权威，普遍受到尊重，久而久之形成尊老、敬老、养老的传统社会风尚。在现代工业化社会，上述情况发生了变化，科学发展一日千里，技术进步日新月异，技术更新的周期越来越短，老年人口受到年龄等因素的限制，要跟上科技进步的步伐越来越困难，因而失去往日农业社会技术和生产权威的尊严，并为新的年龄歧视所取代——这种前提条件下的老年人口继续劳动或重新就业，其对经济技术进步的影响，同青年人争夺劳动力市场的挑战，就是颇值得研究的问题。从理论上说，老年人口重新就业的上述不利影响和矛盾客观存在。然而从另一个角度看，随着科技进步和经济发展，人口的健康和寿命不断增进，延长退休年龄和老年人口继续从事一定的劳动，是历史的潮流，是社会进步的一种标志。这两股相反的潮流怎样协调起来呢？老年人口就业职业结构的变动、就业重点的转移给人以启迪。因为即使像日本那样科学技术水平很高的国家，也是立体的经济技术结构，高技术、中间技术和比较落后的技术同时并存，只不过是高技术占据主导地位罢了。事实上，不同部门、不同行业之间技术水平的差距是十分明显的，从而为老年人口就业提供了相当大的余地。日本全社会劳动力就业结构和老年人口就业结构比较，如表 1。

表 1　日本 1982 年社会劳动力和老年人口就业结构比较

单位：%

产业分类		社会劳动力就业	老年人口就业（65 岁以上）
第一产业	农 林 业	8.9	32.7
	渔 业	0.8	1.1
第二产业	矿 业	0.2	0.1
	建 筑 业	9.6	6.6
	制 造 业	24.5	14.1
第三产业	商 业	26.6	22.5
	金融、保险、不动产	—	3.5
	运输、通信	6.8	1.4
	水、电、煤气、供热业	—	0.1
	服 务 业	18.9	17.4
	公 务	3.5	1.4
总 产 业		100.0	100.0

资料来源：日本劳动大臣官房政策调查部编《劳动统计要览》，1986；日本，《高龄者问题关系资料》，1985。

表 1 表明，按三次产业划分，日本老年人口就业和全社会劳动力就业结构的最大不同，在于 65 岁以上老年人口从事农林、渔业第一产业的比例大大高于整个社会水平，高出 24.1 个百分点；而从事第二、三产业低于全社会水平，第二产业低 14.5 个百分点，第三产业低 9.5 个百分点。具体说来，老年人口就业比例下降最多的为制造业，降低 10.4 个百分点；其次为运输、通信、水、电、煤气、供热业，降低 5.3 个百分点；再次为建筑业，降低 4.0 个百分点。上升最大的为农林业，升高 23.8 个百分点；其次为渔业，升高 0.3 个百分点。如果就城市而言，老年人口的职业构成，停车场、守卫、警备、保安、旅馆服务和个人服务业等所占比例很高，收款员、场内整理人员、仓库作业人员等所占比例也较高。这表明尽管日本的职业结构相当稳定，还是发生了一定规模的老年人口就业转移，主要是从技术水平较高、操作比较复杂、耗费体力较多的制造业、运输、通信、建筑业等，转向技术水平较低、操作简便、耗费体力较少的农林业、守卫、保安、服务业等。

中国老年人口职业结构和就业重点转移，有许多和日本类似的地方。1987 年全国 60 岁以上老年人口抽样调查表明，全国老年人口就业构成，无疑以农林牧渔劳动者所占比例最高，在乡村占全部劳动老年人口的86.5%。城市中，市以生产工人占22.9%为最高；镇以办事人员占21.8%为最高；以下为市办事人员占17.6%、专业人员占16.5%，镇专业人员和生产工人均占17.9%次之。不难看出，目前中国老年人口的就业结构具有"生产型"的特点，直接从事工农业生产劳动的老年劳动者占全部老年就业人口的大多数。然而，同老年人口原来的职业相比，仍发生了很大变化，城市中这种变化更为显著，发生了老年人口就业的职业转移。以市为例，转移数量最多的为生产工人，其中34.4%转向服务人员，13.4%转向办事人员，13.1%转向商业人员。其次为干部，其中51.2%转向办事人员，13.1%转向专业人员，11.9%转向生产工人。再次为办事人员，其中25.0%转向服务人员，18.3%转向生产工人，10.0%转向商业人员。转移的目标一是从第二产业转向第三产业，以减轻体力消耗为目的；二是第三产业内部从较复杂的脑力劳动转向较低档次的脑力劳动，或转向服务人员、商业人员。老年人口职业结构的这种变动，为解决老年人口就业同生产年龄人口争夺劳务市场的矛盾，回答老年人口重新就业的挑战，指明了方向。只要引导得当，可以走出一条具有东方特色的老年人口再就业的道路。

参考文献

［1］《中国统计年鉴》，中国统计出版社，1988。1988年人口数为作者按人口增长率1.32%推算；日本厚生省人口问题研究所：《人口统计资料集》，1985；联合国：《世界人口图表》，1988。

［2］〔日〕《人口统计资料集》，1988；《中国统计年鉴1988》，1988。

［3］《日本人口动态统计》，《日本人口指标》1986年4月。

［4］〔日〕《高龄者问题关系资料集》，1985；《2000年的中国人口和就业》中位预测。

［5］联合国：《世界人口前景》，1984。

［6］《中国1987年1%人口抽样调查资料》，中国统计出版社，1988。

［7］《中国1987年60岁以上老年人口抽样调查资料》，《中国人口科学》增刊，1988。

［8］〔日〕《高龄者问题关系资料集》，1985。

关于老年学和建立具有中国特点
老年学的宏观思考[*]

"生命增加年龄，年龄增加又终止生命"——这是 1946 年世界第一本《老年学》创刊号封面上的副标题。如今 40 多年过去了，老年学作为一门新兴的独立学科发展起来，大有方兴未艾之势。我国老年学研究起步较晚，如何科学地评价和吸取国外老年学研究成果，建立和发展具有我们自己特点的老年学，有不少值得思考和研究的基本理论问题。

研究对象的综合思考

什么是老年学的研究对象？迄今为止，国内外的说法不尽相同，值得进一步探讨。有的认为老年学是研究"与老化有关的各种现象"，有的认为是对"老化过程和对老年人问题的科学研究"，有的认为是对"老龄化和老化过程以及老人特有问题的科学研究"[1]，等等。其共同点是，都把老化和老化现象问题列为研究的对象。对此，笔者认为有可取之处，也有值得进一步商榷的地方。

笔者以为，老年学的研究对象可以用一句话来概括，即是研究人的老化发展规律的科学。这一定义的含意，包括如下四个层次。

第一层次，是研究人的科学。这有两点需要说明：一是研究的是人类，而不是其他动物，尽管有的研究，如寿命的长短可能涉及其他动物。二是老年学所要研究的理应是衰老期的人。但是何谓衰老期？是一个不确定的界限。如一般人超过 50 岁脑神经细胞数开始减少，脑重量变轻，智力开始下降；而一般人的听觉，在 20 多岁后便开始减弱，到了岁暮之年减弱尤甚。

---

*　本文发表于《中国老年学论文选集》，1988。内容略有增减。

①　参见美国《美利坚大百科全书》，《韦氏大字典》，英国《牛津小字典》等。

至于体力的下降更难找出一个确切的年龄，而且因人而异。从总体老年人口年龄划分来看，著名瑞典人口学家桑德巴年龄构成"三分法"的老年人口起始年龄为 50 岁，波兰人口学家罗塞特把老年人口起始年龄提高到 60 岁，联合国公布的老年人口标准有 60 岁和 65 岁两种，近年来更多的人采用 65 岁的标准，并随着人口预期寿命的延长有继续升高的趋势。可见，不仅个人开始衰老的时间不好确定，而且不同方面的衰老起始年龄也相差很大，故衰老期和衰老期的人不宜在老年学定义中引用，而用了"人的老化"。实际上指处于衰老过程中的特定人，是研究这个部分人的科学。

第二层次，是研究老化的科学。这里讲的老化，有两重含义：狭义的老化，即个体的衰老（Senescence）；广义的老化，即总体人口的老龄化（Aging）。这两种老化具有不同的性质，也有着不可分割的联系，由此决定着老年学各分支学科的具体内容和规范。

一方面，老年人作为具体的个人，有着相同的自然属性，相同的生理组织，以及由相同生理组织决定的相似的衰老过程。众所周知，人们对于这种衰老过程的研究由来已久，一个直接的动机，就是延长人的寿命。从古代中国"仙丹"的炮制，到西方"炼金术"的发明，留下一曲曲"长生不老"的动人神话，具有浓郁的宗教色彩。中、西医学的发展，使人类在抗衰老面前迈进了一大步；现代遗传学和生物工程的发展，帮助我们揭开了人的生命的奥秘，衰老的根源。人们发现，一般地说，一个人的寿命的长短同他们的父母、祖父母有很大关系，祖父母、父母长寿者，其子女大都也较长寿。可见，老化原因以一定的形式存在于遗传信息之中。如果作为储存、复制、传递遗传信息的主要物质脱氧糖核酸（DNA）受到损害，就会产生妨碍细胞代谢的物质，使功能下降，形成老化现象。而 X 染色体是大染色体，修复受损伤的 DNA 的能力强；Y 染色体是小染色体，修复受损伤的 DNA 的能力弱，故具有 XX 染色体的女性，比具有 XY 染色体的男性一般寿命为长。这是由遗传决定的内在因素的作用。除内因外，环境因素，包括营养、气温、疾病、灾害、放射线等对衰老也有很大影响，可以加速或推迟衰老过程。

另一方面，人绝不仅仅是具有自然属性的个人，而是特定历史条件下具有一定社会属性的人。从人的社会属性看老年学的研究对象，便是广义老年学所要研究的问题，即总体人口的老龄化，以及与之相关的社会问题。人们估计，在进入公元以前的上古时代，出生时的人口预期寿命不超过 20 岁，中古时代也只有 30 岁左右，人口年龄构成轻是显著特点。而且在封建的自然经济条件下，技术长期停滞不前，下一代人基本上是重复上一代人的技术，年长者自然成为技术和经验的象征，在家庭和社会中享有较高的地位，普遍受到尊重，从整个社会规范来说，年龄歧视及其相关联的问题，没有存在的基础。资产阶级工业革命发生后，一方面造成了巨大的生产力，另一方面造成法术般的"从地下呼唤出来的大量人口"①。而随着社会生产力的发展，食物的增进，医疗健康水平的提高和文化水平的提高，人口出生率和死亡率均有较大幅度的降低，预期寿命大大延长，导致人口年龄结构趋于老龄化，工业化国家率先进入老龄化过程。1870 年法国 60 岁以上老年人口占总人口的比例上升到 12%，步入老年型年龄结构；瑞典于 1912 年、英国于 1931 年也先后达到这一标准，完成了向老年型年龄构成的过渡。自 20 世纪 30 年代特别是 50 年代以来，世界人口老龄化，尤其是工业化国家人口老龄化加速发展着，见图 1。

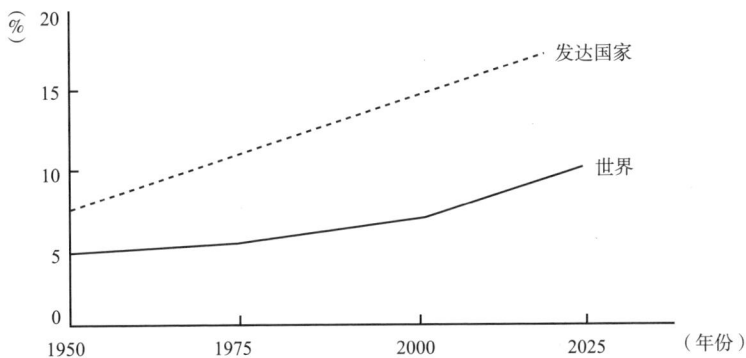

图 1　世界和发达国家 65 岁以上人口所占比例变动

资料来源：United Nations，*World Population Prospects*，1984，New York，1986。

　　图 1 表明，自 20 世纪中叶以来人口老龄化加速发展，发达国家尤为严重，呈加速发展的态势。随着工业化而来的是科学技术的巨大进步，竞争的加剧，由于年龄的关系使老年人口处于不利的地位，跟不上生产和技术前进的步伐，失去农业社会作为知识和经验象征的养尊处优的地位，产生新的年龄歧视问题。同时，由于商品经济的发展，人口流动的激增和人际关系的变化，传统观念的改变，家庭分立和家庭小型化的趋势日益明显。老龄问题作

---

　　① 《马克思恩格斯选集》第 1 卷，人民出版社，1972，第 256 页。

为普遍存在的社会问题越来越受到更多人的关注。老年学只有在这种历史条件下才能应运而生，发展成为一门独立的科学。人口老龄化及其社会历史背景，是老年学诞生的社会土壤，它制约着老年学研究的方向和特点，决定着老年学的发展。如果不是这样，对狭义的、个体老化的研究早在一二千年以前就存在，那时岂不就有了老年学?！这里的关键在于：只有将狭义的个体老化与广义的总体老化结合起来，作为微观和宏观相统一的老化，才是老年学的研究对象。如老年营养学，是从老年特殊的身体条件出发去研究营养学，它是营养学的一个分支学科，不能成为老年学的分支学科，尽管它同老年学关系十分密切。只有将营养学的一般原理应用到老化，包括个体老化和总体老化的研究中去，建立研究老化过程和规律的营养老年学，才是老年学的一个内容或分支学科。也就是说，老年学绝不是其他各学科在老年人口表现的相加，而是应用其他学科原理研究两种老化过程和规律的科学体现，尤其重要的是不能忽视在总体老化方面的体现。

第三层次，是研究发展的科学，即研究个体老化和总体老化发展的科学。人的狭义的个体老化受遗传和环境双重因素的影响，而遗传学和生物工程是现代科学技术发展的成果，环境因素已经经历并将继续经历很大的变化，必须从发展上去把握。广义的总体老化，如前所述，是近100多年特别是近四五十年的事情。但是，人口老龄化起步晚、发展快，世界人口老龄化有其特点，中国人口老龄化也有自己的特点，也必须从发展上去把握。因此，静态的老年学特别是老年学分支学科的研究固然不可缺少，更重要的是动态的研究，把老化作为一个过程来研究，是更为重要的。

第四层次，是研究规律的科学。任何一门科学都离不开解剖一定的现象，但解剖现象的目的是找出事物本质的内在联系，揭示内在固有的规律。因此，笔者不大赞成把研究老化现象列为老年学的研究对象。不言而喻，研究老化发展规律包括狭义的个体老化发展规律和广义的总体老化发展规律。根据施特雷赫莱尔（Strehler）的归纳，狭义的个体老化的一般规律表现如下。①

一是普遍性（universality），即老化无人可以幸免，或迟或早总是要发生的。

二是内在性（Intrinsicality），即老化如同诞生、生长、死亡一样，是身

---

① 参见长谷川和夫、霜山德尔主编《老年心理学》。

体内在固有的。它基本是按照原来的遗传结构规定下来的一种过程，而非外界的力量所能改变的。

三是渐进性（Progressiveness），即老化对比突发性病变说来，具有渐进和不可逆转的性质，一经出现和形成，便不能再行复原。

四是有害性（Deleteriousness），即老化直接导致生理功能的下降，并最终达到死亡。

狭义的个体老化除身体老化外，还包括精神的老化或精神功能的老化。诸如脑神经细胞数量减少等中枢神经系统的老化，视觉、听觉、味觉、触觉等感觉系统的老化，智力功能的老化等。精神功能的老化也是必然要发生的，有规律可循的。

广义的总体老化，人口老龄化的发展规律，已为许多发达国家的实践所证明，老龄化的主要原因是出生率的降低和出生人数的下降。日本等国年龄别人口死亡率特别是老年人口死亡率的下降，预期寿命的延长，也加速着老龄化的到来。而人口老龄化发展对经济、科技以至于整个社会发展的影响，不仅越来越受到重视，而且有其共同的规律。老年学研究的对象就在于探索这些规律，探索狭义的个体老化的发展规律，也探索广义的总体老化的发展规律，以及两种规律相互作用和影响。

从以上四个层次来看，研究人的老化发展规律这句话，概括了老年学研究的对象和主要的内容。这种研究离不开一定的社会背景，离不开老化现象和老化现象的影响，也离不开同老年学有关的各门学科的研究。但笔者以为，这些方面的内容更多地体现着老年学研究的方法，而不可放入老年学研究的对象中去。所以笔者不赞成把老化现象、过程及有关学科拉入老年学研究对象，老年学研究对象就是人的老化发展规律。

分支学科之间的比较思考

考察一下老年学发展的历史，首先是在老年医学、老年生物学等自然科学方面崭露头角，继之对老龄化引起的社会问题给予关注，在社会科学领域也为自己的发展开辟了新的园地。现在，老年学作为综合性、边缘性最强的学科之一出现，具有横跨自然科学和社会科学两大学科的特点，已是越来越明显的事情。至于究竟是以自然科学还是以社会科学为主，国内外存在不同的看法，笔者认为各学科都从本学科在老年学中所占的地位和作用认真研究一番，会对问题的探讨有所帮助。从这一见地出发，笔者认为，人口学特别是人口年龄结构和老年人口学，是老年学和开展老年科学研究的基础。

为什么这样说呢？从质的规定性上看，无论是老年医学、老年生物学，还是老年经济学、老年社会学等，所要研究的对象都是具有一定数量、一定质量和一定结构的老年人口。离开这样的老年人口，任何老年学及其分支学科的研究便失去了存在的依据，变成无本之木，无源之水。只有把握住老年人口数量、质量和结构等方面的变动，才能给老年学及其分支学科的研究找到可靠的立足点。然而老年人口是总体人口中的一部分，老年人口学也是人口学的一个组成部分，需要联系人口学其他组成部分一起研究。众所周知，老年人口的数量变动取决于总体人口年龄结构，而总体人口年龄结构的形成，是以往人口出生、死亡、迁移变动的结果；老年人口的质量，取决于老年人口的身体素质和文化素质状况；老年人口结构，主要是指老年人口的性别、年龄结构，城乡结构，婚姻、家庭结构，地区分布结构等，则是总体人口诸结构在老年组群的表现，往往是总体人口变动的结果，需要从总体人口的变动上去把握。

从量的发展上看，老年学之所以显得更加重要，是同人口老龄化的加速发展分不开的。一般认为，人口再生产类型的转变大体上可以分成三个阶段，即高出生、高死亡、低增长阶段，高出生、低死亡、高增长阶段，低出生、低死亡、低增长阶段。由第一向第二阶段过渡，人口年龄结构呈年轻化的趋势；由第二向第三阶段过渡，则产生老龄化的倾向。在进入资本主义社会以前，尽管不同国家不同历史时期人口出生、死亡存在着一定甚至很大差异，但总的说来处于第一阶段。资本主义工业革命发生后，把人口生产带入第二阶段，并随着经济的发展，科技的进步，健康的增进，寿命的延长，如前所述，人口生产开始过渡到第三阶段，发达国家人口老龄化达到较严重程度。在这种情况下，人口学中老年人口学作为一支分支学科发展起来，从而为老年科学研究提供了丰富的理论和实践，奠定了老年学发展的人口学基础。

中国特点的理论思考

在我国，老年学作为一门独立的学科提出来，还是 1949 年新中国成立以后的事情。1958 年，中国科学院正式建立老年学研究室，1964 年在北京召开了全国老年学和老年医学的学术会议。然而，处于萌芽状态的老年学，在十年动乱期间自然也难逃厄运，没有发展和存在下来，尽管有的有关学科，如老年医学在研究和防治老年疾病方面取得不少成绩。近年来，随着自然科学和社会科学的发展，特别是人口学和人口老龄化研究的深入，国际学术交流的扩大，老年学遂引起人们的重视，大家从不同的方面开始对老年学进行研究，并于1986年5月正式成立了中国老年学学会。不言而喻，把老年学作为一门独立的存在学科加以研究，在我国还仅仅是开始。

基于前面对老年学研究对象的认识，对我国人口年龄结构老化规律及其有关问题的分析，笔者认为，中国老年科学的建立和发展有同国外相同之处，也会有显著不同的地方，具有我们自己的一些特点。这些特点概括起来，主要如下。

第一，以马克思主义为指导和广泛吸收国外研究之所长的老年学。我国是社会主义国家，老年学科学研究要在马克思主义原则思想指导下进行，要始终贯穿辩证唯物主义和历史唯物主义基本精神，完全照抄照搬西方老年学的做法是行不通的。同时也要看到，一是国外老年学的发展已经经历了几十年甚至上百年的历史，在基础学科和重要分支学科研究中积累了丰富的资料，取得了大量的成果，出版了大批有影响的论著，学科体系已趋形成。与之相比，我们落后了一大截，需要学习、研究和借鉴国外老年学研究成果中的科学成分。二是当前我们正处在开放、改革时期，具备学习国外先进科学的客观条件。因此，我国老年科学的建立和发展，一方面遵循马克思主义基本原理，体现着马克思主义的世界观和方法论，体现着坚持四项基本原则的精神；另一方面也不可能建立和发展封闭式的、教条式的老年学及其学科体系，而必然要建立和发展博采国外各学派之所长，为我所用，充满活力和开放式的学科体系。基于这种认识，目前我们对国外老年学研究不是了解太多，而是还不够；不是引进过多，而是优秀成果引进不够，学术交流远远不够的问题。需要进一步打通渠道，扩大我们的视野，更多地从中吸取科学的、有价值的东西。

第二，注重调查研究和理论与实践密切结合的老年学。为什么现在老年学开始受到重视并涌现出一批研究队伍呢？归根结底，是客观实际发展的需要，是随着计划生育大力开展后出生率下降和人口年龄结构加速走向老龄化的需要。而为了弄清和解决伴随人口老龄化而来的各种社会问题，迎接挑战提出我们的对策，我们高兴地看到，不少研究单位和个人已经和正在进行大量的社会调查。这就形成了我国老年学研究的另一个重要特点：从调查研究入手，在起步阶段就具有理论同实践相结合的显著特点。这种状况看来似乎不大协调：一方面我们的老年学研究刚开始，另一方面全国和地方的老年人口调查规模之大、项目之多、方式方法之多样却是国外所不曾有的。这一特点充分体现了理论源于实践，同实践相结合，为实践服务的性质，是了解中国人口老龄化发展规律，老年人口结构、分布、婚居等情况，以及解决因此而带来的种种社会问题所必需的。不仅如此，从学科建设角度讲，在一定的意义上只有自己动手搞调查，掌握第一手材料，才能作出中肯的分析，才能上升为科学的理论。同时也才能有分析有选择地吸收国外的科学成果，有的放矢，为我所用。

第三，基础学科和分支学科同时发展的老年学。老年学作为一门独立存在的学科，有它自己的特殊研究对象和基础学科；同时作为一门综合和边缘性最强的学科，有着众多的分支学科，构成一个较大的学科体系。考察老年学发展的历史，这门科学在许多国家都是先从不同的分支学科发展起来，逐渐形成比较完整的学科体系。我国也有相似之处，有的同老年学血缘相近的学科，例如老年医学也早有发展，只是还没有形成真正的老年学的分支学科，还没有脱离开本身学科的范畴。在这种情况下，我国老年学及其分支学科所面临的形势如下。

其一，国外老年学及其重要分支学科日趋成熟，同时具备着可供研究和借鉴的有价值的成果和经验，我们吸取国外的科学成果则不必重复由分支学科再到基础学科的老路子，可以同时兼顾。

其二，我们已经有了一支为数不少的队伍，这支队伍包括从事自然科学和社会科学研究两个方面，具备同时开展老年学基本理论研究和各分支学科研究的能力。

其三，开展老年科学研究和解决现代化建设中的各种老年社会问题，一个基本的立足点是必须从我国基本国情出发，从人口多、底子薄、生产力比较落后的基本国情的主要特点出发。具体到我们所要讨论的问题，一个最基本的情况是：面对着发展中国家的经济和接近发达国家人口类型的矛盾。目前我们处在社会主义初级阶段，生产力比较落后，20 世纪末实现小康水平，人均国民生产总值也只有 800 美元左右；而那时我国人口年龄结构将步入老年型，显然还无力像某些发达国家那样对全体老年人口实行社会保险，医疗保险等。也就是说，从根本上解决老有所养、老有所医等问题，是发展国民经济，要大力开展经济老年学方面的研究；但仅靠发展经济和开展老年经济方面的研究是不行的，只能解决部分而不能解决全部问题。要想解决这些问题，必须开展社会老年学等的研究，解决家庭养老问题，医疗制度改革等问题。从我国发展中国家经济和接近发达国家人口类型的客观实际出发，老龄化及其各种社会问题的解决，需要充分发挥国家、企业、各种社会组织和个人家庭的不同作用，互相补充，相互协调，综合治理。因此，在发展老年学基础研究的同时，必须密切结合我国实际，大力开展人口老年学、经济老年学、社会老年学、心理老年学、医学老年学、生物老年学、环境老年学等分支学科的研究，发挥理论的超前作用和对实践的指导作用。

老年人口学和中国人口老龄化[*]

老年人口学作为人口学和老年学交叉形成的分支学科，在这两门科学中都占有比较重要的位置，对老年学来说尤其如此。在一定的意义上，它具有基础的性质，是理解老年学的枢纽。

一 为什么要研究老年人口学

这个问题可以从人口学和老年学发展的需要谈起。

人口学的发展推动了老年人口学的研究。众所周知，人口学作为一门独立的学科存在，已经经历了百年以上的历史。而人口的一个基本的特征，是每个人都具有自己的年龄，总体人口中最概括的划分，可以分成 0~14 岁少年人口，15~59 岁或 15~64 岁成年人口，60 或 65 岁以上老年人口三部分，并由此开展相应的研究。因为人口学根据这三部分人口所占的比例，可以将总体人口区分为年轻型、成年型、老年型三种基本类型。目前一般划分的标准如表 1 所示。

表 1 总体人口区分基本类型

	年 轻 型	成 年 型	老 年 型
0~14 岁占总人口（%）	40% 以上	30%~40%	30% 以下
65 岁以上占总人口（%）	4% 以下	4%~7%	7% 以上
$\dfrac{65\ 岁以上人口}{0~14\ 岁人口}$	0.15 以下	0.15~0.30	0.30 以上
年龄中位数	20 岁以下	20~30 岁	30 岁以上

---

* 本文为提交第四次全国老年科学讨论会论文，1990 年 11 月。

　　依据表1，参照少年人口、老年人口所占比例及其他相关指标，即可认定某总体人口属于何种类型。年轻型又称增长型人口，具有较强的人口增长势能，人口问题表现为人口数量增长过快，加大消费，青少年就学，成年人口就业等问题；成年型又称稳定型人口，突出的特点是生产年龄人口所占比例高，从人口学角度讲是年龄结构变动的"黄金时代"，每个劳动力负担相对较轻，但就业问题可能矛盾比较尖锐；老年型又称减少型人口，人口增长的势能大大减弱直至停滞或呈下降的趋势，老年人口比例上升，有可能出现因老年人口增多社会负担过重，劳动力不足等问题。可见，人口年龄构成不同类型的研究在人口学中异常重要，是人口再生产类型转变中的核心问题。

　　在上古时代，出生时的人口预期寿命一般不超过20岁，中古时代也不过30岁，人类能够不断繁衍壮大，其中一条重要原因靠的是高出生率。产业革命发生后，一方面造成巨大的社会生产力，另一方面人口也法术般地增长起来，出现了世界性的人口膨胀。然而随着社会生产力的发展，科学技术水平的提高，孩子的成本尤其是质量成本显著上升了，孩子的效益尤其是对父母的劳动经济效益、养老保险效益却明显下降了，于是发生了由投入孩子数量成本转向质量成本，特别是用在教育方面成本的转移。人们的选择偏好由追求孩子的数量，转向追求孩子的质量，遂使生育率下降，一些国家的人口年龄结构由年轻型过渡到成年型，再由成年型过渡到老年型。1870年法国60岁以上老年人口占总人口比例上升到12%，率先步入老年型结构；42年后瑞典也达到这一标准，61年后英国又达到这一标准，其后发达国家均逐步完成向老年型的过渡。因此，部分国家和地区人口年龄结构步入老年型，并有继续加速发展蔓延之势，是20世纪主要是30年代以来最引人注目的人口现象之一，人口学对老年人口研究的分量自然大大加重，老年人口学逐渐形成人口学的一个分支学科。

　　与上述过程相适应，老年学作为一门独立的科学，首先在老年医学、老年生物学等自然科学方面崭露头角，继之在社会科学方面也发展起来，成为横跨两大学科领域综合性、边缘性最强的学科之一。然而老年科学的发展，无疑老年人口学具有基础的性质。为什么呢？如前所述，人口老龄化不仅是老年人口学发展的土壤，也是老年学得以发展并日益受到人们重视的基本社会条件，世界人口加速走向老龄化，要求加速发展老年科学，这是其一。其二，从质的规定性说，无论是老年医学、老年生物学、老年心理学，还是老年经济学、老年社会学，所要研究的对象为老年人口；如果离开老年人口这个主体，老年学及其任何分支学科便失去了存在的依据。老年人口是总体人口中的一部分，它的数量取决于 60 或 65 年以前出生人口的数量、年龄别逐年死亡的数量、移入或移出人口的数量；老年人口的身体、文化素质，既同现在的营养、医疗、教育有关系，也取决于这部分人口婴儿、幼儿、青少年、成年的营养健康状况，取决于他们过去接受教育的程度；老年人口的年龄、性别、城乡、婚姻、家庭等结构，既是以往出生、死亡、迁移变动的结果，又受到一定的社会经济发展和结构的制约，需要联系到总体人口的变动一起把握，是总体人口诸种结构在老年人口组群的表现，而这正是老年人口学研究的任务。

二 老年人口学研究的对象

由于老年人口学目前尚处于建立和发展过程中，关于其研究的对象，也无定论。笔者认为，如果用一句话来概括，可以表述为：老年人口学是研究老年人口变动及其发展规律的科学。它包括下述一些主要内容：老年人口的规模和分布，从而涉及总体人口的出生、年龄构成，包括老年人口在内的年龄别人口的死亡状况，老年人口的迁移状况；老年人口的结构和特征，主要包括老年人口的年龄、性别自然结构，老年人口城乡、地域分布的地域结构，老年人口婚姻、家庭、文化、职业、民族、宗教等的社会结构；人口老龄化趋势及其对经济、社会发展的影响等。

其一，关于老年人口的规模和分布。这里首先碰到的一个问题是何谓老年人口？我们知道衡量一个人的年龄可以有自然年龄、生理年龄、心理年龄、社会年龄等多种。这些年龄有着一定的联系，存在着一致性；同时也表现出一定的差别，存在着非一致性。同是 65 岁的老年人口，有的身体很好，并未感到老之将至，还担负着比较重要的工作；有的则可能未老先衰已久，生理和心理年龄可能超过 80 多岁的老年人。因此，"老"是一个相对的概念，发展的概念，随着社会经济、文化、技术的发展，健康的增进，寿命的延长，老年人口的年龄正在不断提高。关于心理年龄、生理年龄、社会年龄等方面的研究，主要是老年医学、老年心理学、老年社会学、保健人口等学科的任务，老年人口学只能涉及这些领域，它所依据的只能是老年人口的自然年龄。目前，计算老年人口的起点年龄，一般从 60 或 65 岁开始，发达国家已普遍沿用 65 岁的标准。应当指出，这只是依据目前老年人口状况所作

的一种规定，今后随着预期寿命的延长，还有提高的趋势。按此标准，进入
20世纪特别是50年代以来，世界老年人口增长很快。65岁以上老年人口由
1960年的12751万人，增加到1960年的15967万人，1970年的20002万人，
1980年的26400万人，1990年的32716万人，预计2000年可达42296万人，
2025年可达82513万人。即1950与1990年相比老年人口绝对数量净增1.57
倍，1990与2025年相比将可能再增长1.52倍，可称之为世界老年人口发展
史上空前的壮举。然而老年人口分布极不均衡，目前发达国家65岁以上老
年人口为14536万人，占世界老年人口的44.4%，而其总体人口仅占世界的
22%；发展中国家总体人口约占世界78%，但老年人口数量仅为18179万
人；占世界老年人口的55.6%[①]。这种分布打一个形象的比喻，当今世界满
头白发老年人口掀起的"银色浪潮"冲击欧洲、北美、澳洲大陆时，在非
洲、南美洲和亚洲的大片土地上生育高潮却方兴未艾，银发数量与黑发数量
相比，只不过是大海中的点点白帆而已。

其二，关于老年人口的结构和特征。这是涉及面很宽的问题，它包括老
年人口的自然结构，即年龄和性别结构；地域结构，主要是城乡结构，以及
高山、平原、内陆、沿海老年人口分布结构；社会结构，包括婚姻、家庭、
文化、就业、民族、宗教等的老年人口结构。

（1）老年人口的自然结构，充分表现出老年人口的人口学特点。在人
口年龄结构"金字塔"上老年人口居于"金字塔"顶端，亦可看做单独的
老年人口年龄结构"金字塔"。老年人口年龄结构"金字塔"同总体人口年
龄结构"金字塔"比较有某些值得注意的特点。一是更具有典型正三角形
的特点。总体人口年龄结构"金字塔"由于受到生育高潮或低潮的影响，
有时年度之间出生人数相差较多，形成"金字塔"参差不齐，有的年龄组
膨胀或收缩较多的现象。老年人口年龄"金字塔"则较少出现这种现象，
这是由人口年龄别死亡率变动规律决定的。以中国1981年年龄别人口死亡
率变动为例，最低为12岁0.68‰，以后则逐步上升，20岁上升到1.44‰，
30岁上升到1.6‰，40岁上升到2.9‰，50岁上升到6.87‰，60岁上升到
18.20‰。60岁以后上升的幅度更大，65岁上升到26.89‰，70岁上升到
46.58‰，80岁上升到116.81‰，85岁上升到173.91‰，90岁上升到

---

① United Nations, *Global Estimates and Projections of population Sex and Age*, *The 1988 Revision*, pp. 4–7, New York, 1989.

278.88‰，100 岁以上上升到 476.77‰①。这样出生人数较多年份人口经过
50 年以上年龄别死亡变动，很难出现到老年组高于低年龄组的情况，除非
原来差别极为悬殊，少年组人口年龄构成就极端畸形。

在性别结构方面，一般情况下老年人口性别比要比总体人口性别比低，
女性多于男性。1988 年世界 65 岁以上老年人口性别比为 74.1，即每 100 名
女性老年人口相对应有 74.1 个男性老年人口。但发达国家和发展中国家有
很大差距：发达国家只有 59.16，发展中国家则达 87.8②，同经济发达程度
很有关系。为什么一般老年人口性别比偏低、发达国家相对更低？同影响人
口寿命的内在因素和外在因素有关。所谓内在因素，是指男性和女性染色体
的不同：男性是一个大染色体 X 和一个小染色体 Y（XY），女性是两个大染
色体（XX），比男性多一个大染色体 X。一种理论认为，大染色体 X 修复受
损伤的脱氧核糖核酸（DNA）能力强，致使女性老年人口年龄别死亡率一
般低于男性，因而寿命长一些，存活率高一些。所谓外在因素，主要指食
物、营养、居住、环境、医疗、保健、娱乐等。在这些方面发达国家由于总
水平的提高，女性老年人口所得同男性比较接近，主要是内在因素的作用
了，故发达国家性别比明显偏低。有些国家情况比较特殊，老年人口性别比
在 100 以上，男性多于女性，目前约有 20 个国家左右。如 1961 年贝宁 65
岁以上老年人口性别比为 125.7，1962 年利比亚为 118.7③。为什么这些国
家老年人口性别比偏高？就其生理上的内在因素难以说明，只能在外在因素
中去寻找。外在的直接因素，是女性老年人口的死亡率较高，而影响死亡率
的，又同营养状况、医疗卫生状况、居住环境状况等有关，归根结底是这些
女性老年人口或在社会，或在其中所处的经济地位、社会地位更为低下，以
及宗教等的影响所致。

（2）老年人口的地域结构，同总体人口地域结构紧密相连，反映着地
域人口变动的趋势。随着世界人口城市化加速进行，老年人口也越来越多地
向城市集中。不过有两种情况值得注意：一是人口城市化过程中，乡村人口
向城镇转移是以生产年龄人口的转移为主体，老年人口转移的速度相对要慢
一些，发展中国家人口城市化过程中这一特点比较明显。二是受传统文化影
响，特别是受东方文化影响的国家，素有"故土难离"和"落叶归根"的

---

① 参见《中国人口年鉴 1985》，中国社会科学出版社，1986，第 880~885 页。
② *Global Estimates and Projections of Population by Sex and Age*，*The 1988 Revision*，pp. 4-8.
③ United Nations：Demographic Yearbook，p. 211，p. 217，New York 1979.

说法，老年人口离开家乡远没有青年人那么高的热情，这也妨碍着老年人口向城市集中。老年人口在山地、平原、海岛、内陆的分布结构，主要受总体人口分布结构的影响，同人口密度相适应。同时，民族、种族的分布也是重要因素之一。人口数量较少的民族聚居区，老年人口相对最为稳定。他们坚持留在高山高寒地带，坚持在森林、草原、海边甚至北极圈内生活，以捕鱼、狩猎为生，客观上对稳定民族和种族的分布起了凝固剂的作用。

（3）老年人口的社会结构最为繁杂

一是老年人口的婚姻结构。人口的婚姻结构或状况，系指未婚、有配偶、离婚、丧偶所占的比例构成。老年人口作为总体人口的一部分，其婚姻结构有同总体人口共同之处，也有不同的地方，有某些自己的特点。如前所述，目前世界上除 20 个左右国家老年人口性别比高于 100 以外，其余均低于 100，男性少于女性，由此决定着老年人口婚姻结构的基本状况。据联合国《人口年鉴》1976 年的资料，成年人口 35～39 岁组女性已婚并同配偶生活在一起的，1976 年美国为 79%，1975 年瑞典为 80%，日本为 91%，墨西哥为 84%，印度为 92%；到 65～74 岁组女性老年人口已婚并同配偶生活在一起的比例，美国下降到 47%，75 岁以上更下降到 22%，瑞典下降到 20%，日本下降到 15%，墨西哥下降到 32%，印度下降到 20%。也就是说，75 岁以上女性老年人口除始终未婚者外，美国有近 4/5 为单身者，瑞典达 4/5，日本达 5/6，墨西哥达 2/3，印度达 4/5。如就男性老年人口考察，情形有很大不同：按上述年代，成年人口 35～39 岁组男性已婚并同配偶生活在一起的比例，美国为 85%，瑞典为 75%，日本为 92%，墨西哥为 88%，印度为 93%；75 岁以上美国下降到 68%，瑞典下降到 54%，日本下降到 63%，墨西哥下降到 67%，印度下降到 67%[1]。中国的情况与上述多数国家基本相同，见表 2。

以上情况表明，老年人口婚姻结构同成年人口相比，有两点不同：一为无论男性或女性，老年人口结婚并同配偶生活在一起的比例均大大低于成年人口。究其原因，主要是老年人口年龄别死亡率较高，因而丧偶率较高所致。如表 2 中国 1982 年 30～34 岁组男性丧偶率仅为 0.6%，女性仅为 0.5%；60～79 岁老年组男性上升 25.2%，女性上升到 55.1%。二为男性与女性人口比较，成年时期结婚并同配偶生活在一起的比例相差不大，到了老

---

① 参见 John R. Weeks，*Population*，*Second Edition 1978*，by Wadsorth Publishing Company。

年时期这个差距大大拉开了。如表2中中国1982年30～34岁组男性人口有配偶率为89.7%，女性为93.6%，相差3.9个百分点；60～79岁老年组男性保持70.7%的水平，女性则下降到44.2%，相差26.5个百分点。相对说来，女性老年人口有配偶率低、丧偶率高更值得重视，这在很大程度上影响着这部分人的生活方式，关系着她们人生最后阶段的生活。

表2　中国1982年普查老年和成年人口婚姻状况比较

年龄组（岁）	人数（千人）			未婚比例（%）			有配偶比例（%）		
	合计	男	女	男女合	男	女	男女合	男	女
24	19.430	10.118	9.312	36.6	51.0	21.0	63.1	48.7	78.8
30～34	72.841	37.87	34.970	4.9	8.8	0.7	93.9	89.7	93.6
60～79	71.461	33.759	37.702	1.4	2.6	0.3	56.7	70.7	44.2
80+	5.040	1.763	3.277	1.1	2.6	0.3	17.7	37.3	7.2

年龄组（岁）	人数（千人）			丧偶比例（%）			离婚比例（%）		
	合计	男	女	男女合	男	女	男女合	男	女
24	19.430	10.118	9.312	0.1	0.1	0.1	0.2	0.2	0.2
30－34	72.841	37.871	34.970	0.6	0.6	0.5	0.6	0.9	0.3
60～79	71.461	33.759	37.702	41.0	25.2	55.1	1.0	1.6	0.4
80+	5.040	1.763	3.277	80.8	59.2	92.4	0.4	0.8	0.1

　　二是老年人口的家庭结构。要想了解老年人口家庭结构的特点，首先就要了解一下家庭发展的阶段及其作用。概括起来家庭从产生到结束，一般经过早期或青年家庭、中期或成年家庭、晚期或老年家庭几个阶段。其经济的职能、文化的职能、社会的职能、养育的职能在各个阶段，也有很大的不同。经济的职能，主要体现在组织生产和消费的职能方面，尽管事实上有一些老年人口仍在从事一定的生产活动，但在人口学上老年人口属于非生产年龄人口，典型意义上的老年人口家庭老年不具有生产的职能。消费的职能依然存在，不过由于相当数量老年人口，主要是发展中国家老年人口经济上依赖子女的性质，在家庭消费中许多老年人口失去部分乃至全部经济支配权，处于从属地位；在养育即供给和生育的职能方面，老年家庭仍旧部分存在，包括提供劳务在内的供给职能。但作为生育的职能已经完成了使命，消失了；在文化职能和社会职能方面，从总体上看是大大减退了，有相当大的部分完全消失了。

老年人口家庭作用的这些变动，影响着老年人口的家庭结构，但在不同的经济、文化、社会背景下有所不同。中国 1987 年 60 岁以上老年人口抽样调查表明，老年家庭平均每户 4.9 人，比总体人口家庭 1982 年普查的 4.4 人多 0.5 人，比 1987 年 1% 抽样调查的 4.2 人多 0.7 人。其中居老年人口第一位的为 5 人户，占 18.9%；总体人口 4 人户居首，1982 年占 19.5%。居第二位的老年人口家庭为 6 人户，占 16.7%；总体人口为 5 人户，占 18.4%。居第三位的老年人口家庭为 4 人户，占 14.1%[①]；总体人口为 3 人户，占 16.0%。可见，在中国老年人口家庭相对规模要大一些，具有较大一些的色彩；但同历史上比较，已大为缩小了，老年家庭同样发生了小型化趋势。

西方发达国家老年人口家庭结构同中国不尽相同，甚至相反。在美国，据美国人口普查局提供的资料，70 年代中期 3 代家庭只有 3%，有不到 1/4 的老年人口同子女住在一起的 2 代户，老年夫妇户、老年单身户占据 60% 以上，西欧、北欧国家也大都如此[②]。不过对此还应作些分析，西方国家子女长大与父母"分道扬镳"后，有的是真正很少往来，有的则居住在附近，对老人采取分居照顾的方式，还保存着家庭的部分纽带。

三是老年人口文化结构。老年人口文化结构主要取决于两个基本的因素：成年时期原有的文化和接受教育的水平，现实生活中具有同等教育水平的人表现的年龄别上的差异。前者由于年轻人一代比一代智力的增进，接受教育水平的提高，自然过渡到老年时，表现为随着年龄组年岁的增加，文化教育水平呈下降趋势。后者由于人的生理原因，一般认为人的记忆力 20 岁以后便开始下降，50 岁以后脑细胞开始减少，老年人口实际智力水平随着年龄组年岁的增高而下降。这种总的趋势是普遍存在的，但在经济、文化发展不同的国度，程度有所不同；在天赋不同特别是进入老年后用脑程度不同的个体之间，差别更为悬殊。就中国情况而论，上述现象十分明显，老年人口文化结构呈典型"金字塔"状：老年人口具有的文化程度低于成年人口，老年人口随着年岁的增大，各类有文化人口所占比例逐级下降。1987 年抽样调查按大学、中专、高中、初中、小学、识字不多或不识字 6 个档次填写老年人口文化程度。但这样汇总起来的数字不同年龄组之间可能出现参差不

---

① 《中国 1987 年 60 岁以上老年人口抽样调查资料》，《中国人口科学》1988 年增刊（1）。以下本文中关于中国老年人口数凡未注明出处者，均引自该资料。

② 参见〔美〕戴维·L. 德克尔《老年社会学》（中译本），天津人民出版社，1986。

齐的现象，甲年龄组具有大学文化程度人口所占比例高于乙年龄组，但具有高中文化程度人口比例可能低于乙年龄组，如何判定甲乙两个年龄组人口文化程度高低，成为一个难题。为此，提出一个反映某人口群综合的、具有平均性质的可比指标，它的内涵是某人口群平均接受教育的年限，称之为人口文化素质指数。计算方法是：

$$\frac{U \cdot Y_1 + O \cdot Y_2 + H \cdot Y_3 + M \cdot Y_4 + L \cdot Y_5 + 1 \cdot Y_6}{U + O + H + M + L + I}$$

式中 U 代表接受大学教育人数，Y_1 代表平均受大学教育的年限；O 代表接受中专教育的人数，Y_2 代表平均受中专教育年限；H 代表接受高中教育人数，Y_3 代表平均受高中教育年限；M 代表接受初中教育人数，Y_4 代表平均受初中教育年限；L 代表接受小学教育人数，Y_5 代表平均受小学教育年限；I 代表不识字或识字很少人数，Y_6 代表二者平均受教育年限。从我国具体教育制度和不同层次文化程度人口平均接受教育年限的实际出发，取其近似值 $Y_1 = 16$ 年，$Y_2 = 11$ 年，$Y_3 = 11$ 年，$Y_4 = 8$ 年，$Y_5 = 4$ 年，$Y_6 = 0.25$ 年，则1987 年全国 60 岁以上老年人口文化指数为 2.00。1982 年普查全国总体人口文化指数为 4.65。相比之下，老年人口文化水平要低得多。就老年人口不同年龄之间情况看，60～64 岁组为 2.67，70～74 岁组为 1.57，80～84 岁组为 1.10，随着年龄组年岁的升高文化指数逐级降低，由低到高形成"金字塔"状正三角形分布结构。

四是老年人口再就业的职业结构。在老年人口再就业问题上，东西方不同文化传统具有相当大的差别。在欧美和澳大利亚等地区，对是否愿意再就业，多数老年人口持否定态度，他们认为已经劳动了几十年，到了老年该休息一下，该享受了。而在中国和日本等国家，多数老年人口仍旧愿意从事力所能及的劳动，愿意工作到身体健康状况允许时为止。由于经济发达程度的差异，老年人口再就业的职业结构有着明显的不同。在日本等发达国家，老年人口再就业主要集中于第三产业；在中国，1987 年抽样调查市老年人口再就业比例依次为：生产工人占 22.9%，办事人员占 17.6%，专业人员占 16.5%，服务人员占 14.3%，干部占 9.8%，商业人员占 7.1%，农林牧渔劳动者占 0.4%，其他占 11.6%。可见，中国现阶段城市老年人口再就业仍以生产工人、专业人员所占比例为高，二者合计占全部的 1/3，商业和服务人员合计不足 1/4，具有以"生产型"为主的特点。乡村老年人口从事劳动"生产型"更为突出，抽样调查农林牧渔劳动者占 86.5%，居绝对优势。尽管如此，老年人口再就业职业结构同他们原来从事的职业比较，还是发生了变化，发生了带有倾向性的职业转移。以市为例，生产工人、干部、专业人员所占比例下降了，服务人员、商业人员、办事人员所占比例上升了，即发生了由第一、第二产业向第三产业的转移，这是由经济和技术发展所决定的大势所趋。

由人种、种族、宗教信仰决定的老年人口民族结构、宗教结构，也是研究老年人口学应注意的方面。只是因不同国家之间历史的沿革，地理跨度的千差万别，老年人口民族结构、宗教结构所占地位极不相同罢了，需要从具体情况出发加以研究。

其三，关于人口老龄化趋势及其对经济、社会发展的影响，这在老年人口学研究中占有重要位置，因为老年人口学研究的重点在于老年人口变动，老年人口变动又同人口老龄化紧密相连。

人口老龄化，是指总体人口年龄结构向着高龄化发展的一种趋势。那么用什么样的指标来衡量呢？目前应用的指标不少，凡是能够用在度量人口年龄结构变动的指标，都可以在一定程度上说明老龄化发展趋势。一般常用的主要是3种：一为总体人口年龄中位数，它是较高年龄组和较低年龄组人口各占一半的界标，年龄中位数上升，则可能是老年人口比例升高的反映；二为60或65岁以上老年人口与0～14岁少年人口之比，连续的观察，动态性的反映老龄化水平更强一些；三为60或65岁以上老年人口占总人口的比例，它直接反映的是老年人口在总体人口中所占的份额，具有简单、明快反映老龄化强度的指标，为更多采用的指标。用这一指标来衡量，20世纪50年代以来世界人口年龄结构正在加速走向老龄化。根据联合国国际经济和社会事务部的估计，1950年世界65岁以上老年人口所占比例为5.1%，目前提高到6.2%，41年里提高1.1个百分点，应当讲老龄化的速度来得比较快。展望未来，老龄化的速度还将要加快，2000年可达6.8%，2025年可达9.7%，速度进一步加快。不过发达国家同发展中国家相比有所不同：1950～2000年发达国家65岁以上老年人口所占比例由7.6%上升到13.7%，提高6.1个百分点；发展中国家由3.8%提高到5.0%，提高1.2个百分点，远比发达国家慢。2000～2025年，发达国家65岁以上老年人口所占比例由13.7%提高到18.9%，提高5.2个百分点；发展中国家由5.0%提高到8.0%，提高3.0个百分点[1]，仍不如发达国家速度快和达到的水平高。但比前50年大大加快

---

[1] United Nations, *World Population Prospects 1980*, pp. 200 – 204, New York 1989.

了，一些发展中国家的人口年龄结构老龄化速度可能加入世界最快行列，出现人口年龄结构急剧变动过程。

同总体人口年龄结构趋于老龄化过程同步，老年人口自身年龄结构变动走向超高老龄化，较高年龄组老年人口所占比例稳步上升，这在过去的 50 年里已经很明显，见图 1①。

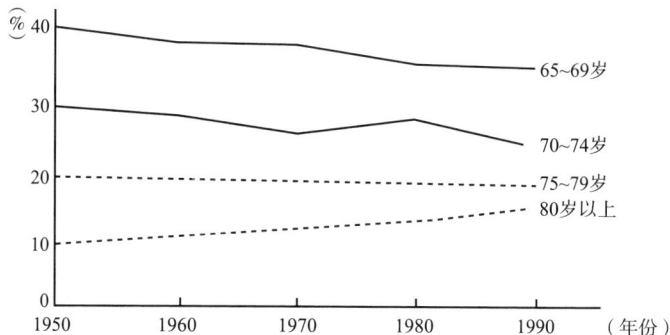

图 1　1950～1990 年世界老年人口年龄结构超高老龄化变动

图 1 中 65～69 岁老年人口占全部老年人口比例，由 1950 年的 43.0% 下降到 1970 年的 41.2%，1990 年的 38.3%，40 年间下降 4.7 个百分点。而 75～79 岁所占比例，却由 16.9% 上升到 18.0% 和 19.1%，40 年间上升 2.2 个百分点。80 岁以上所占比例上升更为显著，由 10.3% 上升到 13.1% 和 16.2%，40 年间上升 5.9 个百分点。并且 21 世纪头 30 年内，这种年岁相对较低老年组所占比例下降，相对较高年龄组所占比例上升，同样存在着加速发展的趋势，超高老龄化来得比较急速，这已成为各国，首先是发达国家密切关注的重要问题，甚至是影响 21 世纪人口和经济、科技、文化、社会发展的关键之一，从而提出加速发展包括老年人口学在内的老年科学的任务。

三　中国人口老龄化和发展老年人口学

在世界人口走向老龄化过程中，中国人口年龄结构正朝着老龄化方向发展，并将具有自己的一些特点。

---

①　United Nations，*Global Estimates and Projections of Population by Sex ahd Age*，*The 1988 Revision*，pp. 4－8.

其一，老龄化的速度比较快，达到的水平比较高。按《2000 年的中国人口和就业》研究中位预测，65 岁以上老年人口绝对数量，可从 1982 年的 4927 万人增加到 1990 年的 7398 万人，2000 年的 8648 万人，2010 年的 10542 万人，2020 年的 15093 万人，2030 年的 19816 万人，2040 年的 25653 万人，2040 年比 1982 年增长 4.2 倍。与此相适应的是，65 岁以上老年人口占总人口的比例，可由 1982 年的 4.9%，上升到 1990 年的 6.6%，2000 年的 6.9%，2010 年的 7.9%，2020 年的 10.6%，2030 年的 13.5%，2040 年的 17.40%。按照联合国公布过的 70 的标准，我国在 20 世纪末接近老年型人口年龄结构，2030～2040 年达到严重阶段。目前我国人口年龄结构比世界略显年轻一些，但据联合国的预测，我国将比世界提前 10 年跨入老年型国家。如以 65 岁以上老年人口所占比例由 7% 提高到 17% 花费的时间作比较，欧美发达国家一般要 80 年以上，而我国仅要 40 年，老龄化的速度比较快。2040 年 65 岁以上老年人口比例达到 17% 左右，虽然比那时人口老龄化最严重国家 20% 以上比例尚差一截，但也居于比较高的水平。

其二，老龄化发展在时间上具有阶段和累进的性质。如前所述，这主要受了第一、第二两次生育高潮，特别是 1962～1973 年第二次生育高潮期间出生的大量人口形成的年龄结构的影响，这一批人过渡到哪个年龄段，便出现该年龄段人口的膨胀。加速老龄化的大致趋势是：1982～2010 年 65 岁以上老年人口每 10 年约增加 2000 万人，所占比例每 10 年上升 1%；2010～2030 年每 10 年增加 4500 万人，所占比例每 10 年上升 3%；2030～2040 年的 10 年间增加 6000 万人，所占比例上升 4%。2040 年老龄化峰值年份过后，人口绝对数量有所减少，所占比例也随之下降。可见，在人口年龄结构以比较快的速度走向老龄化过程中，不是按同速度推进的，2040 年以前呈分阶段、累进推进的性质。

其三，老龄化在空间分布上具有不平衡的特点。一是城乡之间呈现一定的差异。1982 年普查，65 岁以上老年人口所占比例，市（不含市辖县）为 6.8%，镇为 4.21%，县（不含镇）为 5.00%，老年人口所占比例由高至低依次为县、市、镇。然而由于城市人口增长的控制要比乡村严格许多，因而老年人口所占比例上升要快一些，几年来情况已有所变动。1987 年全国 1% 人口抽样调查表明，市 65 岁以上老年人口所占比例上升到 5.49%，镇上升到 5.34%，县上升到 5.53%，尽管老年人口所占比例排列次序由高至低仍为县、市、镇，但差距已大大缩小；若以 60 岁以上老年人口所占比例而论，则市占 8.61%，镇占 8.20%，县占 8.52%，排列次序由高至低已变动到市、县、镇①。由于乡村人口向城镇转移是以农业剩余劳动力为主进行的，乡村中老年和少年人口所占比例均较高，小城镇人口年龄结构相对更年轻一些，大城市率先进入老年型结构，是合乎规律的发展。

二是老龄化空间分布的不平衡表现在地区之间的差异上。1987 年中总体人口年龄中位数全国为 24.18 岁，最高的上海市达 32.01 岁，北京市达 29.74 岁，最低的青海省只有 20.36 岁，宁夏回族自治区只有 20.55 岁，足见高低之间相差之悬殊。就全国人口年龄构成来看，总的地区分布是：人口密度较高、生育率下降较快的地区，老年人口所占比例相对要高；相反，人口密度较低、生育率下降较慢地区，老年人口所占比例相对较低，更偏于年轻化。据此，人口老龄化发展趋势大致的地区分布是：自西北向东南逐步加深，层次比较分明。

上述人口老龄化基本态势和特点，将给我们带来两方面的问题：一方面，是对经济、科技、社会发展的影响。如在总体人口老龄化之前劳动力的相对老龄化对经济发展将产生怎样的影响，老龄化对技术进步有利还是不利，适应老龄化需要经济结构要作哪些调整，消费结构会有什么变动，城乡之间、地区之间老龄进程和达到水平上的差异有利还是不利于经济上差距的缩小，传统文化将有什么样的改变等。另一方面，老龄化的到来和老年人口的累进增长，社会如何解决与日俱增的老年人口需要，满足衣、食、住、行方面的生存需要，就业、学习、参与社会活动等的发展需要，文体活动、旅游等享乐的需要。无论哪方面问题的解决，都要求老年科学的发展，首先是老年人口科学的发展，弄清老年人口现状，掌握老龄化发展进程，为解决老龄问题决策提供科学依据。必须明确，迄今为止步入人口年龄结构老年型均为发达国家，具备解决老龄问题的经济基础，而我们是在经济尚不发达情况下受到老龄化"银色浪潮"的冲击，从而给老年人口学等老年科学研究提出更加紧迫的任务，加快学科的创立和不断完善的任务。

---

① 《中国 1987 年 1% 人口抽样调查资料》，中国统计出版社，1988。

社养、家养、自养"三大支柱"
互相补充*

任何一个社会，都有它一定的老年保障体系。我们在探讨建立具有中国特色的老年保障制度的时候，既要有发展的战略眼光，随着现代化建设的推进和经济的发展，社会保障所占的比重会大大增加，也要有现实的眼光，考虑到目前多数老人的供养还是依靠自己的劳动和子女供养。把这两种眼光结合起来，就是：积极扩大社会保障范围，改革社会保障制度；强调子女对老人的赡养义务，注意发挥家庭养老的作用；鼓励老年人口继续从事力所能及的工作，提高他们的收入水平，建立以社会供养、子女供养、老年人口自养"三大支柱"互相补充的老年保障体系。

扩大老年社会保障范围　改革老年社会保障制度

自 1949 年新中国成立以来，老年社会保障事业有了很大发展，受保障的人数逐年增加，金额增长很快。1987 与 1978 年相比较，全国支付的离休、退休、退职职工保险福利费用总额由 17.3 亿元猛增到 238.4 亿元，9 年时间增长 12.8 倍，增长幅度相当大。随着国民经济的发展，使更多的老年人口能够领取一定数额的退休金，是社会的一种责任，也是人类进步和文明的一种象征，无疑我们要大力推进。

但是，在我国财力有限和现行老年保障制度下，扩大老年保障、大幅度增加老年退休金，面临严重困难。据有关方面估计，我国城镇退休职工人数，在 20 世纪 90 年代，每年将增加 200 万人，2000~2030 年，每年将增加 300 万人以上。如按现行制度，2000 年国家支付的退休金总额将为 1985 年

---

* 本文原载 1989 年 3 月 22 日《中华老年报》。

的 3 倍，2030 年将为 2000 年的 8 倍，退休金总额将超过工资总额的 25%，国家财政难以负担。同时，现行退休金制度由于退休金由各单位分别支付，不利于较老企业的技术进步，不利于个人为养老而进行储蓄和国家集资，不利于缩小老年收入的城乡差别，不利于解除无子女或少子女的后顾之忧，因而不利于人口控制，必须进行改革。改革的方向，是打破由国家和全民所有制单位完全包下来的办法，建立由国家、企业和劳动者本人共同筹集老年基金的制度。即规定每个劳动者从他们参加工作时起，或者从 30 岁算起，每月交纳一定数量的保险金（例如工资的 5%），企业交纳同等或略多一些的保险金，国家财政投入同等或略少一些的保险金，共同作为老年基金。老年基金由国家有关保险公司或委托银行直接管理，专款专用，保证在退休时能领取退休金。这方面有不少国家的经验可以借鉴，可结合我国情况制定具体的实施办法。

强调子女赡养义务　发挥家庭养老作用

目前，全国老年人口的经济供养在很大程度上还依靠子女，城镇比较低些，乡村高一些。依靠子女供养是老年保障的一个重要方式。

怎样看待这一养老方式呢？

一方面，随着现代化建设的推进，商品经济的发展以及社会保障和来自老年人口自身收入的增加，将不可避免地出现家庭小型化的趋势，老年夫妇家庭和老年独居家庭会有所增加；另一方面，这些因素的增长又是有限的，社会保障的扩大是有限的。为妥善地解决老年人口的生计，还必须强调子女对老人的赡养义务，充分发挥家庭养老的作用。在这点上，东西方不同文化之间存在很大差异。老年人与子女合住的，中国占 83%，日本占 79.2%，而美国只占 25%，英国占 33%，丹麦占 18%。中国和日本只有老年夫妇或单身老人居住的户所占的比例不超过 20%，而英国占 55%，美国占 65%，丹麦达 73%。

西方国家老年人口"独立化"倾向，固然是社会保障事业发达的结果，但他们已感到老年"独立化"所带来的问题严重。因为随着老年人口年岁的增加，随着身体老化而来的还有心理老化、精神老化。不仅物质生活要有保障，而且需要医疗、饮食起居等方面的照顾，还要有精神的寄托，能够与子女居住生活在一起，是一种较为理想的方式。一些西方学者甚至提出向东方学习的口号，提倡尊老、敬老、爱老，认为这是东方文明的重要标志。

因此，尽管在现代化建设过程中，我们要大力发展老年社会保障事业，积极扩大老年社会保障范围，但我们不能走西方福利国家的道路。福利国家道路为我国经济承受力所不允许，也为综合解决老龄问题、建设物质文明和精神文明所不允许。在中国，尊老、敬老、养老有着悠久的传统，我们应当摒弃它的封建意识，赋予新的时代意义，建立起新型的代际关系。要强调父母对子女有抚养的义务，同样子女对父母也有赡养义务，并制定有关的具体法律，充分发挥家庭养老的作用。

鼓励老年人口继续就业　提高老年人口收入水平

目前我国老年人口依靠劳动和再就业以获得经济收入，在老年人口经济来源中已经占有一定的比重。随着现代化建设的推进和老年人口健康状况的改善，老年人口依靠本人继续劳动养老和继续为社会作贡献，具有上升的趋势。据我国 1987 年 60 岁以上老年人口抽样调查，老年人口就业率，市为 15%，镇为 11.6%，县为 31.5%。这有利于老年人增加收入，增强参与社会的能力，丰富精神生活。同时，也带来一定的社会问题，尤其是在未来二三十年内，我国生产年龄人口正处于高潮期，在劳动力供大于求，就业压力不断增大的情况下，老年人口将面临重新就业的挑战。怎样解决这一矛盾呢？抽样调查表明，虽然当前老年人口再就业没有摆脱"生产型"的职业结构特征，但毕竟发生了由生产工人转向服务人员、商业和办事人员，干部和专业人员转向办事人员等的历史性转移，代表着老年人口就业的方向，显示出老年人口继续为社会作出贡献的主要领域。

老年人口职业结构变动，既为解决老年人口与生产年龄人口争夺劳动市场创造了条件，又为老年人口重新就业指明了方向。引导得当，于社会、于老年人口都是大有裨益的。一些发达国家曾经经历过的由鼓励老年人口退休到现在鼓励就业，也有值得借鉴之处。适当支持老年人口继续从事力所能及的劳动，提倡老年人口自养，应是建立具有中国特点的老年保障体系的重要支柱之一。

关于老年经济保障问题[*]

背景：人口老龄化加速发展的趋势

任何一个社会，都有其一定的老年保障体系，而制约这一体系的决定性因素，一是经济发展水平和上层建筑的性质。二是人口老龄化达到的程度。因此，我们要研究我国老年保障体系问题不得不首先对这些决定性因素作出分析，尤其是对人口老龄化表现的重要特点，作出实事求是的分析。中国人口结构老龄化主要有以下几个特点。

一是老龄化的速度比较快，达到的程度比较高。根据预测，在未来的五六十年内老年人口绝对数量增长迅速，无论 60 岁以上还是 65 岁以上老年人口，若以 1982 年的基数，经过 28 年的时间，到 2010 年将翻一番；再经过 20 年达到第二次倍增。2030 年 60 岁和 65 岁以上老年人口达到 1982 年的 4 倍；到 2040 年达到最高峰值时，60 岁以上老年人口为 1982 年的 4.4 倍，65 岁以上老年人口达到 1982 的 5.2 倍。按照目前联合国公布的年龄构成标准，我国在 2000 年将步入老年型。2040 年达到最高峰值时，60 岁以上老年人将占总人口的 22.98%，65 岁以上将占 17.44%，高出目前世界老龄化最严重国家的水平。

二是老龄化发展在时间上具有阶段和累进的性质。这主要是由于 1954～1957 年和 1962～1973 年两次生育高潮，特别是后一次生育高潮期间出生的大量人口造成的。当这些人口进入哪个年龄组时，便引起该年龄组人口的膨胀，而当他们过渡到老年组，人口老龄化严重阶段就不可避免地到来，从而形成阶段和累进发展的特点。

三是老龄化空间分布上的不平衡。首先是城乡之间人口老龄化的程度存

---

* 本文原载 1988 年 10 月 14 日《社会保障报》。

在着差异。据 1982 年人口普查提供的资料，老龄化程度依次为市、镇、县递降阶梯分布，展望未来，城市生育率的控制要比乡村严格许多，因而老年人口相对增长可能会更快一些，老龄化程度可能会更高一些。其次，老龄化空间分布的不平衡表现在地区之间的差异上，就全国总的老龄化分布来说，人口密度高，生育率下降较快的地区，老龄化程度就高；相反，人口密度相对较低、生育率下降较慢的地区，老龄化程度也就低一些，大体上自西北向东北老龄化程度逐渐增高。

现实：老年人口经济收入构成

1. 经济收入水平

老年人口中较低年龄组和较高年龄组之间，经济收入水平相差颇大。男女不同性别老年人口的经济收入水平，城乡之间情形不尽相同。在城市男性老年人口收入大大高于女性，男性中较高收入者居多，女性中较低收入和无收入者居多。

2. 经济来源构成

抽样调查表明，目前在老年人口劳动收入（包括再就业）、退休金、储蓄和保险金、社会救济、金融资产性收入、子女（或其他亲属）供给、出售财物、亲友赠送等 10 种收入形式中，退休金、子女供给和劳动收入是老年人口经济收入来源的"三大支柱"，占到全部收入的 90% 以上。老年人口在经济来源上的差别，也主要表现在"三大支柱"所占比例的不同上。

城市与乡村比较，城市以退休金占绝对优势。老年人口主要经济收入来源同老年人口年龄构成密切相关，总的趋势是随着老年人口年龄组的升高，来自退休金和劳动收入部分所占比例逐步降低，而来自子女（或少数其他亲属）供给部分不断上升。另外，老年人口主要经济收入来源构成在性别上也有不同，总的看来，男性侧重于退休金和劳动收入，偏重自立型，女性侧重于子女供养，偏重依附型。

探索：老年人口经济保障体系结构

老年人口经济保障体系的建立，既要注意人口年龄结构加速走向老龄化的形势，又要注意国民经济可以承受的能力，而两者现实的结合——老年人口供养现状，则是基本的出发点。

1. 老年人口供养现状

中国 1987 年 60 岁以上老年人口抽样调查提供了老年人口供养方面的详细资料。在城市分为依靠本人工资收入、离退休金、配偶供养、子女供养、亲友供养和政府救济 6 类；乡村分为依靠本人收入、配偶供养、子女供养、亲友供养、政府供养和集体供养 6 种，这种情况大体上同城乡老年人口经济收入相对应。体现在养老方式上，城市以国家和企业供养为主，乡村以家庭子女供养为主。不同性别老年人口供养方式也存在一定的差别，在城市，男性老年人口离退休金供养所占比例要高于女性，而女性老年人口子女供养所占比例则居于首位，大大高于男性。男女老年人口供养方式上的这种不同，在考虑老年人口经济保障体系时是应给予注意的。

2. 建立具有中国特色的老年经济保障体系

从我国的老龄化和经济发展状况看，可以用一句话来概括：接近于发达国家的人口老龄化程度和处在发展中国家的经济发展水平。这是我们的困难所在，同时也是建立具有中国特色的老年经济保障体系的希望所在。笔者认为，从客观上观察这一体系的基本特点，可以概括为：大力发展社会供养、继续提倡子女供养，适当调节老年自养。

（1）大力发展社会供养。我国在过去近 40 年时间里老年社会保障事业有了较快的发展。据统计，1952 年全民所有制单位支付的劳保福利费为 9.5 亿元，到 1986 年增加到 333.5 亿元，增长 34.3 倍；其中退休金达到了 134.2 亿元。但在我国财力有限和现行老年保障制度下，扩大老年保障、大幅度增加老年退休金面临严重困难，据有关方面估计，我国城镇退休职工人数 20 世纪 90 年代每年将增加近 200 万人，2000～2030 年每年将增加 300 万人以上，如按现行制度 2030 年国家支付的退休金总额将超过工资总额的 25%，国家财政难以负担。同时，现行退休金制度也不利于企业的技术进步，不利于个人为养老而进行储蓄和国家集资，不利于缩小老年收入的城乡差别。因此，必须改革。改革的方向，是打破由国家和全民所有制单位完全包下来的办法，建立由国家、企业和劳动者本人共同筹集老年基金的制度。即规定每个劳动者从他们参加工作或者从参加工作若干年以后算起，每月交纳一定数量的保险金（例如工资的 5%），企业交纳略多一些的保险金，国家财政投入同等或略少一些的保险金，共同作为老年基金，老年基金由国家有关社会保险部门或委托银行直接管理，专款专用，转入再投资，再规定适当的提取办法，保证劳动者老年退休时能够领取相应的退休金。这方面有不少国家的经验可以借鉴，可结合我国情况制定具体的实施办法。

（2）继续提倡子女供养。1987年抽样调查表明，全国城乡老年人口家庭类型均以三代户所占比例最大，大约占全国城乡老年人口家庭的50%；其次为父母和子女以及祖父母和孙子（女）组成的两代户，全国约占29.2%；再次为一对夫妇户，全国占12.9%。我们已经摆脱了封建社会那种以联合大家庭为主的家庭结构，然而老年人口同子女居住、生活在一起，依靠子女供养仍占据着较大的优势。随着现代化建设的发展，人们的传统观念正经受着巨大的冲击，老年人口家庭也出现了小型化的趋势，老年单身户和老年夫妇户所占比例有所上升。应当看到这种上升是不可避免的，社会保障越发达，上升得就越快；但笔者以为不可走得过快，不可过早地否定子女和家庭养老的作用。

（3）适当调节老年人自养。社会和子女供养对于老年人口来说，均属于他人供养，1987年抽样调查表明，全国60岁以上老年人口中，有44.6%为健康状况良好者，老年人口就业率乡村高达31.5%，市达到15%，镇达到11.6%，老年人口依靠自己劳动收入养老在老年保障体系中占有一定地位，不能忽视这一点。

虽然老年人口再就业对于生产年龄人口就业来说是一种挑战，特点在二三十年内面临生产年龄人口激增、劳动力供给大于需求的条件下，有加大劳动就业压力的一面，需要制定相应的对策。但如果引导得好，逐步将老年人口就业由以"生产型"为主转向"服务型"为主，既注意发挥老年人口作为劳动力补充的作用，又减少同生产年龄人口争夺就业机会的矛盾，老年人口通过再就业自己供养，将在整个老年经济保障体系中占据重要位置。

荷兰人口老龄化的对策及启示[*]

一　荷兰人口老龄化及其对策

1. 荷兰人口老龄化的背景

18 世纪末法国 60 岁以上老年人口所占比例达到 8％，揭开了人口发展史上年龄结构走向老龄化的序幕。20 世纪 70 年代后，瑞典步法国后尘达到这一老年人口比例。相比之下，荷兰人口老龄化在西欧和北欧可谓姗姗来迟。1900 年荷兰 65 岁以上老年人口所占比例达到 6.0％，并在其后一直徘徊了 30 年之久。从 20 世纪 30 年代起荷兰人口老龄化开始加速发展，65 岁以上老年人口比例 1940 年上升到 6.9％，1950 年上升到 7.7％，1960 年上升到 8.9％，1970 年上升到 10.1％，1980 年上升到 11.5％。1950～1980 年，65 岁以上老年人口由 77 万人增加到 161.5 万人，增长 1.1 倍；而总人口同期由 1000 万人增加到 1410 万人，仅增长 41％，老年人口大大快于总人口的增长速度。目前荷兰 65 岁以上老年人口超过 170 万人，约占总人口的 12.1％。根据美国人口咨询局的估计，1988 年世界 65 岁以上老年人口比例为 6％，发达国家为 11％，荷兰略高于发达国家水平，而比世界平均水平高出 1 倍。但老龄化最严重的时刻是在 21 世纪二三十年代，即第二次世界大战后"婴儿高潮"期间出生的大量人口达到 65 岁以上，同时由于生育率的降低，少年人口所占比例进一步减少。

2. 老年收入的保障

在荷兰，按照 1957 年开始执行的普通养老金法案（AOW），凡在荷兰居住从 15 岁起参加保险的人到 65 岁时均可领取国家发给的养老金。养老金的数额是这样确定的：国家规定月收入 1492.20 荷兰盾为最低工资，然后根

　　* 本文发表于《人口情报与研究》1989 年第 5 期。一同访问的熊郁、曾东同志参加撰稿讨论。

据强制健康保障法案、失业法案等规定作必要的扣除，实际上最低纯收入为1492.20荷兰盾。老年人口到达65岁时，如是已婚者可得月最低纯收入的50%，即746.10荷兰盾；未婚者得70%，即1104.54荷兰盾；如有未满18岁未成年子女，可得90%，即1343.40荷兰盾。后来政府又对这一养老金法案进行了补充，孤寡老人、政府公务员、教员、铁路职工、政治家、军事人员等可得到补充养老金。私营职业部门也有一个补充条例，加入个体养老金40年者大约可以拿到退休前工资的70%。换句话说，荷兰老年人口到65岁时除均可享受国家给予的相当于最低收入50%~90%的养老金外，还可从私人保险金、生命保险金等再领取部分养老金。这样，荷兰老年人口基本生活有了保障。在欧洲，荷兰养老金数额是比较高的，是典型的福利国家。

3. 对老年人的照护

一定的经济收入是老年生活保障的前提，但由于老年人口年老体衰，还需要多方面的照护，提供广泛的社会服务。

荷兰对老年人口的照护和服务有一个明显的特点，即紧紧围绕着老年人口的居住来进行。荷兰55~75岁老年人口中90%住在自己家里，75岁以上70%住在自己家里。绝大多数老年人口自己的家庭系指老年夫妇或独居，同子女住在一起的所占比例很小。因此，政府的对策分成两部分：一是对住在自己家庭的老年人口原有住房加以改造，新建住房更适合老年人居住特点，同时加强社会服务；二是对集中居住的老年人口加强护理，提供尽可能多的服务。

荷兰有相当一部分房屋是20世纪40年代和50年代建造的老房，大多是三四层无电梯的楼房。这种楼房老年人口居住有困难，特别是下上楼困难。因此，政府改造的主要工程是装置电梯，使老年人口得以走出家门。但新装电梯有较大困难：原楼房内无处安装，且楼房的承载力也普遍不够，现在的电梯速度过快，多为高层设计，不好用。这些困难已通过实验性改造初获成功，将进一步推广。与此同时，还注意调节老年人口居住的楼层、电源插头改造得更方便、安全等。另一方面积极兴建新住房，颁布了住房标准，在设计上起居室尽量大一些。在建造地点上尽量照顾到交通、购物比较方便，提供更多的社区服务，鼓励老年人口更多地住在自己的家里。为老年人居住较多的地区设置服务中心，并开始提出尽量使老年人同子女居住靠近一些。为使这一切进展顺利，住房、劳动计划和环境部成立了老年住房实验小组，通过调查研究和实验，对老年人口旧房改造、新房建设以及加强一体化服务等提出建议。

福利、国民卫生和文化部提供的资料表明，荷兰做得卓有成效的是对集中居住的老年人口的照护，即院内照护（Institutional care）。这种院内照护又可分成两类。

（1）院内家庭（Residential homes）

目前荷兰有这种院内家庭1600所，住有14.5万位65岁以上老年人口，平均年龄83岁，有5万名工作人员服务。这种院内家庭是一种全日制服务式的老年公寓，老年人按家庭或独身居住，自己有单独的套房，单独的卫生间、厨房设备完整。公寓内备有诊所，医生和护士24小时服务。也有公共的餐厅、厨房，为不愿自己做饭者提供餐饭。还有健身器械，文艺活动室，有的还有小礼堂，定期演出电影、戏剧。最为突出的是室内主要地方均装有报警器，遇有紧急情况按动警报器即可讲话。护士会即刻赶到抢救。公寓设计处处从老年特征考虑，在房子中间或外部多建有较大面积的玻璃房，植少量花草树木或水池，供老年人在内晒太阳又避免风吹感冒。老年人住进这种公寓凡事均可得到应有的照顾，用不着去发愁生活上的事情。

（2）小型疗养院（Nursing homes）

这是专为已经不能生活自理的老年人口准备的全护理型公寓式医院，有的就同院内家庭建在一起，到达生活不能自理时便转移过来。其照顾程度为全护理型。目前荷兰共有这种小型疗养院330所，48400张床位，收容了41000名65岁以上老年人口。另有20000张病床是为心理病患者准备的，4500名患者接受全日制治疗。小型疗养院也有5万名工作人员服务。

除此之外，还有一般的医院和精神病院，也收留少量老年病人，使全社会老年人口基本上都得到照护。

4. 应付老龄化加深发展的对策

如何应付荷兰人口年龄结构继续向着老龄化和超高老龄化发展，已成为政府比较棘手的一个问题。福利、卫生和文化部等的观点和措施，可以归纳成以下几点。

第一，在观念上，要提倡老年人口自立、自强、自养和互助，提高老年人口参与社会活动的能力，不要躺在国家养老金上度晚年。为了做到这一点，要大力宣传老年人的社会价值，使他们对生活和工作继续充满信心。政府决策科学顾问委员会提出：要提高老年人口的社会地位，鼓励他们继续从事一定的工作。他们列举具体数字说明，老年人口仍旧工作的人数大量减少：1974 年 30% 的男性 65 岁人口有工资收入，现在减到只有 4%；同期女性 60 岁领取工资收入的比例由 6% 下降到 1%。他们建议政府采取灵活退休金制度，提早退休者领取退休金比例要低一些，推迟退休者领取的比例应高一些，不要害怕因此而影响劳动生产率的提高。

第二，鼓励老年人口更多地住在自己的家里，不更多发展院内服务。荷兰政府已经感到花在老年人身上的费用太多，院内家庭和小型疗养院不宜大量发展。因为老年人口进到公寓式老年院内家庭和小型疗养院，按规定如交出国家养老金（仅占老年本人支出的一小部分），即使达不到应缴纳的入院金额，其余均由政府补贴，本人每月还可领取少量零花费用。这样一来，入院者多为收入较低的人，政府花费很大。因此，政府鼓励老年人住在自己家里，一方面对老人家庭住房加以改造，另一方面积极兴建适合老年人口居住的住房，加强社区管理，提供高质量的综合老年服务，使他们在家中即可得到比较全面的照护。

第三，对院内老年服务进行改革。政府发现，无论是公寓式的老年院内家庭，还是小型疗养院，服务过于追求尽善尽美，过了头，造成浪费，服务人员也过多。改革的办法一是以需求定服务，即根据老年人口的实际健康状况，提供其本人做起来比较困难或不能做的服务，不要全包下来；二是实行替代服务，能够在家庭、社区提供的服务就地提供，不必要进院内家庭或小型疗养院。院内服务也要科学化，减少重复劳动和重叠服务，以简单代替复杂的服务；三是实行协调和综合性服务，尽量将能够合并的服务项目合并到一起，减少服务项目和层次，提高效率；四是提倡老年人口互助，提倡较年轻的照顾较年高的，较健康的照顾不健康的，发挥老年人口互相帮助、助人为乐的精神。

荷兰政府力图通过上述措施和改革，减轻人口老龄化继续发展带来的压力，迎接老龄化严重阶段到来的挑战。这些措施和改革刚刚开始不久，实行得好会收到一定效果，但困难不小。如乌特洛兹大学有的教授认为，2000 年以前医学界不可能出现像战胜传染病那样的医学革命，老年人口的健康状况不会有很大改善，随着老龄化的加剧需要照护的老年人口急骤增加，同政府要削减经费形成尖锐矛盾。由于历史形成的传统文化的关系，荷兰人家庭观念极其淡薄，即使政府想让老年人同子女住得近些，也很难得到子女的照护。提倡老年人口自立和参与社会活动，但多数老年人到了晚年缺少参与社会活动的意识，陷于孤独，即使有少数人参与，一般仅限于上层。关于改革和加强老年社区的综合服务，政府缺少强有力的组织，实施起来也有一定的困难。

二 可供参考的经验和启示

1. 从发展战略的角度，看待人口老龄化及其所带来的问题

如前所述，荷兰在欧洲并不是老龄化最先发展起来的国家，直至 1930 年 65 岁以上老年人口也只占总人口的 6% 左右，然而荷兰养老金制度形成的历史却可以追溯到 1889 年，这一年国家专门事务委员会开始搜集劳动人口在社会条件方面的资料。1913 年开始制定丧失劳动力法案，1919 年开始实施，可视为强制老年社会保险开始的标志，尽管这个法案在财政上给老年人口的帮助是有限的。1943 年在伦敦的荷兰流亡政府指示国家专门事务委员会提供一个重新考虑社会保障的总体方案，1945 年这个方案被提了出来，到 1957 年 1 月 1 日普通养老金法案正式出台生效，可见荷兰政府对人口老龄化和养老保险制度经过长期慎重的考虑，即使在第二次世界大战被占领情况下也未放弃，不能不说是有战略眼光的。同样，在今天人口老龄化加深发展的新形势下，政府又酝酿着进行改革，也是纳入未来经济、社会发展战略之中，一并考虑解决的。

我国 1978 年中抽样调查，65 岁以上老年人口已占 5.4%，同荷兰 30 年代水平相接近。而且由目前的人口年龄构成所决定，人口老龄化的速度要比荷兰快得多，至于规模更不能相比，因为荷兰人口仅相当于我们的 1.3%。因此，面对我国人口加速走向老龄化的挑战，我们也必须将老龄化问题纳入国民经济、社会发展计划，从发展战略高度予以重视，及早制定老年社会保障法，建立可靠的老年保障体系。

2. 从实际情况出发，大力发展老年服务事业

考察情况表明，荷兰对老年人口的照护和社会服务异常发达，充分显示出福利国家的特点。尤其值得赞赏的是，他们对老人想得非常周到，从身体健康到生活需要，从心理状态到人际关系，尽可能想得周全，服务到人。如老年公寓不仅装有报警器，遇到危险及时叫护士；而且防备老年变态心理会导致轻生，阳台和外侧走廊的栏杆修得高过人的胸部，爬不上去；考虑到老年人开关窗子不便，玻璃窗子搞成一大块整玻璃装死，然后上面留有百叶窗式通气道，拉动拉绳即可关开；楼梯口中间立上一根铁柱，可容行人通过，轮椅车不能通过，防止顺着阶梯滑下去；就连走廊的扶手也做成方的，圆的容易滑落脱手；门上的钥匙孔是横开的，这样老人的手颤抖时容易将钥匙插

入，想得十分周到。

我国由于经济比较落后，自然老年住房和服务不能与之攀比，但必要的建设及服务人员全心全意为老年人服务的那种精神，则是值得学习的，有些也是可以做得到的。

荷兰老年社会保障和服务水平提高，是好事，但现在他们自己已经感到包袱沉重，难以继续维持下去，探求减少开支、搞替代和综合服务的路子。荷兰是较早发展起来的资本主义国家之一，在人口年龄结构未进入老年型之前，经济即已相当发达，目前人均国民生产总值超过 1 万元尚且如此。我们的经济处在发展中国家较低水平，一方面要随着经济的发展积极发展老年社会保障事业，另一方面又必须从实际出发，量力而行，不可盲目走上福利国家的道路。福利国家这条路是走不通的，如果说西方某些国家已经碰到麻烦，我们则更无可能走这条路子。我们在积极推行社会保障的同时，还要充分发挥子女养老和老年人口自养的作用，这"三大支柱"结合起来，互相补充，才能保证我国顺利渡过人口老龄化严重阶段，不可厚此薄彼，更不可顾此失彼。

3. 有关部门密切合作，积极开展老年科学研究

荷兰老年人口问题解决较好，仰仗于有关部门的相互支持和合作。福利、卫生和文化部是负责老年社会保障的主要部门，但老年住房、交通、食物等的解决，需要有关部门的协作。住房、劳动计划和环境部专门成立了老年住房实验小组，深入研究、精心设计老年人口的住房。在院内家庭和小型疗养院，挑选了一定数量有相当经验的医生、护士、厨师、音乐和美术工作者组成一个服务整体，由协调员组织管理。

科学部门走在前面，突出的是老年人口学和老年医学、老年心理学的研究比较深入。荷兰联合大学人口研究所、荷兰老龄政策委员会等对人口老龄化趋势、老年人口结构、老龄问题等有很好的研究。福利、卫生和文化部、政府决策顾问委员会以及许多科研单位，对荷兰人口老龄化对策的研究相当细微，而格洛林根大学、林波格大学等关于老年人口健康和心理作了专门的调查研究。在一些重大问题上，多数研究结果是相近似的，而在某些问题上，则存在不同的见解，这也促使研究工作的深化，推动政府决策的科学化。相比之下，中国关于老年人口学和其他老年科学的研究，起步较晚，更应作出艰苦的努力，为解决我国老年人口问题和发展老年科学作出应有的贡献。

日本人口老龄化和经济技术进步*

"七五"期间，中国社会科学院人口研究所承担的国家社科重点项目"中国老年人口调查和老年社会保障改革研究"已接近尾声。为了深化研究，积极吸取国外科学研究成果，特别是人口老龄化趋势同中国有很大相似之处、经济和技术比较发达的日本的研究成果和经验，根据我院和日本学术振兴会学术交流协议，派出人口研究所所长、田雪原研究员，人口所人口经济研究室主任胡伟略副研究员和杨永超同志3人的人口学术交流考察团，围绕人口老龄化与经济技术进步关系这个主题，从1990年8月31日至9月19日在日本作了较为深入的考察和学术交流，取得比较理想的效果。

考察和学术交流概况

按照我们提出的计划和日本学术振兴会的安排，代表团由南向北先后在大阪、奈良、滋贺、歧阜、东京停留，前4个府县主要是作实地考察，东京主要是同研究部门探讨，向政府有关部门作调查，也是这次考察和学术交流的重点。归纳起来，是从如下四个方面进行的。

一是访问有关研究机构，同著名学者作较深入的探讨。主要有：日本天理大学大久保昭教校长，村上嘉英教授，今里祯副教授等；厚生省人口研究所所长诃野稠果，若林敬子室主任；日本大学人口研究所名誉所长黑田俊夫教授，本届日本人口学会理事长岗崎阳一教授；日本家族计划国际协力财团（JOICFP）理事长国井长次郎，国际部简野芳树先生等；日本国立公众卫生学院院长高石昌弘博士，保健人口学部部长林谦治，前日本人口学会理事长村松稔，家族计划室主任佐藤龙三郎等；亚洲经济研究所，统计调查部主任

---

* 本文为田雪原、胡伟略、杨永超合写的报告，发表于《中国人口科学》1990年第8期。

岩崎辉行,统计分析课主任早濑保子等;朝日大学松户庸子等。同这些学者特别是其中的黑田俊夫、岗崎阳一教授等的专题讨论,了解到日本在人口老龄化与经济技术进步关系研究的状况,受益颇多。

二是向政府有关部门作调查。走访了日本劳动省高龄对策部,总务厅统计局,日本经济企划厅,以及滋贺县和歧阜县政府有关部门。

三是实地参观访问老年福利事业组织。滋贺县彦根老年特别养护院,歧阜县老年之家,歧阜县老年特别养护院等。

四是交流中国的研究成果。代表团广泛介绍了中国 1987 年 60 岁以上老年人口抽样调查取得的资料,近期研究成果。田雪原研究员应邀先后在天理大学、日本国立公众卫生学院作了两次学术讲演,题目是:中国人口老龄化和老年社会保障,中国人口三次浪潮和宏观决策研究。每次听讲人员有30～40 人。讲演受到普遍欢迎和较高评价。此外,日本新闻媒介如《天理时报》、《奈良日报》、《歧阜日报》等的记者还作了专门采访和报道。

在不到 3 周时间内完成上述学术交流,时间紧,任务重,但由于安排比较周到,在代表团同志共同努力下,取得较大收获。获得的信息知识量大,学术问题探讨有深度,全面完成了预订计划。

人口老龄化与经济技术进步关系的研究

这是这次考察和学术交流的重点问题。日本人口年龄结构 20 世纪 70 年代初开始进入老年型,到 1989 年 65 岁以上老年人口增长到 1430.9 万人,占总人口 12325.5 万人的 11.6%,经历 20 年达到较高阶段。因此,人口老龄化对经济技术发展的影响日益显露出来,老龄问题已引起日本政府、经济界、人口学界和研究部门等的重视。1990 年 10 月 1 日日本要进行国势调查(人口普查),这次普查有四个主要任务或主要特色,首要的一点就是要调查日本人口高龄化社会实态。为了应付人口老龄化的挑战,日本已经做了许多工作,并在不断探索完善。中国进入老龄型社会虽然比日本大约晚 20 年,达到的水平也会略低于日本;但从发展趋势上看,老龄化的速度快同日本极为相近。而日本是在经济进入发达阶段迎来人口老龄化的,我国要在经济不够发达条件下步入老年型社会,故日本在处理人口老龄化同经济技术进步之间的关系及其相应的研究成果,对于我们来说具有超前的性质,很值得认真研究。

（一）人口老龄化对经济技术进步的影响

日本人口老龄化对经济技术进步的影响，目前众说纷纭，有人持乐观态度，有人则不那么乐观。最有影响的二位人口学家黑田俊夫和岗崎阳一，在同我们座谈时均持比较乐观的态度。综合起来看，人口老龄化对日本经济技术进步的有利影响，是比较明朗的。

第二次世界大战前，日本人口年龄结构属增长型。战后经历了 20 世纪 40 年代末 50 年代初的"婴儿热"和 70 年代两次出生高潮。第二次出生高潮比第一次要低。由于日本较早开始实施家庭生育计划，经济起飞和人口转变几乎是同步的，并接踵而来的就是人口老龄化。从实践上看，人口老龄化对日本经济技术进步不仅没有不利影响，而且在某种程度上还是促进的。到 2025 年日本人口将达到高龄化严重阶段，据日本经济企划厅的介绍，日本从 20 世纪 80 年代开始，经济计划朝向高龄化、成熟化、国际化的目标发展，日本经济要更多地走向世界，也是在高龄化社会中进行的。可见，在经济技术不断发展条件下，只要对人口老龄化所带来的问题解决得好，它对经济技术进步不会构成严重威胁，还可能起到某种促进作用。这主要因为，人口老龄化意味着出生率的继续下降，减少因出生人口多所带来的未成年人口的消费负担，日本的经验充分证明了这一点。国民收入再分配中消费基金所占比例下降，用于积累部分相对增大，扩大再生产投资增多，有利于产业技术改造，发展先进技术，日本经济技术蓬勃发展的 30 多年同人口年龄结构变动，由年轻型向成年型、老年型过渡，生产年龄人口负担轻，劳动力曾经是比较廉价的，增强了产品在国际市场的竞争能力，有一定的关系。

人口老龄化对经济技术进步的不利影响，在日本是人们关注的一个问题。从过去的情况看，日本人口年龄结构在向老年型过渡中有利影响比较明显，然而目前 65 岁以上老年人口所占比例约 12%，尚未达到严重阶段。展望未来，日本人口老龄化将急速发展，对经济技术进步将起到什么样的作用，引起学术界一些人士和政府有关部门的普遍担忧。尽管从过去情况看生产年龄人口总负担 $\left(\dfrac{0 \sim 14 \ 岁 + 65 \ 岁^+}{15 \sim 64 \ 岁}\right)$ 是减轻了，但那主要是出生率急剧下降所致。今后老年人口所占比例迅速上升，生产年龄人口总负担则有上升趋势。因为，老年人口增多而增加的养老年金、医疗费和其他费用，将造成较大的财政困难。日本在 20 世纪 70 年代初，社会保障费用大约 5 兆日元，到 1985 年上升到 35 兆日元，老年社会保障费用占的比例增长很快。

作为人口老龄化最主要成因的生育率的降低，目前日本总生育率（TFR）已下降到 1.57，由此将引起劳动力不足问题，为许多人担忧。根据日本劳动省提供的资料，从 1988 年起出现劳动力供给小于需求，1989 年全国有效求人倍率达 1.39，15～54 岁更高达 1.82，生产年龄人口增长满足不了经济增长需要，已是一个人口经济学家们关心的热门话题。然而 1989 年 55 岁以上人口的有效求人倍率只有 0.33，60～64 岁只有 0.21，又出现一些老年人口就业困难的问题。随着老年人口寿命的延长，老年劳动者增多，老年劳动者供给大于需求的矛盾也会比较尖锐，出现老年重新就业的挑战。

老年劳动者追求新技术、新工艺热情一般不如青年人高，体力也不如青年人强，接受文化教育的能力，掌握新技术的能力一般也比较差，随着人口老龄化的加深，这些弱点将越来越明显地暴露出来，日本有关部门对此极为关注。目前的研究，主要侧重于加强教育，提高劳动者的技术水平，开展职业教育，以提高劳动者技术能力，使之达到老年时仍有合适工作。同时也在产业结构上加以适当调整，为老年就业提供更多岗位。

（二）发展经济是应付人口老龄化、举办老年保障事业的基础

人口老龄化对经济技术和社会生活带来某些不利影响，但是，解决老龄化问题，重要的还是发展经济。

为了应付老龄化所增加的社会负担，必须有雄厚的物质财富，这就要发展经济，在广泛提高国民生活水平的同时，增加社会财富剩余，以便更好地应付老年人口所需要的各种开支。解决养老问题无论家庭赡养、社会供养和个人自养，也都要以社会经济的发展为基础。

日本社会养老的方式很广泛，举办老年之家或养老院、养护院、老年医疗康复之家等，增加适合老龄化的社会公共设施，发展老年医疗事业，都需要一笔庞大的费用，我们参观的老年保障机构印象很深。如彦根县老年之家，是天理大学校长大久保昭教先生举办的，现在由他夫人担任院长，他儿子任副院长，除他们一家投资外，还得到众多赞助才得以办成，在日本南部比较出名。又如歧阜县美浓加茂市的老年医疗保健养老院，由留美医学博士山田实先生任院长，规模较大，占地面积 4787 平方米，总投资 6 亿日元之多，设备先进，自动化程度较高，由人护理的老人可以坐着轮椅车自动进入淋浴机，但这样一台淋浴机要 9000 万日元；更有卧床不起老人，可以由带轮子的床送进机器浴缸，然后浴缸自动升起，用水冲法为老人洗浴，这样一

台浴缸要 8000 万日元。在该院护养的老年人月开销在 18 万日元左右，这对养老金较高的日本老年人来说，也是一个较大的数目，至于国家和地方政府所花费用要更多一些。经济和技术发展水平是举办老年福利事业的基础，在一些设备比较先进的老年机构中，微电子等先进技术的应用起到良好效果，造福于人生的晚年。

启示和值得借鉴的经验

第一，政府重视。日本政府很重视对老龄化现状和发展趋势的调查研究，开展有关对策的研讨和实验，制定适合日本经济社会发展的老年人口决策。日本高龄者对策本部、劳动省、厚生省、经济企划厅、总务厅等老人对策室、老人保健部等老年专门机构的建立，保证了把重要老年问题的解决纳入政府日程。同时，尽量使老龄问题的解决法制化，列入法制轨道。由日本厚生省老人保健部编辑的中央法规《老人六法》于 1985 年正式出版，最近再次出版，使各项老年问题得到保证。政府在制定未来发展规划时，将人口老龄化列为影响发展的首要问题，组织专门研究，提出解决的战略方针。中国老年人口在未来 50 年内将接连翻两番，达到人口老龄化较高水平，而且是在经济不发达情况下迎来人口老龄化，由此带来的各种问题，更应引起重视，及早制定出妥善决策。

第二，老年社会保障事业要以经济和技术的发展作基础。日本老年社会保障机构的设置是多层次的，多数设备先进，自动化程度较高；也有部分设备一般，适合老年短期居住。同欧美发达国家相比，日本的最大特点是比较实用，同时注意发挥家庭养老和老年人口继续就业自养的功能，福利事业发展比较适当。而欧美一些发达国家福利搞得过多，给经济发展造成困难，出现财政拮据，到头来出现不少福利国家砍福利现象，不言而喻，这是十分艰巨的事情。应付中国人口急速走向老龄化，老年社会保障和福利事业也应积极发展，不断扩大老年社会保障范围，提高保障水平；但同日本相比，则更应注意发挥子女家庭养老的作用，鼓励老年人口继续从事力所能及的劳动，提倡社养、家养、自养"三位一体"的养老保障体系，避免重蹈福利国家的覆辙。也只有这样，才能减少人口老龄化对经济技术、社会发展的不利影响，发挥其有利的方面。

第三，适时组织老年人口再就业。日本劳动省介绍，根据日本高年龄者雇用安全有关法律，日本国会已通过决议，打算逐步把劳动年龄延长到65岁。劳动省拟定的计划是从1990年（平成2年）10月1日开始施行，到1993年末（平成5年）60岁的劳动者完全按65岁退休。这样就能确保高龄劳动者的就业机会，既解决社会因劳动力不足所引起的困难，又解决老龄化社会的劳动者就业问题。

第四，调整产业结构，发展高龄社会所需的第三产业，推进高技术产业的兴起。日本1950年第一产业就业者的产业别构成为48.5%，占近一半的比例。随着经济的高度发展及都市化水平的提高，产业结构发生了急剧的变化，1960年下降到占32.7%，1970年为19.3%，1985年为9.3%。与此同时，第三产业就业人数的比例却从1940年以来持续上升，1975年开始超过50%，1985年达到57.3%。1990年10月1日国势调查的第二个特点就是要明确产业别就业人数变动的推移，以及职业构成的实态。值得一提的是，老年保障事业、各种老年福利机构，也属于第三产业，并且是第三产业中发展最快项目之一。日本产业结构的这种急剧变动，既是第一、第二产业劳动生产率提高的结果，又会反转来促进劳动生产率的提高，促进高技术、高产业的发展。中国在现代化过程中产业结构必然发生很大变动，国家在制定产业结构政策时，应适当考虑人口老龄化，满足老年人口再就业的需要。中国1987年60岁以上老年人口抽样调查表明，尽管目前老年人口再就业没有摆脱以"生产型"为主的特点，同日本的情况有较大的不同，但还是发生了带有倾向性的职业转移：主要是部分生产工人转向服务人员，以及商业和办事人员，干部和专业人员转向办事人员，即转移的方向由第一、第二产业转向第三产业。也就是说，日本老年人口再就业的职业转移在中国已开始发生。组织老年人口就业于第三产业，则可减少老年人口再就业同成年人口争夺生产岗位就业的矛盾，有利于物质生产部门劳动生产率的提高，发展高技术产业，这是我们在制定产业结构方针时应当注意的问题，值得借鉴的经验。

人口与发展

改革开放给人口城市化带来新的生机[*]

在中国，自从 20 世纪 70 年代后期实施旨在对内搞活、对外开放的经济体制改革以来，极大地改变着社会的面貌。作为社会经济、政治、文化发展产物的人口城市化，同改革的实践休戚相关，改革的深度、广度和进程怎样，必定在颇大的程度上制约着人口城市化的发展。

改革与人口城市化步伐的加快

人口城市化作为世界人口发展的一种共同趋势，毫无例外地在中国发生和发展着。1949 年新中国成立以来人口城市化的发展，以及同世界和发展中国家的比较，如图 1 所示。[①]

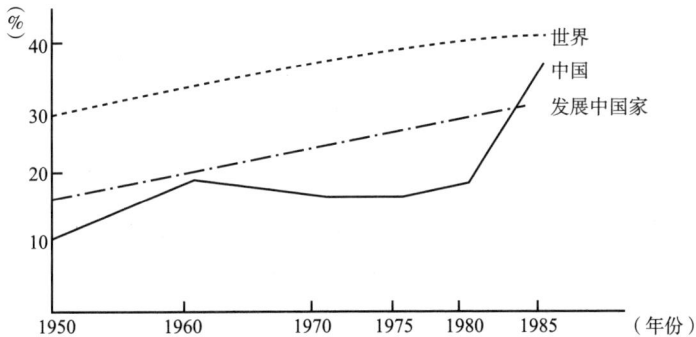

图 1　中国、发展中国家、世界城镇人口比例变动比较

* 该文发表于《中国人口科学》1988 年第 8 期。

① 《中国统计年鉴 1986》，中国统计出版社；Department of International Economic and Social Affairs：*World Population Prospect*，United Nations，New York 1985。

由图 1 看出中国人口城市化有同世界和发展中国家相似之处，也有不同的地方。值得提出的是，世界和发展中国家城镇人口比例是稳步增长、逐渐上升的，差不多都呈一条上升的斜线，而中国则起伏较大，明显地呈现出三个发展阶段。即整个 20 世纪 50 年代为城镇人口比例上升较快时期，由 1950 年的 11.2% 提高到 1960 年的 19.7%，10 年间上升 8.5%；60 和 70 年代为徘徊时期，城镇人口比例在 16.8%～19.7% 中间波动，直到 1979 年才回升到 19.0%，接近 1960 年的水平；进入 80 年代以来城镇人口比例迅速上升，由 1980 年比发展中国家低 10.4%，一跃为 1985 年高出发展中国家 4.9%，中国人口城市化步入一个新的阶段。

对于近年来中国城镇人口比例大幅度上升的情况，国内外科学界的认识不尽相同。有的认为基本上反映了经济体制改革以来人口城市化加速发展的实际，代表了目前的水平；有的则认为"水分"很大，不能反映目前城市化的真正水平。持后一种观点的一条主要的理由，是 1984 年国家对建镇标准作了调整，新建镇很多，使得城镇人口一下子膨胀起来。以至于把近年来城镇人口比例的上升归结为靠行政手段，行政区划变动的结果，和实际情况相距较远。

笔者以为，这后一观点是值得商榷的，我们通常说的城镇（市或镇）人口，是指市、镇辖区内的全部人口，其中建制镇的批准权限在省、自治区、直辖市，其标准有所变动：1963 年以前为常住人口 2000 人以上，非农业人口占 50% 以上。1964 年改为常住人口 3000 人以上，非农业人口占 70% 以上，或常住人口在 2500 人～3900 人之间，非农业人口占 85% 以上。1984 年调整为，凡县级国家机关所在地，或总人口在 20000 人以下的乡，乡政府驻地非农业人口超过 2000 人；或总人口在 20000 人以上的乡，乡政府驻地非农业人口占全乡人口 10% 以上；或少数民族地区、人烟稀少的边远地区、山区和小型工矿区、小港口、风景旅游、边界口岸等地，非农业人口虽不足 2000 人，但确有必要，也可建镇。按照上述标准，全国建制镇由 1983 年底的 2968 个，增加到 1984 年底的 6211 个（县辖镇），一年时间增加 3243 个，增长 109%[1]。如此看来，似乎增长过快，"水分"过大。但笔者以为对这种情况要作具体分析，在作出具体分析之后，才能得到比较符合实际的结论。

首先，从 1984 年新规定的建镇标准看，除少数民族地区、边远山区、

小型矿区、小港口、风景旅游、边界口岸等少量特殊情况外，作为传统的衡量建制镇标准的非农业人口的数量变动不是很大。1953 年以前实际限定的非农业人口数量为 1000 人以上，1964 年提高到 2100 人以上，1984 年一般限定在 2000 人以上，比 1963 年以前的标准要高，比 1964 年的标准略低。问题是有的，主要在建镇过程中对非农业人口的数量限制掌握上宽了一些，镇人口中农业人口占的比例大了一些。但 1984 年底 134474121 人全部镇人口中，仍有 52282521 人为非农业人口，平均每个镇有人口 21651 人，非农业人口 8418 人①。平心而论，在具有如此规模的人口和非农业人口集中区建立镇，是当之无愧的。实际上许多镇早该建立，只是过去受到限制颇多而未能建立，是 1984 年口子一开一下子便建立起来了而已。对此国外早有评论，1984 年美国世界银行在对中国经济进行考察后所作的报告中，提出："公社办公室所在地被列为农村，即使它是数千人的集中区，并且其中有许多人所从事的是非农业性的职业，这样规模的人口集中区在大多数国家中都列为城镇人口"。至于中国为什么不列入城镇人口，该报告只能归结为："中国经济结构非同寻常。"② 该报告援引美国城镇的定义，即人口规模在 2500 人以上、人口密度在每平方公里 400 人以上（不包括农地、铁路站场、大型公园、大型工厂、飞机厂、公墓、大海、湖泊等）的人口集中区，说明不仅公社、（乡）驻地人口应列入城镇人口，而且在城市广大郊区居住的人口也应列入城镇人口，并且据此估计当时中国的城镇人口比例可达到 34%③。笔者认为，无论同中国过去的建镇标准相比，还是同国外的建镇标准相比，1984 年调整后的建镇标准都是适当的。

其次，从实际情况看，改革和开放大大加快了人口城市化的步伐，促使城镇人口和城镇中非农业人口所占比例迅速增加。20 世纪 70 年代末期，以联产承包责任制为主要内容的农村经济体制改革，席卷了中华大地，揭开了中国农业发展史上新的一页。广大农民从单一的农业种植业中解放出来，向林、牧、副、渔业进军，各行业涌现了大批专业户；乡镇企业迅速发展起来，并与农业发展相结合，创造了苏南模式、温州模式等新型农业；一大批长期束缚在土地上的农业剩余劳动力被释放出来，转入从事各种固定的工商

① 《中国城镇人口资料手册》，地图出版社，1985。
② 《城镇化：国际经验和中国的前景》，《世界银行对中国经济考察的背景材料》，气象出版社，1984。
③ 《城镇化：国际经验和中国的前景》，《世界银行对中国经济考察的背景材料》，气象出版社，1984。

业活动。这一切标志着中国的农业经济正在发生深刻的变革，由单一经营向多种经营方式转变，由自给半自给向商品经济转变，由传统农业向现代化农业转变。伴随这些转变而来的，是广大农民进入市场，进入城镇，特别是进入遍布各地的小城镇，或成为"离土不离乡"的流动人口，或成为"离土又离乡"的城镇人口。而随着城镇经济体制改革的展开，搞活和开放的进一步推进，城镇迫切需要扩大同农村的经济交流，吸引农业剩余劳动力投身到城镇工商业中来。因此，农业剩余劳动力及其附属人口转移到城镇，特别是转入小城镇的规模之大，数量之多，速度之快是前所未有的，这是近年来城镇人口迅速增长的基本原因。

为什么改革和开放大大加快了人口城市化的速度呢？从根本上说，在于改革和开放有力地促进了工农业生产和整个国民经济的发展。这可从近 35 年来中国人口城市化的进程和国民收入增长比较中看出来（见图 2）①。

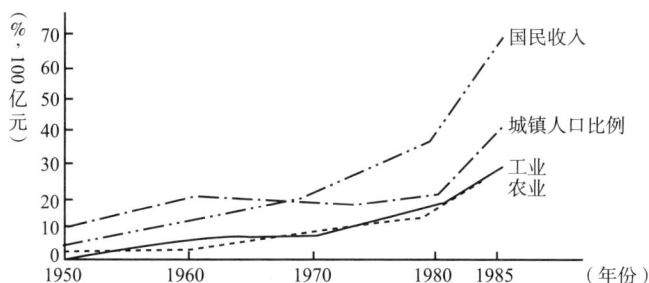

图 2　1950～1985 年中国城镇人口比例和国民收入增长比较

图 2 说明，中国人口城市化进程大体上是同国民收入、工业和农业所创造的国民收入的增长协调发展的。20 世纪 50 年代国民收入和工业创造的国民收入、农业创造的国民收入增长比较快，城镇人口比例提高也很快。但农业所创造的国民收入 1959 比 1958 年降低 64 亿元，1960 比 1959 年又降低 44 亿元，同城镇人口比例的继续上升发生矛盾，以至于出现 60 年代前期城市人口比例下降的局面。"十年动乱"期间经济发展受阻，国民收入增长不快，人口城市化也踏步不前。改革开放以来国民经济发展迅速，国民收入 1985 比 1978 年增长 1.27 倍，农业创造的国民收入增长 1.66 倍，工业创造

---

① 《中国统计年鉴 1986》，中国统计出版社。

的国民收入增长 1 倍，才使得同期城市人口得以增长 1.22 倍，比例由 17.9% 上升到 36.6%。值得提出的是，由中国的具体国情所决定，人口城市化的道路不但不能采取剥夺农民的办法，相反要依赖于农业生产的发展和农业劳动生产率的提高。在中国，人口城市化要以经济的发展为基础，是一个突出的特点。

改革与不同人口规模城市结构的转变

中国经济体制改革不仅加快了人口城市化发展速度，而且由于是既发展农业，又繁荣工商业，走的是城乡经济互为条件、相互促进、协调发展的道路，因而对处于不同经济地位的不同规模城镇的影响，有着显著的差别。总的看来，对加速镇人口增长的作用十分明显，中小城市次之，大城市则要差一些。这就不可避免地引起了不同人口规模的镇与市之间，大、中、小城市之间结构的变动。

首先是市和镇人口结构的变动。长期以来，中国人口城市化一是水平不够高，二是小城镇不发达，不能很好地发挥出连接城乡间的纽带作用。这种状况随着经济体制改革的深入，发生了深刻的变化。以 1984 与 1981 年比较，镇人口由 6031 万人猛增到 17037 万人，增长 1.8 倍，使镇人口由占市镇人口的 31.2% 提高到占 40.7%，市人口则由占 68.8% 下降到占 59.3%。1985 年镇人口继续上升到占市镇人口的 44.6%，市人口进一步下降到占 55.4%，已接近 "对半开"。世界各国人口城市化过程中，差不多都经历过小城镇蓬勃发展的历史时期，而中国在 20 世纪 80 年代以前小城镇发展却不够快，甚至某些乡镇工商业呈衰落状态。近年来经济体制改革的发展别开生面，拉开了城市工商业繁荣的序幕，结束了镇人口停滞不前的局面，镇与市人口之比发生了带有战略性的转变。

其次是不同规模城市之间人口结构的变动。以 1981 与 1985 年相比较，人口规模在 10 万以下的设市由 15 个减少到 11 个，人口数量由 109.2 万人减少到 53 万人，占市人口的比例也由 0.8% 下降到 0.25%。10 万~30 万人口的设市由 86 个上升到 93 个，人口数量由 1654.9 万人增加到 1924 万人，然而由于市人口总数量的增长，其占市人口的比例却由 11.9% 下降到 9.10%。30 万~50 万人口的设市由 50 个增加到 78 个，人口数量由 1955 万人增加到 3040 万人，占市人口的比例由 14.1% 上升到 14.35%。50 万~100

万人口的设市由 41 个增加到 85 个，人口数量由 2935.395 万人增加到 6061 万人，占市人口的比例由 21.1% 上升到 28.61%，100 万～200 万人口的设市由 24 个增加到 44 个，人口数量由 2956.7 万人增加到 5484 万人，占市人口的比例由 21.3% 上升到 25.88%。200 万人以上人口的设市个数仍维持 13 个，人口数量由 4270.7 万人增加到 4620 万人，然而由于城人口总数量增长较快的影响，其占市人口的比例却由 30.8% 下到 21.8%。可见，在 1981～1985 年间 50 万～100 万人口城市增长最快，个数增长 1.1 倍，人口数量增长 1.1 倍，占市人口比例上升 7.51%；100 万～200 万人口的城市次之，个数增长 83.3%，人数增长 85.5%，占市人口比例上升 4.58%；30 万～50 万人口的城市再次之，个数增长 8.1%，人数增长 16.6%，占市人口的比例上升 0.25%。其余三种类型的城市人口所占比例则有所下降，下降幅度最大的为 200 万人以上人口的城市，下降 8.99%；其次是 10 万～30 万人口的城市，下降 2.80%；再次为 10 万人以下人口的城市，下降 0.55%。

需要指出，这是包括郊区农业人口在内的不同人口规模城市结构的变动情况。如果从城市非农业人口变动角度分析，则 50 万人口以下的中小城市人口所占比例均有所提高，10 万～30 万人城市提高 2.34%，30 万～50 万人口城市提高 1.54%，10 万以下人口城市提高 0.84%；50 万人口以上的大城市所占比例均有所降低：50 万～100 万人口城市降低 3.16%，200 万以上人口城市降低 1.52%，100 万～200 万人口的城市降低 0.04%。

为什么按照人口划分和按照市人口中的非农业人口划分，不同人口规模城市结构变动会有较大差别甚至是相反情况呢？主要是 30 万人口以下的城市郊区农业人口增长较慢，使得非农业人口比例上升，而市人口比例却有所下降。30 万～50 万人口城市无论市人口还是市人口中的非农业人口，都有较明显的增加，致使市人口和非农业人口比例均有提高。50 万～100 万和 100 万～200 万人口城市，郊区农业人口大量增加，造成市人口比例大幅度上升，非农业人口比例下降。而 200 万以上人口的城市，无论农业或非农业人口增长都比较缓慢，其占市人口和非农业人口的比例都有所下降，占市人口比例下降更快一些。从总体和综合角度分析，50 万人以下中小城市中非农业人口增长显著，50 万～200 万大城市人口中农业人口大量增加；而 200 万以上特大城市人口中农业和非农业人口的增加，都不及大城市、中小城市为快。这表明中国城市人口结构重大轻小、头重脚轻的状况开始有所改变。特别是乡镇人口的迅速增加，从根本上改变了大、中、小城市和镇的人口比例，城镇人口结构正朝着日趋合理化的方向发展。

改革与人口城市化模式弹性的增强

中国人口城市化长期以来一直遵循"控制大城市规模，合理发展中等城市，积极发展小城市"的方针。1982年第五届全国人民代表大会通过的《中华人民共和国国民经济和社会发展第六个五年计划》明确写进这一方针，第七个五年计划又重申这一方针，并且特别提出"切实防止大城市人口规模的过度膨胀，有重点地发展一批中等城市和小城镇"，设想1990年设市城市发展到400多个，建制镇发展到10000多个①。笔者认为，中国的人口城市方针是在充分分析中国基本国情，并且吸取了国外城市化经验基础上制定的，是一条正确的方针。

其一，人口城市化使人口日益集中于城市，是经济、政治、文化发展的结果，归根结底是社会生产力发展的结果，社会生产力发展的水平决定着人口城市化的水平，以及不同人口规模城市的结构。中国是一个拥有10亿多人口的国家，城市的发展速度、规模和结构，主要要依靠自己经济力量的支持，尤其是农业的发展及农产品剩余产品的数量。如前所述，什么时候国民经济特别是农业发展更快一些，一般地说人口城市化速度就快一些；什么时候国民经济特别是农业发展缓慢，人口城市化就上不去，上去了也可能跌下来，20世纪60年代初期农业生产下降形成职工人数、工资总额和国家供应城镇居民的商品粮"三突破"，到头来不得不压缩城镇人口就是证明。然而，不同人口规模城市对投资的需求和对农业的依赖程度是不同的：一般说来，城镇规模越小，增加每一个城镇人口的投资就越少；城镇规模越大，需要的投资就越多。同时，城镇规模越小，同乡村的天然联系越紧密，城镇规模越大，同乡村的天然联系越松散，需要借助于某些中间环节来实现。因此，在生产力发展水平不够高特别是在农业生产发展水平较低的情况下，实行以发展中小城镇为主的人口城市化方针，是以较少投资取得较多农业剩余劳动力向城镇工商业转移，收效较快的方针。

其二，随着工业化的推进而飞速发展起来的人口城市化，一个明显的弊端是城市的繁荣和乡村的凋敝，工业的现代化和农业的落后状态，造成城乡

---

① 参见《中华人民共和国第五届全国人民代表大会第五次会议文件》，人民出版社，1983；《中华人民共和国第六届全国人民代表大会第四次会议文件汇编》，人民出版社，1986。

对立的加剧。中国实行控制大城市、合理发展中等城市和积极发展小城市的方针，乃是为了摆脱农业的落后面貌，贯彻以农业为基础、以工业为主导的发展国民经济的总方针，强调城乡经济联成一体，协调发展，既发展城镇又繁荣农村，摒弃走城乡对立的道路，而走城乡差别逐渐缩小道路的选择。选择这样的发展道路不仅为社会制度的性质所决定，同时也为有计划按比例的发展工农业生产所必需，是兼顾城镇与乡村发展的方针。

其三，某些发达国家的人口城市化已经走完人口由乡村向城市转移的初级阶段，转入乡村城市化的高级阶段，特大城市中心区人口外迁的趋势有增无减。在这一过程中，人们享受了大城市所给予的得天独厚的优越条件，然而也饱尝了住房紧张，交通拥挤，水、空气、噪音等污染严重之苦。当然，大城市发展及其所带来的公害并非不能解决，但要花费巨额投资并要长时间的建设方能见效。为了避免和减少因大城市过度膨胀而带来的这样或那样的问题，对正处在现代化建设初期、不可能把大量资金用在城市建设上的中国来说，"控制大城市规模"，把重点放在积极发展小城镇上，是量力而行、利多弊少的方针。

但是对大、中、小城市发展实行"控制"、"合理发展"和"积极发展"的方针，并不等于要这个、不要那个，不可能做机械的解释。尤其应当注意的是，当前正在进行的经济体制改革对这一方针所给予的影响，给传统的人口城市化模式注入了新的活力，增加了弹性。毫无疑问，这种弹性在大、中、小城市的发展上都有所体现，然而最明显的体现还表现在两头，即体现在小城市和大城市的发展上。

最初的经济意义上的城市，是商品生产和交换发展的产物。现代城市，除少数政治型、文化型城市外，这一功能仍旧是它的主要的、基本的职能。中国所进行的城乡经济体制改革，进一步搞活和开放，实行有计划的商品经济，大大提高了产品的商品化程度，使得交换和市场迅速扩大。在这种情况下，即使是原来被列为"积极发展"的小城市的一些规定，也显然不能适应客观形势发展的需要，而要进一步放宽。事实上，近年来特别是1984年以来，各省、自治区、直辖市经过试点，放宽了农民进入乡镇的限制，允许务工、经商和从事服务业农民自理口粮到集镇落户。而由于农村生产责任制的实行和完成国家征购任务后粮食可以进入集市贸易，农民"自理口粮"也有实现的可能，现在城镇居民中这种不吃国家供应商品粮的人口一下子增加许多。这是改革开放后带来的一项具有很大弹性的政策，对加速人口城市化的进程起了重要作用。

随着商品生产和市场扩大而增加的大量流动人口，除大量流向小城镇外，其余部分流向中等城市，部分流向大城市，给大城市的人口控制带来新的问题。据统计，自经济体制改革以来流动人口的增长是十分迅速的。全国客运总量由 1978 年的 253993 万人，增加到 1985 年的 567092 万人，增长1.2 倍；其中铁路增长 37.6%，公路增长 1.9 倍，水路增长 l7.2%，民航增长 2.2 倍[①]。根据调查和统计，目前北京和上海市日平均流动人口在 100 万左右；而 1985 年浙江省仅弃农经商、弃农从工的外出人员达到 150 多万人，其中温州市多达 30 多万人。大量流动人口流入城市，其中农民进城占的比例最高。据 1985 年 4 月北京市的一次调查，住宿在饭店、招待所的流动人口中，来自农民所占比例不高；但散居在机关事业单位集体户中的流动人口，来自农民部分占 31.6%，居各类人员之首；而住宿在居民户中来自农民的流动人口，几乎等于其他各类人员之和，占该类型的一半。在全市 250多个农贸市场中，来自外省市的农民占 54.2%；在 8 个区的 2500 多个建筑施工队中，来自外省市的就有 1800 多个，占 75%；在来京的全部经济活动人口中，有 88.9% 来自农村，而绝大多数人原为农林牧渔业者[②]。这些人少则在城里待上几天、几个星期，多则成年累月地住下去，成为事实上的城市人口。这对传统的"控制大城市人口规模"的城市化方针说来，不能不是一个很大的冲击，如此众多农民进入大城市，给城市供应、住房、交通、社会治安等带来一系列问题。那么，我们可否像过去那样采取"堵"和"卡"的办法限制农民进城，把他们关在城门之外呢？笔者以为不可以。因为大城市吸收这些农民进城不仅为解决农业剩余劳动力的转移所必需，同时也为大城市在改革开放中向前发展所必需。众所周知，大、中、小城市在国民经济中的地位和作用是不尽相同的，在改革开放中尤其应注意这一点。小城市保持着城镇工商业同农村经济的天然联系，在城乡经济、文化交往中起着纽带的作用；大城市则对本经济区农业以及整个经济发展具有中心、主导、辐射的功能，发挥经济中心、贸易中心、金融中心、科技中心、教育中心、文化中心、信息中心和交通枢纽的作用，具有更强的吸引能力和协调能力。城乡经济体制改革的深入，使得大城市的这些功能逐渐显露出来，招来农民及各类人员进城从事各种经济活动，这是我国大城市发展中的一次深刻变革，应

---

① 《中国统计年鉴 1986》。

② 王树新、冯立天：《经济体制改革中的北京市流动人口》，《人口与经济》1986 年第 1 期。

当积极扶持。然而也不可以因此而放任农民自由进入大城市，甚至主张"取消城市户口"。因为那样做不符合我国的现阶段基本国情，如果农民盲目流向大城市，超过国民经济的负担能力，势必造成严重后果，正确的做法是将扶持与引导结合起来，控制与管理结合起来。即将农民自发进城从事经济活动同城市发展需要相结合，有计划、有目的地把农民吸引到建筑业、服务业以及其他工商业中来，积极为城市建设服务，增强城市经济工作中的薄弱环节；城市特别是大城市的户口需审慎地加以控制，同时要加强对流动人口的住宿登记管理，加强市场和工商管理，保护合法经营，打击各种违法活动，做到在搞活的前提下控制，在控制中搞活，实行必要的弹性政策，达到宏观控制、微观搞活，控而不死、活而不乱的目的（此文根据 IUSSP 论文改写）。

中国城市人口划分标准问题研究[*]

近年来，随着对内搞活、对外开放的经济体制改革的深入，中国迈出了城市化加速发展的步伐，城市（包括镇）人口大量增加，由 1978 年的 1.72 亿人增加到 1987 年的 3.97 亿人①，在不到 9 年时间里增长了 1.3 倍，实为世界人口城市化史上所不多见。然而这里的城市人口的统计系建立在市、镇建制的基础之上，市、镇设置增加城市人口跟着扩大，市、镇设置减少城市人口跟着缩减，客观上国家行政管理上的市、镇的设置成了划分城市人口的标准。

这种划分标准有它合理的一面，也存在着不少的问题和矛盾，目前这些问题和矛盾已经到了需要解决和可以解决的时候了。这就需要从中国的具体国情出发，并考虑在国际上具有较大的可比性，制定出科学的划分城市人口的标准，以将总体人口合理地区分为城市人口和乡村人口。

现行城市人口划分中的问题和矛盾

如前所述，中国现行统计意义上的城市人口，是行政设置上市、镇区内的人口，即居住在市、镇范围之内的常住人口。从实际情况看，尽管市、镇的设置和城市人口的划分都要考虑人口集中的程度和非农业人口所占的比例，但市、镇的设置还要兼顾到国家行政管理上的需要，城市人口的划分则更侧重于集中人口的经济因素及某些社会因素，二者不尽相同。因此，我们所要探讨的中国现行城市人口划分中的问题和矛盾，这里的城市人口系指行

---

* 本文发表于《人口与经济》1989 年第 1 期。

① 本文中的中国人口为内地 29 个省、自治区、直辖市人口，未包括台湾省和港澳人口。城市人口为建制市、镇人口之和。参见《1987 年全国 1% 人口抽样调查》的主要数字，中国统计出版社，1988，第 3 页。

政区划意义上的市镇人口。

自 1949 年新中国成立以来，政府就市、镇设置和城市人口的确定，在 1955、1963、1984 年等作过几次重要的规定和调整，从 1984 年调整以后的情况看，目前中国的城市人口包括过多的农业人口。这是由于行政区划变动影响，新设立的市、镇较多，范围也扩大很多，囊括一定数量农业人口的结果。如 1978 年全国城市人口占总人口的比例为 17.9%，非农业人口占总人口的比例为 15.8%，城市人口中 88.3% 为非农业人口，农业人口仅占 11.7%。到 1985 年全国城市人口比例上升到 36.6%，非农业人口比例上升到 20.1%，城市人口中非农业人口比例下降到占 54.9%，农业人口比例猛增到占 45.1%，比 1978 年上升 33.4 个百分点[1]。有的城市农业人口甚至上升到占一半以上，如浙江省宁波市 1984 年农业人口占 50.5%，山东省淄博市 1984 年农业人口占 65.3%。从统计资料看，全国总的趋势是：城市人口规模越大农业人口所占比例越低，城市人口规模越小农业人口所占比例越高。1986 年全国 347 个市人口中农业人口占 47.0%，而 100 万以上人口的城市农业人口占 18.1%，50 万~100 万的占 28.2%，50 万以下的中小城市农业人口所占比例更高一些[2]。

城市统计中的农业人口和非农业人口，同实际情况有很大出入，尤其是农业人口出入更大。所谓农业人口和非农业人口，顾名思义，是从生产角度对人口的职业构成所作的最粗略的区分，以是否从事农业劳动作为区分的标准。然而长期以来，实际工作中却是以是否享有国家按定量标准供应的商品粮作为划分的标志，把划分的标准从生产领域转移到分配和消费领域，出现了严重名实不符的情况。一方面有享受国家按定量标准供应商品粮的非农业人口，直接或间接地从事某种农业生产劳动；另一方面有不享受国家按定量标准供应商品粮的农业人口，却在务工、经商或从事其他非农业劳动。就全国情况说，前者是个别的，后者是普遍的，大量存在的，并有继续增长的态势。如江苏省平望镇 1986 年统计常住人口为 14833 人，其中户口在册为 9353 人，户口不在册为 5480 人，户口不在册人口占全镇人口的 36.9%。不在册人口中有 47.4% 为全民和县属集体企业的农民工，16.2% 为社办工业中的务工社员，两项合计占全部不在册人口的 63.6%[3]，他们实际上是从事工

---

① 《中国人口年鉴1986》，社会科学文献出版社，1987，第109页。
② 《中国统计年鉴1987》，中国统计出版社，1987，第92~93页。
③ 《小城镇，大问题》，江苏人民出版社，1984，第138页。

业劳动的非农业人口，但由于不享有国家按定量标准供应的商品粮，统计上一律视为"农业人口"。这种情况自 1984 年《国务院关于农民进入集镇落户问题的通知》（以下简称《通知》）发出后有所改观，一是部分进入集镇务工、经商和从事服务业的农民及其亲属在集镇落了户口，成为自理口粮的非农业人口，摘掉了"农业人口"的帽子。但是这个《通知》适用范围仅限于集镇，全国上千个县的城关镇（一般规模较大）和 300 多个市不在其内，在那里大批从事务工、经商等非农业劳动的农民依旧被统计为"农业人口"；二是受不正之风、官僚主义等的影响，农民进入集镇能够办理"农转非"的只是一部分人，还有很大一部分人转不了，成为长期居住在集镇并从事非农业劳动的"农业人口"。所以，对中国城市人口中农业人口所占比例过大要作具体的分析，其中相当的一部分人已经成为事实上的非农业人口，城市人口中包含的农业人口有一个不小的虚数。

行政因素对城市设置，特别对镇的设置影响很大。中国对包括镇在内的城市的设置，一直坚持以人口聚居的程度为主，并辅之以人口的职业构成——非农业人口所占比例的原则。一般说来市的设立较好地坚持了这一原则，镇的设立这一原则坚持得差一些，行政因素的影响多了一些。1984 年 10 月国务院批转《民政部关于调整建镇标准的报告》，一方面规定"总人口在 20000 人以下的乡，乡政府驻地非农业人口超过 2000 人的，可以建镇；总人口在 20000 人以上的乡，乡政府驻地非农业人口占全乡人口 10% 以上的，也可以建镇"；另一方面又规定"凡县级地方国家机关所在地，均应设置镇的建制"。还规定"少数民族地区、人口稀少的边远地区、山区和小型工矿区、小港口、风景旅游、边境口岸等地，非农业人口虽不足 2000 人，如确有必要，也可设置镇的建制"[①]。这种按照人口和经济，同时又按照行政管理需要制定的二重的设置镇的标准，尤其是行政标准中又加上"如确有必要"很不确定的话，它的一个直接后果是造成建制镇数量猛增。据统计，全国建制镇由 1983 年的 2968 个，增加到 1984 年的 6211 个[②]，目前超过 10000 个。它的另一个后果是形成镇与镇之间差别很大：大镇可以大到多达几万、十几万人，同小的市不相上下，如 1984 年辽宁省锦西镇人口达到 161195 人，其中非农业人口达到 153344 人；江苏省淮安镇达到 86067 人，其

① 《中国人口年鉴 1985》，中国社会科学出版社，1986，第 99 页。
② 《中国社会统计资料》，中国统计出版社，1985，第 4 页；《中国城镇人口资料手册》，地图出版社，1985，第 1 页。

中非农业人口达到 65673 人。小镇可以小到只有 1000 人左右，其中非农业人口可以少到只有几十人，甚至不足 10 人，不如人口密度较高地区的某些村庄，如广东省徐闻县海安镇只有人口 932 人，其中非农业人口 369 人；云南省景谷星勐主镇只有人口 661 人，其中非农业人口只有 3 人①。总览 1984 年调整建镇标准后 10000 多个镇的情况，考虑到镇农业人口中有相当一部分人从事非农业劳动这一客观事实，多数镇符合按人口和经济原则制定的建镇标准，但有部分镇距离这一标准甚远。这部分镇的建立有其经济发展需要的一面，更为重要的是国家行政管理上的需要，是撤乡建镇、实行镇管村体制的需要。现在，随着市管县体制的推广和镇管村体制的建立，城镇作为地方行政管理的一级组织的面目出现，给城市人口和乡村人口的划分增加了新的复杂情况。

目前中国在城市人口划分上存在的问题有着相互矛盾、相辅相成的性质。从统计角度观察，近年来设置市、镇数量增加很多，尤其是镇增长过猛，并且包括了大量的农业人口，似乎很不适当。就实际情况而论，城市人口中的农业人口有相当大的部分却在从事非农业性质的劳动，理应属于非农业人口，把他们列为"农业人口"同样是不适当的。这两个方面的"不适当"在很大程度上相互抵消了，使得 1987 年中城市人口比例约占 37.1% 的城市化水平，大体上是可以接受的。对此国外早有评论，1984 年美国世界银行在对中国经济进行考察后所作的报告中指出："公社办公室所在地被列为农村，即使它是数千人的集中区，并且其中有许多人所从事的是非农业性的职业。这样规模的人口集中区在大多数国家中都被列为城镇人口"，至于中国为什么不列入城镇人口，该报告只能归结为"中国经济结构非同寻常"。这个报告参照美国关于城市人口的划分标准认为，"中国的城镇化程度将达 34%"②。可见，中国现行城市人口划分中的问题和矛盾，关键不在于对城市化达到程度的估量（笔者认为目前的估量基本上是同实际接近的），而在于如何科学地确定农业人口和非农业人口，制定出符合中国国情的划分城市人口和不同规模城市结构的标准。

划分城市人口的原则和标准

为了正确划分城市人口，首先需要弄清城市这一概念，弄清城市概念的

---

① 见《中国城镇人口资料手册》第 18、28、57、74 页。
② 《城镇化：国际经验和中国的前景》，气象出版社，1984，第 45 页。

内涵和外延。

城市在中文里是一个集合名词，城原义为都邑四周为防御的目的而修筑的墙垣，后发展为泛指都邑本身；市是指集中作买卖和进行交易的场所，《易·系辞下》中说："日中而市"，市毕即自行散去，当初并没有全日制的市场。城与市合起来，即指都邑和经常作买卖交易的地方，这便是最初意义上的城市这一概念的含义。当然，工业革命发生前和发生后城市在功能及同乡村之间的关系上有很大的不同，但这一概念的基本含义仍旧延续下来。我们从城市这一概念的形成和它的含义来看，镇原本就是城市，现在的镇也是规模较小的城市，没有必要将镇从城市中分离出来。国外一般也没有将二者分离开来，英语中城市包括都市（City）和镇（Town）两部分，而城市化（Urbanization）广义的指居住在都市和镇的人口所占比例的增长。依此看来，我们没有必要将人口城市化改成人口"城镇化"，人口"城镇化"似乎想强调镇的人口发展，但会造成概念上的不清，而人口城市化本身已经把镇人口的发展包括在内了。

从城市产生的最概括的过程来看，首先它是一个经济的组织，是社会生产力发展到一定阶段的产物，是以工商业为主的经济组织，同以农牧业为主的乡村经济组织具有不同的性质，城乡之间从一开始就有着明显的不同的分工。其次它是一种社会组织，同建立在自然经济基础上的乡村生活方式和活动方式不同，城市生活方式和活动方式建立在商品经济不断发展的基础之上。再次，城市的出现同原始公社解体、奴隶制国家诞生处于同一历史时期，是私有制和国家发生发展的时期，城市从一开始就成为统治阶级盘踞的堡垒，城市的发生发展同国家管理和社会组织的完善紧密相连。最后，城市作为对应于农村的分散状态来说，明显的特点是集中，特别是人口的集中，包括固定居住的人口的集中和流动的集市人口的集中。因此，城市人口的划分可以从经济学、社会学、人口学和行政管理学等不同方面建立起自己的原则和标准，并无一成不变的固定标准。

从城市的起源和最初意义上的城市建立划分城市和城市人口的原则和标准固然重要，但是历史发展到今天，城市自身也在发展，城市的功能、作用、范围都在发展，显然，完全按照原来的意义划分城市和城市人口是行不通的。如前所述，最初的经济意义上的城市人口，是指居住在城市的从事工商业活动的人口，无疑现代城市人口中的主体也应是这部分人口；但是由于社会生产力的发展，分工的进一步精细，城市规模的空前膨胀，使得城乡之间形成既是对立又是相互依赖的关系，在城市和乡村之间出现了较大面积的城乡结合部，居住在这个结合部内的人口有从事城市工商业的，也有从事为城市服务的农业的，如果完全按照人们从事的职业来区分城市人口还是乡村人口，在行政管理上这个结合部便会异常困难，而且对城市和整个社会经济发展不利，因此各国普遍将这种结合部的人口划归城市人口。从社会学角度按照人们的生活方式和活动方式划分城市人口，也有其局限性，因为随着社会生产力的发展，交通的便利，信息的发达，商品经济普遍化，乡村生活方式和活动方式日益城市化了。"现代的历史是乡村城市化，而不像在古代那样是城市乡村化"①。现在高度发达国家的人口城市化已不再是乡村人口向城市、中小城市向大城市迁移，相反，出现了大城市中心区人口向外迁移的情况，乡村城市化发展很快，以生活方式和活动方式原则划分城市人口变得更加困难了。至于按行政管理需要原则划分城市人口，只能适用某种特殊情况，在整个城市人口划分中起到某种辅助作用，历来不能成为划分城市人口的主要原则和标准。因此，在今天的城市人口划分中，虽然经济的原则、社会的原则、行政管理的原则仍有一定的意义和作用，但都有一定的局限性，不能成为主要的更不能成为唯一的原则。相比之下，城市人口集中的程度，即城市人口所占比例则具有综合的性质。从经济学角度观察，城市人口集中的程度是社会生产力和商品经济发展的结果，同时一定的集中于城市的人口又反映着社会生产力和商品经济发展的水平，反映着从事工商业人口的集中程度；从社会学角度观察，人口向城市集中意味着城市生活方式和活动方式的加强和扩大，从社会管理角度观察，人口向城市集中表明更多的人口进入社会城市管理轨道。所以，人口向城市集中代表着城市工商业的发展，代表着城市生活方式和活动方式的扩大，代表着城市社会管理职能的增强，在较大的程度上代表着城市化的水平。由此人口划分的基本原则应从人口学研究中产生，主要取决于人口集中的程度，适当辅之以别的必要的原则，主要是经济的原则，特别是从人口的职业构成观察。

中国是发展中国家，当前正在加速进行的人口城市化既有集中的性质，也有扩散的性质，但从全局上看主要表现为大量乡村人口向城市转移，城市人口所占比例节节上升，集中的性质占据主导的地位。适应这种历史的发展趋势，按照人口集中的程度并辅之以经济的原则划分城市人口，是适当的和

---

① 《马克思恩格斯全集》第46卷（上），人民出版社，1979，第480页。

现实可行的。

城市人口划分具体标准的确定，一是要从中国实际出发，从中国经济、人口、文化、社会发展的客观实际出发，包括历史上城市人口划分标准的沿革；二是要研究和借鉴国外的经验，注意指标的可比性质。中国过去关于市、镇设置（这是确定市人口的依据）的历史规定中，都以一定规模的"聚居人口"和一定的非农业人口比例作为界限，在这个界限以上的为城市人口，以下为乡村人口。问题在于何为"聚居人口"，单位土地面积上居住多少人口为"聚居"没有明确规定。今天人口数量越来越多，特别人口密度较高、城乡界限越来越模糊的地区，对"聚居人口"必须有一个明确的数量指标。对农业和非农业人口也应从生产领域，从人口的职业构成上加以区分，而不能继续沿用从分配和消费领域，从是否享受国家按标准供应的商品粮去区分。考虑到历史上的情况和中国当前的实际情况，同时参照国际上关于城市人口的划分标准，如美国的标准是人口在 2500 人以上的人口集中区，世界银行把"集中"解释为每平方公里在 400 人以上的地区，不包括农地、铁路站场、大型公园、工厂、飞机场、公墓、湖海等[①]，笔者认为中国城市人口划分的标准确定在人口密度在每平方公里 500 人以上、非农业人口占 70%以上是适宜的。按照这一标准，城市包括各级市的市区、郊区和建制镇的人口一般为城市人口，并且构成城市人口的绝大部分；同时也有少量虽未设市或镇，但人口密度和非农业人口比例确已达到城市人口标准的城市型居民区或居民点。

城市人口规模和结构的调整

目前中国城市人口有按总人口宽口径划分和按照非农业人口窄口径划分之别，从而造成两种口径之间程度不等的差别。有的两种口径之间可能差别不大，如 1986 年按市镇总人口划分上海市为 710 万人，按非农业人口划分为 699 万人，非农业人口占 98.5%，北京非农业人口占 87.4%，青岛占92.9%，伊春占 92.8%，有的两种口径之间可能相差悬殊，如 1986 年成都市按市镇总人口划分为 264 万人，按非农业人口划分为 157 万人，非农业人口占 59.5%，淄博非农业人口占 32.2%，淮南占 57.8%，洛阳占 63.2%[②]。

---

① 《城镇化：国际经验和中国的前景》，气象出版社，1984，第 45 页。
② 《中国统计年鉴 1987》，中国统计出版社，1987，第 92～95 页。

两种口径之间的这种差异，给合理确定城市人口规模造成困难，需要作必要的调整。

按照上述建议标准划分城市人口，除边疆少数民族地区特殊情况外，应对现有市、镇人口规模进行调整。即市、镇范围的确定应同时满足人口密度每平方公里在 500 人以上、非农业人口比例在 70% 以上两个条件，在范围内的全部人口均为城市人口。为此，对像上海、北京、青岛、伊春等非农业人口所占比例偏高的一类城市，城市郊区可以适当扩大，农业人口所占比例可以适当增加一些；而对于像成都、淄博、淮南、洛阳等非农业人口所占比例偏低的一类城市，城市范围要适当压缩，过多的农业人口应从城市人口中划出去，不得超过 30% 的界限。

按照上述建议标准调整城市人口规模，除边疆少数民族地区特殊情况外，对于不能达到人口密度和非农业人口比例二项指标建立起来的市和镇应予撤销，同时对于已经达到二项指标的人口集中区，应当设置市或镇的建制。

市、镇设置按建议标准重新调整后，包括镇在内的所有城市人口就有了一个统一标准，不同城市人口规模有了一个完全可比的依据。但是对按城市人口多少来划分城市规模结构，也要坚持从我国人口多、人口密度较高和分布不均衡等的实际情况出发，不可盲目搬用国外一些国家的标准。事实上国外的城市规模在大、中、小的规定上，是很不一致的，一条基本的原则是同本国的国情相协调。在中国有一种观点认为，目前城市人口规模结构有大城市过多、小城市和镇过少"头重脚轻"的弊病。笔者认为，这种观点有它合理性的一面，但也有不够全面和值得商榷的地方。这种现象同我们区分大、中、小城市人口规模的界限划分直接相关。中国统计上一般将 100 万以上人口规模的城市列为特大城市，50 万 ~ 100 万列为大城市，20 万 ~ 50 万列为中等城市，20 万以下为小城市，镇人口规模从几千人到几万人不等，按这样的划分法的确存在着大、中、小城市结构不合理的问题；然而，笔者认为这样的划分标准是偏低和不够合适的。一是从不同人口规模城市的功能和作用上看，当今世界大城市一般构成一个国家或地区的中心，具有中心、主导、辐射的功能，发挥着经济中心、贸易中心、金融中心、科技中心、教育中心、文化中心、信息中心、交通枢纽等作用，显然目前中国 54 个特大和大城市中部分城市不能达到这样的要求，起不到中心城市的作用；而国外的专业化城市一般多为中小城市，我们一方面中小城市总的专业化程度不高，另一方面相当数量的大城市乃至特大城市还具有明显的专业化城市的色彩，如汽车城长春，钢都鞍山，煤都抚顺等均属于特大城市，包头、本溪、大同、淮南、伊春等分别属于钢铁、煤炭、木材等专业化的大城市，城市规模有悖于城市职能。二是同中国长期坚持奉行的"控制大城市规模，合理发展中等城市，积极发展小城市"的城市化方针不协调，在某些方面也有悖于这一方针。因为在 54 个特大和大城市中部分城市是要发展的，而不是"严格控制"的问题。以上这两个方面的情况表明，目前中国划分特大、大、中、小城市规模结构的标准不够恰当，需要适当提高。从实际情况出发，可以考虑将特大城市的城市人口规模确定在 300 万人以上，大城市在 100 万～300 万，中等城市在 30 万～100 万，小城市在 10 万～30 万，10 万以下除边疆少数民族地区特殊情况外，一般不设市、只设镇。如果按此标准划分城市人口规模结构，大体上可以使城市的规模和作用协调起来，"重大轻小"、"头重脚轻"之感可以消除，而对大、中、小不同规模的城市分别采取"严格控制"、"合理发展"、"积极发展"的方针，也可以得到较好的贯彻。

中国文化与人口发展一瞥[*]

> 一个安全稳定的国际环境，繁荣发达的经济和文化，有助于解决人口问题。
>
> ——亚洲论坛北京宣言 1987

人口、资源、粮食、工业化、环境构成影响当代发展的一些基本因素，而人口居其首，同其他因素密切相关。唯物主义认为，人口变动的终极原因在于经济；同时也认为，社会的上层建筑对人口变动也有着深刻的影响，其中文化同人口更有着千丝万缕的联系。这种联系对具有悠久文化历史的中国，包括受中国文化影响较多的国家和地区来说，表现尤为明显和深刻，并在颇大的程度上策动着社会的发展。

生育观念：传统文化中的一根支柱

研究文化与人口发展之间的关系，有必要弄清文化这一概念的含义。笔者以为可以从三个层次上去理解：广义的文化，是指一定历史时期社会物质财富和精神财富的总和；一般意义上的文化，系指社会的意识形态以及与之相适应的其他上层建筑；狭义的文化，专指具有包括语文等在内的各种知识的程度，即具有的文化水平。这里探讨的人口与文化发展关系中的文化的概念，主要指一般意义上的文化，有时也专指狭义的文化。

人类自脱离动物界以来，在同大自然和各种猛兽险恶环境斗争中不断发展壮大起来，高生育率是重要原因之一。在氏族社会和奴隶社会，由于生产力低下，劳动者的手臂就是他们的力量，无不把人口的增加当做追求的目

---

[*] 本文为提交"中国文化与人口发展国际（亚太地区）学术讨论会"论文，1991 年 1 月澳门。

标。到公元前 7 世纪，中国开始由奴隶社会向封建社会过渡的春秋战国时代，出现群雄割据，战乱不断的局面，各诸侯国将增加人口作为富国强兵、吞并他国的重要手段。如越王勾践战败后，实施"十年生聚，十年教训计划"。就"生聚"而言，"生"是奖励国民生儿育女；"聚"是吸引外来移民迁入，"生聚"就是增加人口。为此，颁布了具体的措施，规定男子 20 岁不娶、女子 17 岁不嫁，父母有罪；生了孩子有奖励，生 3 个孩子的官府给雇乳母；外来移民享有优厚待遇等。经过这样的"生聚"和卧薪尝胆的"教训"，越国果然强大起来，并且灭了吴国。在这种历史背景条件下，春秋战国诸子百家中产生了比较丰富的人口思想，形成对后来有着深远影响的生育观念。无疑，居于统治地位的孔丘、孟轲的学说中的人口思想和生育观念，不仅无形地渗透到后世民众的意识之中，而且策动着 2000 余年历代封建统治者的人口政策，对中国的人口增长起到法术般的制约作用。

孔丘（公元前 551～前 479）、孟轲（公元前 372～前 289）的生育观念最重要的，一是"庶矣哉"的众民主义思想，二是重男轻女的子嗣观念。这两个观点在孔孟学说中占有显赫位置，是传统文化中封建伦理道德规范一个方面的重要支撑点。

"庶矣哉"的生育观念和"仁"的学说。孔子在《论语》中赞叹"庶矣哉"人口众多的国家，主张大力增加人口，认为"地有余而民不足，君子耻之"[1]；"得众规得国，失众则失国"[2]。那么怎样才能做到"民足"和"得众"呢？《论语·子路》记载："叶公问政。子曰：近者悦，远者来。"即一个国家要治理成国民安居乐业，谁也不愿离去；国外的人也想远道而来，迁来居住。孔子认为能否做到这一步的关键，是推行仁政。只要统治者施仁政，"上好礼，则民莫敢不敬；上好义，则民莫敢不服；上好信，则民莫敢不用情；夫如是，则四方之民，襁负其子而至矣。"[3] 亦即通过施仁政，达到人口自然增长和机械增长两方面的目的。

孟子继承和发展了孔子众民主义的生育观念，提出"天时不如地利，地利不如人和"这句经久不衰的名言，把人的力量抬到凌驾于天地宇宙之上的高度。对于达到"人和"的途径，孟子同样寄希望于统治者的仁政上，主张每家都有一定的"恒产"，以稳定的经济生活保证家庭人口的繁衍；积极

---

① 《礼记·亲记下》。
② 《礼记·大学》。
③ 《论语·子路》。

发展农业，实现"五谷熟而民人育"①；减轻徭役和赋税，使民安于生产和繁衍子孙后代等。可见在孔孟思想中，众民主义生育观念直接同"仁"的学说挂起钩来，只有施仁政才有人口的增加，只有人口的增加才能无乱于天下，统一天下。

重男轻女的生育观念和以"孝"为核心的伦理道德。中国重男轻女思想产生较早，《诗·小雅·鸿雁》中描写：生男生女未生之前征兆不同，男强女弱。生之后待遇很不平等，男子放到床上，女子放在地上；男子使用的是玉制器具，女子使用的是陶制器皿。及至长大成人之后，男子有室有家、为君为王，女子只能顺从他人，不害父母也就是了。孔孟将这种对女性的歧视纳入他们的生育观念之中，孔子提出"唯女子与小人为难养也"②。他所主张的"民庶"主体实为男子。他的男尊女卑的生育观念建立在一个"孝"字上，认为"人之行莫大于孝"③。而"孝"就是像《论语》中说的"生事之以礼，死葬之以礼，祭之以礼"。由谁来"葬"、"祭"呢？自然女子不行，而只能男子承担。这样从奉先思孝的观点出发，生育子孙就成为不废祖祭、使世代有所继承的唯一途径。孔子的这一思想孟子作了进一步的发挥，作出"不孝有三，无后为大"的概括，将不娶无子、绝先祖祭视为最大不孝。既如此，为了留传子嗣祭祖，不告而娶、无子纳妾均可理解，而女子无子也成为"逐出"之首了。在孔孟的伦理道德中，生育观念被纳入"孝"的轨道，女性也就沦为男性的附属物。这种重男轻女的生育观念同以"孝"为核心的伦理道德的结合，后经历代封建地主阶级思想家，尤其是经过程灏（公元1032～1085）、朱熹（公元1130～1200）的发展和系统化，成为"三纲五常"、"三从四德"、"忠孝节义"封建礼教的组成部分，对中国的人口发展和性别偏好，产生莫大影响。时至今日，传宗接代思想在一些人的头脑中仍旧根深蒂固，成为一部分人"不生一个男孩子不罢休"的主要原因。

同孔孟"民庶"生育观念相对立的，是韩非的人口观。他认为，古代"不事力而养足，人民少而财有余，故民不争"；如今"人民众而贷财寡，事力劳而供养薄，故民争。"④ 他以为当时已不是人口少，而是人口多的问题，并将人口多说成社会动乱的根源。韩非的生育观念历代和者甚寡，值得

---

① 《孟子·滕文公上》。

② 《论语·阳货》。

③ 《孝经·圣治》。

④ 《韩非子·五蠹》。

一提的是明朝末年科学家徐光启在《农政全书》中提出的"生人之率，大抵30年而加倍"的观点，以及清朝文学家和地学家洪亮吉的人口观。洪亮吉完全赞同徐光启人口30年加1倍的观点，并主张用"天地调剂法"和"君相调剂法"减少和抑制人口增长。"君相调剂法"意在通过发展经济，制定合理的政策解决人口增长过快同生活资料增长过慢的矛盾；"天地调剂法"意在通过自然灾害、疾病、瘟疫等的大量人口死亡，达到减少人口的目的。徐光启、洪亮吉的人口观念颇具马尔萨斯（T. R. Malthllg）悲观人口论的味道，不过徐光启要比马尔萨斯早200多年，洪亮吉也长马尔萨斯20岁。然而在中国传统文化的历史长河中，他们的生育观念不能打动封建统治者的人口政策，也难以叩动广大民众的心扉，只是偶然激起的几处旋涡而已。

纵观2000多年的中国传统文化，从孔孟之道到程朱理学，"民庶"和重男轻女的生育观念堪称中国人口增长的启动器。只要一有条件，这个启动器便驱使人口迅速增加起来，只是这种启动和增加不时为历代的战乱、天灾所打断。秦始皇统一中国后人口获大量增加，西汉的强盛使公元前200年全国人口由600万人增加到近6000万人。然而最为引人注目的，是清朝"乾隆盛世"前后人口的巨大增长。据史料记载，全国人口由1651年的5317万人增加到1685年的10171万人，1764年的20559万人，1849年的41299万人，在前后198年间人口数量接连翻3番，这在世界人口发展史上实属罕见。众所周知，世界人口是在工业革命之后，主要是9世纪中叶以后迅速增长起来，是工业化、城市化的结果。中国人口为何提前"起飞"呢？这固然同清朝初年实行休养生息鼓励农耕的政策，康熙五十一年（公元1712）实施免征人头税政策，以及水稻的移入、医学的发展等紧密相连，同时也和寓于封建伦理核心"仁"、"孝"之中的多子多福的生育观念密切相关。从一定的意义上说，中国人口的提前"起飞"是传统文化作用的必然产物。

文化程度：影响生育率变动的重要因素

如果说，作为意识形态一般意义上的文化对人口变动影响很大，难以作出量上的估计的话，那么作为文化水平或文化程度狭义的文化对生育率变动的作用，堪称亦步亦趋，可以用数学的方法作出计量。

从总体上观察，人口的文化程度越高，生育率越低；相反，文化程度越低，生育率越高，这是当今人类社会普遍存在的现象。世界银行提供的发展报告，很能说明这一点，见表1。

表1　1987年不同地区总生育率（TFR）和入学率

单位：%

	总生育率（TFR）	小学入学率	中学入学率	大学入学率
低收入国家 （不含中国、印度）	5.6	76	26	3
中等收入国家	3.9	104	54	17
高收入国家	1.8	102	93	39

资料来源：《1990年世界发展报告》，《1989年世界发展报告》，中国财政经济出版社，1989、1990。

入学率反映教育适龄人口接受教育的程度，从一个重要的方面代表着人口的文化程度。表1说明，总生育率（TFR）同入学率，特别是中学和大学的入学率成反比：从低收入、中等收入到高收入国家，总生育率下降幅度很大，同样中学入学率和大学入学率也成倍地增高。就典型国家而言，1987年总生育率最高的国家为卢旺达（8.0），其小学入学率为87%，中学仅为6%，大学为0；尼日尔总生育率为7.0，小学入学率仅为29%，中学为6%，大学只有1%。与此相反，发达国家丹麦总生育率已低达1.5，其小学入学率达99%，中学达107%，大学达30%；加拿大总生育率为1.7，小学入学率达105%，中学达104%，大学达58%，反差十分明显。

这种反差在中国同样存在。1982年50岁女性人口的终身生育率，文盲和半文盲为5.86，小学文化程度为4.80，初中为3.174，高中2.85，大学为2.05，文化水平每提高一个档次，终身生育率下降0.8~1.1[①]。如从不同文化程度女性人口生育孩子次数分布上，反差表现更加清楚，见图1[②]。

图1表明，育龄女性人口中因具有的文化程度不同而表现出的生育孩子次数的巨大差异。如在全部生育数量中，具有大学文化程度者，首次生育1个孩子占93%，高中占71.4%，初中占65.9%，小学47.7%，文盲半文盲占32.5%；生育3胎者，大学占0.6%，高中占4.7%，初中占5.6%，小学

----

① "中国千分之一人口生育率抽样调查图集"，《人口与经济》专刊，1984。

② 《中国1987年1%人口抽样调查资料》，中国统计出版社，1988。

占 11.4%，文盲半文盲占 17.9%。这一年全部育龄女性人口生育分布是：生育 1 孩次占 52.2%，2 孩次占 30.4%，3 孩次占 10.5%，4 孩次及 4 孩次以上占 7.0%。同各类文化层次女性人口生育水平比较，介于小学文化程度和初中文化程度之间：生育 1 孩次的比例，具有初中以上文化程度者高于全国平均水平，小学和文盲半文盲低于全国平均水平；生育 2 孩次及 2 孩次以上所占比例，具有初中以上文化程度者低于全国平均水平，小学和文盲半文盲高于全国平均水平。

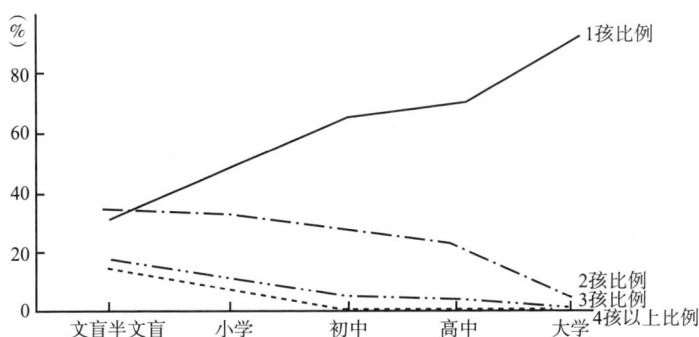

图 1 中国 1986 年各类文化程度女性人口生育孩次分布

上述情形也存在于不同地区之间。为了比较地区间文化水平的差异，引入人口文化素质指数这一概念。它大体上相当于一个地区人口平均具有的以受教育年限度量的文化程度。如某人口群的人口文化素质指数以 C 代表，U 代表具有大学文化程度人口数，H 代表具有高中和中专文化程度人口数，M 代表具有初中文化程度人口数，L 代表具有小学文化程度人口数，I 代表文盲半文盲人口数，Y_1、Y_2、Y_3、Y_4、Y_5，分别代表具有大学、高中和中专、初中、小学、文盲半文盲人口平均接受教育年数，则：

$$C = \frac{UY_1 + HY_2 + MY_3 + LY_4 + LY_5}{U + H + M + L + I}$$

令 $Y_1 = 16$，$Y_2 = 11$，$Y_3 = 8$，$Y_4 = 4$，$Y_5 = 0.25$，根据《中国 1987 年 1% 人口抽样调查资料》提供的数据计算，1987 年北京、辽宁、山东、贵州、甘肃 5 个省、市的女性人口文化程度和育龄女性人口平均生育子女数，有如

图 2 所示[①]。

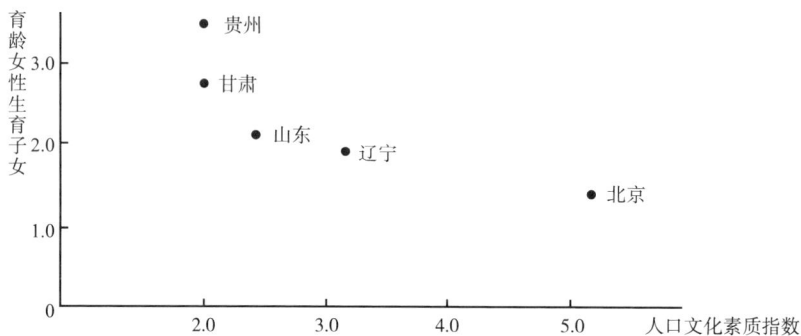

图 2　1987 年北京等 5 省市育龄女性人口文化与生育

图 2 显示，女性人口文化素质指数为 5.2 大大高于全国平均水平的北京市，育龄女性人口平均生育孩子数为 1.63，大大低于全国平均水平。辽宁省女性人口文化素质指数 3.1，高于全国平均水平；育龄女性平均生育孩子1.97，低于全国平均水平。山东省女性人口文化素质指数 2.6，同全国平均水平相当；育龄女性平均生育孩子数为 2.19，同全国平均水平不相上下。甘肃省和贵州省女性人口文化素质指数均为 2.0，低于全国平均水平许多；育龄女性平均生育孩子数分别达到 2.79 和 3.47，高于全国平均水平许多。这种女性人口文化程度高低同生育孩子数量之间成反比关系，在中国内地各省、自治区、直辖市之间，除个别省份外，是普遍存在的，具有一定的规律性。

相互作用：人口、文化、经济发展之间的双向循环

历史唯物主义认为，存在决定意识，生产力决定生产关系，经济基础决定上层建筑，社会文化对生育的影响，归根结底是同经济因素结合在一起，由社会生产力发展水平决定的。一般认为，人口转变大致经历由高出生、高死亡、低增长，到高出生、低死亡、高增长，再到低出生、低死亡、低增长几个发展阶段，并同社会经济的发展阶段相呼应，同经济技术进步发展阶段

---

① 《中国人口统计 1988》。

相适应，构成人口的生育率、文化程度、劳动生产率之间的双向循环。见图 3。

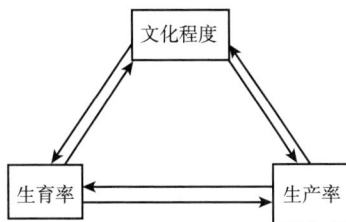

图 3　人口生育率、文化程度、劳动生产率之间的双向循环

不过这种循环在不同经济技术水平条件下，具有不同的性质。在以手工劳动为主的农业社会和工业社会初期，由于技术落后，生产手段简陋，劳动生产率低，经济的发展主要依靠活劳动的增加，依靠劳动者数量的追加，其基本的循环要求是：低劳动生产率要求文化程度不高的社会劳动者，满足众多社会劳动力的需要，只好靠高生产率来维持；同时高生育率使得父母和家庭必然把对孩子的成本主要花在数量成本上，不能保证孩子质量成本的增加，而这样培育起来的文化程度不高的劳动力，为技术和劳动生产率不高增大了的吸收劳动者弹性所容纳，在人口、文化、生产之间形成高生育率——低文化——低生产率循环模式。在这种初级循环模式中，人们乐于更多地投向孩子的数量成本，因为劳动者的手臂就是他们的力量，投入孩子的数量成本可以获得明显的经济效益，不愿投入孩子的质量成本。中国传统文化中多子多福生育观，正是这种初级循环观念与现实相结合的写照。

但是生产力是最积极、最革命的要素。从蒸汽机的发明到内燃机的普及、核动力的开发和使用，动力革命发生质的飞跃，从而大大加快了技术革新和技术革命的步伐，推动着劳动生产率的提高和社会经济的发展。这就对劳动者的质量特别是文化程度提出更高的要求，使得人们由投入孩子的数量成本更多地转向质量成本，选择偏好由追求孩子的数量转向孩子的质量，遂使生育率降低，逐步过渡到低生育率——高文化——高劳动生产率循环模式，高级循环模式。目前，西方发达国家已全部过渡到这种高级循环模式，孩子的数量成本急剧下降，质量成本大幅度上升，然而孩子对父母和家庭的劳动—经济效益、养老—保险效益、继承家业兴衰的风险效益等却显著下降，造成生育率下降过快，一些国家出现劳动力不足等另一类性质人口问题。

中国 1990 年普查总人口已达 116002 万人，其中内地 30 个省、自治区、直辖市达 113368 万人，人口形势颇为严峻。如何有效控制人口数量增长仍是当务之急，尽管全面解决中国人口问题应当包括控制人口数量，提高人口素质，并注意人口结构尤其是人口年龄结构老龄化倾向。也就是说，从中国文化与人口发展角度观察，应当全力推进由高生育率——低文化——低生产率向着低生育率——高文化——高生产率的转变。令人欣慰的是，自改革开放以来，以沿海开发地区为龙头的经济发展已开辟了实现这一转变的途径，在经济发达的城市和少数乡村孩子的成本——效益发生了有利于由孩子数量成本向孩子质量成本的转移，从根本上动摇了多子多福、重男轻女的生育观念，自动选择了少生、优生、优教的道路。然而对经济落后地区尤其对广大乡村说来，这种转变尚没有发生，多生一个边际孩子仍旧有着明显的经济效益。为此除应继续贯彻计划生育基本国策，使生育率保持下降的势头；努力发展经济，推动技术进步，为实现向低生育率——高文化——高生产率转变创造条件外，在文化范畴尚有两大战略任务：一是继续大力破除旧的生育观念的影响，发扬诸如敬老、养老一类优秀传统文化；二是要努力发展教育，逐步改变某些脑力劳动和体力劳动报酬不尽合理的状况，激发人们更多地投入孩子质量成本的积极性，提高全民族的科学、文化、技术水平。

参考文献

［1］吴希庸：《人口思想史》，北平大学出版社，1936。

［2］梁方仲：《中国历代户口、田地、田赋统计》，上海人民出版社，1980。

［3］彭珮云：《我国人口发展的形势及计划生育政策》，《人口动态》1989 年第 1 期。

［4］田雪原：《新时期人口论》，黑龙江人民出版社，1982。

［5］张敏如：《简明中国人口史》，中国广播电视出版社，1989。

［6］邬沧萍、梁文达主编《中国人口发展战略研究》，武汉出版社，1988。

［7］Lester R. Brown et al. , *State of the world 1990*, A Worldwatch Institute Report on Progress Toward Sustainable Society, W. W. Norton and Company, New York, London.

［8］Gary S. Becker, *An Economic Analysis of Fertility*, Princeton University Press, 1960.

［9］Julian L. Simon, *The Economics of Population Growth*, Princeton University Press, 1977.

论第三世界国家人口和
经济协调发展的战略*

人口问题是第三世界各国面临的一个十分严峻的问题，也是在制定发展战略中占据重要地位的问题，能否从本国人口的实际状况出发建立发展国民经济的战略思想，成为衡量一个战略是否科学和能否取得预期效果的重要支点之一。谋求建立人口和经济协调发展的战略，基本点是：总体人口和生活资料的协调发展，在切实控制人口数量增长的同时，提倡符合本国国情的适度消费；生产年龄人口和生产资料的协调发展，建立合理的就业结构；人口文化素质和经济技术进步的协调发展，选择适合本国实际的技术结构。

一 总体人口和生活资料的协调发展

总体人口和生活资料协调发展是人口和经济协调发展战略的首要立足点，因为它的一端为最高层次的总体人口，另一端为最终产品的生活资料，体现着人口和经济之间最基本的宏观关系。那么何为协调发展，当前第三世界国家人口和生活资料的发展是否协调？一种意见认为可用人口和生活资料、国民经济增长速度作比较，若前者高于后者为不协调，前者低于后者为协调。这种简单的判断有它的合理处，即能看出人们的生活水平是否因人口的增长而降低；但它忽视了原有一定总体人口占有的生活资料高低的差别，即原有的人口和消费资料的关系是否协调。在一个经济比较发达、人口需要适当增加的国度，即使人口增长的速度高一些，很可能是有利于人口和生活资料之间协调发展的；相反，在一个经济不发达、人口过剩的国家，只要人口增长速度较高，即使经济的增长速度超过人口的增长速度，其发展也可能

---

* 该文发表于《世界经济》1989 年第 8 期。

是不协调的。在科学技术高度发展的当代，很难出现人口超过经济增长率的情况。不加分析的增长率的类比是不能说明问题的。需知人口增加的目的不是为了取得一份仅仅能够维持生命再生产的生活资料，而是要取得的生活资料更多，生活得更好。

从这一见地出发观察，当今第三世界国家总体人口和生活资料发展之间不够协调，存在着较大问题。从人口情况看，第三世界作为一个总体，具有引人注目的如下两大特征。

一是高生育率决定的高出生率和高增长率。根据联合国国际经济社会和事务部提供的资料，1970～1975 年世界人口总生育率（TFR）为 4.44，发达国家为 2.17，发展中国家为 5.40；1975～1980 年分别为 3.81，2.01，4.51；1980～1985 年分别为 3.52，1.97，4.06；1988 年分别为 3.4，1.9，3.9，第三世界发展中国家均高出发达国家 1 倍以上。高生育率带来人口的高出生率，上述 3 个时期和 1988 年，世界、发达国家、发展中国家的人口出生率分别为：31.6‰、17.0‰、37.12‰；28.4‰、15.9‰、32.9‰；27.1‰、15.5‰、31.0‰；27.0‰、15.0‰、31.0‰，第三世界发展中国家的人口出生率一般也高出发达国家 1 倍以上。而人口死亡率发展中国家下降很快，目前已接近发达国家水平，估计在 10.0‰左右，这就形成在人口自然增长率上的明显差别[1]。

世界、发达国家、发展中国家的人口增长率，1950～1955 年间分别为1.79%、1.28、2.04%，1955～1960 年间分别为 1.86%、1.27%、2.13%；1960～1965 年间分别为 1.99%、1.19%、2.34%；1965～1970 年间分别为2.04%、0.87%、2.63%；1970～1975 年间分别为 1.97%、0.89%、2.39%；1975～1980 年间分别为 1.75%、0.75%、2.1%；1980～1985 年间分别为 2.67%、0.64%、2.01%；1988 年分别为 1.7%、0.5%、2.1%。大体上 1950～1965 年发展中国家的人口增长率比发达国家高 2 倍，1965～1980 年高 2 倍，20 世纪 80 年代以来高出近 3 倍，相差悬殊。1950～1988 年发达国家人口数量增长 143.4%，占世界总人口的比例由 33.1%下降到23.3%；发展中国家人口数量增长 4.33 倍，占世界总人口的比例由 66.9%上升到 76.7%，38 年来发展中国家人口获得前所未有的巨大增长。

二是人口年龄构成轻，具有很强的增长势能。1985 年，世界、发达国

---

① 联合国：《世界人口趋向和政策》（英文版），纽约，1988；联合国：《1988 世界人口图表》（英文版），纽约。

家、发展中国家 0～4 岁人口所占比例分别为 33.4%、22.2%、36.9%；60
岁以上人口所占比例分别为 8.8%、15.8%、6.6%[①]；1988 年略有变动，60
岁以上人口所占比例世界为 9.0%，发达国家为 26.0%，发展中国家为 7.0，
说明目前世界人口作为总体来考察，已进入成年型，发达国家进入老年型，
第三世界发展中国家还处于年轻型。人口年龄构成轻，自然具有很强的增长
势能，这是发展中国家人口的一个重要特点。根据联合国中位预测方案，
2000 年世界人口可达 6251055000 人，比 1988 年增长 22.3%；发达国家可达
1262482000 人，增长 5.8%；发展中国家可达 498857100 人，增长 27.3%。
2025 年世界人口可达 8466526000 人，比 1988 年增长 65.6%；发达国家可达
1352087000 人，增长 13.3%；发展中国家可达 7114430000 人，增长
81.5%。届时发展中国家人口将占世界总人口的 84.0%，比目前再提高 7.3
个百分点[②]。

对于人口增长对社会经济发展的影响，存在两种截然相反的观点。一种
被称之为乐观派，可以以 J. L. 西蒙《最终资源》一书为代表，认为人口增
长使需求增加，刺激人们去开辟新的资源，推进经济的发展；一种被称之为
悲观派，以罗马俱乐部 O. 梅多斯等人所著《增长的极限》为代表，认为人
口按现有增长速度增长下去，必将使资源耗尽，污染严重，100 年内将引起
人口数量急剧减少。毫无疑问，这两种观点都有其一定的道理，但笔者以为
科学的分析必须面对现实。就第三世界人口增长和消费资料增长来说，最明
显的现实是人口增长过快，使得同发达国家之间人均收入的差别凝固化，扩
大化了。1965～1973 年发达国家人均国民生产总值年均增长 3.6%，发展中
国家年均增长 3.9%，1973～1980 年分别为 2.1%、3.1%；1980～1984 年
分别为 1.3%、0.7%，1986 年分别为 2.0%、3.1%，总起来看发展中国家
增长率略高于发达国家。但由于基数相差悬殊，使得差距不是缩小，而是进
一步拉大了：由 1980 年的人均国民生产总值相差 10090 美元，拉大到 1986
年相差 12350 美元[③]，在消费资料实物形态上的差距，情形也相类似。以粮
食为例，1960～1970 年发达国家粮食总产量年均增长 2.7%，发展中国家为
2.9%；1970～1980 年发达国家 2.3%，发展中国家 2.3%，发展中国家增长

---

① 联合国：《世界人口趋向和政策》（英文版），纽约，1988；联合国：《1988 年世界人口图
　表》（英文版），纽约。
② 联合国：《世界人口趋向和政策》（英文版），纽约，1988；联合国：《1988 年世界人口图
　表》（英文版），纽约。
③ 世界银行：《1988 年世界发展报告》。

率稍高于发达国家。然而由于发展中国家人口增长率远较发达国家为高，出现了人均粮食产量增长率发达国家高于发展中国家的情况：1960～1970 年发达国家年均增长 1.3%，发展中国家为 0.4%；1970～1980 年发达国家 1.1%，发展中国家 0.4%①。随着发展中国家人口的加速增长和多数国家经济发展速度的缓慢，人口增长和粮食对消费资料增长不协调的矛盾将进一步加剧。

缓解和解决这一矛盾，使人口和消费资料向着协调的方向发展，第三世界国家需要在大力发展经济和消费资料生产的同时，切实控制人口的数量增长，并制定适合本国国情的消费方针。面对第三世界人口还将大幅度增长的态势，不能不把大力控制人口的数量增长，逐步做到将总体人口和生活资料的协调发展提到发展战略高度考虑。同时，对第三世界绝大多数国家说来，过剩人口和生活资料短缺的矛盾将长期存在，因此发达国家高消费、高浪费的做法是不足取的，只能从本国人口和经济发展的实际状况出发，在努力改善人民生活和提高消费水平的同时，要注意防止可能出现的消费膨胀和通货膨胀，选择符合本国国情的适度消费的战略。

二 生产年龄人口和生产资料的协调发展

建立人口和经济协调发展的战略，成年或生产年龄人口和生产资料之间的关系是否得当，发展是否协调，更值得引起重视。由于发展中国家人口出生率一直高于发达国家，造成发展中国家少年人口所占比例很高。老年人口所占比例比发达国家低许多，但老少人口之和所占比例仍比发达国家高许多，致使生产年龄人口所占比例低于发达国家。1985 年 15～64 岁人口所占比例发展中国家为 58.8%，发达国家为 66.6%，相差 7.8 个百分点。但由于今后发展中国家人口出生率的总趋势会有所下降，发达国家人口老龄化程度大大高于发展中国家，故发展中国家和发达国家生产年龄人口将呈相反变动趋势。根据联合国的预测，发展中国家和发达国家 15～64 岁人口占总人口比例，1990 年分别为 60.6%、66.6%；2000 年分别为 62.1%、65.9%；2010 年分别为 64.39%、65.8；2020 年分别为 65.7%、64.1%；2025 年分别为 66.0%、62.9%。可见，发展中国家生产年龄人口所占比例上升很快，

①　世界银行：《1984 年世界发展报告》。

2020 年前将超过发达国家。绝对数量从 1950 年的 980237000 人，增加到 1985 年的 2155508000 人，2020 年的 4236890000 人，2025 年的 4496166000 人[①]，在此期间大约每 35 年翻一番，年均增长速度达到 2.1%。

发展中国家面对生产年龄人口如此迅速地增长，给本来已经相当困难的生产年龄人口就业增加了巨大压力。在发展战略上，如前所述，应当大力控制人口的数量增长，因为生育率的降低和出生人数的减少就是未来生产年龄人口数量的减少，就业压力的减轻。但仅此不够，即使今后第三世界各国计划生育工作做得很有成效，无奈 2005 年以前的生产年龄人口数量已经形成，而且不再受生育率和出生率高低的影响。更何况第三世界各国会不会从此都采取控制人口的政策并达到预想的成效还是一个问题。因此，第三世界国家需要在努力降低人口出生率的同时，制定出相应的就业发展战略，促进生产年龄人口和生产资料增长的协调发展。具有普遍意义的战略立足点之一，就是对现有的就业结构作出调整，实现就业战略重点的转移，主要有以下几点。

其一，由以农业为主向以城镇工商业为主的就业战略重点的转移。第三世界国家作为一个总体观察，新增生产年龄人口就业以农业为主，致使 1980 年农业劳动力占各部门的比例高达 62%，撒哈拉以南非洲地区占到 75%，41 个低收入国家占 72%，而发达国家仅占 7%。这在土地和其他农业资源有限的情况下，存在大量农业劳动力过剩，严重地妨碍着先进农业技术的应用和农业劳动生产率的提高。以 1965 和 1980 年相比，第三世界农业劳动比例仅下降 8 个百分点，其绝对数量大有增加；但农业在国内生产总值中所占比例却由 30% 下降到 19%，下降 11 个百分点。尤其值得注意的是农民平均占有耕地面积的减少。在印度，20 世纪 50 年代中期与 70 年代初期相比，农户增长 66%，耕地面积几乎没有增加，结果拥有不到 1 英亩土地的农户由 1540 万人增加到 3560 万人，人均占有耕地由 0.27 英亩降至 0.14 英亩。孟加拉国人均占有土地从 60 年代初期的 0.40 英亩，降至 70 年代末期的 0.29 英亩。显然，第三世界国家继续奉行新增生产年龄人口主要就业于农业的战略，于经济和社会的发展是不利的，应当主要面向城镇工商业，走人口城市化的道路。目前发展中国家城市人口约占总人口的 31%，41 个低收入国家约占 22%，而发达国家已占 75%，联邦德国、澳大利亚等国占 86%，

---

① 联合国：《世界人口展望 1984》（英文版），纽约，1986。

英国、比利时等国更超过 90%①。人口城市化是世界人口发展的趋势，也是第三世界国家解决大量新增生产年龄人口就业的根本途径之一，要有计划、有目的地将就业重点由农业转向城镇工商业。第三世界国家应充分认识到，只有切实发展城市和城市工商业，发挥城市经济对农村经济的主导和促进作用，努力提高劳动生产率，才能摆脱经济落后的困扰。

其二，由以工农业物质生产部门为主向以非物质生产部门为主的就业战略重点的转移。第三世界国家劳动力在国民经济各部门中的比例除农业甚高外，工业所占比例也不断增长，1980 年占 16%，这样工农业物质生产部门占 78%，从事服务行业的非物质生产部门劳动力所占比例仅为 22%，撒哈拉以南非洲只占 16%；41 个低收入国家只占 15%，大大低于发达国家 58% 的水平②。由于第三世界经济和科学技术不发达，技术构成比较低，因而物质生产部门吸收劳动者的弹性比较大，但吸收的劳动者越多，对采用新技术的排斥力也越大，于技术进步和经济发展也越不利。以中国为例，1957～1987 年社会劳动者人数由 237710000 人增加到 527830000 人，30 年间增长 1.22 倍，其中物质生产部门增长 1.10 倍，非物质生产部门增长 3.74 倍；但由于原来结构的极不合理，非物质生产部门仅占 4.6%，1987 年虽有升高，也仅占 9.8%，实际上新增就业人口的 86.0% 进入工农业物质生产部门，使农业劳动力过剩，工业企业冗员严重的状况加剧，妨碍了劳动生产率的提高，堵塞了内涵扩大再生产之路。比如，1957 年每个农业劳动者生产的粮食为 1.05 吨，1987 年也只有 1.28 吨，30 年间仅增长 21.9%，年均增长率只有 0.7%③，劳动生产率提高异常缓慢，农业产量增加基本上是靠增加劳动力外延扩大再生产取得的。

其三，由以提高就业率为主向以提高就业效益为主的转移。就业率是衡量劳动资源利用程度的一项重要指标，不同的就业率有不同的含义，体现着第三世界国家和发达国家间的差异，体现着人口年龄构成、国民经济发展水平、技术结构和就业政策的性质。发达国家人口年龄构成已进入老年型，生产年龄人口所占比例高，经济比较发达，就业手段比较充足，以就业人口占总人口比例表示的总人口就业率一般比较高。发展中国家则相反，人口年龄构成轻，生产年龄人口所占比例比较低，经济不够发达和就业手段不够充

---

① 世界银行：《1984 年世界发展报告》，《1988 年世界发展报告》。
② 世界银行：《1984 年世界发展报告》，《1988 年世界发展报告》。
③ 《中国统计年鉴 1988》，中国统计出版社。

足，总人口就业率较低，目前约比发达国家低 10 个百分点。同时，由于生产年龄人口中大、中学校在校比例发达国家远较发展中国家为高，以就业人口占生产年龄人口比例表示的生产年龄人口就业率，发展中国家要比发达国家高，目前约高出 10 个百分点。发展中国家和发达国家之间在总人口就业率和生产年龄人口就业率上的这种差异，反映出发展中国家生产年龄人口高就业、低效益的状况。要改变这种状况，就要在降低人口出生率，调整人口年龄结构，完成由年轻型向成年型、老年型转变的同时，大力发展高等、中等教育，提高生产年龄人口中在校人口的比例，降低生产年龄人口就业率，减轻就业压力。高就业率固然对发展中国家有着很大的诱惑力，也是一定历史时期所必需的，但绝不能用牺牲就业效益去取得。相反，应当通过人口年龄结构的调整、经济的发展、在校率的提高，努力提高就业效益，缩短同发达国家之间的差距。

三　人口文化素质的提高和经济技术进步的协调发展

当前，一场新的技术革命的浪潮正在席卷世界各个角落。在这样一种既是机会又是挑战的面前，第三世界国家经济应当建立在怎样的技术基础之上？选择什么样的技术发展战略？这是关系到现代化建设的一个带有根本性的问题。

一个国家经济技术发展水平总是同人口文化素质高低相适应，技术结构也同人口的文化程度结构相适应。日前，第三世界国家小学入学人数占该入学年龄组的比例有很大提高，但中学以上的比例同发达国家比差距很大。1985 年发展中国家中学入学人数占中学年龄组人口的比例为 39%，发达国家为 93%；大学发展中国家为 8%，发达国家为 39%，这同发展中国家典型的人口年龄结构"金字塔"相类似，也同发达国家人口年龄结构柱状形相类似。中国作为发展中国家人口最多的国家，自 1949 年以来人口文化素质提高较快，1952 与 1987 年对比，大学由 201 所增加到 1063 所，增长 4.3 倍；中学由 6059 所增加到 105151 所，增长 17.4 倍；小学由 529964 所增加到 807406 所，增长 0.5 倍；幼儿园、盲人和聋哑人学校等也都获得大幅度增长。然而由于原来水平很低，人口文化素质结构落后的状况不可能完全改观，1985 年中国在校大学生人数仅占总人口的 0.16%，美国占 5.15%，日本 1984 年占 2.0%，苏联占 1.85%；中学中国占 4.85%，美国占 5.87%，日本占 9.21%，苏联占 7.29%；小学中国占 12.73%，美国占 11.29%，日本占 9.24%，苏联占 8.16①。中国小学生所占比例较高固然受到人口年龄构成轻的影响，但文化素质越高人口所占比例相差越大的趋势是十分明显的。全体人口的文化构成同在校人口的情况也很相近，不过除文化程度越高相差越悬殊外，中国迄今尚有 2 亿多文盲和半文盲，占总人口 20% 以上，足以说明人口文化素质构成之落后。同这种落后的人口文化素质结构相适应，目前中国的经济技术结构中从事先进技术和新兴产业劳动者人数所占比例最小，其次是从事比较先进和中间技术的传统部门和产业，而以从事手工劳动和半机械化劳动的落后技术部门和产业所占比例最大，经济技术结构比较落后。

从中国人口文化素质的实际状况出发，建立与之相适应的经济技术发展战略，高技术及其带头产业应有比较快的发展，某些方面应走在世界前列，但在国民经济技术结构中的比例不会很大；作为国民经济主体的传统产业应大量采用比较先进和中间技术，使之在不远的将来普遍达到发达国家 20 世纪 70 年代末和 80 年代初的水平，手工劳动和半机械化劳动的落后技术要逐步进行改革和淘汰，但在相当长时期内还会占据不小的比例。整个国民经济技术结构呈立体形，随着人口文化素质的提高和构成的改变，从目前上尖下宽的高技术、比较先进技术、中间技术、落后技术的"金字塔"状结构，逐步过渡到尖顶柱状的"导弹型"结构。

第三世界国家情况互不相同，人口文化素质结构和国民经济技术结构虽有相似之处，但也有很大差异，通过分析可以从中受到启迪。第一，第三世界国家人口数量占全世界的 76.7%，在看到人口文化素质低和结构落后的同时，还要注意到它的绝对数量方面，注意到其对经济技术结构发展的影响。自 20 世纪 70 年代以来，以微电子技术为主要代表的新技术革命以前所未有的速度和规模在世界铺展开来，得到广泛的应用；使社会生产和生活为之面貌一新。这种形势对第三世界国家说来极为严峻，使得第三世界国家同发达国家之间在原有的"工业沟"还未填平之际，新的"信息沟"又出现了，形成两极差距。因此，有条件的发展中国家要力争在新技术革命中奋起直追，建立起相应的高技术和产业，缩短"两个差距"。这里经济的条件且不论，仅就人口文化素质条件说，印度、菲律宾、泰国、巴西、墨西哥等国

---

① 《中国统计年鉴 1988》。

家和中国有某些相近之处，这些国家现在的在校大学生人数同美国、法国、意大利、加拿大不相上下，印度已多于日本，同苏联相仿，具备一定的发展高技术及其带头产业的条件。另一些国家具有较高文化素质人口，尽管绝对数量不很大但所占比例很高，也应不失时机地发展适合本国情况的高技术产业，打破高技术产业为某些发达国家垄断的局面。第二，多数发展中国家目前仍处在工业化过程之中，农业生产占有不小的比重，工业基础比较薄弱，技术水平不高，当前的主要立足点还不能放在高技术及其相应的产业上，而应当利用新技术革命和发达国家进行经济技术调整，某些传统产业向外转移之机，以人口数量多的优势弥补文化素质低的不足，更多地发展劳动密集型以及劳动密集同技术密集相结合的产业，加快工业化的进程。这不仅为多数第三世界经济和技术比较落后的现状所决定，而且也为人口文化素质比较低的基本条件所决定。据估计，在传统工业中熟练工人要占一半左右，受过中等教育的约占6%，受过高等教育的占2%，其余近一半的工人为非熟练职工；而在现代化工业，要求受过高等教育的职工要占1/3左右，而且研究人员和技术人员所占比例也比较高。显然，第三世界国家距离这一要求相去甚远。在当前和今后相当长一段时期内，作为国民经济主体的农业以及矿山、钢铁、机械、水泥、纺织、造船等传统工业应当得到发展，采用适合本国情况的比较先进的技术和中间技术，有些则在一定时期内只能维持比较落后的技术，在不断改造中形成以中间技术为主体的经济技术结构。当前，一场世界性的产业和经济技术大调整正在蓬勃展开。这对第三世界国家说来是一次机会，又是一次挑战。如前所述，第三世界国家有条件者应积极参与高科技竞争，发展高技术产业，条件不具备者也应抓住机会，在努力提高人口文化素质的同时，充分挖掘人口和劳动力数量多的潜力，加快工业化的进程，逐步改变经济落后的状况。

发达国家人口研究动向和人口问题[*]

中国社会科学院人口考察团一行 7 人，于 1981 年 10 月 10 日至 11 月 24 日先后访问了法国、比利时、英国、加拿大、美国和日本 6 个国家的人口研究机构。下面分三个部分，谈一下这次访问的观感。

发达国家人口研究的动向和特点

我们访问的法、比、英、美、加、日六国均属于发达的资本主义国家，这些国家的人口研究在颇大的程度上反映了当前发达国家的人口研究状况。比较突出的特点和值得注意的动向如下。

（一） 在重视宏观研究的同时，人口学的微观研究得到更多的重视

所谓宏观研究，就是对人口现象总体进行研究，特别是人口统计方面的研究，包括总人口、人口的出生、死亡、自然增长、人口移动、年龄构成、平均寿命等反映人口总体变动方面的研究。不言而喻，这样的宏观研究属于一国的基本国情之列，为研究该国的经济、政治、文化等发展所必需。我们访问过的六国人口研究机构，同样重视这方面的研究。而且，几十年、几百年的人口统计资料相当完整，人口演变过程、人口再生产类型的转化一目了然，未来人口发展趋势也揭示得很清楚，这是他们多年来重视宏观研究，不断完善研究工作的结果。现在值得注意的一种倾向是：这些国家的人口科学工作者在注重宏观研究的同时，把更多的人力和物力转向微观研究，从而推动了人口研究的深入。

比如，对人口生育率问题的研究，比利时大学人口研究所和英国世界生

---

　　* 本文发表于《人口与经济》1982 年第 1 期。

育率协会都很重视，研究工作趋于细腻化。他们通过调查，仔细地分析影响生育率的各种因素。诸如经济的因素，主要取决于抚育一个儿童的费用和儿童的价值。技术和生理上的因素，即主观上想生育与否，还要受到技术特别是避孕药具条件的限制。生理上的因素也是不容忽视的，如喂母奶时间长短对妇女生育影响很大。社会心理方面的因素的研究，如美国东西方中心人口研究所为了考察生育率的转变和儿童的价值，在 10 年时间里在 9 个国家作过生育调查，每次调查 1000 人 ~ 3000 人。他们发现，要第一个孩子有多种价值和意义：如父母有了作成人的感觉，父性可以继续下去，加强了男女之间联系的链条。要第二个孩子呢？主要的动机是给第一个孩子找一个小伙伴，求得家庭中性别比的平衡。要第三个以后的孩子，主要出于经济上的动因，并且随着生育子女次数的增多，儿童的价值呈递减的趋势。调查还发现：发展中国家偏重男孩子，发达国家主要希望得到家庭中性别比的平衡。甚至连生育次序对生育率也是一个有影响的因素。最后把这些经济的、技术的、生理的、心理的以及政府干预等各种因素加在一起，并且力图在各种因素中间找出相关系数，把它们代入数学方程，作出定量分析，看各种因素对生育率的作用。类似这种从社会学角度对人口现象作深入细致的微观研究，可以说是这些国家人口研究中的一个值得注意的动向。

（二）在基础研究和应用研究方面，更多地侧重于应用研究

我们访问过的六个国家，都很重视人口科学研究，投入的资金和人力相当可观。研究机构很多，无论是政府、民间团体还是一些大学里都设立了不少人口研究机构，但在大学里设立人口学系或人口学专业的却寥寥无几，有的国家甚至根本没有；与这一现象有关的是，一些大学人口研究所招生不少，而学习人口学的大学生却不多；人口学书刊颇多，但作为人口学基础教材的课本却所见极少。这说明在人口学的基础研究和应用研究方面，大量的是应用方面的研究。

为什么呢？根据我们的了解，在美国等一些国家，一般搞人口学基础研究的，要先提出研究课题，向政府有关部门申请基金，但能否申请下来，事前是没有什么把握的。相反，搞应用研究的，或者通过已有的渠道同政府有关部门或大公司订立合同，制定科研规划，领取研究经费；或者按国家有关部门、公司的需要（有许多是通过广告形式登出来的）承担研究项目，索取经费。可见，这种应用研究目标明确，有时间限制。资金来源有保障，人

们乐于从事这样的研究。

了解发达国家更多从事的是人口学的应用研究这一点很重要，在一定意义上说，它是我们认识这些国家人口研究的一个枢纽。例如，这些国家十分重视人口研究，可以当之无愧地称为研究机构林立，队伍庞大，技术先进，耗资甚多，但是除日本外，却很少有学者是专门从事本国人口研究的，巨额耗资大都用来研究国外人口，特别是发展中国家人口发展上面。为什么呢？其中的一个重要原因，就是他们认为他们本国出生率下降较早，已不存在什么人口问题，无须再作更多的研究。而发展中国家面临人口"爆炸"的危险，似乎人口问题就是发展中国家的问题。

（三）在理论分析和实地调查、定性研究和定量研究方面，大量进行的是实地调查和定量研究

这个问题也同他们重视应用研究有关。为了能够应用，研究的问题就要来自实践，而不能搞经院式的研究。为了能够应用，就要求研究工作带有一定的预见性。在人口与社会经济等的发展方面找出数量上相互制约的关系，进行定量研究。现在，在美国等一些国家的人口研究中，应用矩阵、微积分、概率等建立人口发展模型相当普遍，大有成为计量人口学之势。在美国，要想拿到博士学位，没有自己独创的人口发展模式，一般是不可能的，这差不多成为人所共知的一条不成文的规定。这样说来，是不是这些国家的人口研究就没有理论了呢？我并不这样看。比如，他们把人口发展与国民生产总值联系起来，把人口都市化与工业化联系起来，并在若干变量中间找出一定的数量关系，用数学方程把他们表现出来，这本身就是在基于一定的认识，在一定的理论指导下完成的。我们在芝加哥大学碰到一位研究人力资本投资的人口经济学家，他认为关于适度人口的理论已经是一种古老的理论了，现在不必再提它。但是饶有兴味的是，他研究的课题就是经济因素对人口生育、死亡和儿童抚养费用的作用，人口生育、死亡、迁移、年龄构成对经济发展的影响。他的数学模型表明，他是在人口经济发展之间确定一定的数量关系，阐述一种同经济发展相适应的人口数量理论，这不是适度人口理论又是什么呢？

所以，这些国家的人口研究侧重数量方面，但并不等于没有人口理论，而只是没有脱离数量分析的人口理论。在这方面，我们有马克思主义理论作指导，有很好的理论，这是我们的长处。但在我们的研究工作中是不是存在

着忽视定量分析的弊病呢？笔者觉得是不同程度存在着的。笔者不主张照搬国外人口学研究的一套方法，因为中国有中国的实际情况，有我们的国情。但是加强定量研究，吸取他们研究中的科学的东西，包括定量分析的一些方法，则不能不是我们需要加以改进和努力的。

人口都市化和劳动力的转移

我们访问的六个国家，是生产力高度发展的资本主义国家，劳动力经历了由农业转向工业的第一次劳动力大转移和由工业（主要是制造业）转向服务行业的第二次劳动力大转移。目前这六个国家的两次劳动力大转移大体已经完成。劳动力是全体人口中的核心部分，伴随劳动力大转移而来的是人口的都市化过程。这是一个问题的两个方面。劳动力由农业转向工业大体有两种方式：一种是西欧北美方式，即劳动力及其附属人口由农村迁到都市，造成人口都市化的发展；另一种是日本方式，即大部分人口仍然住在农村，但从事非农业劳动。这两种方式比较起来，西欧北美方式占优势，日本方式不占主导地位。人口学家一致认为，随着工业化的加速进行，农业劳动生产率的大幅度增长，大批农业劳动力转向工业，随之而来的是大量人口涌向城市，造成人口都市化倾向，是工业化和经济发展的必然现象。但是事情并没有到此为止，近年来一些大都市人口减少的倾向变得明显起来。这种情形在日本、美国、英国等国的一些大城市中都有发生，人们从大城市迁往中小城镇或者回到原来的故乡。这种"回归"现象的产生，大致有以下一些原因。

其一，在资本主义上升时期，人口都市化是伴随着工业化同时进行的，大批失掉土地的农民及各式无产者流入城市，最主要的目的是为了寻找职业，城市不仅是一般商品的交换市场，同时也是劳动力这种特殊商品的交换市场。英国的圈地运动就是这种城市化的典型，至今英国的牧场还用铁丝网圈着，留着圈地运动的痕迹。现在，发达资本主义国家工业化业已完成，城市劳动力市场同工业化初期相比有了很大不同，农业工人也不会像当年那样涌向城市，这就使得城市人口膨胀失去了来源。

其二，大都市的迅速发展，人口的高度集中，使废气、废水、废渣、噪音等的污染日益严重，在发展较早的城市中心区尤为严重。人们厌恶这种环境，希望找到一个比较安静的地方。

其三，过去只有在大城市才有的那种眼花缭乱的商店，富丽堂皇的戏院以及各种娱乐场所，现在中小城镇甚至农村也具备了。像电影、电视、电话、现代的住宅已相当普遍，不再为大城市所独有。而且，由于小汽车的普遍使用、高速公路的加速建筑，科学使时间和空间大大缩短了，人们即使不住在大城市里也可以享用其便，使大城市失去了以往的魅力。所以像纽约那样的大城市中心区已出现衰落的景象，许多人迁往郊区甚至南部其他州。

这是一个值得注意的倾向。人口"回归"现象的产生既是经济发展的产物，又必然给予经济发展以深刻影响。我们在四化过程中人口城市化将怎样进行？是日本方式还是西欧北美方式，还是不同于日本、西欧北美的其他别的方式？我国经济学界和人口学界的同志大都不主张走人口大都市化的道路，而主张搞中小城镇。但是这样说并没有完全解决问题。例如中小城镇发展的基础是什么？如果是办地方工业和社队企业，那么成本高、浪费大，同全民所有制企业争投资、争原料、争市场的矛盾又怎样解决？因此，研究我国人口城市化问题笼统地讲发展中小城镇和中小企业并不等于就解决了问题，需要吸取国外两次劳动力大转移和人口都市化正反两个进程的经验，结合我国实际，加以认真的研究。

人口老龄化和减速经济

这6个国家的人口出生率下降比较早，当前不同程度地处于人口老龄化阶段。1981年英、比、法、加、美、日六国15岁以下未成年人口占全部人口的比重比世界平均水平低10%～13%，而65岁以上人口所占比重则高出2%～8%。出生时的平均期望寿命要长11～14岁。说明这些国家的人口年龄构成相对老龄化了。

人口老龄化后对社会经济等的发展会产生哪些影响，是我们这次考察的重点题目之一。关于这个问题，法国国家人口研究所、加拿大西安大略大学人口研究所、美国芝加哥大学人口研究所、洛杉矶加州大学人口研究中心、东西方中心人口研究所等都有专人研究，特别是日本大学人口研究所的研究工作更深入一些，问题也同我们更接近一些，现以他们对人口老龄化问题的研究为主，谈一点看法。

"二战"后，特别是20世纪50年代以来，日本人口出生率经历了一个猛烈下降的过程。1950年日本的人口出生率为28.3‰，自然增长率为17.3‰，到1960年出生率下降到17.3‰，10年期间出生率下降11‰；自然增长率下降到 9.7‰，10 年期间下降 7.6‰，几乎下降一半。这在世界人口发展史上是少见的，同我国 20 世纪 70 年代人口出生率下降的幅度差不多。与此同时，妇女的总和生育率也由 3.65 下降到 2.0，低于替换水平的净再生产率。50 年代日本人口出生率的降低，大大减轻了来自人口方面的压力，这对战后日本经济的恢复和发展起了良好的促进作用。但是，有所得必有所失。那时得到好处今天和未来几十年内却要付出一定的代价了。日本人口学家估计，未来几十年内日本人口的老龄化将是异常严重的。厚生省人口问题研究所的预测，日本 1980 年 65 岁以上人口占总人口 8.9%，2000 年占 14.3%，2020 年占 18.8%。一些人口学家认为，老年人口增长这样迅速，将对经济发展产生严重不良影响，原因如下。

第一，老年人口比重上升，劳动适龄人口比重下降，劳动力的相对减少必将影响经济的发展速度。

第二，不仅总人口，而且劳动适龄人口群也相对老龄化了。劳动适龄人口的老龄化可以用劳动适龄人口老龄化率（45～64 岁人口/15～64 岁人口）来衡量。日本劳动适龄人口老龄化将比全部人口老龄化来得更为急速，直接影响劳动力的质量。

第三，用于老年人口的社会福利费用将大大增加。从 1960～1970 年，人口老龄化比较严重的瑞典和西德社会福利费用占国民收入的比重，分别由 12.4% 提高到 32.2% 和由 16.6% 提高到 23.1%，所占比重很大。日本现在占 10.98%，预计 1995 年可能占到 25.6%，即 15 年间增长 1.5 倍。这样的增长速度是令人吃惊的。

第四，大学教育设施等为中青年人服务的部门，将由于老年人口的增大而显得过剩，造成社会浪费。

第五，社会心理状态的改变。如目前西欧一些国家子女同父母、祖父母在一起居住的大约只占 1/4 不足，而日本则占 2/3，据说这是受了中国儒家思想影响的缘故。进入老龄化社会以后将会发生变化，人们的心理状态将会改变很大，并对社会的经济发展将产生影响。

面对这种状况，日本有的人口学家主张提高人口出生率。目前的总和生育率是 1.8，提高到多少？提高后总人口就要增长，那样对经济发展是否有好处？都是难以回答的问题。也有人主张用发展机器人的办法填补因人口老龄化带来的各种问题。日本大学人口研究所有人同政府企划厅合作应用 600 多个数学方程进行预测，认为由于人口老龄化等原因，进入 21 世纪以后日本的经济成长率恐怕只能维持在 2% 左右。有的人口学家形容说：日本的经济好比刚刚吃过了丰盛的晚餐，现在正进入混迷时代，人口老龄化带来减速经济。

由此想到，因人口年龄构成的改变对社会经济发展的影响不可低估。我国目前人口基数大，增长速度比较快，人口年龄构成轻，对社会经济发展有它不利的方面，因而要控制人口的增长。但从人口年龄构成上看，由于年龄构成轻，老年人口占的比重小，同时生育率受到控制以后未成年人口所占比重也有增大的趋势，这就造成了两头小中间大——劳动适龄人口多的态势，这对经济发展又是极其有利的。人口预测表明，在未来的二三十年内这种两头小中间大的态势还要继续发展，每个劳动适龄人口负担的老年人口和未成年人口继续减少，从人口对经济发展的促进作用方面说，这不能不是发展的一个黄金时代。只要我们能够按照社会主义经济规律和人口规律办事，把这些劳动适龄人口组织到社会主义建设中去，充分发挥他们的才智，多发展一些劳动密集型的行业，我们就能真正发挥我们的优势。日本经济"起飞"的一个重要因素，就是充分利用了本国的廉价劳动力。我国劳动力十分充裕，如果我们能够充分发挥我们劳动大军的作用，不仅仅是消极地去解决劳动就业，而是积极地利用劳动资源，生产出更多的劳动密集型产品，那我们的条件就是得天独厚的，具有别人不可比拟的竞争能力。所以，我们既要看到人口多在目前经济比较落后条件下带来的困难，又要看到人口年龄构成轻在二三十年时间里对经济发展的有利影响，扬长避短，从分析人口年龄结构中找到可以利用的力量。

附　　录

新时期的人口论 [*]

  由中国社会科学院经济研究所田雪原所著的《新时期的人口论》，最近已在黑龙江人民出版社出版。这是 1957 年马寅初发表《新人口论》以后第一本全面研究我国现代人口问题的专著。

  著者积多年研究工作的成果，写成是书，共分六章，首二章从理论和实践的结合上阐述了新中国成立 30 多年来我国的人口发展状况和存在的人口问题，概括分析了新中国成立以来的人口理论，大体可分为三个阶段，即 20 世纪 50 年代以社会学派为代表的人口社会主义和马寅初提出的新人口论、60 年代的《农民主义》、70 年代以后人口理论发展的新阶段。三至五章，论证了人口和物质资料两重产业的关系，尤其是人口和生活资料、劳动年龄人口和生产资料、人口质量和经济技术进步的关系，探讨了社会主义人口规律，并对我国未来人口发展趋势、人口老龄化问题以及理想的适度人口等问题，作了多种方案的研究和探讨。最后以对当前世界人口问题作了概括的介绍和重点的分析。资料丰富，联系实际，观点比较新，论述问题深入浅出，是一部学术性、资料性和知识性兼备的著作。

---

  * 原载香港 1982 年 7 月 21 日《大公报》。

激流勇进[*]

——记人口学家田雪原

10 年前，在全国第二次人口科学讨论会上，"为马寅初新人口论翻案"的呼声响彻大厅，获得了与会者热烈的掌声。发言者就是现在的中国社会科学院人口研究所所长，《新中国科技精英谱》列为国家级专家的田雪原研究员。

有志必成

田雪原研究员早年就读于北京大学经济系，攻读政治经济学专业。他大学二年级就在《光明日报》发表了《关于近代中国国民经济史分期的几个问题》，阐述了自己独到的见解。他的勤奋刻苦，思想敏锐，就颇受老师和同学们的赞赏。

当他刚进大学的时候，就碰到了对老校长马寅初的批判，把马寅初的新人口论说成是"新马尔萨斯主义"，甚至赶出北大校门。田雪原对此困惑不解，他找来马寅初的《新人口论》仔细阅读，觉得说得头头是道，为什么要如此大兴问罪之师呢？这在他年轻的心灵上投下一个阴影，这也是他后来转入人口学研究的原因之一。党的十一届三中全会迎来了科学发展的春天；然而对马寅初先生的错误批判得不到平反，人口科学还是一个"禁区"，人们心有余悸。在这种情况下，田雪原毅然拿起笔来，写出了为马老平反的《为马寅初先生的新人口论翻案》长篇文章。1979 年 8 月 5 日《光明日报》在刊登此文时还特地加了"编者按"。接着又在北京大学学报上发表文章，整理马老人口论著作，以科学的态度，严谨的论证，犀利的笔锋，赢得了学

---

[*] 原载《南方人口》1990 年第 1 期，作者吉言。

术界和社会的赞扬。从此，他也就和人口研究结下了不解之缘，成为活跃在人口学术界的一颗新星。

10 年来，他发表论著在 100 万字以上。1982 年初，出版的《新时期人口论》专著，在海内外引起了强烈的反响。《人民日报》、《中国日报》、香港《大公报》等发表书评，《大公报》称："这是 1957 年马寅初发表《新人口论》以后第一本全面研究我国现代人口问题的专著。著者积多年研究工作的成果，写成是书……资料丰富，联系实际，观点较新，论述问题深入浅出，是一部学术性，资料性和知识性兼备的著作"。1982～1983 年，田雪原作为访问学者前往美国东西方中心从事人口学的研究。这使他有机会更多地了解西方国家人口学研究情况，为以后的发展奠定了新的基础。回国后，他从中国国情出发致力于人口与经济，人口生育与控制，人口发展战略，老年人口等方面的研究，不仅撰写了大量论文，提出了许多新观点，新见解，积极为中国现实人口问题的解决出力献策，受到有关领导的重视。他的一些论著也被译成英、日、俄文发表，并在澳大利亚、荷兰、比利时等国作学术报告。他所主持的《2000 年的中国人口和就业》研究，是获得国家科学技术进步一等奖的《2000 年的中国》的首篇研究报告，田雪原被列为主要撰稿人之一。1984 年，经国家科委批准为"有突出贡献的中青年专家"。田雪原同志除多年担任中国社会科学院人口研究所所长外，还兼任《中国人口年鉴》主编，《中国人口科学》主编，并任国家计划生育委员会专家委员会委员等多项社会兼职。

学 坛 驰 骋

田雪原同志一踏上人口研究领域，便以顽强拼搏的精神努力攀登，引起了各方面的注目。人民出版社、新世界出版社、黑龙江人民出版社等出版了他的专著，美国惠灵顿出版公司翻译出版的英文《中国人口科学》中他的论文被列为首篇，莫斯科出版的《中国人口问题》一书中，约 1/4 来自他的论著；日文版《世界上人口》连载了他的"中国老年人口宏观"。无疑，国内外争相发表他的论著，绝非仅仅因为"名气"，而主要的还在于他的独到见解，在于他理论的价值。

田雪原在人口科学上最主要的贡献，除了前面提到的人口理论上的拨乱反正外，还表现在以下三方面。

一是关于人口发展战略问题的研究。他在《中国人口发展战略研究》，《2000 年的中国人口和就业》等论文中强调了控制人口数量增长是全面解决人口问题的关键和当务之急；提出了有参考价值的控制目标，实施步骤；大力提高人口素质在解决人口问题中的地位和作用，及其提高的途径；同时注意人口年龄结构、城乡结构、地域结构的变动，为最早提出控制人口数量，提高人口素质，调整人口结构相结合的全面人口发展战略之一，也是论述完整深入，影响最大的著名学者之一。他对人口发展战略研究最突出的一个特点是将人口放入经济、科技、社会总的发展战略之中并注重立足现实，着眼未来，体现理论的完整性和实践的可行性。

二是人口与经济发展之间关系的研究。这又可分为三个侧面。

其一，二者之间关系的理论抽象。他在《新时期人口论》、《人口和国民经济的综合平衡》等论著中论述了人口和经济发展之间的关系最主要的是总体人口和生活资料，生产年龄人口和生产资料，人口文化素质和经济技术结构，人口年龄结构变动和社会保险之间的关系，所谓协调发展主要指这些对应关系之间的协调发展。值得提出的是田雪原的这些抽象不仅建立在定性的研究上，而且建立在数据分析定量研究的基础上，是科学的抽象。

其二，人口对经济发展的制约和影响。他始终强调建设具有中国特色的社会主义必须弄清中国人口多的基本国情，10 年前他撰文《从九亿人口出发建立发展国民经济的基本思想》，几年后人口增加了 1 亿，他又撰文《从十亿人口出发建立经济发展基本战略思想》，从人口角度勾画出经济建设的基本思路：由人口多的基本国情所决定，经济建设在改革开放的同时，必须坚持自力更生，勤俭建国的方针，把立足点放在自力更生的基础上，发展目标不宜定得过高，基建规模不宜过大，要从基本国情出发，量力而行。人口多消费大，人民生活水平只能逐步提高，提出"低消费、限制消费不可取，但是高消费的道路也是走不通的，而只能采取有指导的适度消费的方针"。经济技术的进步要充分注意到人口文化素质状况。从人口文化素质较低的现状出发，经济技术结构只能是多层次的，现代化是逐步发展的。人口年龄结构变动对经济发展的两大影响：1980～2010 年间生产年龄人口猛增，就业压力增大，但劳动力负担较轻，有利有弊，从总体上观察应当抓住这一人口年龄结构变动的"黄金时代"，把建设搞得更快更好一些；按照现有人口年龄结构推移，21 世纪三四十年代将出现人口老龄化高潮，必须开展超前研究，采取有力措施，迎接"银色浪潮"的挑战。

其三，立足于中国经济实际，有效地推进中国人口发展战略的实施，尤其是控制人口数量的增长。田雪原以马克思主义的理论作指导，积极吸收西方微观人口经济学中的科学成分，结合改革开放实际，全面系统地分析了当前中国孩子成本效益的变动，提出建立以利益导向为核心的人口控制建议，即逐步完成个人生育行为利益选择的转变和人口管理由行政机制向利益调节机制的过渡。田雪原和他的同事的这一建议，受到有关领导的重视，并同实际部门结合，开展试验研究。

三是开展老年人口科学的超前研究。由他主持的"七五"国家重点社科项目"中国老年人口调查和老年社会保障改革研究"，进行了全国老年人口抽样调查，出版了《中国 1987 年 60 岁以上老年人口抽样调查资料》，填补了我国这方面的空白。目前由他主编的《中国老年人口》一书的人口、经济、社会三卷正在撰写中，将拿出一部资料完整，有代表性的专著。田雪原博采国外特别是发达国家老年研究所长，同时结合中国实际，提出积极发展社会供养，继续提倡家庭供养，适当组织老年人口自养。社养、家养、自养"三位一体"的养老模式，符合中国国情，受到高度重视。

不 断 进 取

辛勤的耕耘，结出丰硕的果实。1984 年当他还未满 46 岁，就被国家审定为"有突出贡献的中青年专家"之一，是获得国家科学进步一等奖的《2000 年的中国》主要撰稿人和得奖者之一。1989 年，国内外 60 多名人口学专家学者云集北京，在他的主持下共同探讨从"黑发"到"银发"浪潮的冲击，交流人口老龄化研究成果……田雪原在成绩面前没有停步，他深知科学无止境。因此不停顿地探索研究，构成了他生活的主旋律，常常是一业未了，一业又起，有时几业并进，从"六五"期间关于中国人口发展的目标、方针、政策的开拓性研究，到"七五"国家社科重点"人口老龄化项目"的超前研究，从宏观上把握了中国人口发展跳动的脉搏。要问他下一个五年计划有何打算？其研究计划是在注重宏观研究的同时，适当转向微观研究，"中国家庭经济和生育研究"已经列入重点课题，这是人口经济研究的深化，也是为解决人口控制，特别是改革开放形势下的控制寻求新的途径。

田雪原之所以能够不断迈上新的学术台阶，在于他面向世界，更新知识。在他赴美国、澳大利亚、日本、德国、比利时等的学术交流过程中，就开始不断吸取西方人口学研究中的科学成分，用以充实自己，深化研究。他思想开放，注意重大科研项目的横向联系，由他主持的"六五"、"七五"重点国家社科项目，联合了中央和国家机关10多个部委、地方20多个省、市的有关单位，并已逐步形成一个网络。扶老携幼，兼容并蓄是他团结学术界人士，为共同发展人口科学奋斗的座右铭。他尊重国内外老学者，注意发挥老学者老专家的作用；也把青年视为今后的希望，注意人才的培养，千方百计发挥青年人的聪明才智，在他和同事的共同努力下，中国社会科学院人口研究所蒸蒸日上，一年一层楼，为中国人口科学的繁荣发展作出了应有的贡献。

捍卫真理　著述宏丰[*]

——记著名人口学家田雪原研究员

田雪原研究员是辽宁省本溪市人，1938 年出生，1964 年 8 月毕业于北京大学经济系，先后在中央和国家机关等部门工作，1979 年至中国社会科学院经济研究所专门从事人口学研究，1982 年 5 月至 1983 年 6 月在美国东西方中心作客座研究员，现任中国社会科学院人口研究所所长、研究员，中国人口学会副会长，国家计生委专家委员会委员，中国计生协会理事，中国老年协会常务理事，《中国人口年鉴》和《中国人口科学》主编。

战士与学者

称他为战士，是因为在人口科学还是禁区时，他敢于拿起笔来捍卫真理，为马寅初先生的《新人口论》翻案。田雪原同志还在北大学习时，正遇上对人口学家、经济学家、教育家马寅初老先生的错误批判。他仔细研读了马老的《新人口论》，认为《新人口论》"观点鲜明，论据确凿，正确估量了当时中国人口发展状况，分析了人口增长过快同国民经济发展之间存在的一系列矛盾"。冲破了"人口多就是好"的形而上学思想的束缚，为何马老被扣上"反党反社会主义"的帽子、"中国的马尔萨斯"的罪名？他百思不得其解。这就是促使他把研究领域由经济学转向人口学的原因之一。在党的十一届三中全会后，他第一个站起来在全国第二次人口科学讨论会上大声呼吁：为马寅初《新人口论》翻案，并毅然写出了为马老平反的《为马寅初先生的新人口论翻案》的长篇文章，1979 年 8 月 5 日《光明日报》刊登此文时，还特地加了"编者按"。接着他搜集、整理了马老的人口论著，出

---

* 原载《四川人口信息》1990 年第 8 期，作者熊刚。

版了马老的《新人口论》。他在该书的"跋"中写道："实践也是检验人口理论和人口政策的唯一标准。20 多年的实践无可辩驳地判定：马寅初先生《新人口论》的观点是正确的，加于其上的一切诬蔑不实之词都应彻底推倒。"并进一步指出，为马老平反和对新人口论的肯定，"这不仅对马老个人来说是一件大事，而且对我国人口理论研究中的拨乱反正，清除长期以来存在的来自左的方面的干扰，正确地总结历史经验，更好地完成控制人口增长的战略任务，都是非常重要的。"田雪原同志敢于捍卫真理、勇于拨乱反正、冲破人口科学"禁区"的精神以及他在为马老《新人口论》平反中的科学态度、严谨论证、犀利笔锋，赢得了学术界和社会的赞扬，由此，他成为人口学界一颗冉冉升起的新星。

作为学者，他著述宏富、观点鲜明、有创见、影响力大。10 多年来他发表的具有重要学术价值的论著达 70 余篇、本，100 多万字。1982 年初出版的《新时期人口论》专著，在海内外引起了强烈反响，《人民日报》、《中国日报》等都发表了书评，香港《大公报》称："这是 1957 年马寅初发表新人口论以后，第一本全面研究我国现代人口问题的专著，是一部学术性、资料性和知识性兼备的著作。"田雪原研究员在美国东西方中心从事人口学研究时，有机会了解了西方国家人口科学研究的动态，拓宽了眼界，为以后的发展奠定了坚实的基础。回国后，他从中国的国情出发，主要致力于人口与经济、老年人口和中国的人口发展战略等问题的研究。撰写了《2000 年的中国人口和就业》、《从十亿人口出发建立发展国民经济的基本战略思想》、《人口和国民经济综合平衡》、《人口发展战略问题研究》、《经济生产年龄人口的变动和就业战略重点的转移》、《人口和建设具有中国特色的社会主义问题研究》、《人口年龄结构变动和宏观经济发展问题研究》、《中国 1987 年 60 岁以上老年人口抽样调查报告》等具有很高学术价值，影响很大的论著，有的被译成英、日、俄文在国外的杂志上发表。由他主持的《2000 年中国人口和就业研究》获得了国家科学技术进步一等奖，《中国 1987 年 60 岁以上老年人口抽样调查报告》被评为中国社会科学院人口研究所优秀科研成果。在这些论著中，他提出了许多新观点和新见解，为丰富发展我国的人口科学理论，为解决现实的中国人口问题作出了重要的贡献。

人口与经济发展关系的理论

田雪原同志认为，人口与国民经济发展之间，存在着两种最基本的比例关系，即总人口和生活资料之间的比例关系；经济生产年龄人口和生产资料之间的比例关系。这两种比例关系有着不同的表现形式，前者主要在消费水平和消费结构上表现出来，后者主要在就业水平和就业结构上表现出来。而后一种更带有根本性和重要性的比例关系，是人口和经济关系中的核心。据此思想，他提出了下面两个理论：（1）就业战略重点转移理论。这是在分析了我国 20 多年生产年龄人口增长的趋势，结合国外经验的基础上提出的。该理论认为，必须加快实现三个方面的就业战略重点转移：以农业栽培业为主向多种经营和城镇工商业为主的转移；以物质生产部门为主向非物质生产部门为主的转移；以提高就业率为主向提高就业效益为主的转移。（2）适度消费理论。该理论认为，我国要从 10 亿人口出发建立发展国民经济的基本思想，对人口多带来的困难要有足够的估计，在发展目标和速度上要实事求是、慎重行事，适当安排积累和消费的比例关系，基建规模不宜过大，消费水平只能逐步提高，低消费、限制消费固不可取，西方高消费的道路也是走不通的，而只能采取有指导的适度消费的方针。

他又以马克思主义为指导，在吸收西方微观人口经济学中的科学成分和基础上，对当前中国孩子成本—效益的变动分析提出了建立利益导向人口控制机制理论，逐步完成个人生育行为利益选择的转变和人口管理由行政机制向利益调节机制的过渡。

中国老年人口宏观理论

中国老年人口的超前研究是田雪原研究员的主要科研方向之一。由他主持的"七五"国家重点社科项目——"中国老年人口调查和老年社会保障改革研究"，已完成了《1987 年 60 岁以上人口抽样调查报告》，该报告从宏观角度阐述了老年人口在年龄、性别、文化、婚姻、生育、家庭、经济、就业、健康等方面的基本情况，并从我国基本国情出发，同总体人口比较说明了老年人口在婚育方面的特点：配偶率低、生育子女数量多、初婚年龄低等。同时又指出，老年人口再就业的方向仍旧没有摆脱"生产型"的特点，但还是发生了以生产工人向服务人员、商业和办事人员、干部和专业人员向办事人员为主的转移，从而为老年人口再就业的职业转移提示了方向。

通过长期、系统的研究，他强调指出：我国在 2010 年以前将经历一段从属年龄人口比下降幅度较大的时期，每个生产年龄人口的负担相对较轻，是促进国民经济发展的有利条件，应抓住这一人口年龄结构变动的"黄金时代"，加紧建设，否则以后人口老化达到较高时，这一人口良机就会丧失。因而力主在人口老化严重阶段到来之前，完成老年社会保险制度的改革。根据中国实际情况，老年保障模式应为：积极扩大社会保障的同时，注意发挥家庭养老作用，鼓励老年人口从事力所能及的劳动，即国家（企业）、家庭、老人自养"三大支柱"互补的老年社会保障体系。

人口发展战略理论

他在《中国人口发展战略》、《2000年的中国人口和就业》等论文中强调了控制人口数量增长是全面解决人口问题的关键和当务之急，并提出了有参考价值的控制目标和实施步骤，阐明了提高人口素质问题在解决人口问题中的地位和作用。并提出把调整人口结构与控制人口数量、提高人口素质相结合的全面人口发展战略。认为人口发展战略研究最突出的特点是把人口放入经济、社会、科技的发展战略之中，注重立足现实，着眼未来，体现理论的完整性和实践的可行性。

田雪原研究员在人口科学上取得的丰硕成果，不仅得到国内外学术界的称赞，而且也得到国家和政府的高度评价。1984年在他46岁时被评为"国家级有突出贡献的中青年专家"。后来被世界人口学会吸收为会员。目前，田雪原研究员正在撰写《人口经济发展战略研究》、《中国老年人口》专著，正在从事世界人口活动基金援助项目《中国家庭经济与生育研究》的科研工作。他正以顽强的拼搏精神向新的人口科学高峰登攀。

四川省部分地区试行独生子女双全保险及父母养老保险成效显著[*]

1989 年我院人口所进一步论证了变独生子女费为独生子女父母养老保险金的建议，受到中央领导同志的重视。四川省在人口所的协助下，进行了独生子女双全保险及父母养老保险的试点。一年来，这项试验取得显著效果。

我国最基本的国情之一是人口众多。10 年的改革开放，在农村落实家庭联产承包责任制，在城镇大力发展个体经济，使丧失了 20 年之久的家庭经营和生产的职能得以恢复，这就大大提高了孩子作为家庭劳动力的正效用。在人们心目中，生儿育女仍是最保险的养老之路。一家一户的经济行为，也使计划生育的各种行政措施，如超生子女要罚款，不分给口粮和自留地等，失去了往日的威力。在这种情况下，必须采取以物质利益为导向的新的计划生育政策。

1989 年 2 月，人口所所长田雪原提出，城市生育一个孩子能被普遍接受，最主要原因是有离退休制度。如果能够有效地解决无子女、少子女老年人口的老有所养问题，农村、落后地区和文化较低人口的生育率就会降下来。可行的办法是发展多种形式的老年保障基金。他同学术界一些同志认为，目前的独生子女费并没有发挥很大作用，建议将其转入父母老年基金使用。

中国社会科学院《要报》和新华社《国内动态清样》将这个意见上报中央后，受到政治局委员、四川省委第一书记杨汝岱同志的关注。他在这份建议上批示："把独生子女费作为独生子女父母的养老保险很好，今后独生子女费不发给个人，转为保险，一年办几件事。"四川省计生委、四川省人

---

* 原载中国社会科学院《通讯》1990 年第 16 期，作者赵天晓。

寿保险公司、中国人民保险公司四川省分公司经研究决定在全省城乡开办"独生子女双全保险"和"独生子女父母养老保险"，并于 1989 年下半年首先在德阳、乐山、南充等地进行了试点。

德阳等地区的《试行办法》规定，凡出生满月的婴儿和未满 14 周岁的少年、儿童，身体健康、发育正常，能正常生活和学习，并办理了独生子女证的，均可由其父母或父母所在单位作为投保人向寿险公司办理投保手续；从保险生效日起至十四周岁生日当天的二十四时止为保险期；被保险人在保险有效期内，因疾病造成死亡或意外伤害事件而致死亡或残废，寿险公司按规定给付全部或部分保险金；满期给付时，可将独生子女双全保险金转做其父母的养老保险金。

试点市县的领导非常重视这项工作，为了筹备保险费，他们按照《四川省计划生育条例》实行保健费和保健田的方法，将"以田变钱、以钱保险"作为农民独生子女保险费的主要来源，并采取个人出一点、集体补一点、企业拿一点的办法。同时，他们还给群众算了一笔经济账，一户农民如果每月交 5 元，1～14 岁共交储金 840 元，期满时给付 1600 元。这笔可观的资金，不但可供独生子女在学业上继续深造的经济需要，也可为家庭办几件事情。如将这笔保险金转为其父母的养老保险金，独生子女父母在 60 岁后每月可领取养老金 120 元左右，直到身故为止，身故时还另有 300 元丧葬费。农民群众说得好："现在保子女，今后保自己，党的政策好，晚年有依靠。"

据统计，德阳市所辖三县一市一区已有 16.5 万份独生子女保险，占独生子女总数 36.2 万人的 44.2%，占领证人数 31.1 万人的 51.5%。该市 1989 年 80% 县（市、区）一孩率达到 90% 以上。广汉市（德阳市所辖县级市）试点开始后仅 100 天时间，全市独生子女投保达五万三千一百余人，占应该投保人数的 91.95%。

四川省独生子女双全保险及其父母养老保险的试点工作，转变了当地群众的生育观，对一孩化政策的抵触情绪小了，妇女地位也有很大提高，从而使计划生育，控制人口的政策得到了进一步的落实。

有研究兴味的人是幸福的[*]

——访中国社会科学院人口研究所所长田雪原

也许你不曾想过，一个 10 亿人口的大国，人口问题该是一个多么奥妙无穷的问题。作为 10 亿人中研究人口问题的人还不曾被人研究，那又该是多么的遗憾！去研究主持研究人口问题的人，又该多有意义！就怀着这个意愿，我们叩开了中国社会科学院人口研究所所长田雪原的办公室。

我真不知道该怎么描述你——田雪原：你还是个中年科学家，可你对中国老龄问题的研究却分外热心；我本是想写你做学问的丰硕收获，而你专注于人口研究所付出的更多；我原以为大学问家都有一股漫不经心的傲劲儿，而你却坦诚谦虚得令人吃惊：见面时寒暄、让坐，沏茶、问候，处处表现出知识的修养，你的热情融化了我的拘谨，我们似在拉家常，话语格外投机。

你原来是学经济的，1964 年毕业于北大经济系，怎么和人口研究结下了缘？

扶着鼻梁上的眼镜，你沉默无语。抑或是提的问题刺伤了你的心，我正歉意地这么想。你苦笑着摇摇头，把思绪拉回了学生时代，断断续续回忆起那令人痛心的一幕：有一天，康生窜到北大，阴阳怪气地说：听说你们这里有个老先生姓马呀，马老先生呀？他提出了一个人口理论。他是哪一家马呀？是马克思的马呀还是马尔萨斯的马呀？康生这一番别有用心的话，把马寅初先生的人口理论与马尔萨斯的人口理论混为一谈。立刻，谁提控制人口，谁就会被扣上马尔萨斯反动理论的帽子。相当一段时期，人口学研究停止了，人口研究成了禁区。

那时，你还是学生。对马寅初先生人口理论劈头盖脑的批判，在你脑海里留下了强词夺理的印迹。经过大跃进、三年困难时期、国民经济恢复时

* 原载 1990 年 4 月 27 日《中国社会报》，作者王然、韦德芳。

期，你在思索中深切地悟到：中国有一个没有解决的大问题——人口问题。

岁月的流逝，没有抹去你对马寅初先生人口学的记忆。"真正研究人口学是党的十一届三中全会以后"。你说到这里，眼睛格外亮，那分明是一种喜悦兴奋之情。科学的春天到了，你的心情自然畅快。但遭到批判的马寅初先生的人口学你总放心不下。于是，愤然提笔写了一篇为马寅初先生的人口理论翻案的文章。1979 年 7 月 9 日，《光明日报》加按语编发了。那是较早公开为马寅初先生人口学翻案的文章。无论怎么说，这都是需要勇气和胆略的。从此，你就这样和人口研究结下了不解之缘。

人口学作为一门正式学科独立发展，已有 100 多年的历史。它随着世界人口的发展而发展。而在我国，1980 年才成立了人口研究中心。1984 年，你出任中心主任。1985 年，中心改为人口研究所，你被任命为所长。你是这样勾画出自己的研究轮廓的：从研究中国人口的历史、现状、特点、结构入手，通过基础研究形成了一个学术观点，解决中国人口的战略在于：控制数量，提高素质，调整结构。当你深刻认识到研究中国人口问题应坚持的科学方法以后，你把研究重点放在了人口和经济发展的关系上。

贫困出人口。马克思当年的话，简直是针对中国说的。经济越不发达，人口增长率越高。今天，中国的人口状况就是这样：哪里贫穷哪里人口的增长率就高。人口和经济就这么惟妙惟肖地紧密相关。

过去，我们考虑经济发展，制定规划，都是讲投资多少，资源怎么多，很少把这些与人口联系起来。你的研究选题揭示了这么一个道理：从中国10 亿人口的实际出发，来建立发展国民经济的基本战略思想。研究成果运用到了经济建设决策中。这一阶段的研究为你后来的事业打下了坚实的基础。"六五"期间国家社科重点课题"2000 年的中国"研究成果获得国家科技进步一等奖，你是这一项目研究的主持人之一。继后，你又主持了"七五"期间国家社科重点项目"中国老年人口调查和老年社会保障改革研究"。

"脑体倒挂"现象在科研特别是社会科学领域表现尤为突出。科研难，难在没钱。没钱还要干事业的"家"自然难当。就说你主持的国家两个社科重点研究课题吧，调查面广量大，涉及人多，财力物力不足。你当所长的也要时时出去化缘，去宣传，去争取各地各部门的支持和援助，其酸甜苦辣一言难尽。但你只字不提自己的辛劳。

作为脑力劳动者，人们看他的学术成就，习惯把目光盯着他的著作，并以著作衡量他的名望。

你呢，却把满腔热情倾注在课题研究。这并非一件易事，课题抽样调查方案的设计是宏大工程中的主体骨架，你既要主持设计研究方案，还要协调省、自治区、直辖市有关单位来完成这项工程。出的成果，是大家的；出了问题，理所当然是你这个人口研究所所长的。工作艰辛，责任重大。如果著书立说，要比进行全国人口调查容易得多。个中道理你又何尝不知。"但他们的价值不一样"。你拿起一本书稿说："一本书的价值是有限的。但人口定向调查所得出的数据材料，对研究中国社会和经济的发展都有普遍意义，其价值显然要广得多，大得多。如果写成一本专著，其价值对自己而言是大了。"

科学的价值与人生的价值一样，作为一个科学家，要真正对学科建设作出贡献，对国家建设有用的话，他的事业着眼点就在于为人民大众服务。你主持的国家社科重点研究课题的意义正在于此。当你完成了"中国老年人口调查和老年社会保障改革研究"，宋平、李铁映等都撰文给予称赞。宋平同志称这一研究成果"对我国老年人口问题的研究解决，对繁荣和发展老年人口科学，无疑是一个很大的推动"。梅益认为研究成果"弥补了我国老年学领域资料之匮乏，为这一学科的研究和发展提供了丰富、系统、全面、翔实的最新数据资料"。

采访了你，我蓦地想起法国启蒙思想家、唯物主义哲学家拉美特利《人是机器》中的那段名言："有研究的兴味的人是幸福的！能够通过研究使自己精神摆脱妄念并使自己摆脱虚荣心的人更加幸福。"

田雪原，我虽没有看到你的著作，但感受到了你的幸福！

2040年中国老年人口可达2.6亿，专家们提出要及早制定方略[*]

　　本报北京9月3日讯　　记者扬健报道：国家"七五"社科重点项目"中国老年人口调查和老年社会保障改革研究"的课题负责人田雪原今天介绍说，由于20世纪70年代以来人口出生率较长时间的大幅度下降、出生人数的减少和少年人口所占比例的降低，中国人口年龄结构已不声不响地由年轻型跨入成年型初期，并将较快完成成年型向老年型的转变，加速走向老龄化。

　　据"2000年的中国人口和就业"研究提供的材料表明，1982年全国人口普查65岁以上老年人口近0.5亿人，按照人口年龄构成推移，1990年可增加到0.7亿人，2000年可增加到0.8亿人，到2040年可达到最高峰值2.6亿人，为1982年的5.2倍。与此对应，65岁以上老年人口占总人口的比例，由1982年的4.9%提高到2040年的17.4%左右，将仅次于瑞典、联邦德国、日本等国家，居于世界比较高的水平。

　　"中国面临的是发展中国家的生产力水平和发达国家的老龄化速度。"田雪原就此指出："这将给我国的社会经济带来巨大的影响"，"需及早制定方略"。

　　据了解，中国1987年60岁以上老年人口抽样调查业已完成，这也是"中国老年人口调查和老年社会保障改革研究"课题的一部分。全部调查材料经电子计算机汇总后最近已由社会科学院人口研究所编辑出版。这一调查资料可望结束现阶段我国老年科学研究缺乏基本数据资料的状况，同时为政府部门决策提供实证信息。

---

　　[*]　原载1988年9月5日《光明日报》。

中国老年科学研究的奠基作[*]

——喜读《中国老年人口》、《中国老年人口经济》、《中国老年人口社会》三卷专著

中国社会科学院人口研究所田雪原研究员主编的《中国老年人口》、《中国老年人口经济》和《中国老年人口社会》三卷专著，年初已由中国经济出版社出版。这三卷专著的出版，表明我国终于有了具有我们自己特色的老年学科的论著。它不仅为我国老年学学科体系的形成和建立奠定了基础，而且必将对我国今后老年科学研究产生重要的影响。我认为这三本学术著作的主要成就有以下几点。

（1）这三本专著，是顺应发展需要完成的超前性研究成果，是为我国迎接"银色浪潮"挑战所作的理论和决策准备。老龄化是伴随着工业化以后的经济发展出现的。目前，老龄化程度最高的国家如瑞典，65 岁以上老年人口占总人口的比例已经超过 18%。即便如此，老龄化给经济、社会发展带来的种种问题，也足以使发达国家感到棘手。我国是发展中国家，由于 20 世纪 70 年代以来全面实行计划生育，生育率奇迹般地迅速下降到略高于更替水平，人口年龄结构出现了与经济发展水平不相适应的超前老化趋势，而且老龄化速度比较快，达到的水平比较高。尤其值得重视的是，我国老年人口数量是世界上最多的。以不发达经济状况和社会条件，应付数量庞大的老年人口问题，不能不说是一个沉重的负担。尽管目前我国还没有进入老龄化社会，但迎接和解决老龄化带来的种种问题不能不尽早图谋。否则，将给我国的现代化建设和 21 世纪的发展造成更大的困难。从这个意义讲，这三本专著是开创性研究，为我国迎接老龄化和老龄问题研究作出了贡献，对世界也将产生影响。

---

* 原载 1992 年 4 月 17 日《人民日报》，作者梅益。

（2）三本专著是一套很严谨的学术著作。参与写作的专家学者和研究人员，在占有大量具有规模意义的第一手调查资料的基础上，从人口学、人口经济学、人口社会学三个最基本的分支学科体系，进行了宏观与微观相结合、定量与定性相结合、理论与实践相结合的全方位分析研究；同时，以改革开放的精神吸纳了国外老年科学研究成果中的科学成分，使三本专著具有很高的科学性、学术性和知识性。从内容上看，除了老年医学外，三本专著几乎覆盖了老龄化和老龄问题所有的方方面面，研究范围之广、视野之开阔、论述之深入细致都是前所未有的。从不同层次、不同角度展现了我国人口老龄化产生的原因和特点，分析了老龄化现状并预测了未来发展趋势；结合我国具体国情，论述了老龄化将要带来的种种社会经济问题。可以说，这是一套研究人口老龄化和老龄问题的小百科全书。

（3）面向现实，以解决现实人口问题为研究的立足点，是这三本专著的又一特点。我一向认为，中国的人口老龄化和老年人问题不同于发达国家，与发展中国家和地区也不尽相同，有着明显的中国特点。因此，研究老龄化和老龄问题必须密切结合中国的实际，实事求是，为实践服务。即使吸收国外的科研成果，也应为我所用。这三本专著就很好地围绕了这个特点展开研究，在理论探讨的前提下注意了实证研究。三本书所有章节都是以中国的实际为出发点，以中国的实际为归宿，几乎每一章都针对实际问题提出了对策建议，具有很强的实用性。

（4）推动了老年学的学科建设。最近 20 年来，老年学已经发展成为世界人口和社会学界研究的热点。发达国家投入了大量物力、人力，开拓了这一研究领域，出版了大量的老年学研究著作。联合国为推动世界老年学的研究，也做了大量工作。我国老年科学研究起步比较晚，研究成果比较少，而且远没有形成自己的学科体系。值得庆幸的是，"七五"期间国家将这个学科列为重点研究课题，中国社会科学院人口研究所出色地完成了这个项目，取得一本调查资料和三本专著的丰硕科研成果，表明我国老年学科学研究是在一个较高的起点上起步的。老年学是一个学科群，包括众多的分支学科。但老年人口学、老年经济学和老年社会学是该学科群中最基本的骨干学科。这三本专著，各自提出严密的理论框架，形成完整的研究体系，为三个骨干分支学科的建立奠定了基础，也为我国老年学学科体系的建立打下了基础。它对进一步深化老年学研究和推动其他分专学科的发展与建立，必将产生积极的影响。

　　当然，这三本专著无论从理论研究还是实证研究来说，都只是奠基之作，而要真正形成我国完整的学科体系，还需要广大科学研究工作者和实际工作者在这个基础上继续深入，开展多学科研究，不断有所突破，有所创新，取得更多的研究成果。

《中国 1987 年 60 岁以上老年人口抽样调查资料》出版[*]

"中国老年人口调查数据分析科学讨论会" 在京举行

本报讯　超前研究我国老年问题的一项调查成果、我国第一部全面反映老年人口情况的资料——《中国 1987 年 60 岁以上老年人口抽样调查资料》已经出版，它为研究我国老年科学，制定老年政策、老年法令提供了丰富的科学数据。

牵头调查和主编本书的中国社会科学院人口研究所，承担了"七五"国家社会科学重点项目——"中国老年人口调查和老年社会保障改革研究"，这部科学数据库是该项目的重要成果。为了更好地开发和利用这项成果，人口研究所于 11 月 27～30 日在北京召开了"中国老年人口调查数据分析科学讨论会"。

来自全国的 80 多位专家学者、理论和实际工作者，结合《抽样调查资料》和省市调查材料，写了 60 多篇论文。会上，他们就老年人口的"家庭、婚姻、生育"、"经济收入"、"医疗、健康和活动"、"老年社会保障制度改革"等专题阐明了各自观点，高效率地交流了研究成果。

有关领导同志和著名学者李铁映、宋光、王照华、邬沧萍撰文，高度评价《抽样调查资料》。

赵紫阳同志在党的十三大报告中说："人口迅速老龄化的趋向，及时采取正确《抽样调查资料》的出版及其讨论会，是精神的实际行动，它为深化老年科学研究老龄问题的对策作出了重要贡献。"

---

* 原载 1988 年 12 月 6 日《中华老年报》，作者张克、许明。

国内外最大规模的老年人口调查[*]

中国社会科学院人口研究所所长田雪原研究员负责的"中国老年人口调查和老年社会保障改革研究",在国家计委、国家统计局等 7 部委的协助下,在国家统计局抽样调查队的密切配合下,于 1987 年完成了全国 60 岁以上老年人口抽样调查,取得关于老年人口数量、素质、结构、婚育、家庭、收入、就业、医疗、营养、供养、料理、居住、经济来源、家庭地位、社会地位、时间安排、社会活动、主要困难等系统资料。这次调查是迄今为止国内外最大规模的老年人口调查。

该课题组在《中国 1987 年 60 岁以上老年人口抽样调查资料》基础上,积极汲取国外研究成果中的科学成分,撰写出被称为"超前性研究"的三部高质量的专著。

《中国老年人口》从人口学角度,展示目前中国老年人口的规模和分布,身体和文化素质,年龄和性别构成,生育、死亡和迁移的历史变动,比较全面地概括了中国老年人口现状。在此基础上,对人口年龄结构的历史变动作出回顾,并应用现代人口预测方法,对未来人口老龄化趋势作出不同方案的预测,分析了中国人口老龄化速度比较快、达到的水平比较高和进展不平衡的显著特点。

《中国老年人口经济》从经济学角度,分析当前老年人口的经济状况和经济活动,包括经济来源、消费、就业等。在宏观上,侧重人口老龄化与国民收入、技术进步、产业结构、城乡建设关系的分析,指出人口老龄化带来的不利影响,寻求适应老龄化进程的改革思路;在微观上,侧重老年人口家庭经济结构分析,提示老年人口经济状况与家庭规模、家庭类型的关系及老年人口在二元家庭经济中的地位和作用。

---

* 原载 1996 年 8 月 17 日《光明日报》,《国家社科规划·基金项目成果选介》。

《中国老年人口社会》从社会学角度，详细分析了中国老年人口的婚姻、家庭、健康、医疗、活动、生活方式和社会心理等，结合实际并在总结国外经验基础上，提出积极发展社会供养，继续提倡家庭子女供养，适当组织老年再就业自养，集社养、家养、自养"三养"于一体，互相结合、互相补充的养老保障体系改革思路。

该成果还进一步提出了改革现行政策，建立健全具有中国特色的老年社会保障制度需要坚持的几项原则。（1）处理好消费与积累的关系及国家、集体、个人三者利益关系，兼顾现时利益和长远利益。（2）在改革和完善职工退休制度的同时，要尽快建立农村养老保险。（3）养老基金要由国家、企业、个人共同合理负担，逐步改变现收现付办法，建立积累型养老金统筹基金。（4）养老保险要坚持科学化管理的原则，要逐步纳入国民经济与社会发展计划，加强宏观管理与政策协调。（5）老年社会保障制度要以立法来保证。

这项研究成果1993年获中国社会科学院1977～1991年优秀科研成果奖，1994年获首届中国人口科学优秀成果一等奖，1996年获中国老年学研究十年优秀成果一等奖。

田雪原：宏观研究是 20 世纪 80 年代中国人口研究的主旋律[*]

1. 背景

人口学在中国是因为马寅初的《新人口论》而成为禁区的，因此，要冲破禁区就必须为马寅初平反，为《新人口论》正名。20 世纪 70 年代末的中国人口学者面临的正是这个敏感的问题。于是出现了一批信"科学"而执言的学者，他们也是今天仍活跃在人口学界的老一辈人口学家。

在这批学者当中，有一位年纪不很大，但不能被忽略的学者。他就是中国社会科学院人口研究所所长田雪原研究员。他为人口学在中国的复兴立下了汗马功劳。1979 年 8 月 5 日《光明日报》上刊载的《为马寅初先生的新人口论翻案》长篇论文的作者就是他；在全国第二次人口科学讨论会上，高呼"为马寅初新人口论翻案"的也是他；被香港《大公报》称为继马寅初《新人口论》之后"第一本全面研究我国现代人口问题的专著"——《新时期人口论》的作者还是他……

为马寅初新人口论翻案而冲锋陷阵的田雪原，是时刚届不惑之年。以其不惑的理性，在 20 世纪 70 年代末以来的十余载里，他著书立说，主持研究，为中国人口科学的兴起和发展作出了突出的贡献。1984 年，他就被国家科委批准为"有突出贡献的中青年专家"，如今，他以国家级专家的称号而名列《新中国科技精英谱》。

出生于 1938 年的田雪原，早年就读于北京大学经济系。他踏进北大之时，正是北大校长马寅初挨批之日。怀着疑惑，他找来马寅初的《新人口论》细细披读，读后愈加疑惑，这也许是他日后踏入人口学殿堂，并以为马

---

* 原载《人口》季刊 1992 年第 4 期。

寅初翻案作为开端的一个契机。

与经济学的知识准备相联系，田雪原的研究比较注重人口发展的经济方面，这既反映在他早期的论著中，如《新时期人口论》、《人口和国民经济的平衡》等，也反映在后期的一些论著中，如《2000 年的中国人口和就业》、《老年人口经济》等。1982～1983 年间他曾作为访问学者前往美国东西方中心人口所作年龄结构变动分析，着眼于中国人口全面发展战略问题研究。回国后，"六五" 主持国家社科重点项目 "2000 年的中国" 中人口与就业部分。阐述控制人口数量、提高人口素质、调节人口结构（包括年龄、城乡地区分布）相结合的战略，以及未来发展特征、图像，"七五" 主持国家社科重点项目 "中国老年人口调查和老年社会保障改革研究"。

由中国人口发展趋势的研究而展开的中国人口发展战略的研究，是他的一个重要领域，在这方面著有《中国人口发展战略研究》等论著，中国老年人口调查研究是他近年来的又一重要研究课题，由他主编的《中国老年人口》一书的人口、经济和社会三大卷业已面世，现在他又开始了 "中国家庭经济和生育研究" 课题的研究，这一课题也是 "八五" 期间社会科学研究的一个重点课题。他的研究和他主持的研究受到了国家有关部门的重视，也引起了国际人口学界的关注，他的多种论著翻译成英、日、俄文发表，莫斯科出版的《中国人口问题》一书，有 1/4 篇幅取材于他的论著；日本的《世界人口》曾连载过他的中国老年人口研究成果。他主持的 "2000 年中国人口和就业研究"，获得了国家科学技术进步一等奖。

除了担任中国社会科学院人口研究所所长外，田雪原研究员还是《中国人口科学》和《中国人口年鉴》的主编，也是国家计划生育委员会专家委员会的成员。

编完笔谈提纲，笔者借 9 月进京与会之机，转交给田雪原研究员。不久，收到他的信，从笔谈的效益和学术价值考虑，他建议，"就人口学或实证研究中的某些方面的问题，作一点儿有实际意义的笔谈"。并附来他提交 "中国 1990 年人口普查北京国际讨论会" 的论文——"未来中国人口变动趋势及其宏观调节基本思路"。这次笔谈就是针对这篇论文而设计的。

2. 研究主题、方法和资料

朱：拜读了大作《未来中国人口变动趋势及其宏观调节基本思路》一文，我有一个总体感觉，它与您过去的研究是一脉相承的，此前有人口发展战略研究，再往前有中国人口发展趋势研究，是否可以说，对中国人口发展所进行的宏观研究是您的主要研究方向？

田：原来我是研究经济科学的，20 世纪 70 年代末转入人口科学研究，"六五"主持"2000 年的中国人口与就业"（国家社科重点项目"2000 年的中国"之一），"七五"主持国家社科重点项目"中国老年人口调查和老年社会保障改革研究"，可以说宏观的研究是重点，目前主持"八五"国家社科重点项目"生育率微观分析与人口控制机制转变研究"。已在微观研究上投入较多的精力。

朱：您的宏观研究与侧重于微观方面的研究，比方说曾毅的家庭人口学研究，有何不同？这种不同主要来自方法还是来自观察问题的角度？

田：无论宏观还是微观方面的研究，我所遵循的原则：第一，了解所要研究的国内外研究现状，吸收已有成果的科学成分，包括方法论；第二，从中国实际情况出发，理论联系实际，科学无国界，但研究有国情，只有处理好两方面的关系，才有可能做到创造性的研究。

朱：您的研究资料取自第四次全国人口普查资料，能否谈谈您对这次普查的资料性质、准确性等方面的意见？再者，是否能谈谈人口学界在宏观方面研究的现状？

田：中国成功地进行了第四次人口普查，资料的准确性是比较高的，不久前结束的国际分析会，中外专家对此作出很高评价。当然准确性是相对而言的，是同国外人口普查和国内前三次人口普查比较而言。需要谈及的一点是，"四普"的社会背景与前三次有不少新的变化，尤其是改革开放，商品经济的发展以及人口迁移、人口流动的增加，不能不在一定程度上增加了人口普查的难度，影响到精确度。中国人口科学研究在宏观方面的研究相当充分，我的看法是：它是 20 世纪 80 年代中国人口研究的主旋律。

3. 人口变化和经济发展

朱：我有一个印象，您对中国人口未来趋势研究和经济翻两番的目标联系在一起，这是不是意味着，经济翻两番是您研究人口发展的参照系，或是判断人口发展宏观调节是否成功的判断标准？

田：人口与经济包括人口与国民经济综合平衡，人口与就业，人口与经济技术结构，人口与经济发展的良好循环，是我长期研究的重要方面之一，"翻两番"在"六五"期间主持"2000 年的中国人口与就业"研究时涉及较多，而其重点不在于能否翻两番（这是没有异议的），而在于在什么样的人口规模、素质、结构上去翻，如何在人口与经济逐步走上协调发展轨道上去翻。

朱：按照您的分析，中国人口控制的严峻性主要在于年龄结构的惯性作用，因为出生率已降到很低的水平。所谓生育高峰不过是年龄结构惯性作用的结果，因此，您对人口控制的观点其实是强调稳定人口政策的重要性，是这样吗？

田：仅从人口自身或者从纯人口学角度观察，可以说是这样。但对当前的生育高潮和解决的途径，则不能简单归结于政策。恰好相反，稳定政策是一个前提，从经济改革建立社会主义市场经济体制目标和政府转变职能等管理体制改革目标出发，人口控制机制也要走改革的道路。

朱：您在大作中只用到莱宾斯坦、贝克尔等人的理论观点，在前些时候，我也曾拜读过您有关成本—收益理论的一篇大作，总的来看，您是持肯定态度的，尽管您也认为它们有局限性，我想知道的是，莱宾斯坦等人的研究是在一定的假设前提之下展开的，特别是，他们的研究与以美国为代表的西方市场经济条件相联系，您对其理论用于说明中国的情况的解释性有何高见？

田：我认为上述西方微观经济学或微观人口经济学家的学说不管人们褒贬如何，有一点对我们最值得重视：将人们的生育行为、生育子女数量多少同他们的经济利益联系起来，力图用孩子的成本—效益说明财富流向对生育的决定性影响。说到中国情况，必须从实际出发，目前我同课题组同志组织了10个省市的抽样调查，弄清孩子成本—效益现状，揭示人们要求生育的内在原因。中国经济体制和结构同西方国家不同，但党的十四大已明确确认："我国经济体制改革的目标是建立社会主义市场经济体制"，寻求同其相适应的人口机制改革，已提到我们面前。

朱：您提到经济发展是生育率下降的根本原因，并因而主张更多地运用利益调节机制来控制人口增长，不知道您对目前我国的人口控制不同模式有何见解，比如有些地方经济发展了，生育率也下降了，而有些地方经济发展之后生育率下降却很缓慢，还有一些地方经济发展缓慢，生育率却很低？

田：的确这几种类型都客观存在，这是由于影响生育率的原因有人口自身的、政治的（包括政策）、经济的、文化的等多种因素。不过生产力决定生产关系，经济基础决定上层建筑，生产力归根结底是第一性的，这是历史唯物主义的基本见解，讲经济发展是生育率下降的根本原因，是从根本意义上讲的，不是讲每一个时期、每一个地方都如此，由于除经济因素外其他因素作用的强度不同，可能出现不同步甚至暂时反向变动情况，这同经济的根本作用并不矛盾。

4. "生产年龄人口"激增问题

朱：与强调年龄结构的作用相一致，您在大作中着重分析了年龄结构中的生产年龄人口的激增问题。请问，您为什么要使用"生产年龄人口"这一概念？从大作中看，您对"生产年龄人口"的定义似是指 15～59 岁年龄段的人口，为什么只取这一年龄段而不用通常采用的"劳动适龄人口"（15～64 岁人口）概念，有特别的用意吗？

田："生产年龄人口"是指 15～59 岁或 15～64 岁的人口。我赞同联合国出版的《人口手册》中使用的"经济生产年龄人口"的定义，即从纯人口年龄上划分，尽管其中有的人可能不能从事生产劳动。目前国内外对这类人口叫法繁纷，有称之为劳动人口、劳动力人口、劳动适龄人口等，但其内涵是一致的。叫法上希望统一起来，无论冠以经济、生产、劳动等字样，但年龄不可缺少，因是从年龄上界定的。由于目前老年人口有从 60 岁或 65 岁为起点两种，发展中国家一般从 60 岁算起，本文生产年龄人口以 15～59 岁为界定；但在其他文章中，有时我也使用 15～64 岁界定，特别是与发达国家比较时。

朱："生产年龄人口"的激增问题其实就是劳动力的膨胀问题，您认为这既是一个机会，又是一个挑战。是机会，因为利用得好，可为经济发展提供人力条件；是挑战，因为利用本身就有许多问题，关键是就业率与就业效益的关系问题。您在这方面提出了您的宏观调节思路。显然的是，要同时保证就业率和就业效益是非常困难的，目前在大城市中已出现企业为保证就业效益而裁减雇员的现象，您是否谈谈这一现象和您的宏观调节思路的关系？

田：劳动生产率是保证新制度战胜旧制度最重要，最主要的东西，列宁的这一思想表达了历史唯物主义的一个基本的见解，保证劳动生产率不断提高前提下的尽量充分就业体现了这一思路。毋庸讳言，实施起来，在我国人口和生产年龄人口过剩条件下会出现一些矛盾。作为生产企业来说，我以为上述原则不可动摇，否则劳动生产率的提高就成了问题，企业的经济效率、就业效益也就成了问题。企业裁减过剩人员势在必行，但同时要组织好裁减下来人员的职业转移，企业内或社会上的转移，主要面向第三产业；还要扩大待业保险，使裁减下来的人员的基本生活来源有社会的保障。

5. 人口老龄化问题

朱：年龄结构的变化反映在"生产年龄人口"的激增上，又反映在老年人口比重的升高上，相对而言，人口老龄化是一个需要未雨绸缪的问题。您将研究的另一个着眼点放在人口老龄化上是自然的，同时，我也注意到，这也是您近年来研究的一个重点问题，您主编的《中国老年人口》研究成果已经出版。您能谈谈这方面的研究状况吗？

田：中国人口问题的解决包括控制人口数量，提高人口质量，注意人口结构特别是年龄结构变动几方面内容，目前的重点在数量控制方面。这三个方面的关系被越来越多的人所重视，并反映在党的十四大报告上。老年科学研究近年来发展较快，尤其是老年社会科学的研究。1986 年中国老年学学会的建立是一个标志，其后作了不少社会调查，包括在国家统计局调查队协助下我们所主持的全国 60 岁以上老年人口抽样调查。老年科学研究进展很大，但需要进一步深入下去，拿出有分量成果。

朱：对于人口老龄化，从人口的角度看，可采取提高出生率从而增加少儿人口比例的方法来使老年人口比例下降，但您显然不同意采取这一方法，因为它以增加总人口为代价，您倾向于建立和完善养老制度来接受人口老龄化挑战，还提出了您的宏观调节思路，亦即"建立社养、家养、自养相互补充三位一体的养老保障体系思路"，您认为，这一思路可行性如何？在政策上应如何操作？

田："社养、家养、自养三位一体"的养老保障制度，是一个总的概括，在不同的时间和空间限度内有所不同：目前城市社养为主，乡村家养和自养为主；现在从总体上看自养、家养为主，发展的趋势是社养比例上升，并在过渡到小康水平之后，有可能在"三养"中占据主要地位。这除了客观上要以国民经济发展为依托外，积极发展社会供养，建立老年退休金制度，必须走国家、企业（集体）、个人三者共同集资筹措养老基金制度，打破由国家包下来的办法。办法是在一个人参加工作时即按月扣除一定比例（比如工资的 15%）作为养老准备金，企业（集体）交纳一部分，国家财政支付一部分，可能达到。

6. 宏观调节思路和研究方向

朱：从大作看，您对我国人口发展所提出的宏观调节思路可归纳为三条：第一，稳定现行人口控制政策，第二，改革劳动制度，调整就业结构，第三，建立和完善养老制度，而这三方面的思路与人口增长形势依然严峻、生产年龄人口激增和人口老龄化的来临的人口发展趋势相对应，是这样吗？

田：基本的意思差不多，不过第一点是在稳定政策和运用以往成功经验的同时，要锐意改革，加大利益调节的分量，逐步完成个人生育行为利益选择的转变和人口控制机制由以行政手段为主向以利益调节为主的过渡；第二点对生产年龄人口激增要用"二分法"观察，用其利，驱其弊；第三点也是意在谋求养老制度的改革，总的解决思路是：承认现实，兴利除弊，谋求改革，同国家总的改革开放方针相适应。

朱：您能否谈谈，从研究的角度看，在我国人口发展问题上，有哪些问题是亟待研究的？您下一步准备研究的目标是什么？

田：从总体上看，以往宏观研究较多，微观研究较薄弱，中观则基本上是一块空缺，有重宏观、轻微观、少中观之感。在人口发展问题上，我的考虑是：一要从中国的现状出发，二要适应社会主义市场经济和政府转变职能等改革开放总的要求，注重解决新的关系全局的问题。尤其是孩子成本—效益决定人们生育行为的内在规律变动的研究，以及与之相适应微观生育行为"对接"——中观人口控制，主要是人口与社区综合发展的研究；还要研究在利益调节、社区发展、机制转变中如何运行，比如建立中国人口发展银行作为金融支持系统对解决人口控制关键的研究。

（作者　朱国宏）

A Modest Proposal on China's Population[*]

By FRANK CHING

PEKING—When most developing nations are worried about controlling the rate of growth of their populations, a group of Chinese social scientists and economists is proposing that China cut its population by at least 30% over the next 100 years.

Tian Xueyuan, an economist at the Chinese Academy of Social Sciences, and other population experts say that China's optimum population is 650 million to 700 million. The world's most populous nation currently has about one billion people.

Arable Land

Mr. Tian says that the figure of 700 million takes into account the amount for arable land in China, as well as problems of providing clothing, shelter, education and jobs. China currently has more than 20% of the world's people but only 7% of the arable land.

Mr. Tian notes that a birth rate of three children for each family would increase China's population to 4. 2 billion by 2080, equal to the present total population of the world. According to United Nations sources here, the average Chinese family has 2. 1 children, although that figure is substantially higher in the countryside.

The findings of Mr. Tian and his colleagues are to be presented to the government. Publicity given to the study by the official media indicates that the proposals may well be endorsed by the government and become official policy.

The proposal envisions two routes to arrive at the optimum population of 700

---

* 原载 *The Asian Wall Street Journal*, July 4, 1981。

million, one requiring 100 years, the other 120 years.

Because China's population is largely constituted of young people, with 65% under 30 and nearly 40% under 15, it would be necessary initially to attempt to limit families to one child each. After the bulge of the young passes child-bearing age in about 20 years, the limit on the number of children can be relaxed gradually by allowing a mix of one and two-child families. When the desired population is reached by 2080, an average birth rate of 2.14 children a family would maintain the population's level, Mr. Tian says.

Mr. Tian says that "even if each couple has only one child, the population still will increase for the next 20 years. If each couple has two children, the population will increase for 72 years before starting to decline."

An alternative plan, should it prove impossible to limit all families to one child initially, would be to lower the birth rate so that by 1990 half of all couples have one child, while the other half have two children. After 25 years, Mr. Tian calculates the birth rate would gradually be allowed to rise to an average 2.14 children a family by 2040, and by 2100 the population would be stable at 700 million.

If this population goal is attained in 100 yeas, Mr. Tian figures, by 2080 China should have a standard of living comparable to the one that currently obtained in the U. S.. Mr. Tian's calculations assume that China's economy will continue to expand 6% to 7%, with per capital income reaching as much as an inflation adjusted $ 10.000 in 100 years.

Workers Needed

Mr. Tian and his colleagues figure that in 100 years China will need 60 million industrial workers and 120 million farmers. He estimates that by then the service sector will have grown to employ about 180 million workers, or 50% of the work force.

Mr. Tian says that an American farm worker produces enough food to feed 59 persons while each Chinese farmer grows only enough to feed two. By the time the optimum population is reached, each farmer should produce enough for five to six people, he says.

The remainder of the population would be young people who haven't entered the labor market and old people who have retired.

New analyses of the book on population*

In his newly-published book "Population Study in the New Era", Tian Xu-eyuan gives a systematic account and analysis of population theories, and a detailed introduction of Professor Ma Yinchu's "neo-population study."

In recent years, population research in China has progressed considerably. Extensive studies of the basic theories of population has brought more in-depth and comprehensive analysis.

Traditional views see a pattern in population development in terms of a particular social situation, but many population specialists now consider that there are patterns to all socio-economic conditions.

In the past, population studies considered a continuous increase in population as the pattern in socialist society, and a manifestation of the superiority of socialism.

Now many scholars agree that socialism does not necessarily require population growth.

In the past, the theory of "the two productions" which relates material growth to population growth had been regarded as a betrayal of historical materialism. Now the general view is that "the two productions" determines social development, with material production playing the dominant role. This is regarded not as a betrayal of historical materialism but adherence to it.

'Two productions'

What also makes Tian's newly-published book remarkable is his discussion of

---

* 原载 *China Daily* May 1, 1982。

how the "two productions" apply to practice.

The author, who is a member of the Academy of Social Sciences Institute of Economy, analyzes the relationship between population and factors such as the means of subsistence, revenues, consumer expenditures, productive and nonproductive capital construction.

He also analyzes the relationship between the labour force and the means of production, employment, productivity and the economic structure. He emphasizes the "quality" of population as measured by physical conditions, education, and its relations to economic and technological progress.

Tian concludes that it is necessary to create a harmonious balance between the development of population and that of national economy. All plans of national economic development should consider the fact that China has a population of one billion.

Yu Ji and Yi Fan in *Renmin Ribao*.